CURSO DE EXECUÇÃO PENAL

O GEN | Grupo Editorial Nacional – maior plataforma editorial brasileira no segmento científico, técnico e profissional – publica conteúdos nas áreas de concursos, ciências jurídicas, humanas, exatas, da saúde e sociais aplicadas, além de prover serviços direcionados à educação continuada.

As editoras que integram o GEN, das mais respeitadas no mercado editorial, construíram catálogos inigualáveis, com obras decisivas para a formação acadêmica e o aperfeiçoamento de várias gerações de profissionais e estudantes, tendo se tornado sinônimo de qualidade e seriedade.

A missão do GEN e dos núcleos de conteúdo que o compõem é prover a melhor informação científica e distribuí-la de maneira flexível e conveniente, a preços justos, gerando benefícios e servindo a autores, docentes, livreiros, funcionários, colaboradores e acionistas.

Nosso comportamento ético incondicional e nossa responsabilidade social e ambiental são reforçados pela natureza educacional de nossa atividade e dão sustentabilidade ao crescimento contínuo e à rentabilidade do grupo.

GUILHERME DE SOUZA **NUCCI**

CURSO DE **EXECUÇÃO PENAL**

- O autor deste livro e a editora empenharam seus melhores esforços para assegurar que as informações e os procedimentos apresentados no texto estejam em acordo com os padrões aceitos à época da publicação, e todos os dados foram atualizados pelo autor até a data de fechamento do livro. Entretanto, tendo em conta a evolução das ciências, as atualizações legislativas, as mudanças regulamentares governamentais e o constante fluxo de novas informações sobre os temas que constam do livro, recomendamos enfaticamente que os leitores consultem sempre outras fontes fidedignas, de modo a se certificarem de que as informações contidas no texto estão corretas e de que não houve alterações nas recomendações ou na legislação regulamentadora.

- Fechamento desta edição: *11.03.2025*

- O autor e a editora se empenharam para citar adequadamente e dar o devido crédito a todos os detentores de direitos autorais de qualquer material utilizado neste livro, dispondo-se a possíveis acertos posteriores caso, inadvertida e involuntariamente, a identificação de algum deles tenha sido omitida.

- **Atendimento ao cliente: (11) 5080-0751 | faleconosco@grupogen.com.br**

- Capa: Fabricio Vale

- **CIP-BRASIL. CATALOGAÇÃO NA PUBLICAÇÃO**
  SINDICATO NACIONAL DOS EDITORES DE LIVROS, RJ

N876c
8. ed.

Nucci, Guilherme de Souza, 1963-
Curso de execução penal / Guilherme de Souza Nucci. - 8. ed., rev., atual. e reform. - Rio de Janeiro : Forense, 2025.
264 p. ; 24 cm.

Inclui bibliografia
ISBN 978-85-3099-709-0

1. Direito penal - Brasil. 2. Execução penal - Brasil. I. Título.

25-96690.0 CDU: 343.2(81)

Meri Gleice Rodrigues de Souza - Bibliotecária - CRB-7/6439

Sobre o Autor

Livre-docente em Direito Penal, Doutor e Mestre em Direito Processual Penal pela PUC-SP. Professor associado da PUC-SP, atuando nos cursos de Graduação e Pós-graduação (Mestrado e Doutorado). Desembargador na Seção Criminal do Tribunal de Justiça de São Paulo.

www.guilhermenucci.com.br

Sumário

Capítulo I

Noções gerais

1. FUNDAMENTOS CONSTITUCIONAIS

Qualquer ramo do Direito precisa de suporte constitucional, especialmente os que dizem respeito às ciências criminais, pois lidam com a liberdade do ser humano. Em princípio, as ciências criminais concentram-se no Direito Penal e no Processo Penal, mas a realidade não é simples assim. Por opção legislativa, o Brasil elegeu o Direito de Execução Penal, entregando ao Judiciário o controle principal sobre o cumprimento da pena. Por isso, as ciências criminais ganharam um novo ramo, tratando-se da execução penal.

No art. 5.º da Constituição Federal, pode-se mencionar os seguintes princípios conectados à execução penal: a) *dignidade da pessoa humana* (art. 1.º, III, CF), porque regente de todo o ordenamento jurídico, dizendo respeito, na área penal, ao dever de o Estado assegurar a cada indivíduo a sua autoestima e a sua respeitabilidade como ser humano, em qualquer situação ou condição; b) *devido processo legal* (art. 5.º, LIV, CF), porque regente das ciências criminais, gerando contornos de direito penal e de processo penal; somente há uma condenação e seu cumprimento de maneira justa, caso todos os princípios penais e processuais penais sejam respeitados, fazendo emergir o *devido processo legal*. Suas fronteiras não são traçadas somente no âmbito do processo penal, como faria crer uma leitura pobre e literal da expressão que o designa, mas vai além, atingindo natureza substantiva. Não se deve perder de vista que nasceu na Magna Carta de 1215 no cenário do princípio da legalidade, alcançando depois matizes processuais, como esclarecemos em vários de nossos escritos; c) *legalidade* ou *reserva legal* (art. 5.º, XXXIX, CF), pois não há crime sem lei anterior que o defina, nem há pena sem lei anterior que a comine. Liga-se, indissociavelmente, ao princípio da anterioridade, previsto no mesmo preceito constitucional. Há de se ressaltar a sua aplicação na etapa da execução da pena, para evitar que se possa criar *falta grave*, sem prévia definição legal, por exemplo, já que a existência dessa espécie de falta, quando registrada no prontuário do condenado, acarreta-lhe vários gravames (perda de dias remidos, bloqueio à progressão, indeferimento de livramento condicional, perda de indulto ou comutação, dentre outros prejuízos); d) *retroatividade da lei penal benéfica* (art. 5.º, LX, CF), visto ser da competência do juiz da execução penal aplicar aos condenados os benefícios advindos da edição de lei penal favorável, alterando o conteúdo da anterior decisão condenatória, que serviu de título para a execução da sanção; e) *personalidade ou responsabilidade pessoal* (art. 5.º, XLV, CF), enfocando que a pena não passará da pessoa do delinquente, jamais atingindo inocentes, que nada têm a ver com o crime praticado; lembre-se, ilustrando, ser vedada a imposição de sanção coletiva, no cenário da execução penal, sem que se possa individualizar de maneira correta qual preso cometeu a falta grave; f) *individualização da pena* (art. 5.º, XLVI, 1.ª parte, CF), cuja terceira etapa concentra-se, justamente, no momento de cumprimento da pena aplicada, fazendo com que cada sentenciado a execute de maneira *individualizada*, obtendo os benefícios e sofrendo os malefícios de seu comportamento. Recorde-se, quanto a esse relevante princípio constitucional, haver três aspectos a considerar: 1) *individualização legislativa*: o primeiro órgão estatal responsável pela individualização da pena é o Poder Legislativo, afinal, ao criar um tipo penal incriminador inédito, deve estabelecer a espécie de pena (detenção ou reclusão) e a faixa na qual o juiz pode mover-se na sua materialização (ex.: 1 a 4 anos; 2 a 8 anos; 12 a 30 anos); 2) *individualização judicial*: na sentença condenatória, deve o magistrado fixar a pena concreta, escolhendo o valor cabível, entre o mínimo e o máximo, abstratamente previstos pelo legislador, além de optar pelo regime de cumprimento da pena e pelos eventuais benefícios (penas alternativas, suspensão condicional da pena etc.); 3) *individualização executória*: a terceira etapa da individualização da pena se desenvolve no estágio da execução penal. A sentença condenatória não é estática, mas dinâmica. Um título executivo judicial, na órbita penal, é mutável. Ilustrando, um réu condenado ao cumprimento da pena de reclusão de doze anos, em regime inicial fechado, pode preencher exatamente os doze anos, no regime fechado (basta ter péssimo comportamento carcerário, recusar-se a trabalhar etc.) ou cumpri-la em menor tempo, valendo-se de benefícios específicos (remição, comutação, progressão de regime, livramento condicional etc.); g) *humanidade* (art. 5.º, XLVII, XLVIII, XLIX, L, CF), eliminando do cenário legislativo as penas de morte (salvo em caso de guerra declarada, conforme art. 84, XIX, CF), de caráter perpétuo, de trabalhos forçados, de banimento e cruéis de um modo geral. Firma-se que haverá cumprimento de penas em estabelecimentos distintos, conforme o crime cometido, a idade e o sexo do sentenciado, evitando-se a promiscuidade e a vulnerabilidade dos mais fracos. Determina-se o respeito à integridade física e moral dos presos e assegura-se às presidiárias as condições para permanecer com seus filhos durante a etapa de amamentação. Este é um dos princípios mais polêmicos, tendo em vista a superlotação dos estabelecimentos penais e a falta de empenho do Poder Executivo em resolver essa situação. O Judiciário tem trabalhado sempre em posição de risco, lidando com caóticos cenários e buscando aplicar as normais penais, processuais penais e de execução penal da maneira mais abrangente possível. Desde logo, vale lembrar que a vedação ao *trabalho forçado* não se confunde com o dever do preso de desenvolver uma atividade laborativa. Esta atividade concerne ao panorama da sua ressocialização, que, aliás, atualmente envolve igualmente o estudo. Os princípios constitucionais expressos do direito penal, constantes das letras *c* a *g*, são aplicáveis à execução penal, sem prejuízo dos demais princípios constitucionais implícitos (intervenção mínima, culpabilidade, taxatividade, proporcionalidade, vedação da dupla punição pelo mesmo fato), conforme o caso concreto assim demandar.

São princípios constitucionais processuais penais explícitos, aplicáveis à execução penal, considerando-se incluídos os regentes, já mencionados (dignidade da pessoa humana e devido processo legal): a) *ampla defesa* (art. 5.º, LV, CF), constituindo um dos mais relevantes, pois o condenado, em estabelecimento penal, pode ser acusado da prática de faltas, que poderão influir na individualização da sua execução, caso comprovadas, devendo ter uma defesa técnica e eficiente; b) *contraditório* (art. 5.º, LV, CF), associado à ampla defesa, permite ao sentenciado refutar e contrariar as acusações que lhe forem feitas, tanto no estabelecimento prisional quanto fora dele; ilustrando, ele pode estar em regime aberto (prisão albergue domiciliar) e ser apontado como autor de um crime, motivo pelo qual tem o direito de contrariar essa imputação, antes de sofrer qualquer prejuízo, como a regressão a regime mais rigoroso; c) *presunção de inocência* (art. 5.º, LVII, CF), quando analisado em sentido estrito aplica-se, apenas, ao réu, que somente será considerado culpado após o trânsito em julgado da decisão condenatória. No entanto, desse princípio decorrem os relevantes princípios da prevalência do interesse do acusado e do *in dubio pro reo* (na dúvida, resolve-se em favor do acusado), com aplicação às situações em geral, em que há uma imputação e o imputado não a reconhece; noutros termos, exemplificando, quando se tratar do cometimento de falta grave, não se presume a culpa do sentenciado, mas a sua inocência; assim sendo, em caso de dúvida, deve-se absolvê-lo da acusação feita; d) *juiz natural e imparcial* (art. 5.º, LIII e XXXVII, CF), em tese, aplica-se ao réu, que deve ser julgado por um juiz previamente estabelecido em lei para apreciar o processo criminal, de modo que possa atuar de maneira imparcial; veda-se, com isso, o tribunal de exceção, que seria o juízo constituído ou indicado, após a prática da infração penal, especialmente para julgar determinado réu. A aplicação do princípio não deve ser afastada do cenário da execução penal. O ideal é haver a Vara de Execução Penal, provida por um juiz titular, inamovível, razão pela qual é o indicado para acompanhar as execuções que lhe são concernentes; porém, o mais importante é ter o condenado, como qualquer outro acusado, o direito a um juiz imparcial; não se afasta a imparcialidade do Judiciário somente porque se adentra a fase de execução penal, visto que esta encerra uma etapa fundamental na vida do apenado e deve proferir decisões relativas à individualização da sua sanção de maneira justa e equânime. Esses são os principais, sem prejuízo da aplicação de outros princípios, inclusive os constitucionais implícitos, como o duplo grau de jurisdição, a oficialidade, a intranscendência etc.

2. CONCEITO DE EXECUÇÃO PENAL

Trata-se da fase processual em que o Estado faz valer a pretensão executória da pena, tornando efetiva a punição do agente e buscando a concretude das finalidades da sanção penal. Não há necessidade de nova citação, tendo em vista que o condenado já tem ciência da ação penal contra ele ajuizada, bem como foi intimado da sentença condenatória, quando pôde exercer o seu direito ao duplo grau de jurisdição. Além disso, a pretensão punitiva do Estado é cogente e indisponível. Quanto à execução da pena de multa, deve-se promover a citação do sentenciado, pois ela passa a ser cobrada *como se fosse* dívida ativa da Fazenda Pública, mas no juízo das execuções penais em demanda promovida pelo Ministério Público.

Com o trânsito em julgado da decisão, a sentença torna-se título executivo judicial, passando-se do processo de conhecimento ao processo de execução. Embora seja este um processo especial, com particularidades que um típico processo executório não possui (ex.: tem o seu início determinado de ofício pelo juiz, na maior parte dos casos) é a fase do processo penal em que o Estado faz valer a sua pretensão punitiva, desdobrada em pretensão executória.

2.1. Sentença e decisão criminal

A sentença condenatória é o título principal a ser executado pelo juízo próprio (de preferência, na especializada Vara de Execuções Penais), mas há, também, decisões interlocutórias proferidas durante a execução da pena, que devem ser efetivadas, seguindo-se a individualização executória da sanção.

As decisões mais comuns dizem respeito à transferência de regime (fechado ao semiaberto; semiaberto ao aberto), declaração de remição, deferimento de livramento condicional, aplicação de indulto ou comutação, dentre outras. Aguarda-se, ainda, a finalização da execução por meio de sentença, declarando-se extinta a punibilidade do sentenciado.

3. NATUREZA JURÍDICA DA EXECUÇÃO PENAL

Cuida-se da atividade jurisdicional, voltada a tornar efetiva a pretensão punitiva do Estado, em associação à atividade administrativa, fornecedora dos meios materiais para tanto. Nessa ótica, está a posição de Ada Pellegrini Grinover, para quem "a execução penal é atividade complexa, que se desenvolve, entrosadamente, nos planos jurisdicional e administrativo. Nem se desconhece que dessa atividade participam dois Poderes estatais: o Judiciário e o Executivo, por intermédio, respectivamente, dos órgãos jurisdicionais e dos estabelecimentos penais".[1] Destacando a inviabilidade de se cogitar o processo de execução penal distante da atuação do Poder Judiciário, está, também, a lição de Sidnei

---

[1] Natureza jurídica da execução penal, p. 7.

Agostinho Beneti.[2] Afirmando que a natureza jurídica é essencialmente jurisdicional está a posição de Renato Marcão.[3]

O ponto de encontro entre as atividades judicial e administrativa ocorre porque o Judiciário é o órgão encarregado de proferir os comandos pertinentes à execução da pena, embora o efetivo cumprimento se dê em estabelecimentos administrados pelo Executivo e sob sua responsabilidade. É certo que o juiz é o corregedor do presídio, mas a sua atividade fiscalizatória não supre o aspecto de autonomia administrativa plena de que gozam os estabelecimentos penais no Estado, bem como os hospitais de custódia e tratamento. Por outro lado, é impossível dissociar-se o Direito de Execução Penal do Direito Penal e do Processo Penal, pois o primeiro regula vários institutos de individualização da pena, úteis e utilizados pela execução penal, enquanto o segundo estabelece os princípios e formas fundamentais de se regular o procedimento da execução, impondo garantias processuais penais típicas, como o contraditório, a ampla defesa, o duplo grau de jurisdição, entre outros.

Cabe frisar competir à União, privativamente, legislar em matéria de direito penal e de processo penal (art. 22, I, CF). Vários preceitos da Lei de Execução Penal ligam-se diretamente a direito penal e a processo penal, motivo pelo qual devem ser criados ou modificados pelo Poder Legislativo federal.

Sob outro aspecto, o legislador-constituinte, em vez de utilizar o já conhecido *direito de execução penal* (a lei é de 1984 e a CF é de 1988), preferiu valer-se de termo extraído de legislação estrangeira, referindo-se a *direito penitenciário*, o que somente acarretou interpretações díspares acerca do seu real significado e conteúdo. Para esse ramo do direito, autorizou a União a legislar concorrentemente com os Estados e o Distrito Federal (art. 24, I, CF). Portanto, a matéria pertinente à legislação concorrente seria a residual, excluídos os temas vinculados a direito penal e a processo penal, restando as normas de organização e funcionamento de estabelecimentos prisionais, criação e administração de órgãos auxiliares da execução penal, normas de assistência ao preso e ao egresso, enfim, todos os assuntos relativos ao bom andamento da execução penal no que concerne aos estabelecimentos ligados aos regimes fechado, semiaberto e aberto, além de outros assuntos correlatos.

4. AUTONOMIA DO DIREITO DE EXECUÇÃO PENAL

O direito de execução penal deve ser considerado um ramo autônomo do ordenamento jurídico, regido por legislação própria, embora coligado ao direito penal e ao processo penal, disciplinas das quais aufere os princípios constitucionais que o inspiram.

Trata-se de ciência independente, com metas próprias, embora jamais se desvincule do Direito Penal e do Direito Processual Penal, por razões inerentes à sua própria

---

[2] *Execução penal*, p. 6-7.

[3] *Curso de execução penal*, p. 33.

existência. A sua base constitucional e os direitos e garantias individuais que o norteiam advêm do Direito Penal e do Processo Penal, constituindo essa a sua vinculação.[4]

A autonomia decorre de legislação específica (Lei Federal 7.210/1984), além de se poder apontar a existência de inúmeras Varas Privativas de Execução Penal, evidenciando a especialidade da atividade judiciária. Por outro lado, a natureza complexa de sua manifestação, abrangendo aspectos jurisdicionais e administrativos, compõe o seu quadro peculiar em face dos demais ramos do Direito. A insuficiência da denominação Direito Penitenciário, quando utilizada para se referir à execução penal, torna-se nítida, na medida em que a Lei de Execução Penal cuida de temas muito mais abrangentes do que o cumprimento de penas em regime fechado nas penitenciárias.

5. DIREITO PENITENCIÁRIO

Em legislações estrangeiras, o direito de execução penal é nominado como direito penitenciário, embora seja uma denominação estreita e insuficiente. Afinal, a fase de efetivação da pretensão executória do Estado abrange não somente o cumprimento da pena em presídio, como também em colônias penais, casas do albergado e em domicílio. Além disso, há inúmeras penas restritivas de direitos, que também fazem parte da execução penal. Inclua-se nesse cenário a pena pecuniária e, também, a medida de segurança.

Por isso, ainda que essa nominação tenha sido utilizada na Constituição Federal (art. 24, I), deve-se compreender a referência como realizada ao *direito de execução penal*, conforme itens 2 e 4 *supra*. O termo *direito penitenciário* deveria voltar-se apenas ao conjunto de normas administrativas de criação, organização e funcionamento dos estabelecimentos penais. Seria a atividade estatal, cabível ao Poder Executivo, promover a execução da pena, sob variados prismas, de acordo com as ordens judiciais e sob fiscalização permanente do Poder Judiciário.

Entretanto, não deveria caber a qualquer órgão do Executivo estabelecer faltas médias ou leves, passíveis de cometimento pelo sentenciado, visto que essas infrações podem influenciar o cumprimento da pena, gerando mau comportamento e, por isso, impedimento à progressão de regimes, obtenção de livramento condicional, dentre outras consequências. O ideal seria que o Poder Legislativo do Estado assim fizesse, suprindo a lacuna existente na Lei de Execução Penal, pois esta somente tipifica as infrações graves. Segundo nos parece, esses atos administrativos, que têm sido aceitos pelo Judiciário, ferem o princípio da legalidade, com reflexos diretos na individualização executória da pena.

Os julgados que aceitam a tipificação das faltas médias e leves apontam, como fundamento, o disposto pelo art. 47 da Lei de Execução Penal: "o poder disciplinar, na execução da pena privativa de liberdade, será exercido pela autoridade administrativa conforme as disposições regulamentares". O regulamento editado pela direção do presídio – nem precisaria ser por meio da chefia do Executivo ou de seu secretariado – deve guardar sintonia

---

[4] No mesmo prisma, encontra-se a lição de Mirabete, *Execução penal*, p. 21.

com o funcionamento do estabelecimento. A partir disso, constitui dever do condenado obedecer ao servidor, quando este seguir as leis estabelecidas; não obedecendo, pode cometer falta grave, devidamente tipificada pelo art. 50, VI, da Lei de Execução Penal.

Sob outro aspecto, tem-se indicado, ainda, o disposto pelo art. 49 da referida Lei de Execução Penal: "as faltas disciplinares classificam-se em leves, médias e graves. A legislação local especificará as leves e médias, bem assim as respectivas sanções". Eis que essa expressão "legislação local", levando-se em conta o princípio da legalidade, deve emanar do Poder Legislativo estadual. Não se concebe que um ato administrativo possa tipificar faltas e fixar sanções ao condenado, pois nem mesmo se tem uniformidade quanto ao órgão emissor desses atos, vale dizer, em cada Estado da federação um servidor público diferente *resolve*, por conta própria, o que é falta média ou leve e qual a sanção ao apenado. O disposto pelo art. 24, I, da Constituição Federal, permitindo que o Estado e o Distrito Federal legislem, concorrentemente, com a União em *direito penitenciário*, por óbvio, aponta para o Poder Legislativo e não ao Executivo. Afinal, tanto o art. 22 quanto o art. 24 da CF, ao se referirem ao verbo *legislar*, implicam atividade do Poder Legislativo; não fosse assim, o Executivo poderia expedir decretos estabelecendo regras de direito civil, comercial, penal, processual penal, eleitoral, agrário, marítimo, aeronáutico, espacial e do trabalho, bem como sobre direito tributário, financeiro, penitenciário, econômico e urbanístico, o que seria invasão nas atribuições de outro Poder.

Parece-nos fundamental evitar a formulação e a consequente aceitação por parte do Judiciário da *atividade administrativa pura* para compor o universo do direito penitenciário, quando se dá a essa expressão o mesmo conteúdo de direito de execução penal. Tem-se acompanhado a edição de atos administrativos de variadas ordens, como resoluções ou portarias de autoridades ligadas ao Poder Executivo, criando autênticas *normas* de direito penitenciário, algo que termina influenciando a individualização da pena.

A continuar assim, seria a *administrativização* da execução penal, retirando, indevidamente, o seu forte aspecto jurisdicional.

6. FINALIDADE DA PENA

Alteramos o nosso entendimento quanto às finalidades da pena para incluir, também, as suas funções.[5]

A sanção penal apresenta duas funções e três finalidades, que merecem ser analisadas e, por certo, atuam concomitantemente. *Função* representa um instrumento pelo qual se pode realizar algo ou construir um caminho para atingir um objetivo. *Finalidade* é uma meta, alvo, objetivo ou fim que se pretende alcançar. Portanto, valendo-se das funções da pena, pode-se chegar às suas finalidades.

---

[5] Após as reflexões e os estudos entabulados por ocasião da feitura de nossa obra *Criminologia*, passamos a adotar o entendimento de que a pena possui duas funções e três finalidades.

A função retributiva é o alerta gerado ao criminoso acerca de seu comportamento penalmente ilícito, produzindo uma aflição corretiva, cuja proporcionalidade precisa estar em rigoroso paralelo com a gravidade do que foi realizado. A função reeducativa ou ressocializadora oportuniza ao sentenciado uma revisão de seus conceitos e valores de vida para, querendo, alterar seu comportamento futuro e não mais delinquir; porém, a reeducação é uma faculdade e não uma obrigatoriedade. Caso cumpra sua pena e mantenha seus próprios princípios, desde que não torne a delinquir, não mais será sancionado.

A primeira finalidade da pena é a legitimação do direito penal, evidenciando à sociedade a eficácia das suas regras e a eficiência das suas sanções. A segunda cuida da meta de intimidação geral da sociedade, por meio da cominação de penas às condutas previstas como criminosas; é preciso que o destinatário da norma penal conheça as consequências de sua opção pela prática do delito. A terceira se volta à segregação, quando necessária, para inserir o sentenciado em regime fechado ou semiaberto, evitando que torne a delinquir, ao menos durante o período em que cumpre a pena.

7. JURISDIÇÃO ORDINÁRIA E JURISDIÇÃO ESPECIAL

Ordinária é a jurisdição comum – federal ou estadual – não concernente a nenhuma matéria específica, fixada pela Constituição. Por outro lado, em relação à chamada jurisdição especial, que trata de matéria específica, constitucionalmente prevista, somente há possibilidade de haver condenação criminal na Justiça Eleitoral ou na Justiça Militar.

Assim, caso o condenado por delito eleitoral ou por crime militar cumpra pena em estabelecimento sujeito à jurisdição comum, sob corregedoria do juiz da execução criminal estadual, no caso de presídios administrados pelo Estado, ou do juiz da execução criminal federal, se o presídio for administrado pela União, deve integrar-se às mesmas regras condutoras da execução penal dos demais detentos. Não teria sentido haver qualquer tipo de discriminação entre um e outro, se ambos estão sob o abrigo do mesmo estabelecimento penitenciário.

Aliás, para evitar que houvesse a intensificação de conflitos de competência entre juízes federais e estaduais, o Superior Tribunal de Justiça editou a Súmula 192, estabelecendo que "compete ao Juízo das Execuções Penais do Estado a execução das penas impostas a sentenciados pela Justiça Federal, Militar ou Eleitoral, quando recolhidos a estabelecimentos sujeitos à administração estadual". Portanto, do mesmo modo, compete ao juiz federal das execuções criminais a execução de penas impostas pela Justiça Estadual, se os condenados estiverem recolhidos em presídios sujeitos à administração federal. Registre-se o disposto no art. 3.º da Lei 8.072/90 (Lei dos Crimes Hediondos): "A União manterá estabelecimentos penais, de segurança máxima, destinados ao cumprimento de penas impostas a condenados de alta periculosidade, cuja permanência em presídios estaduais ponha em risco a ordem ou incolumidade pública". A partir de 2006, iniciou as atividades o primeiro presídio federal, no Brasil, com tal finalidade, situado no município de Catanduvas, no Estado do Paraná. Posteriormente, outros já surgiram em Mossoró, Campo Grande e Porto Velho.

7.1. Lei de Execução Penal e Código de Processo Penal

A redação do art. 2.º dá a entender que os dispositivos da Lei 7.210/1984 convivem harmoniosamente com os arts. 668 e seguintes do Código de Processo Penal, que cuidam da execução penal. Assim não nos parece. Toda a matéria regulada por lei especial (Lei 7.210/1984) prevalece sobre o disposto nos arts. 668 e seguintes do Código de Processo Penal. Não é possível que dois diplomas legais cuidem do mesmo tema, aplicando-se à execução da pena qualquer norma, a bel-prazer do magistrado. O Código de Processo Penal poderá ser aplicado à execução penal, quando se tratar de preceito inexistente na Lei de Execução Penal.

Portanto, ilustrando, da mesma forma que o réu tem direito à ampla defesa, patrocinada por advogado (art. 261, CPP), o preso possui idêntico direito. No mais, os dispositivos do CPP que conflitarem com a Lei de Execução Penal não mais serão aplicados, tanto porque a Lei 7.210/1984 é mais recente (critério da sucessividade) como também porque é especial (critério da especialidade).

7.2. Execução provisória da pena

Iniciemos a abordagem do tema, mencionando a Súmula 716 do Supremo Tribunal Federal: "Admite-se a progressão de regime de cumprimento da pena ou a aplicação imediata de regime menos severo nela determinada, antes do trânsito em julgado da sentença condenatória". O advento da referida Súmula decorre da consolidada jurisprudência formada em inúmeros tribunais pátrios, cuja origem remonta ao início dos anos 1990.

Não é demais ressaltar que a lentidão da Justiça é evidente. Uma decisão condenatória pode levar anos para transitar em julgado, bastando que o réu se valha de todos os recursos permitidos pela legislação processual penal. Por isso, o que vinha ocorrendo era o seguinte: o acusado primário, condenado, por exemplo, a seis anos de reclusão por roubo, preso preventivamente, inserido no regime fechado, apresentava apelação. Até que esta fosse julgada pelo tribunal e computando-se o tempo de prisão cautelar, para o fim de aplicar a detração (art. 42, CP), era possível que ele atingisse mais da metade da pena no regime fechado, quando, então, transitaria em julgado a sentença. Ora, a partir daí, ele requeria a progressão para o regime semiaberto, em procedimento que levava outro extenso período para ser apreciado. Em suma, terminava seguindo para a colônia penal quando já tivesse cumprido muito mais que metade da pena, embora, como dispõe a nova tabela de progressão de regime do art. 112 da Lei 7.210/1984, ele tivesse direito à progressão ao atingir 25% (vinte e cinco por cento) da pena no regime fechado. Outro preso, em igual situação, se não oferecesse apelação, poderia obter a progressão de regime muito tempo antes.

A lentidão da Justiça transformou-se, então, em obstáculo ao exercício do direito de recorrer, pois, se tal se desse, a progressão seria postergada indefinidamente. Diante disso, os juízos de execução penal, apoiados pelos tribunais, adotaram medida extremamente justa. Passaram a conceder ao condenado, ainda que pendente recurso seu contra a decisão condenatória, a progressão do regime fechado para o semiaberto, se preenchidos os requisitos legais.

O Tribunal de Justiça de São Paulo, em 1999, editou o Provimento 653, determinando que os juízes da condenação expedissem guia de recolhimento provisória, encaminhada ao juízo da execução penal, para que este pudesse deliberar sobre a progressão de regime do preso provisório. Não se tratava de *ordem* do tribunal para que qualquer juiz *concedesse* a progressão, mas tão somente para que fosse expedida a guia provisória, viabilizando, quando fosse o caso, a progressão. Nenhum prejuízo adveio ao réu. Se este, quando seu recurso fosse apreciado, tivesse o apelo provido e terminasse absolvido, ao menos já estaria inserido em regime mais favorável que o fechado. Alguns doutrinadores objetaram, alegando lesão ao princípio constitucional da presunção de inocência (art. 5.º, LVII, CF). Sustentaram a inviabilidade de conceder progressão de regime (cumprimento de pena) a um preso provisório, logo, considerado inocente até o trânsito em julgado da decisão. Um preso provisório não poderia *cumprir pena*, pois seria o mesmo que considerá-lo *condenado antes do trânsito em julgado*. Tais alegações não nos convenceram, desde o princípio.

Os direitos e garantias fundamentais (art. 5.º, CF) são escudos protetores do indivíduo contra eventuais abusos cometidos pelo Estado e não podem, jamais, ser usados contra os interesses individuais. Portanto, não se pode alegar que, em homenagem à presunção de inocência, mantém-se o preso no regime fechado (local onde se cumpre prisão preventiva, como regra), porque em decorrência de prisão cautelar, quando ele poderia ir para regime mais favorável, sem nenhum prejuízo à sua ampla possibilidade de defesa. Em função da presunção de inocência, ninguém pode ser prejudicado. Logo, a consolidação da progressão de regime do preso provisório é uma vitória dos direitos humanos fundamentais contra a lamentável lentidão da Justiça brasileira.

A viabilidade, segundo entendíamos, somente estaria presente quando a decisão, no tocante à pena, tivesse transitado em julgado para o Ministério Público, pois, assim, haveria um teto máximo para a sanção penal, servindo de base ao juiz da execução penal para o cálculo. Por outro lado, ainda que o órgão acusatório apresentasse apelo para elevar a pena, o juiz da execução penal poderia determinar a progressão de regime, levando em conta o máximo em abstrato previsto para o delito. Se o condenado já tivesse preenchidos os requisitos legais, como regra, seria óbvio que pudesse progredir, mesmo que pendente recurso da acusação. Entretanto, hoje, cremos ser viável a concessão da progressão de regime, fazendo-se a execução provisória, mesmo quando o órgão acusatório oferecer recurso pretendendo a elevação da pena. O apelo é uma mera probabilidade de alteração do *quantum* da pena, muitas vezes interposto somente para impedir o direito do acusado à execução provisória. Além do mais, do mesmo modo que há progressão, existe a regressão. Se, provido o recurso ministerial, houver substancial mudança na pena, conforme o caso, pode aplicar-se o regresso do condenado a regime menos favorável.

Atualmente, encontra-se em vigor a Resolução 113, de 20 de abril de 2010, do Conselho Nacional de Justiça, disciplinando a matéria referente à guia de recolhimento provisória, nos arts. 8.º a 11.

7.2.1. Direitos e deveres do preso provisório

A partir do reconhecimento do direito do preso provisório à execução provisória de sua pena, para beneficiá-lo, é imperioso que ele respeite os mesmos deveres dos condenados. O preso provisório deve trabalhar, se quiser progredir; deve ter bom comportamento, se pretender obter benefícios.

7.2.2. *Execução provisória e prisão especial*

A prisão especial é autêntica regalia legal a uma categoria privilegiada de brasileiros, quando deveria valer para todos, ou seja, a separação dos presos mereceria um critério único, sem distinção por grau universitário ou outro título qualquer.

A despeito disso, os réus sujeitos à prisão especial contam com mais um benefício - e dos mais importantes - que é a possibilidade de auferir a progressão de regime, quando ainda estão confinados nessas celas privativas. É o teor da Súmula 717 do STF: "Não impede a progressão de regime de execução da pena, fixada em sentença não transitada em julgado, o fato de o réu se encontrar em prisão especial". Não nos parece a mais adequada solução. O acusado colocado em prisão especial não conta com o mesmo tratamento dos demais presos provisórios. Estes, quando almejam a progressão de regime, são transferidos para o sistema penitenciário, para que possam ser devidamente avaliados quanto ao seu merecimento para a progressão, bem como para que possam trabalhar regularmente (obrigação de todo preso para poder pleitear a progressão de regime - arts. 31 e 39, V, da Lei 7.210/1984 - Lei de Execução Penal). É certo que o art. 31, parágrafo único, da Lei de Execução Penal, abre exceção para o preso provisório, ou seja, preceitua ser facultativo o trabalho para essa categoria de presos; no entanto, é preciso registrar que essa norma foi elaborada quando não se imaginava possível a progressão de regime em plena custódia cautelar. Ocorre que, nos casos gerais, fora do cenário da prisão especial, quando o custodiado pretende a progressão, é levado ao sistema penitenciário justamente para que possa trabalhar, como qualquer outro, na medida em que pleiteia benefício típico de quem já se encontra cumprindo pena.

Em verdade, permitir a progressão de regime ao preso sujeito à prisão especial representará, no Brasil, cujo sistema processual é lento e repleto de recursos procrastinatórios, praticamente o impedimento do cumprimento da pena em regime carcerário severo. Como exemplo: determinada autoridade, condenada a 6 anos de reclusão, em regime fechado inicial, por ter cometido variados delitos, encontra-se presa preventivamente, recolhida em prisão especial. Enquanto aguarda o arrastado trâmite processual, seu tempo de "cumprimento de pena" encontra-se em decurso. Assim, antes mesmo de transitar em julgado a decisão condenatória, quase certamente já atingiu o regime semiaberto; depois, outro tempo cumprido, tem direito ao aberto. Em suma, pode sair da prisão especial diretamente para a liberdade, em regime aberto ou já tendo cumprido toda a sua pena em lugar separado dos demais detentos. Nunca passará pelo regime fechado em penitenciária, junto com outros apenados em igualdade de condições, mesmo tendo sido aquele regime o inicial para o cumprimento da sua pena.

7.2.2.1. Inconstitucionalidade da prisão especial

Temos defendido que *todos são iguais perante a lei* e, por isso, não há razão para existir a denominada *prisão especial*, em particular, para os diplomados em curso superior.

Naturalmente, uma prisão separada pode e deve ser concretizada para pessoas que tenham função específica – como os policiais –, passível de acarretar represálias em ambiente carcerário. No entanto, o ideal de separação entre presos provisórios e definitivamente condenados existe em lei e precisa ser materializado de forma integral na prática. Além disso, entre os provisórios, a divisão entre primários e reincidentes, autores de crimes violentos contra a pessoa e não violentos, integrantes de crime organizado e outros não pertencentes a qualquer organização criminosa, enfim, fatores gerais e prudentes de separação merecem ser concretizados de maneira igualitária a todos os detidos.

É importante ressaltar a decisão do STF, significativa do primeiro passo para estabelecer, de fato, a igualdade de todos perante a lei, ao julgar a prisão especial às pessoas diplomadas em curso superior (art. 295, VII, CPP) *incompatível* com a Constituição Federal e, portanto, inaplicável. Conferir: STF: "1. Todos os cidadãos têm o direito a tratamento idêntico pela lei, exceto quando presente uma correlação lógica entre a distinção que a norma opera e o fator de *discrímen*, em consonância com os critérios albergados pela Constituição Federal. 2. O princípio constitucional da igualdade opera em dois planos distintos. De uma parte, frente ao legislador ou ao Executivo, na edição de leis e atos normativos, impedindo que possam criar tratamentos abusivamente diferenciados a pessoas que se encontram em situações idênticas. Em outro plano, na obrigação direcionada ao intérprete de aplicar a lei e atos normativos de maneira igualitária, sem estabelecimento de diferenciações em razão de sexo, religião, convicções filosóficas ou políticas, de raça ou classe social. 3. A prisão especial constitui o recolhimento provisório em local distinto, cuja concessão se admite, à luz da Constituição, quando a segregação do ambiente prisional comum visa a atender a determinadas circunstâncias pessoais que colocam seus beneficiários em situação de maior e mais gravosa exposição ao convívio geral no cárcere. Expô-los ao contato com a população carcerária frustraria a tutela desses interesses constitucionalmente protegidos. 4. Não há amparo constitucional, contudo, para a segregação de presos provisórios com apoio no grau de instrução acadêmica, tratando-se de mera qualificação de ordem estritamente pessoal que contribui para a perpetuação de uma inaceitável seletividade socioeconômica do sistema de justiça criminal, incompatível com o princípio da igualdade e com o Estado democrático de Direito. 5. Ausente qualquer justificativa que empregue sentido válido ao fator de *discrímen* indicado na norma impugnada, a conclusão é a de que a prisão especial, em relação aos portadores de diploma de nível superior, é inconciliável com o preceito fundamental da isonomia (art. 3.º, IV, e art. 5.º, *caput*, CF). 6. Arguição de descumprimento de preceito fundamental conhecida e julgada procedente" (ADPF 334, Pleno, rel. Alexandre de Moraes, 03.04.2023, v.u.).

7.2.3. Execução provisória da medida de segurança

Depende do caso concreto. Se o sentenciado estiver solto, quando proferida a decisão impondo a medida de segurança, deve-se aguardar o trânsito em julgado para determinar o seu cumprimento. Porém, é possível que esteja provisoriamente internado (art. 319, VII, CPP), razão pela qual, uma vez imposta a medida de segurança de internação, pode-se iniciar o seu cumprimento provisório em benefício do próprio sentenciado. Lembremos que, atualmente, aceita-se a desinternação progressiva, de forma que a execução provisória da medida de segurança pode configurar-se um fator positivo.

7.2.4. Cumprimento da pena após julgamento em 2.º grau

Em 2016, o Plenário do STF decidiu que as penas, decorrentes de decisões condenatórias, confirmadas ou aplicadas em 2.º grau de jurisdição, podiam ser imediatamente aplicadas, mesmo que houvesse recurso pendente aos Tribunais Superiores (Recurso Especial ao STJ; Recurso Extraordinário ao STF). Essa hipótese era diferente da execução provisória da pena do item 7.2 *supra*, pois se tratava do início da execução definitiva da pena.

A decisão do Pleno do STF alterou-se, novamente, em fins de 2019, voltando à posição de 2009. Atualmente, quem está solto, por exemplo, advindo condenação em 2.º Grau (originária ou confirmatória), não mais pode ser preso para cumprir a sua pena, em qualquer regime, *antes* do trânsito em julgado da decisão. Essa última postura não impede, no entanto, a decretação de prisão cautelar, quando o caso preencher os requisitos legais da prisão preventiva (art. 312, CPP).

A nossa posição a respeito, estampada em várias de nossas obras, sempre foi no sentido de ser inviável o cumprimento da pena após a decisão em 2.º Grau *se houver* outros recursos, pois inexistiu o trânsito em julgado. Afinal, o art. 5.º, LVII, da CF é claríssimo ao considerar o réu culpado somente após o trânsito em julgado da decisão condenatória. Ou se altera o conceito de *trânsito em julgado* ou se deve cumprir à risca o preceito constitucional.

Divulga-se que o cumprimento de pena após decisão do 2.º Grau combateria a impunidade. Pode-se contra-argumentar dizendo que há outras soluções para isso. Uma delas diz respeito, por exemplo, à suspensão da prescrição, caso o réu deseje recorrer ao STJ ou ao STF, agora incorporada ao art. 116 do Código Penal, pela reforma da Lei 13.964/2019. Não corre a prescrição se os Tribunais Superiores considerarem os recursos inadmissíveis.

Pode-se, igualmente, eliminar recursos, considerados protelatórios. Enfim, até mesmo o conceito de *trânsito em julgado* pode ser modificado. Mas, enquanto isso não se der, em nossa visão, é incabível o cumprimento da pena após juízo de 2.º Grau, se houver outros recursos pendentes.

8. RESUMO DO CAPÍTULO

- **Execução penal:** é a fase processual, iniciada após o processo de conhecimento, quando foi proferida sentença condenatória, na qual o Estado faz valer a pretensão punitiva do Estado, tornando efetiva a sanção penal aplicada e buscando a concretude das finalidades da pena.
- **Natureza jurídica:** trata-se de atividade jurisdicional, voltada a tornar efetiva a pretensão punitiva do Estado, em associação à atividade administrativa, fornecedora dos meios materiais para tanto.
- **Autonomia do Direito de Execução Penal:** decorre de legislação específica (Lei Federal 7.210/1984), além de se poder apontar a existência de inúmeras Varas Privativas de Execução Penal, evidenciando a especialidade da atividade judiciária. No

mais, por possuir lei própria, as suas balizas se formam ao lado do direito penal e do processo penal, mas sem integrá-los. Além disso, os princípios constitucionais são os mesmos do direito penal e do processo penal, sem retirar o caráter científico independente da execução penal. Na Constituição Federal, em lugar de utilizar a terminologia adequada (direito de execução penal), no art. 24, I, inseriu-se a expressão *direito penitenciário*.

- **Direito penitenciário:** deveria cuidar-se do ramo do ordenamento jurídico voltado à esfera administrativa da execução penal, que é, por si só, um procedimento complexo, envolvendo aspectos jurisdicionais e administrativos concomitantemente. O direito penitenciário deveria regular todos os aspectos não vinculados aos temas eminentemente penais, como regime de penas, progressão, livramento condicional, medida de segurança etc. Haveria de regulamentar faltas disciplinares e suas punições, por exemplo, embora sempre por lei – federal ou estadual. Entretanto, por força do disposto no art. 24, I, da Constituição Federal, equipara-se o direito penitenciário ao direito de execução penal.
- **Funções e finalidades da pena:** a sanção penal possui duas funções, retributiva e ressocializadora. O delito acarreta uma justa retribuição, consistente na pena, servindo de alerta ao criminoso para que não torne a reincidir. Tem a função de ofertar ao condenado a oportunidade de reeducação, justamente para que se recomponha e mude o rumo da sua vida. Quanto às finalidades, a pena permite a legitimação do direito penal, mostrando a sua eficácia à sociedade; proporciona a intimidação geral, a fim de evitar outras condutas similares; impõe a segregação de quem necessita ficar um período fora do contato social.
- **Execução provisória da pena:** trata-se de uma liberalidade, criada pela jurisprudência, para executar a pena de quem está preso, enquanto apresenta seu(s) recurso(s), permitindo que possa receber benefícios, como, por exemplo, a progressão de regime.

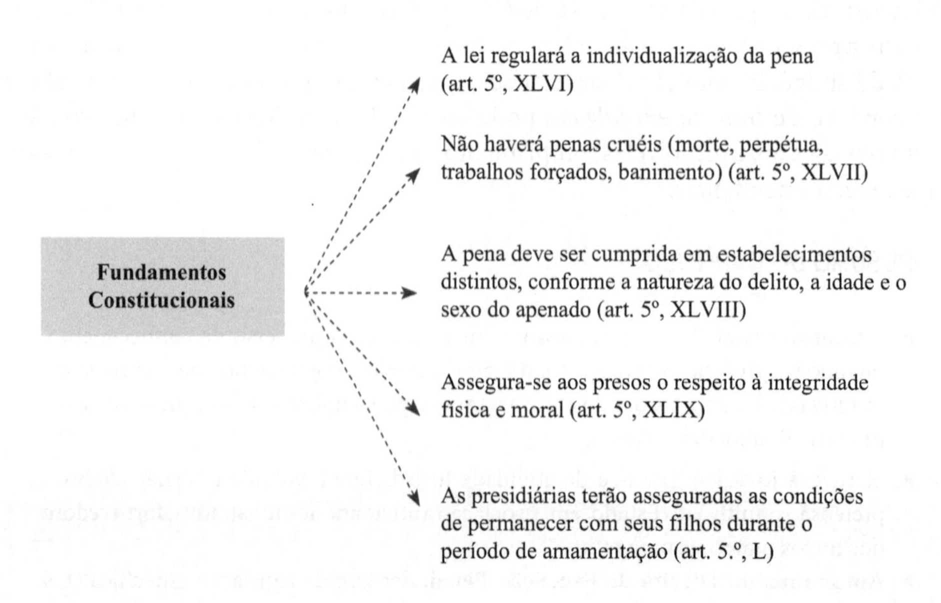

Capítulo II

Direitos humanos e punição

1. DIREITOS FUNDAMENTAIS

A punição não significa transformar o ser humano em objeto, logo, continua o condenado, ao cumprir sua pena, e o internado, cumprindo medida de segurança, com os direitos humanos fundamentais em pleno vigor. Dispõe o art. 5.º, XLIX, da Constituição Federal que "é assegurado aos presos o respeito à integridade física e moral". No mesmo prisma, o art. 38 do Código Penal estipula que "o preso conserva todos os direitos não atingidos pela perda da liberdade, impondo-se a todas as autoridades o respeito à sua integridade física e moral".

O disposto no art. 3.º, *caput*, da Lei 7.210/84, entretanto, é coerente ao prever que serão assegurados todos os direitos *não atingidos pela sentença ou pela Lei*. É lógico que um dos direitos fundamentais, eventualmente atingido pela sentença penal condenatória, é a perda temporária da liberdade. Ou a restrição a algum direito, decorrente de cumprimento, por exemplo, da pena de prestação de serviços à comunidade.

Quanto aos direitos políticos, estão suspensos, conforme preceitua o art. 15, III, da Constituição: "É vedada a cassação de direitos políticos, cuja perda ou suspensão só se dará nos casos de: (...) III – condenação criminal transitada em julgado, enquanto durarem seus efeitos". Portanto, durante o período de cumprimento da pena, seja qual for a sua natureza, não pode o sentenciado votar e ser votado, ainda que não esteja em estabelecimento fechado. Mirabete entende ainda vigente a Lei Complementar 42/1982, cujos efeitos dizem respeito à inelegibilidade e não ao direito de votar, embora o autor reconheça que o preso condenado não tem direito ao voto, para garantir um "mínimo de eficácia" ao texto constitucional. Afirma, ainda, que o alcance da lei referida envolve somente determinados crimes: contra a segurança nacional e ordem pública, a administração e a fé pública, a economia popular, o patrimônio e eleitorais.[1]

Assim não nos parece. A Constituição Federal de 1988, posterior à mencionada lei complementar, não exige qualquer complemento para o seu preceito, que é impositivo. Enquanto durar o efeito da condenação, portanto, durante o seu cumprimento – em qualquer tipo de regime ou de qualquer maneira – não pode o condenado votar e ser votado. Quanto aos presos provisórios, é certo que mantêm os direitos de votar e ser votados, mas, na prática, não tem sido possível assegurar a eles o direito ao sufrágio, em face da inviabilidade de instalação de sessões eleitorais no interior dos presídios.

No parágrafo único do art. 3.º da Lei de Execução Penal registra-se que "não haverá qualquer distinção de natureza racial, social, religiosa ou política". Lembre-se que, atualmente, é considerada racismo, também, a discriminação por orientação sexual, conforme julgamento do Supremo Tribunal Federal.

A proibição da distinção entre seres humanos, vedando-se toda e qualquer forma de discriminação, é matéria constitucional e foi abordada no art. 3.º, IV, da Constituição Federal: "Constituem objetivos fundamentais da República Federativa do Brasil: (...) IV – promover o bem de todos, sem preconceitos de origem, raça, sexo, cor, idade e quaisquer outras formas de discriminação". O repúdio ao racismo é expresso (arts. 4.º, VIII, e 5.º, XLII, CF).

Aliás, seria uma afronta às finalidades da pena submeter o condenado a qualquer espécie de discriminação, justamente durante a execução da sua pena, quando ele precisa auferir bons exemplos e ter oportunidades justas para assegurar a sua reintegração social.

Os direitos especificamente previstos na Lei de Execução Penal serão vistos em capítulo posterior.

2. COOPERAÇÃO DA COMUNIDADE

Estabelece o art. 4.º da Lei de Execução Penal que "o Estado deverá recorrer à cooperação da comunidade nas atividades de execução da pena e da medida de segurança". Sobre esse dispositivo, esclarece a Exposição de Motivos da Lei de Execução Penal (item 25): "muito além da passividade ou da ausência de reação quanto às vítimas mortas ou traumatizadas, a comunidade participa ativamente do procedimento da execução, quer através de um conselho, quer através das pessoas jurídicas ou naturais que assistem ou fiscalizam não somente as reações penais em meio fechado (penas privativas da liberdade e medida de segurança detentiva) como também em meio livre (pena de multa e penas restritivas de direitos)".

---

[1] *Execução penal*, p. 41-42.

Portanto, havendo a integração da comunidade, por meio de organismos representativos, no acompanhamento da execução das penas, torna-se maior a probabilidade de recuperação do condenado, inclusive porque, quando findar a pena, possivelmente já terá apoio garantido para a sua reinserção social, mormente no mercado de trabalho. Para tanto, são previstos como órgãos da execução penal o Patronato (arts. 78 e 79, LEP) e o Conselho da Comunidade (arts. 80 e 81, LEP).

É fundamental a união da sociedade em torno da recuperação de quem foi preso, especialmente por longo tempo. No entanto, o Estado tem a parcela principal de responsabilidade, devendo garantir um lugar decente para o egresso ficar até reencontrar a família ou buscar um canto seu, bem como precisa conceder incentivos de várias ordens para que empresas contratem ex-detentos. Se a comunidade voltar as costas ao sentenciado e assim também fizer o Estado, torna-se uma missão quase impossível proporcionar uma autêntica regeneração dos que cumpriram pena privativa de liberdade.

3. RESUMO DO CAPÍTULO

- **Direitos humanos e punição:** não se desvinculam ambos os conceitos e temas. É perfeitamente viável garantir-se a punição de quem pratica um crime, mantendo-se o estrito cumprimento da lei, de modo a assegurar, com isso, o respeito aos direitos individuais e fundamentais.

Capítulo III

Da classificação

1. CLASSIFICAÇÃO DO CONDENADO

Classificar, em sentido amplo, significa distribuir em grupos ou classes, conforme determinados critérios. No caso da Lei de Execução Penal, torna-se fundamental separar os presos, determinando o melhor lugar para que cumpram suas penas, de modo a evitar o contato negativo entre reincidentes e primários, pessoas com elevadas penas e outros, com penas brandas, dentre outros fatores. Em suma, não se deve mesclar, num mesmo espaço, condenados diferenciados.

A individualização da pena é preceito constitucional (art. 5.º, XLVI, CF) e vale tanto para o momento em que o magistrado condena o réu, aplicando a pena concreta, quanto para a fase da execução da sanção.[1] Por isso, conforme os antecedentes e a personalidade de cada sentenciado, orienta-se a maneira ideal de cumprimento da pena, desde a escolha do estabelecimento penal até o mais indicado pavilhão ou bloco de um presídio para que seja inserido.

No art. 5º LEP encontra-se: "os condenados serão classificados, segundo os seus antecedentes e personalidade, para orientar a individualização da execução penal".

---

[1] Aliás, o princípio constitucional da individualização da pena possui três fases: a) individualização legislativa (momento em que o Parlamento *cria* o tipo penal incriminador e estabelece as penas abstratas mínima e máxima); b) individualização judicial (quando o julgador condena o réu e, a partir disso, fixa a pena concreta merecida, conforme os critérios legais); c) individualização executória (o juiz da execução penal aplica benefícios e também sanções conforme o progresso ou faltas do preso).

1.1. Antecedentes

Trata-se de tudo o que ocorreu, no campo penal, ao agente, vale dizer, é a sua vida pregressa em matéria criminal. Antes da Reforma da Parte Geral de 1984, podia-se dizer que os antecedentes abrangiam todo o passado do sentenciado, desde as condenações porventura existentes até o seu relacionamento nos vários setores da sociedade (na família, no trabalho, na vizinhança etc.).

Atualmente, no entanto, os *antecedentes* destacaram-se da expressão *conduta social* – igualmente inserida no art. 59 do Código Penal – circunscrevendo-se à análise da folha de antecedentes criminais. Portanto, reserva-se ao termo *antecedentes* o registro da prática de infrações penais, nascendo, então, outra divergência para definir, exatamente, quais anotações poderiam ser levadas em consideração para se afirmar que determinada pessoa possui maus antecedentes. Formaram-se duas correntes, desde a reforma da Parte Geral: a) todos os registros constantes da folha de antecedentes podem ser levados em conta, tais como inquéritos em andamento ou arquivados, processos em andamento ou extintos, processos em que houve absolvição, processos em que houve condenação, enfim, tudo o que o juiz quiser considerar; b) somente os registros de condenações com trânsito em julgado, afastando-se inquéritos e processos em andamento e os que foram arquivados ou extintos sem solução condenatória. Em matéria penal, terminou prevalecendo, com razão, a segunda posição, hoje estampada na Súmula 444 do Superior Tribunal de Justiça: "É vedada a utilização de inquéritos policiais e ações penais em curso para agravar a pena-base". A partir disso, a classificação do condenado, nos termos do art. 5.º da LEP, deve fundamentar-se nessa última visão.

Observe-se ter o legislador optado por inserir o termo *antecedentes* para a classificação do condenado – e não reincidência. Este último é mais específico, enquanto aquele é mais amplo. Reincidente é quem torna a praticar um crime depois de já ter sido condenado definitivamente por delito anterior. Porém, a condenação, com pena cumprida ou extinta, tem um prazo de caducidade de cinco anos, após o qual, se o indivíduo voltar a cometer um crime, será considerado primário (art. 64, I, CP). Quanto aos antecedentes (registros de condenações definitivas), não há prazo para perderem o valor; eis o motivo de se inserir na Lei de Execução Penal os antecedentes e não a reincidência.[2]

Em decorrência dessa verificação, deve o diretor do estabelecimento penitenciário evitar que reincidentes se misturem com primários, assim como deve separar os apenados com vários antecedentes daqueles que não os possuam antes da presente condenação.

---

[2] O STF definiu a questão, em julgamento ocorrido no Plenário, nos seguintes termos: "o Tribunal, por maioria, apreciando o tema 150 da repercussão geral, deu parcial provimento ao recurso extraordinário e fixou a seguinte tese: 'Não se aplica para o reconhecimento dos maus antecedentes o prazo quinquenal de prescrição da reincidência, previsto no art. 64, I, do Código Penal', nos termos do voto do Relator, vencidos os Ministros Ricardo Lewandowski, Marco Aurélio, Gilmar Mendes e Dias Toffoli (Presidente). Plenário, rel. Roberto Barroso, Sessão Virtual de 7.8.2020 a 17.8.2020" (RE 593.818 – SC).

1.2. Personalidade

Cuida-se do conjunto de caracteres exclusivos de uma pessoa, parte herdada, parte adquirida. "A personalidade tem uma estrutura muito complexa. Na verdade, é um conjunto somatopsíquico (ou psicossomático) no qual se integra um componente morfológico, estático, que é a conformação física; um componente dinâmico-humoral ou fisiológico, que é o temperamento; e o caráter, que é a expressão psicológica do temperamento (...). Na configuração da personalidade congregam-se elementos hereditários e socioambientais, o que vale dizer que as experiências da vida contribuem para a sua evolução. Esta se faz em cinco fases bem caracterizadas: infância, juventude, estado adulto, maturidade e velhice".[3]

É imprescindível, no entanto, haver uma análise do meio e das condições em que o sentenciado se formou e viveu, até chegar ao presídio, pois o bem-nascido, livre de agruras e privações de ordem econômica ou mesmo de abandono familiar, quando tende ao crime, deve ser mais rigorosamente observado do que o miserável, que tenha praticado uma infração penal, para garantir sua sobrevivência. Por outro lado, personalidade não é algo estático, mas se encontra em constante mutação. Estímulos e traumas de toda ordem agem sobre ela. Não é demais supor que alguém, após ter cumprido vários anos de pena privativa de liberdade em regime fechado, tenha alterado sobremaneira sua personalidade. São exemplos de fatores positivos da personalidade: bondade, calma, paciência, amabilidade, maturidade, responsabilidade, bom humor, coragem, sensibilidade, tolerância, honestidade, simplicidade, desprendimento material, solidariedade.

São fatores negativos: maldade, agressividade (hostil ou destrutiva), impaciência, rispidez, hostilidade, imaturidade, irresponsabilidade, mau humor, covardia, frieza, insensibilidade, intolerância (racismo, homofobia, xenofobia), desonestidade, soberba, inveja, cobiça, egoísmo.

Vale citar a lição de Recaséns Siches: "a personalidade concreta de cada indivíduo humano constitui o resultado da íntima combinação de múltiplos e variados componentes, entre os quais figuram os mencionados a seguir: a) *fatores biológicos 'constitucionais'* como: os fatores genéticos (genes, cromossomos etc.); os componentes químicos determinados pelas glândulas de secreção interna (...), estatura, pigmentação, tipos somáticos etc.; b) *grau de desenvolvimento biológico*, por ex., idade; c) *fatores biológicos adquiridos*, como, por ex., os efeitos da alimentação (...); os efeitos de determinados intoxicantes; os efeitos de certas drogas etc.; d) *fatores psíquicos 'constitucionais'*, como, por ex., o caráter frio ou apaixonado, nervoso ou tranquilo; extroversão ou introversão etc.; e) *fatores psíquicos adquiridos*, como, por ex., os hábitos, formas mecanizadas ou automatizadas de conduta que se constituíram sob a influência de fatores diversos, por decisão voluntária inicial, sob a pressão do ambiente social, pela educação etc.; f) *fatores sociais e culturais*, por ex., tudo o que o sujeito aprende dos demais seres humanos, tanto dos indivíduos com quem está em contato direto (...), além de convicções coletivas vigentes, costumes, usos (...) profissão ou ofício (...), a fé religiosa (...), as convicções políticas (...), o fato de ter

---

[3] Guilherme Oswaldo Arbenz, *Compêndio de medicina legal.*

como língua materna um idioma meramente vernáculo, ou um idioma que é veículo de comunicação universal no mundo da cultura etc.".[4]

2. DIFERENÇA ENTRE EXAME DE CLASSIFICAÇÃO E EXAME CRIMINOLÓGICO

O primeiro é mais amplo e genérico, envolvendo aspectos relacionados à personalidade do condenado, seus antecedentes, sua vida familiar e social, sua capacidade laborativa, entre outros fatores, aptos a evidenciar o modo pelo qual deve cumprir sua pena no estabelecimento penitenciário (regime fechado ou semiaberto); o segundo é mais específico, abrangendo a parte psiquiátrica do exame de classificação, pois concede maior atenção à maturidade do condenado, sua disciplina, capacidade de suportar frustrações e estabelecer laços afetivos com a família ou terceiros, além de captar o grau de agressividade, visando à composição de um conjunto de fatores, destinados a construir um prognóstico de periculosidade, isto é, da tendência a voltar à vida criminosa.

Em verdade, o exame de classificação, o exame criminológico e o parecer da Comissão Técnica de Classificação não diferiam, na prática, constituindo uma única peça, feita, por vezes, pelos mesmos profissionais em exercício no estabelecimento prisional. Logo, cabia ao magistrado extrair os aspectos interessantes à sua análise no tocante à personalidade, à tendência do sentenciado à delinquência, à sua disciplina e à adaptabilidade ao benefício que almejava conquistar. Nas palavras de Mirabete, "as duas perícias, a criminológica e a da personalidade, colocadas em conjugação, tendem a fornecer elementos para a percepção das causas do delito e indicadores para sua prevenção".[5]

Quando a Comissão Técnica de Classificação se incumbia de elaborar os seus exames ou pareceres, durante toda a execução, desde o início até os momentos de progressão de regime ou para a obtenção de livramento condicional, havia uma única peça (um dos integrantes da CTC é o psiquiatra). Passando a Comissão a realizar somente o exame inicial de classificação, quando o Judiciário exigir o exame criminológico, esta avaliação deverá ser realizada, preferencialmente, pelo psiquiatra forense, por meio de um laudo. Entretanto, em muitos casos, na falta desse profissional, tem-se emitido o *exame criminológico* em termos variados: ora surge como um parecer da Comissão Técnica de Classificação; ora aparece como um simples laudo psicológico; ora emerge como um parecer de alguns diretores de serviço do presídio, junto com um psicólogo ou com um assistente social. Enfim, inexiste um padrão, na prática. Alguns magistrados aceitam qualquer espécie de avaliação para analisar o direito à progressão ou ao livramento condicional; outros exigem o exame do psiquiatra; porém, na realidade, à falta de profissionais habilitados e custeados pelo Executivo, o Judiciário termina ficando sem opções. Exigir o exame criminológico, feito por um psiquiatra forense, necessariamente, pode significar atraso e prejuízo para o condenado, que não provocou essa situação. Há os juízes da execução penal trabalhado

---

[4] Recaséns Siches, *Tratado de sociologia*, p. 144-145.

[5] *Execução penal*, p. 51.

com o material que o Executivo lhes fornece que, muitas vezes, é deficiente e insatisfatório para uma correta avaliação do mérito para a obtenção do benefício.

A Súmula Vinculante n. 26 do STF autoriza a realização do exame criminológico, quando o juiz entender necessário para formar o seu convencimento, em especial, nos casos de condenações por crimes violentos contra a pessoa. Eis o conteúdo da súmula: "Para efeito de progressão de regime no cumprimento de pena por crime hediondo, ou equiparado, o juízo da execução observará a inconstitucionalidade do art. 2º da Lei 8.072, de 25 de julho de 1990, sem prejuízo de avaliar se o condenado preenche, ou não, os requisitos objetivos e subjetivos do benefício, *podendo determinar, para tal fim, de modo fundamentado, a realização de exame criminológico*" (grifamos).

A Súmula 439 do STJ, de modo similar, dispõe o seguinte: "admite-se o exame criminológico pelas peculiaridades do caso, desde que em decisão motivada". Nesse contexto, há julgados do Superior Tribunal de Justiça a delimitar a necessidade do exame criminológico apenas quando houver intercorrências negativas durante a execução da pena, não podendo justificar a requisição desse exame o fato de cumprir o sentenciado uma pena longa, por crime(s) grave(s). Parece-nos uma restrição desnecessária, pois, havendo falta grave durante o cumprimento da pena, tal ocorrência ficará anotada no prontuário do condenado e acarretará a emissão de um atestado de má conduta carcerária. Essa hipótese servirá de base para impedir a progressão de regime e outros benefícios.

Por outro lado, sabe-se que alguns sentenciados, que dominam presídios ou lideram organizações criminosas, não fazem nada diretamente, mas mandam fazer. Portanto, não têm anotações negativas no prontuário, embora um exame criminológico possa apontar justamente esse aspecto oculto. Enfim, penas extensas, decorrentes de crimes violentos contra a pessoa, podem servir de esteio para a requisição de exame criminológico.

Mais detalhes serão fornecidos no item 5 do Capítulo IX, inclusive apontando para a modificação introduzida pela Lei 14.843/2024, quanto à exigência do exame criminológico para todas as progressões de regime.

2.1. Função da Comissão Técnica de Classificação e a individualização executória da pena

A anterior disposição do art. 6.º da Lei de Execução Penal era a seguinte: "A classificação será feita por Comissão Técnica de Classificação que elaborará o programa individualizador e acompanhará a execução das penas privativas de liberdade e restritivas de direitos, devendo propor, à autoridade competente, as progressões e regressões dos regimes, bem como as conversões".

Após o advento da Lei 10.792/2003, modificou-se a redação do art. 6.º. Buscou-se manietar a execução penal, restringindo o conhecimento do juiz e eliminando a participação da Comissão Técnica de Classificação no valioso momento de análise do merecimento para a progressão de regime. Assim ficou a atual redação ao art. 6.º da referida LEP: "A classificação será feita por Comissão Técnica de Classificação que elaborará o programa individualizador da pena privativa de liberdade adequada ao condenado ou preso provisório".

A modificação deveu-se a pressões de vários setores, especialmente de integrantes do Poder Executivo, que arca com os custos não só das Comissões existentes, mas também dos presídios em geral, sob o argumento de serem os laudos das referidas Comissões Técnicas de Classificação "padronizados", de pouca valia para a individualização executória. Por outro lado, haveria excesso de subjetivismo nesses pareceres, que acabavam por convencer o juiz a segurar o preso no regime mais severo (fechado ou semiaberto), o que terminaria por gerar a superlotação das cadeias e estabelecimentos penitenciários. Entretanto, a mudança foi, em nosso entender, negativa para o processo de individualização executória da pena. Não se pode obrigar o magistrado, como se pretendeu com a edição da Lei 10.792/2003, a conceder ou negar benefícios penais somente com a apresentação do simples atestado de conduta carcerária (conforme prevê o art. 112, § 1.º, da Lei 7.210/84). A submissão integral do Poder Judiciário aos órgãos administrativos do Executivo não pode jamais ocorrer.

Um diretor de presídio não pode ter força suficiente para determinar os rumos da execução penal no Brasil. Fosse assim e transformar-se-ia em execução *administrativa* da pena, perdendo-se o seu relevante aspecto jurisdicional.

Por isso, o STF e o STJ contornaram o disposto no mencionado art. 112, § 1.º, da Lei de Execução Penal, para permitir que o juiz requisite o exame criminológico, quando considerar necessário, especialmente quando se tratar de autores de crimes violentos, para avaliar a progressão de regime ou obtenção de livramento condicional. A posição adotada pelas Cortes Superiores foi bem equilibrada, afinal, nem todos os casos precisam de exame criminológico, mormente quando se trata de autor de delito não violento, muitas vezes com reduzidas penas a cumprir.

Portanto, cabe ao juiz da execução penal determinar a realização do exame criminológico, *quando entender necessário*, o que pode ocorrer no caso de autores de crimes violentos contra a pessoa. Como narrado no tópico anterior, é possível que receba um parecer da Comissão Técnica de Classificação ou laudo assinado por psicólogo(a) – e não por psiquiatra forense. Entretanto, parece-nos curial analisar o caso concreto para verificar se o parecer ou laudo emitido satisfaz o objetivo de estabelecer um prognóstico a respeito do comportamento do condenado em regime menos rigoroso ou em liberdade condicional.

A requisição do exame ou do parecer fundamenta-se não apenas no preceito constitucional de que ninguém se exime de colaborar com o Poder Judiciário, mas também na clara norma da Constituição Federal a respeito da individualização da pena, que não se limita à aplicação da pena na sentença condenatória. Qualquer tentativa de engessar a atividade jurisdicional deve ser coibida. Se os pareceres e os exames eram padronizados em alguns casos, não significa que não merecessem aperfeiçoamento. Sua extinção em nada contribuiu para a riqueza do processo de individualização da pena ao longo da execução.

Somente para argumentar, se os pareceres das Comissões Técnicas de Classificação eram tão imprestáveis para a progressão, como era alegado pelos defensores da sua extinção, deveriam ter a mesma avaliação para a inicialização da execução penal. Ora, quem padroniza o parecer para a progressão pode perfeitamente padronizá-lo para o início do cumprimento da pena. A mantença da Comissão para avaliar o condenado no começo da execução, mas a sua abolição para o acompanhamento do preso, durante a execução, representa um prejuízo ao princípio da individualização da pena.

Com a edição da Lei 14.843/2024, inseriu-se no art. 112, § 1.º, da Lei de Execução Penal, a obrigatoriedade de realização do exame criminológico para todas as progressões de regimes. Passou-se de um extremo a outro, o que também não é recomendável. Analisaremos no item 5 do Capítulo IX. Todavia, não se tornou a exigir parecer da Comissão Técnica de Classificação.

2.2. Importância da Comissão Técnica de Classificação

A Comissão Técnica de Classificação, que deve existir nos estabelecimentos penais, é composta pelo diretor da unidade, que a presidirá, por dois chefes de serviço, um psiquiatra, um psicólogo e um assistente social (art. 7.º, LEP).

Pela própria composição da equipe de avaliação do preso pode-se constatar a sua relevância. Quem pode analisar o condenado com maior profundidade são justamente os profissionais atuantes no presídio. O diretor do estabelecimento penitenciário, os chefes de serviço de setores variados (trabalho, lazer, administração etc.), o psiquiatra, o psicólogo e o assistente social são os valorosos observadores dos presos, que elaboram o parecer para o início do cumprimento da pena.

O juiz da execução penal, última voz na individualização executória da pena, precisa ser bem-informado e *dar a cada um o que é seu* por direito e justiça. Presos ligados ao crime organizado, por exemplo, podem ser detectados pelos profissionais da Comissão Técnica de Classificação, que atuam no presídio, embora nunca tenham cometido falta grave, logo, podem possuir prontuário "limpo", mas atividade sub-reptícia no presídio, sem qualquer merecimento para a progressão.

Reiteramos ser a avaliação do condenado muito importante para o fim de individualizar a execução da sua pena, desde que feita em casos específicos, devidamente justificados pelo magistrado.

2.3. Análise da personalidade

Temos sustentado que o mais relevante fator de diferenciação entre um ser humano e outro é a personalidade. As pessoas, inclusive irmãos gêmeos, jamais possuem, exatamente, a mesma maneira de ser e agir. Por isso, para a ideal individualização executória da pena, precisa o magistrado deter todas as informações possíveis acerca do preso. Para tanto, valendo-se da fundamental atividade da Comissão Técnica de Classificação, buscará conhecer melhor a pessoa que está sob seu julgamento, para o fim de receber – ou não – benefícios durante a execução da pena.

A obtenção dos dados necessários para revelar a personalidade depende, de fato, como prevê o art. 9.º, de uma ampla coleta de material em todas as fontes possíveis. A entrevista de pessoas, preferencialmente, da família do condenado, bem como a consecução de informes em geral de repartições e estabelecimentos privados (ex.: antigo emprego do sentenciado) e a realização de outras diligências (ex.: visita à morada da família ou de amigos) constituem mecanismos válidos, dentro do sigilo profissional da equipe multidisciplinar, para atingir a conclusão sobre a personalidade do reeducando.

2.4. Identificação do perfil genético

Essa modalidade de identificação é apenas uma espécie de identificação criminal, não constituindo, por si só, constrangimento ilegal ou afronta a qualquer direito individual. A Constituição Federal (art. 5.º, LVIII) estabelece que o civilmente identificado não será submetido a identificação criminal, salvo nas hipóteses previstas em lei. Sempre nos pareceu exagerada essa previsão constitucional, pois *todos* os indiciados ou réus deveriam ser, sempre, identificados criminalmente, sem que isso pudesse representar qualquer vexame ou constrangimento, desde que resguardado o momento e o sigilo do ato. Trata-se da segurança jurídica de não se processar uma pessoa em lugar de outra, gerando um dos piores erros judiciários possíveis.

Durante vários anos, o sistema legislativo deixou de editar lei específica para complementar a norma constitucional, até que o fez. Hoje, vigora a Lei 12.037/2009, cuidando dos casos de identificação criminal, bem como já existia a Lei 9.034/95 (revogada pela Lei 12.850/2013), estipulando que os acusados envolvidos em ação praticada por organização criminosa sempre seriam identificados criminalmente, mesmo que tivessem identificação civil (art. 5.º). A essas leis, soma-se o advento da Lei 12.654/2012, que provocou algumas alterações na Lei 12.037/2009, bem como na Lei de Execução Penal.

Criou-se mais uma hipótese de identificação criminal obrigatória, com a modificação introduzida pela Lei 13.964/2019, nos seguintes termos: "o condenado por crime doloso praticado com violência grave contra a pessoa, bem como por crime contra a vida, contra a liberdade sexual ou por crime sexual contra vulnerável, será submetido, obrigatoriamente, à identificação do perfil genético, mediante extração de DNA (ácido desoxirribonucleico), por técnica adequada e indolor, por ocasião do ingresso no estabelecimento prisional" (art. 9º-A, LEP).

A reforma inserida pela referida Lei 13.964/2019 conferiu nova redação ao art. 9º-A, *caput*. No início, a novel redação foi vetada pelo Poder Executivo, mas o Parlamento derrubou o veto. O motivo do referido veto pareceu-nos correto, pois a anterior redação permitia a submissão do condenado à identificação do perfil genético nos casos de crimes violentos graves contra a pessoa e para *todos os demais delitos considerados hediondos*, previstos no art. 1º da Lei 8.072/90.

Por isso, o atual conteúdo do art. 9º-A, afastado o veto, *reduziu* o conjunto de crimes, retirando o rol dos crimes hediondos e, em seu lugar, inseriu os crimes contra a vida, contra a liberdade sexual e crime sexual contra vulnerável, em redação contestável. Em primeiro lugar, aponta crimes contra a vida, sem nem especificar se isto abrange os dolosos e os culposos ou somente os dolosos. Tudo indica serem somente os dolosos, porque são os mais graves, avaliando-se, teleologicamente, o conteúdo deste dispositivo. Mesmo assim, em vez de listar unicamente os crimes de homicídio, terminou generalizando, o que envolve o apoio a suicídio ou automutilação (art. 122, CP); infanticídio (art. 123, CP) e as formas de aborto (arts. 124 a 126, CP).

Não faz nenhum sentido, pois, afora o homicídio qualificado, dificilmente os demais provocam o ingresso do condenado em regime carcerário, logo, em estabelecimento prisional. Portanto, para essa finalidade, foi inócua a reforma. Não bastasse, ao mencionar, exclusivamente, crimes contra a *liberdade sexual*, além do estupro (art. 213, CP), delito realmente grave, abrange outras infrações penais menos importantes, que, raramente, conduzem o sentenciado a estabelecimento prisional: violação sexual mediante fraude (art. 215, CP); importunação sexual (art. 215-A, CP) e assédio sexual (art. 216-A, CP). Outra inutilidade. O terceiro grupo menciona os crimes sexuais contra vulnerável, envolvendo o grave delito de estupro de vulnerável (art. 217-A, CP), mas, também, crimes menos relevantes, que, dificilmente, levam o condenado ao cárcere: corrupção de menores (art. 218, CP); satisfação de lascívia mediante presença de criança ou adolescente (art. 218-A, CP); favorecimento da prostituição ou de outra forma de exploração sexual de criança ou adolescentes ou de vulnerável (art. 218-B, CP) e divulgação de cena de estupro ou de cena de estupro de vulnerável, de cena de sexo ou de pornografia (art. 218-C, CP). Em suma, quanto à modificação do *caput* do art. 9º-A, teria sido melhor manter o veto presidencial. De qualquer forma, para os delitos indicados nesse dispositivo, a identificação é obrigatória, quando da entrada no estabelecimento prisional.

Temos sustentado que a identificação criminal, quanto mais segura, melhor. Portanto, não se vislumbra nenhum vício de constitucionalidade. O Estado tem possibilidade de apurar crimes e sua autoria com a certeza de não processar um indivíduo em lugar de outro, por falha na documentação colhida, sujeita que é aos mais diversos procedimentos de falsificação. O acusado, igualmente, terá a oportunidade de não responder por delitos cometidos por pessoa diversa. Logo, como já exposto, não vislumbramos nenhuma lesão a direito ou garantia individual nessa medida. Coleta-se material biológico (DNA) para a perfeita identificação criminal, de acordo com o perfil genético.

Em verdade, deveria ter sido fixado para todos os condenados, evitando-se *qualquer espécie de erro judiciário*, independentemente da gravidade do crime. A colheita do material não será invasiva, como já não é no tocante à impressão datiloscópica e à fotografia. Os dados ficam arquivados em banco sigiloso. A eles somente terá acesso o juiz competente, em caso de investigação criminal, a pedido de autoridade policial, de modo a realizar confronto com outros elementos colhidos, permitindo-se estabelecer, com nitidez, a autoria de um delito – ou excluí-la com a mesma segurança.

Note-se que não se vai exigir do indiciado ou acusado que faça prova contra si mesmo *doando* material genético para confrontar com o perfil contido no banco de dados. Na verdade, a polícia poderá extrair da cena do crime todos os elementos necessários para estabelecer um padrão de confronto (ex.: fio de cabelo, sêmen, sangue etc.).

2.4.1. *Constitucionalidade da medida*

Reitere-se que a identificação criminal, quanto mais segura, melhor. O Estado tem possibilidade de apurar crimes e sua autoria com certeza de não processar um indivíduo em lugar de outro, por falha na documentação colhida, sujeita que é aos mais diversos procedimentos de falsificação. O acusado, igualmente, terá a oportunidade de não responder por delitos cometidos por pessoa diversa. Logo, não vislumbramos nenhuma lesão a direito ou garantia individual nessa medida.

Coleta-se material biológico (DNA) para a perfeita identificação criminal, de acordo com o perfil genético. Estipulou-se o procedimento para os condenados por delitos graves (dolosos cometidos com violência contra a pessoa) e aos sentenciados por delitos hediondos. Em verdade, deveria ter fixado para todos os condenados, evitando-se qualquer espécie de erro judiciário, independentemente da gravidade do crime. Mas é um começo. A colheita do material não será invasiva, como já não é no tocante à impressão datiloscópica e à fotografia.

Os dados ficam arquivados em banco sigiloso. A eles somente terá acesso o juiz competente, em caso de investigação criminal, a pedido de autoridade policial, de modo a realizar confronto com outros elementos colhidos, permitindo-se estabelecer, com nitidez, a autoria de um delito – ou excluí-la com a mesma segurança. Note-se: não se vai exigir do indiciado ou acusado que faça prova contra si mesmo *doando* material genético para confrontar com o perfil contido no banco de dados. Na verdade, a polícia poderá extrair da cena do crime todos os elementos necessários para estabelecer um padrão de confronto (ex.: fio de cabelo, sêmen, sangue etc.). Diante disso, havendo dúvida quanto à identidade do autor, pode-se acessar o banco de dados para checar o perfil genético ali constante, a ser estabelecido por laudo pericial.

O material encontrado na cena do crime não foi compulsoriamente extraído do autor da infração penal, mas apenas colhido pelo agente estatal. Aliás, dá-se o mesmo, hoje, quando uma câmera qualquer filma um crime; valendo-se das imagens, a polícia pode encontrar o suspeito. Ou, ainda, quando se colhe, no local da infração, a impressão digital, permitindo-se encontrar o agente. Em suma, colher material genético para a identificação criminal de qualquer condenado não é procedimento suficiente para prejudicá-lo; ao contrário, busca-se assegurar a sua perfeita individualização. Se, no futuro, ele tornar a cometer um crime e a polícia, de posse de material colhido no local do delito ou da vítima, puder confrontar com os dados constantes do banco genético, encontrando-se o autor, cuida-se do aperfeiçoamento do sistema investigatório. O acusado não forneceu, obrigatoriamente, material algum para *fazer prova contra si mesmo*. O ponto de vista é outro: o Estado colheu dados noutras fontes e confrontou com perfil genético já existente.

Assim decidiu o Superior Tribunal de Justiça: "1. As supostas violações dos direitos fundamentais da legalidade, da privacidade, da presunção de culpabilidade, incisos II, X e LVII, do art. 5.º da Constituição Federal não foram objeto de deliberação no ato apontado como coator, constituindo supressão de instância seu conhecimento direito neste Tribunal

Superior. Precedentes. 2. Ninguém será obrigado a produzir elementos de prova contra si mesmo. Decorrente do direito ao silêncio, previsto no art. 5.º, LXVIII, o referido direito também tem sede convencional, especialmente no art. 8.º, 2, *g*, da Convenção Americana Sobre Direitos Humanos (Pacto de São José da Costa Rica), incorporado ao direito brasileiro pelo Decreto 678, de 6 de novembro de 1969. 3. Se a conduta determinada pela Lei impele alguém a, em razão de investigação, produzir elemento contrário ao seu interesse pela liberdade, há violação da vedação à autoincriminação compulsória; mas, ausente investigação sobre suposto crime, não há falar em violação do princípio da autoincriminação. 4. Não havendo fato definido como crime em apuração, o fornecimento do perfil genético não configura exigência de produção de prova contra o apenado. Tal exigência recrudesce o caráter de prevenção especial negativo da pena. 5. A determinação do art. 9º-A da Lei de Execução Penal não constitui violação do princípio da vedação à autoincriminação compulsória (*nemo tenetur se detegere*). Trata-se de procedimento de individualização e identificação possível graças ao avanço da técnica e que pode ser utilizado como elemento de prova para elucidação de crimes futuros. 6. Não vislumbro flagrante ilegalidade na determinação de fornecimento do perfil genético do paciente, condenado por delito descrito no art. 217-A do Código Penal, nos termos do art. 9.º-A da Lei de Execução Penal, constituindo falta grave a recusa, nos termos dos arts. 9.º-A, § 8.º, e 50, VIII, do referido marco legal. Precedentes. 7. *Writ* parcialmente conhecido e, nessa extensão, denegada a ordem" (HC 879.757-GO, 6.ª T., rel. Sebastião Reis Júnior, 20.08.2024, v. u.).

2.4.1.1. Banco de dados

Quanto ao banco de dados, não há livre acesso a tais dados identificadores. O perfil genético contará com sigilo absoluto, a ser regulado pelo Poder Executivo, encarregado de organizar o referido material, o que ficou ainda mais nítido com a inclusão do § 1.º-A: "a regulamentação deverá fazer constar garantias mínimas de proteção de dados genéticos, observando as melhores práticas da genética forense". Somente o magistrado terá acesso a tais dados, em situações de investigação criminal, bem como o titular dos dados genéticos, que, também, deve ter acesso aos documentos da cadeia de custódia que gerou tais dados, de modo a poder ser contraditado pela defesa (art. 9.º-A, § 3.º, LEP).

Sobre o acesso judicial, estabeleceu-se a necessidade de acesso por meio da autoridade judicial competente, quando se tratar de inquérito instaurado, mediante requerimento da polícia federal ou estadual. A norma exclui outra modalidade de investigação criminal, distinta do inquérito, bem como afasta a legitimidade do Ministério Público para requerer, diretamente, ao juiz a apuração de dados identificadores. Segundo cremos, essa estreiteza não pode permanecer. Em primeiro lugar, o magistrado pode, de ofício, acessar tais dados para garantir a perfeita identificação de acusado em processo sob sua apreciação.

Afinal, é ele o destinatário da prova produzida, cabendo-lhe formar a sua convicção como bem quiser, dentro da legalidade. Em segundo, o Ministério Público, podendo requisitar diligências da autoridade policial, certamente tem legitimidade para se dirigir, diretamente, ao magistrado, solicitando acesso ao banco de dados de perfil genético, desde que se trate de investigação criminal legitimamente instaurada.

Por derradeiro, vale ressaltar que a reforma trazida pela Lei 13.964/2019 instituiu os §§ 4.º e 8.º, determinando a obrigatoriedade dessa coleta de perfil genético, sob pena de constituir falta grave, em caso de recusa do condenado. Essa obrigatoriedade, como já mencionado, é constitucional, visto não se estar autorizando nenhuma forma de autoincriminação. Cuida-se de um modelo de identificação criminal, o que é bem diferente. Se a colheita de material para DNA for uma autoacusação, então, não se poderia colher impressão dactiloscópica ou fotografia do acusado.

2.4.1.2. Sobre os §§ 5.º a 7.º do art. 9.º-A

Foram vetados, mas o Congresso Nacional derrubou-os. Tornou a vigorar, nos seguintes termos: "§ 5.º A amostra biológica coletada só poderá ser utilizada para o único e exclusivo fim de permitir a identificação pelo perfil genético, não estando autorizadas as práticas de fenotipagem genética ou de busca familiar; § 6.º Uma vez identificado o perfil genético, a amostra biológica recolhida nos termos do *caput* deste artigo deverá ser correta e imediatamente descartada, de maneira a impedir a sua utilização para qualquer outro fim; § 7.º A coleta da amostra biológica e a elaboração do respectivo laudo serão realizadas por perito oficial".

Sobre o veto ao § 5.º (derrubado), pareceu-nos correto, pois o alcance do uso da amostra biológica coletada tornou-se mais restrito, sem necessidade.

O veto feito ao § 6.º, da mesma forma, foi correto, pois se os dados colhidos são sigilosos, inexiste razão plausível para o descarte, até pelo fato de permitir uma contraprova útil, inclusive, à defesa. Portanto, o veto era positivo.

Houve veto ao § 7.º (também derrubado pelo Parlamento), que fazia sentido, pois a simples coleta da amostra biológica não precisaria ser realizada por perito oficial, como se fosse um laudo. Afastado o veto, há de se exigir o perito oficial não somente para o laudo, mas, igualmente, para a coleta.

3. RESUMO DO CAPÍTULO

- **Classificação de condenado:** no caso da Lei de Execução Penal, torna-se fundamental separar os presos, determinando o melhor lugar para que cumpram suas penas, de modo a evitar o contato negativo entre reincidentes e primários, pessoas com elevadas penas e outros, com penas brandas, dentre outros fatores. Em suma, não se deve mesclar, num mesmo espaço, condenados diferenciados. É um dos aspectos da individualização executória da pena.
- **Exame criminológico:** é a avaliação feita, preferencialmente, pelo psiquiatra forense, demonstrando o grau de periculosidade (antissociabilidade) do condenado. Esse exame pode constar no parecer da Comissão Técnica de Classificação ou ser emitido de forma isolada.

- **Comissão Técnica de Classificação:** é a comissão "presidida pelo diretor e composta, no mínimo, por 2 (dois) chefes de serviço, 1 (um) psiquiatra, 1 (um) psicólogo e 1 (um) assistente social, quando se tratar de condenado à pena privativa de liberdade" (art. 7.º, LEP). Sua principal tarefa é verificar a mais adequada forma de individualizar a pena no contexto executório.

Comissão Técnica de Classificação (art. 7º, LEP)

- Diretor-geral do presídio
- Chefe de serviço } Mínimo de dois
- Chefe de serviço
- Psiquiatra
- Assistente social
- Psicólogo

Função:
Elaborar a classificação do preso, preparando o seu programa individualizador de pena privativa de liberdade.

EXAME DE CLASSIFICAÇÃO	EXAME CRIMINOLÓGICO
Objetivo: elaborar o programa individualizador de cumprimento da pena do sentenciado.	**Objetivo:** verificar as condições pessoais do preso, em especial a sua periculosidade, para saber se tornará a delinquir quando posto em liberdade.
Realizadores: membros da comissão técnica de classificação.	**Realizadores:** médico psiquiatra. Obs.: o ideal seria um laudo formado pela opinião do médico juntamente com de outros profissionais (psicólogo, assistente social etc.).
Destino: início do cumprimento da pena.	**Destino:** progressão ou livramento condicional.

Capítulo IV

Da assistência ao preso e ao egresso

1. NOÇÕES GERAIS

Quem está preso, por óbvio, precisa de assistência do Estado, pois se encontra sob a sua tutela. É o que dispõe o art. 10 da Lei de Execução Penal: "A assistência ao preso e ao internado é dever do Estado, objetivando prevenir o crime e orientar o retorno à convivência em sociedade".

Por outro lado, o sentenciado, ao deixar o cárcere, especialmente se passou muitos anos preso, necessita de amparo do Estado para retomar sua vida em sociedade (art. 10, parágrafo único, LEP). Possuindo o apoio da família ou de amigos, melhor será. Porém, pode não ser a realidade, motivo pelo qual os organismos estatais precisam de aparelhamento suficiente para não abandonar o recém-saído do presídio. Cremos ser fundamental, no mínimo, a busca conjunta (egresso e Estado) pelo emprego, como dissemos, sem contar, naturalmente, algum tempo em que se possa proporcionar morada e sustento a quem deixou o cárcere, porque cumpriu a pena ou está em livramento condicional.

2. MODALIDADES DE ASSISTÊNCIA

Ao preso, parece-nos cabíveis todas as formas indicadas nos incisos I a VI do art. 11 da Lei de Execução Penal: material, à saúde, jurídica, educacional, social e religiosa. Para quem se encontra sob a guarda, proteção e amparo do Estado, é essencial haver o sustento indispensável à sobrevivência digna, contando com a oferta de assistência jurídica, além de proporcionar trabalho, educação e viabilidade de dedicação a qualquer religião.

Ao egresso, a assistência se volta à orientação e ao suporte para a sua reintegração à vida em liberdade, bem como à concessão de alojamento e alimentação, em lugar adequado, pelo prazo de dois meses (art. 25, I e II, LEP). Por certo, o prazo mencionado pode ser insuficiente, podendo ser prorrogado uma vez, desde que comprovado o empenho do egresso para conseguir um emprego, havendo a declaração da assistência social (art. 25, parágrafo único, LEP).

2.1. Assistência material

Deve o Estado proporcionar ao preso (e ao internado por medida de segurança) o fornecimento de alimentação, vestuário e instalações higiênicas, como a viabilidade de banho diário e demais condutas correlatas (art. 12, LEP).

Quanto à alimentação, o ideal seria o Estado proporcionar instalações adequadas para que os próprios presos produzissem as refeições do dia (café da manhã, almoço, lanche, jantar), o que permitiria a ocupação dos detentos, autorizando o registro do trabalho para fins de remição (art. 126, LEP). Lamentavelmente, nesse tópico, tem-se assistido ao desmonte das cozinhas dos presídios, transferindo-se a incumbência para terceiros, que, após licitação, passam a ofertar refeições prontas para o encaminhamento direto aos presos. A pretexto de *economizar*, o Poder Executivo dilapidou o cenário laborativo positivo dos detentos, olvidando o aspecto mais relevante: o cumprimento da pena não deve dar lucro ao Estado, nem deve gerar economia de gastos a ponto de impedir atividades relevantes como o trabalho do preso.

Não significa dizer que o preso deve trabalhar para ser alimentado, vestido ou gozar de instalações salubres. Representa, isto sim, a oportunidade para que os estabelecimentos penais mantenham, em suas instalações, cozinha, lavanderia e departamento de limpeza, sem promover a cômoda *terceirização* de serviços, retirando postos de trabalho dos internos. Se os condenados pudessem trabalhar nesses espaços (cozinha, lavanderia ou limpeza geral), conseguiriam alcançar o benefício da remição, com o abatimento da pena, além de cumprir um de seus deveres, que é, justamente, executar o trabalho que lhe for destinado (art. 39, V, LEP).

O fechamento de locais apropriados à atividade laborativa teve como um dos principais argumentos o fato de ocorrer desperdício quanto ao consumo de alimentos pelos presos, que não saberiam economizar, dizendo-se o mesmo no tocante ao uso de produtos de limpeza para lavar roupas e cuidar da higiene do presídio. Pode-se contrariar essa assertiva por meio da organização de um corpo de funcionários treinados para fiscalizar os trabalhos e, com isso, contornar eventual gasto excessivo de produtos. Por outro lado, se o poder público tivesse cumprido devidamente a sua função básica de garantir o mínimo de sobrevivência digna às pessoas, promovendo a educação, assegurando o emprego e várias outras necessidades das comunidades carentes, por certo, o nível de criminalidade seria reduzido e não se aplicaria tanto numerário em estabelecimentos prisionais. Afinal, a redução do nível de desigualdade social e econômica de qualquer sociedade é prova eficiente de que há menos infrações penais, bastando analisar o que ocorre nos países considerados de primeiro mundo. De qualquer modo, é dever do Estado promover a ressocialização do condenado e, para tanto, quem se encontra nos regimes fechado e semiaberto precisa ter opções para trabalhar e estudar, pois essas atividades são essenciais para qualquer pessoa se reintegrar à sociedade. Transferindo muitos dos serviços internos dos presídios para empresas privadas, resta pouco a oferecer aos presos, até porque o Executivo não investe em outras oficinas e muito menos em salas de aula.

Além da assistência material essencial à garantia da sobrevivência do preso, em condições dignas, o estabelecimento penal deve dispor de locais para a venda de produtos e objetos permitidos, que estão fora da obrigação estatal de fornecimento (ex.: cantina, onde se possa adquirir refrigerantes, guloseimas, cigarros etc.), nos termos do art. 13 da Lei de Execução Penal.

2.2. Assistência à saúde

Nos mesmos moldes anteriormente expostos, a mantença de consultório médico e dentário no presídio, além de uma farmácia com produtos básicos, pode facilitar não somente a prevenção e a cura de doenças (art. 14, LEP), mas também constituir local adequado para que os sentenciados trabalhem, cumprindo seu dever e garantindo o benefício da remição. Como bem anota Norberto Avena, "como todo o ser humano, o preso está suscetível a doenças, risco esse que se eleva em razão das condições em que vive no ambiente prisional".[1] Nada mais adequado que a implementação da medicina preventiva, com exames regulares em toda a população carcerária, promovendo a separação dos enfermos e os cuidados indispensáveis para a sua recuperação em cenário propício.

Necessitando o preso de um tratamento mais relevante do que uma simples consulta, possivelmente, não encontrará amparo dentro do presídio. O Estado deve, portanto, proporcionar-lhe acesso a hospitais adequados, pelo período necessário. Lembre-se que, caso transferido a local específico para tratamento, sua permanência nesse lugar conta-se como cumprimento de pena.

2.3. Assistência médica à mulher e ao recém-nascido

A inserção do § 3.º no art. 14 da LEP ("Será assegurado acompanhamento médico à mulher, principalmente no pré-natal e no pós-parto, extensivo ao recém-nascido"), em 2009, tem por finalidade dar cumprimento *efetivo* ao disposto no art. 5.º, L, da Constituição Federal: "às presidiárias serão asseguradas condições para que possam permanecer com seus filhos durante o período de amamentação". Seguindo esse prisma, a Lei 14.326/2022 acrescentou o § 4.º: "Será assegurado tratamento humanitário à mulher grávida durante os atos médico-hospitalares preparatórios para a realização do parto e durante o trabalho de parto, bem como à mulher no período de puerpério, cabendo ao poder público promover a assistência integral à sua saúde e à do recém-nascido". Embora os §§ 3.º e 4.º possuam conteúdo similar, o 4º esmiuça mais o que se espera do poder público nessas situações.

---

1 *Execução penal – Esquematizado*, p. 33.

Portanto, garante-se o acompanhamento médico à presa, durante toda a gestação e na fase do pós-parto, incluindo-se nesses cuidados o recém-nascido. Na realidade, os avanços obtidos nos últimos anos, em relação aos estabelecimentos penais e à nova ideia de cumprimento de pena, proporcionaram, dentre outros, o surgimento do direito à visita íntima.

Ora, havendo contato sexual da presa com seu marido, companheiro ou namorado, é possível que ocorra a gravidez, não deixando de ser um direito correlato, portanto, a assistência médica durante o período de gestação e, também, logo após. Ademais, outras modificações introduzidas nesta Lei permitem o contato da presidiária com seu filho, ao menos, até os sete anos (ver art. 89, *caput*, LEP).

2.4. Assistência jurídica obrigatória

O disposto no art. 15, *caput*, da Lei de Execução prevê a concessão de assistência jurídica aos presos e internados *sem recursos financeiros para constituir advogado*. Permitimo-nos discordar. O direito à liberdade e, consequentemente, o de receber os benefícios cabíveis durante a execução penal é indisponível. Se o preso, abonado financeiramente ou não, tiver necessidade de um advogado, o Estado *deve* proporcionar-lhe um defensor dativo, ainda que possa, ao final da assistência, cobrar pelos serviços prestados, conforme a situação. Garante-se, com isso, o efetivo exercício da ampla defesa e do contraditório em todas as fases processuais.

Lembre-se que a execução da pena faz parte da continuidade do processo de conhecimento, ocasião em que o Estado faz valer a sua pretensão punitiva. Imagine-se, portanto, que o representante do Ministério Público pleiteie a revogação do livramento condicional ou a regressão a regime mais severo. Não pode o sentenciado ficar privado do direito de defesa técnica. Se for pobre, o Estado lhe proporcionará a assistência da defensoria pública. Se for rico e não quiser contratar um profissional, o Estado, ainda assim, lhe destinará advogado, devendo, depois, o beneficiário ressarcir os cofres públicos (art. 261, *caput*, c.c. art. 263, parágrafo único, do CPP). A Constituição Federal preceitua que o Estado prestará assistência jurídica integral e *gratuita* aos que demonstrarem insuficiência de recursos (art. 5.º, LXXIV). Isso não quer dizer que o preso em melhores condições financeiras possa ser prejudicado somente porque se recusou a contratar um advogado (ele pode, inclusive, agir propositadamente para, no futuro, buscar anular o processo ou a decisão proferida, por cerceamento de defesa).

O Estado *deve* proporcionar assistência jurídica a *todos* os presos. Será gratuita aos pobres; será cobrada, quando se tratar de condenado com suficiência de recursos.

2.4.1. Defensoria Pública

Constituída pela Lei 12.313/2010 como órgão da execução penal, além de possuir várias atribuições em relação aos interesses dos sentenciados hipossuficientes, é natural estar presente em todos os presídios, com amplo apoio dos Governos Estaduais, conferindo-lhes a estrutura necessária para exercer o seu mister (art. 16, LEP).

2.5. Assistência educacional

Dispõe o art. 17 da Lei de Execução Penal que "a assistência educacional compreenderá a instrução escolar e a formação profissional do preso e do internado". Segue o art. 205 da Constituição Federal no sentido de que "a educação, direito de todos e dever do Estado e da família, será promovida e incentivada com a colaboração da sociedade, visando ao pleno desenvolvimento da pessoa, seu preparo para o exercício da cidadania e sua qualificação para o trabalho". Por outro lado, deixa claro o texto constitucional, no art. 208, o seguinte: "(...) § 1.º O acesso ao ensino obrigatório e gratuito é direito público subjetivo. § 2.º O não oferecimento do ensino obrigatório pelo Poder Público, ou sua oferta irregular, importa responsabilidade da autoridade competente". Por isso cabe ao Estado promover o ensino fundamental (antigo 1.º grau) ao sentenciado que dele necessitar (art. 18, LEP).

Sob outro aspecto, dispõe o art. 32 da Lei 9.394/96 quanto ao ensino profissionalizante, torna-se parte essencial para o condenado ser "o ensino fundamental obrigatório, com duração de 9 (nove) anos, gratuito na escola pública, iniciando-se aos 6 (seis) anos de idade, terá por objetivo a formação básica do cidadão, mediante: I – o desenvolvimento da capacidade de aprender, tendo como meios básicos o pleno domínio da leitura, da escrita e do cálculo; II – a compreensão do ambiente natural e social, do sistema político, da tecnologia, das artes e dos valores em que se fundamenta a sociedade; III – o desenvolvimento da capacidade de aprendizagem, tendo em vista a aquisição de conhecimentos e habilidades e a formação de atitudes e valores; IV – o fortalecimento dos vínculos de família, dos laços de solidariedade humana e de tolerância recíproca em que se assenta a vida social. § 1.º É facultado aos sistemas de ensino desdobrar o ensino fundamental em ciclos. § 2.º Os estabelecimentos que utilizam progressão regular por série podem adotar no ensino fundamental o regime de progressão continuada, sem prejuízo da avaliação do processo de ensino-aprendizagem, observadas as normas do respectivo sistema de ensino. § 3.º O ensino fundamental regular será ministrado em língua portuguesa, assegurada as comunidades indígenas a utilização de suas línguas maternas e processos próprios de aprendizagem. § 4.º O ensino fundamental será presencial, sendo o ensino a distância utilizado como complementação da aprendizagem ou em situações emergenciais. § 5.º O currículo do ensino fundamental incluirá, obrigatoriamente, conteúdo que trate dos direitos das crianças e dos adolescentes, tendo como diretriz a Lei 8.069, de 13 de julho de 1990, que institui o Estatuto da Criança e do Adolescente, observada a produção e distribuição de material didático adequado. § 6.º O estudo sobre os símbolos nacionais será incluído como tema transversal nos currículos do ensino fundamental".

No mais, o art. 18-A refere-se ao seguinte: "o ensino médio, regular ou supletivo, com formação geral ou educação profissional de nível médio, será implantado nos presídios, em obediência ao preceito constitucional de sua universalização. § 1.º O ensino ministrado aos presos e presas integrar-se-á ao sistema estadual e municipal de ensino e será mantido, administrativa e financeiramente, com o apoio da União, não só com os recursos destinados à educação, mas pelo sistema estadual de justiça ou administração penitenciária. § 2.º Os sistemas de ensino oferecerão aos presos e às presas cursos supletivos de educação de jovens e adultos. § 3.º A União, os Estados, os Municípios e o Distrito Federal incluirão em seus programas de educação à distância e de utilização de novas tecnologias de ensino, o atendimento aos presos e às presas".

Quanto ao ensino profissionalizante, torna-se parte essencial para que o condenado, alfabetizado, possa desenvolver o aprendizado de alguma profissão, se já não possuir uma. De toda maneira, fica o Estado obrigado a garantir-lhe, nesta última hipótese, o aperfeiçoamento de seus conhecimentos, nos termos do art. 19 da Lei 7.210/1984.

A proteção à mulher, em face de suas peculiaridades como ser humano, especialmente por ser fisicamente mais fraca que o homem, impõe que a "pena será cumprida em estabelecimentos distintos, de acordo com a natureza do delito, a idade e o sexo do apenado" (art. 5.º, XLVIII, CF) e, também, que "às presidiárias serão asseguradas condições para que possam permanecer com seus filhos durante o período de amamentação" (art. 5.º, L, CF). Em consonância com essa particular proteção, anote-se o disposto no art. 9.º da Lei 8.069/1990: "O poder público, as instituições e os empregadores propiciarão condições adequadas ao aleitamento materno inclusive aos filhos de mães submetidas a medida privativa de liberdade". É mais do que natural, portanto, tenham as presidiárias direito a um ensino profissional diferenciado e adequado às suas reais necessidades.

Dispõe o art. 20 da LEP que "as atividades educacionais podem ser objeto de convênio com entidades públicas ou particulares, que instalem escolas ou ofereçam cursos especializados".

A ideia central é que o Poder Público ou entidades particulares possam instalar escolas ou oferecer cursos especializados no interior dos presídios, inclusive porque esta seria uma eficiente maneira de se atingir o condenado em regime fechado. Por isso, como já ressaltamos em nota anterior e ainda debateremos no capítulo da remição, o estudo bem dirigido e fiscalizado pode ser utilizado como mecanismo de diminuição gradual da pena.

Sob outro aspecto, preceituam os arts. 21 e 21-A da LEP: "em atendimento às condições locais, dotar-se-á cada estabelecimento de uma biblioteca, para uso de todas as categorias de reclusos, provida de livros instrutivos, recreativos e didáticos. Art. 21-A. O censo penitenciário deverá apurar: I – o nível de escolaridade dos presos e das presas; II – a existência de cursos nos níveis fundamental e médio e o número de presos e presas atendidos; III – a implementação de cursos profissionais em nível de iniciação ou aperfeiçoamento técnico e o número de presos e presas atendidos; IV – a existência de bibliotecas e as condições de seu acervo; V – outros dados relevantes para o aprimoramento educacional de presos e presas".

Sobre a prodigalidade legislativa, o Parlamento brasileiro é abundante em benesses, mormente na área da execução penal. No entanto, o Executivo simplesmente não cumpre o que foi estipulado em lei.

O apoio educacional, na prática, tem sido insuficiente. Como exemplo, em lugar de proporcionar estudo efetivo, muitos juízes das execuções penais, à falta de estrutura fornecida pelo Executivo, têm permitido a leitura de livros pelos presos para proporcionar o direito à remição. Não se tem um resultado concreto do que essa permissividade pode acarretar em relação ao contexto geral, ou seja, se realmente o apenado experimentará alguma utilidade na sua vida e na sua ressocialização.

2.6. Assistência social

Os profissionais da assistência social são aqueles que permitem um liame entre o preso e sua vida fora do cárcere, abrangendo família, trabalho, atividades comunitárias etc. Além disso, participam das Comissões Técnicas de Classificação, emitindo pareceres quanto à mais indicada forma de individualização da pena. Por vezes, quando o juiz requisita exame criminológico, em lugar deste laudo, o estabelecimento penal envia um parecer contando com uma avaliação do psicólogo e do assistente social.

Segundo dispõe o art. 23, "incumbe ao serviço de assistência social: I – conhecer os resultados dos diagnósticos e exames; II – relatar, por escrito, ao diretor do estabelecimento, os problemas e as dificuldades enfrentadas pelo assistido; III – acompanhar o resultado das permissões de saídas e das saídas temporárias; IV – promover, no estabelecimento, pelos meios disponíveis, a recreação; V – promover a orientação do assistido, na fase final do cumprimento da pena, e do liberando, de modo a facilitar o seu retorno à liberdade; VI – providenciar a obtenção de documentos, dos benefícios da previdência social e do seguro por acidente no trabalho; VII – orientar e amparar, quando necessário, a família do preso, do internado e da vítima".

2.7. Assistência religiosa

Estabelece o art. 5.º, VI, da Constituição Federal ser "inviolável a liberdade de consciência e de crença, sendo assegurado o livre exercício dos cultos religiosos e garantida, na forma da lei, a proteção aos locais de culto e a suas liturgias". O preso merece receber a *oportunidade* de participar de cultos, com ampla liberdade de crença, inclusive de não ter nenhuma, bem como de ter consigo os livros referentes à religião adotada.

Nessa linha, dispõe o art. 24 da Lei de Execução Penal que "a assistência religiosa, com liberdade de culto, será prestada aos presos e aos internados, permitindo-se-lhes a participação nos serviços organizados no estabelecimento penal, bem como a posse de livros de instrução religiosa. § 1º No estabelecimento haverá local apropriado para os cultos religiosos. § 2º Nenhum preso ou internado poderá ser obrigado a participar de atividade religiosa".

Tem-se acompanhado o trabalho voluntário de ministros religiosos em presídios, com resultados favoráveis no tocante à ressocialização do condenado, que acolhe preceitos religiosos para promover uma espontânea alteração de comportamento. Aliás, pode-se até constatar que as *conversões religiosas* têm mais eficiência, na prática, do que programas educacionais promovidos pelo Estado, sempre se respeitando a aderência voluntária do sentenciado.

2.8. Assistência ao egresso

Cremos ser fundamental à ideal ressocialização do sentenciado o amparo àquele que deixa o cárcere, em especial quando passou muitos anos detido, para que não se frustre e retorne à vida criminosa. Lamentavelmente, na maior parte das cidades brasileiras, onde há presídios, esse serviço inexiste. A consequência é o abandono ao qual é lançado o egresso, que, muitas vezes, nem mesmo para onde ir tem, após o cumprimento da pena.

Se tiver família que o ampare, pode-sedispensar o alojamento e a alimentação, valendo, somente, o empenho para a busca do emprego lícito.

2.8.1. *Conceito de egresso*

Em sentido amplo, quer dizer a pessoa que se afasta de uma comunidade qualquer após um período de ligação mais ou menos duradouro. O preso viveu em comunidade, no estabelecimento penitenciário – regimes fechado e semiaberto, motivo pelo qual é considerado liberado definitivo pelo prazo de um ano (art. 26, I, LEP). Durante esse tempo, pode necessitar de orientação e amparo para a perfeita reinserção social. Se preciso for, o Estado deve providenciar alojamento e alimentação, em local adequado, por, pelo menos, dois meses. Não deveria ser considerado *egresso* o condenado que estava inserido em Casa do Albergado e, finda a pena, é liberado definitivamente. Afinal, ele já estava, praticamente, reintegrado à sociedade, tanto que trabalhava fora da Casa do Albergado durante todo o dia e somente nela comparecia para o repouso noturno e para passar os fins de semana.

Parece-nos que seria mais que suficiente para o período de transição, de modo que, ao terminar a pena, poderia seguir para onde desejar, não necessitando de amparo estatal para tanto. Diversamente, aquele que deixa, abruptamente, o regime fechado – e mesmo o regime semiaberto – pode enfrentar o *choque* trazido pela súbita liberdade, sem saber o que fazer, nem mesmo para onde ir. Eis aí a ingerência do Poder Público, prestando-lhe assistência e amparo. Mas a lei não faz distinção, afirmando, apenas, que é considerado egresso o liberado definitivo, pelo prazo de um ano, a contar da saída do estabelecimento (presídio, colônia penal ou Casa do Albergado). Por outro lado, também é considerado *egresso* aquele que se encontra em livramento condicional, durante o período de prova (art. 26, II, LEP).Neste caso, a situação é mais coerente do que a enfrentada pelo albergado.

Há presos que podem sair diretamente do regime fechado (após cumprir, por exemplo, um terço da pena, se primário, de bons antecedentes, pode requerer o livramento condicional) para a liberdade. Em tese, nesta hipótese, precisam de efetiva assistência do poder público, justamente para conseguir trabalho lícito e morada imediata, especialmente se não contarem com o apoio da família.

Dispõe o Decreto 3.048/99, no art. 13, IV, o seguinte: "Mantém a qualidade de segurado, independentemente de contribuições: (...) IV – até doze meses após o livramento, o segurado detido ou recluso".

3. RESUMO DO CAPÍTULO

- **Egresso:** é o "liberado definitivo, pelo prazo de 1 (um) ano a contar da saída do estabelecimento" ou o "liberado condicional, durante o período de prova", nos termos do art. 26 da Lei de Execução Penal.

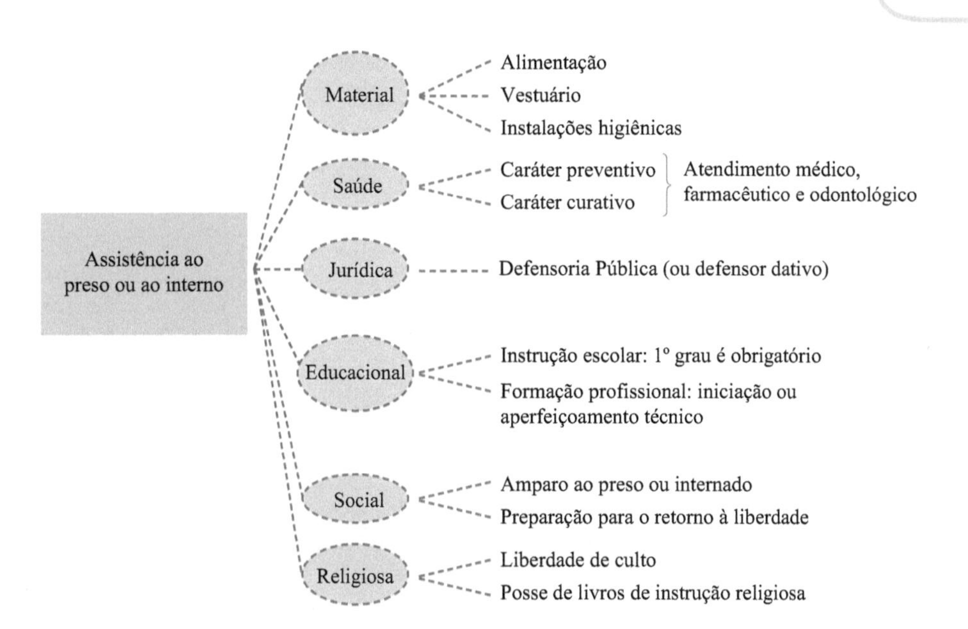
Assistência ao preso ou ao interno
Material
Alimentação
Vestuário
Instalações higiênicas
Saúde
Caráter preventivo
Caráter curativo
Atendimento médico, farmacêutico e odontológico
Jurídica
Defensoria Pública (ou defensor dativo)
Educacional
Instrução escolar: 1° grau é obrigatório
Formação profissional: iniciação ou aperfeiçoamento técnico
Social
Amparo ao preso ou internado
Preparação para o retorno à liberdade
Religiosa
Liberdade de culto
Posse de livros de instrução religiosa

Capítulo V

Do trabalho

1. TRABALHO OBRIGATÓRIO

O trabalho do preso é obrigatório (art. 39, V, LEP) e faz parte da laborterapia inerente à execução da pena do condenado, que necessita de reeducação. Por outro lado, a Constituição Federal veda a pena de trabalhos forçados (art. 5.º, XLVII, *c*, o que significa não poder se exigir do preso o trabalho sob pena de castigos corporais ou outras formas de punição ativa, além de não se poder exigir a prestação de serviços sem qualquer benefício ou remuneração. Diz Luiz Vicente Cernicchiaro: "Extinta a escravatura, não faz sentido o trabalho gratuito, ainda que imposto pelo Estado, mesmo na execução da sentença criminal. A remuneração do trabalho está definitivamente assentada. O Direito Penal virou também a página da história. O Código Criminal do Império estatuía no art. 46: 'A pena de prisão com trabalho obrigará os réus a ocuparem-se diariamente no trabalho que lhes for designado dentro do recinto das prisões, na conformidade das sentenças e dos regulamentos policiais das mesmas prisões'. A superação do trabalho gratuito caminha paralelamente à rejeição do confisco de bens".[1]

Dispõe o art. 28 da LEP que "o trabalho do condenado, como dever social e condição de dignidade humana, terá finalidade educativa e produtiva. § 1.º Aplicam-se à organização e aos métodos de trabalho as precauções relativas à segurança e à higiene. § 2.º O trabalho do preso não está sujeito ao regime da Consolidação das Leis do Trabalho". Ensina Adeildo Nunes constituir o trabalho "um dever social do preso", "porque no final do cumprimento

---

[1] *Direito penal na Constituição*, p. 133.

da sua pena a sociedade exige que o reeducando esteja apto a conviver socialmente, sem mais delinquir, inclusive com uma profissão definida e capaz de assegurar a sua existência e da sua família. Por outro lado, o trabalho desenvolvido pelo preso enaltece a dignidade humana, no instante em que o reeducando vê-se recompensado pelos esforços empreendidos. Ninguém tem dúvida de que o trabalho – em qualquer situação concreta – é fonte de educação e de produtividade, daí por que pode-se assegurar que, além de evitar a ociosidade carcerária – um dos grandes males das nossas prisões – o trabalho prisional é um forte aliado da integração social do condenado, uma das finalidades da execução da pena (art. 1º, LEP)".[2]

É natural que a obrigatoriedade do trabalho implica, em caso de inobservância pelo condenado, a concretização de falta grave (art. 50, VI, LEP). Se esta se configurar, perde o preso o direito a determinados benefícios, como, exemplificando, a progressão de regime, o livramento condicional, o indulto etc.

Quem está solto e trabalha goza dos benefícios previstos na CLT (ex.: 13.º salário, férias, horas extras etc.). O preso, ao exercer o trabalho como um dos seus deveres, não tem direito a tais proveitos. Na verdade, ao exercer qualquer atividade no presídio, tem outras vantagens, como, por exemplo, a remição (desconto na pena dos dias trabalhados, na proporção de três dias de trabalho por um dia de pena).

"O trabalho do preso será remunerado, mediante prévia tabela, não podendo ser inferior a 3/4 (três quartos) do salário mínimo. § 1.º O produto da remuneração pelo trabalho deverá atender: *a)* à indenização dos danos causados pelo crime, desde que determinados judicialmente e não reparados por outros meios; *b)* à assistência à família; *c)* a pequenas despesas pessoais; *d)* ao ressarcimento ao Estado das despesas realizadas com a manutenção do condenado, em proporção a ser fixada e sem prejuízo da destinação prevista nas letras anteriores. § 2.º Ressalvadas outras aplicações legais, será depositada a parte restante para constituição do pecúlio, em caderneta de poupança, que será entregue ao condenado quando posto em liberdade" (art. 29, LEP).

Conforme dispõe o art. 39 do Código Penal ("o trabalho do preso será sempre remunerado, sendo-lhe garantidos os benefícios da Previdência Social"), além da remuneração, o preso pode gozar dos benefícios previdenciários em geral. Nos termos do art. 201 da Constituição Federal, a previdência social será organizada sob a forma de regime geral, de caráter contributivo e de filiação obrigatória, observados os critérios que preservem o equilíbrio financeiro e atuarial, e atenderá, nos termos da lei, a: "(...) IV – salário-família e auxílio-reclusão para os dependentes dos segurados de baixa renda".

Segundo o art. 80 da Lei 8.213/1991, com a redação dada pela Lei 13.846/2019, "O auxílio-reclusão, cumprida a carência prevista no inciso IV do *caput* do art. 25 desta Lei, será devido, nas condições da pensão por morte, aos dependentes do segurado de baixa renda recolhido à prisão em regime fechado que não receber remuneração da empresa nem estiver em gozo de auxílio-doença, de pensão por morte, de salário-maternidade, de

[2] *Comentários à lei de execução penal*, p. 61.

aposentadoria ou de abono de permanência em serviço. § 1.º O requerimento do auxílio-reclusão será instruído com certidão judicial que ateste o recolhimento efetivo à prisão, e será obrigatória a apresentação de prova de permanência na condição de presidiário para a manutenção do benefício. § 2.º O INSS celebrará convênios com os órgãos públicos responsáveis pelo cadastro dos presos para obter informações sobre o recolhimento à prisão. § 3.º Para fins do disposto nesta Lei, considera-se segurado de baixa renda aquele que, no mês de competência de recolhimento à prisão, tenha renda, apurada nos termos do disposto no § 4.º deste artigo, de valor igual ou inferior àquela prevista no art. 13 da Emenda Constitucional n.º 20, de 15 de dezembro de 1998, corrigido pelos índices de reajuste aplicados aos benefícios do RGPS. § 4.º A aferição da renda mensal bruta para enquadramento do segurado como de baixa renda ocorrerá pela média dos salários de contribuição apurados no período de doze meses anteriores ao mês do recolhimento à prisão. § 5.º A certidão judicial e a prova de permanência na condição de presidiário poderão ser substituídas pelo acesso à base de dados, por meio eletrônico, a ser disponibilizada pelo Conselho Nacional de Justiça, com dados cadastrais que assegurem a identificação plena do segurado e da sua condição de presidiário. § 6.º Se o segurado tiver recebido benefícios por incapacidade no período previsto no § 4.º deste artigo, sua duração será contada considerando-se como salário de contribuição no período o salário de benefício que serviu de base para o cálculo da renda mensal, reajustado na mesma época e com a mesma base dos benefícios em geral, não podendo ser inferior ao valor de 1 (um) salário mínimo. § 7.º O exercício de atividade remunerada do segurado recluso, em cumprimento de pena em regime fechado, não acarreta a perda do direito ao recebimento do auxílio-reclusão para seus dependentes. § 8.º Em caso de morte de segurado recluso que tenha contribuído para a previdência social durante o período de reclusão, o valor da pensão por morte será calculado levando-se em consideração o tempo de contribuição adicional e os correspondentes salários de contribuição, facultada a opção pelo valor do auxílio-reclusão". Nos termos do art. 11, § 1.º, IX, do Decreto 3.048/99, pode filiar-se, facultativamente, "o presidiário que não exerce atividade remunerada nem esteja vinculado a qualquer regime de previdência social". E o inciso XI, incluído pelo Decreto 7.054/2009, dispõe a filiação de "segurado recolhido à prisão sob regime fechado ou semiaberto, que, nesta condição, preste serviço, dentro ou fora da unidade penal, a uma ou mais empresas, com ou sem intermediação da organização carcerária ou entidade afim, ou que exerce atividade artesanal por conta própria".

O mesmo Decreto 3.048/1999 estabelece as condições para a obtenção do auxílio-reclusão pelos dependentes do preso, em particular no art. 116: "O auxílio-reclusão, cumprida a carência prevista no inciso IV do caput do art. 29, será devido, nas condições da pensão por morte, aos dependentes do segurado de baixa renda recolhido à prisão em regime fechado que não receber remuneração da empresa nem estiver em gozo de auxílio por incapacidade temporária, de pensão por morte, de salário-maternidade, de aposentadoria ou de abono de permanência em serviço. § 1.º Para fins de concessão do benefício de que trata este artigo, considera-se segurado de baixa renda aquele que tenha renda bruta mensal igual ou inferior a R$ 1.425,56 (um mil quatrocentos e vinte e cinco reais e cinquenta e seis centavos), corrigidos pelos mesmos índices de reajuste aplicados aos benefícios do RGPS, calculada com base na média aritmética simples dos salários de contribuição apurados no período dos doze meses anteriores ao mês do recolhimento à prisão. § 2.º O requerimento do auxílio-reclusão será instruído com certidão judicial que ateste o recolhimento efetivo à prisão e será obrigatória a apresentação de prova de permanência na condição de presidiário para a manutenção do benefício. § 2.º-A O INSS celebrará convênios com os órgãos públicos responsáveis pelo cadastro dos presos para obter informações sobre o recolhimento à prisão. § 2.º-B A certidão judicial e a prova de permanência na condição de presidiário serão substituídas pelo acesso à base de dados, por meio eletrônico, a ser disponibilizada pelo Conselho Nacional de Justiça, com dados cadastrais que assegurem a identificação plena do segurado e da sua condição de presidiário. § 3.º Aplicam-se ao auxílio-reclusão as normas referentes à pensão por morte e, no caso de qualificação de cônjuge ou companheiro ou companheira após a prisão do segurado, o benefício será devido a partir da data de habilitação, desde que comprovada a preexistência da dependência econômica. § 4.º A data de início do benefício será: I – a do efetivo recolhimento do segurado à prisão, se o benefício for requerido no prazo de cento e oitenta dias, para os filhos menores de dezesseis anos, ou de noventa dias, para os demais dependentes; ou; II – a do requerimento, se o benefício for requerido após os prazos a que se refere o inciso I. § 5.º O auxílio-reclusão será devido somente durante o período em que o segurado estiver recolhido à prisão sob regime fechado. § 6.º O exercício de atividade remunerada iniciado após a prisão do segurado recluso em cumprimento de pena em regime fechado não acarreta a perda do direito ao recebimento do auxílio-reclusão para os seus dependentes". No art. 117: "O valor do auxílio-reclusão será apurado na forma estabelecida para o cálculo da pensão por morte, não poderá exceder o valor de um salário-mínimo e será mantido enquanto o segurado permanecer em regime fechado. § 1.º Até que o acesso à base de dados a que se refere o § 2.º-B do art. 116 seja disponibilizado pelo Conselho Nacional de Justiça, o beneficiário apresentará trimestralmente atestado de que o segurado continua em regime fechado, que deverá ser firmado pela autoridade competente. § 2.º No caso de fuga, o benefício será suspenso e, se houver recaptura do segurado, será restabelecido a contar da data em que esta ocorrer, desde que esteja ainda mantida a qualidade de segurado. § 3.º Se houver exercício de atividade dentro do período de fuga, o mesmo será considerado para a verificação da perda ou não da qualidade de segurado".

O art. 118 do Decreto estabelece que "na hipótese de óbito do segurado recluso, o auxílio-reclusão que estiver sendo pago será cessado e será concedida a pensão por morte em conformidade com o disposto nos art. 105 ao art. 115. Parágrafo único. Não havendo concessão de auxílio-reclusão, em razão da não comprovação da baixa renda, será devida pensão por morte aos dependentes se o óbito do segurado tiver ocorrido no prazo previsto no inciso IV do caput do art. 13". Finalmente, dispõe o art. 119 ser "vedada a concessão do auxílio-reclusão após a soltura do segurado". O valor do auxílio-reclusão será de cem por cento do valor da aposentadoria que o segurado recebia ou daquela a que teria direito se aposentado por invalidez na data do falecimento (art. 39, § 3.º). Em razão disso, além de poder contar com o referido benefício do auxílio-reclusão, que, na verdade, serve aos seus dependentes, privados da renda da pessoa presa, conta tempo para a aposentadoria e, saindo do cárcere, contará com outros serviços da previdência social. Registre-se, ainda, haver outras possibilidades de concessão de auxílio-reclusão, como ocorre, por exemplo, com os servidores públicos civis da União, das Autarquias e das Fundações Públicas Federais, nos termos da Lei 8.112/90 ("art. 229. À família do servidor ativo é devido o auxílio-reclusão, nos seguintes valores: I – dois terços da remuneração, quando afastado por motivo de prisão, em flagrante ou preventiva, determinada pela autoridade competente, enquanto perdurar a prisão; II – metade da remuneração, durante o afastamento, em virtude de condenação, por sentença definitiva, a pena que não determine a perda de cargo. § 1.º Nos casos previstos no inciso I deste artigo, o servidor terá direito à integralização da remuneração, desde que absolvido; § 2.º O pagamento do auxílio-reclusão cessará a partir do dia imediato àquele em que o servidor for posto em liberdade, ainda que condicional; § 3.º Ressalvado o disposto neste artigo, o auxílio-reclusão será devido, nas mesmas condições da pensão por morte, aos dependentes do segurado recolhido à prisão").

Se o valor percebido pelo preso deve ser de, pelo menos, 3/4 do salário mínimo, caso seja estabelecido este montante, a listagem de destinações do produto da remuneração pode tornar-se inatingível. Com tal montante mensal, ele precisaria indenizar o dano causado pelo crime, garantir assistência à sua família, gastar consigo em pequenas despesas, além de ressarcir o Estado pelas despesas com sua manutenção. Não bastasse, ainda deveria haver uma sobra para formar um pecúlio, conforme prevê o § 2.º deste artigo. Entretanto, poucos são os casos de indenização civil pelos danos causados pelo crime, tendo em vista que, fora da órbita dos crimes do colarinho branco, como regra, as vítimas não procuram a Justiça para obter reparação dos prejuízos provocados pelo delito. Quanto à assistência à família, o auxílio-reclusão costuma ser a renda a ser destinada aos parentes necessitados. Resta o gasto pessoal e ao ressarcimento do Estado pelas despesas geradas, o que, em verdade, não tem sido cobrado. Por isso, a formação de um pecúlio para quem trabalha torna-se viável.

A prestação de serviços à comunidade, por definição, é uma pena alternativa ao encarceramento, cuja finalidade é a atribuição de tarefas *gratuitas* ao condenado (art. 46, § 1.º, CP), dando-lhe a oportunidade de reparar, pelo seu trabalho, o dano social provocado pela prática do crime.

O art. 31 da LEP estabelece que o trabalho do preso deve ser compatível com a sua aptidão e capacidade. Esse é um dos reflexos positivos da individualização executória da pena, fruto natural do exame de classificação realizado no início do cumprimento da pena, visto desvendar a habilidade do sentenciado e conhecer o quanto é capaz para executar determinado serviço no estabelecimento prisional. Destina-se o trabalho ideal para o preso (ex.: um médico pode trabalhar no consultório do presídio; um pedreiro, na reforma de um bloco do estabelecimento penal). Outro ponto a considerar é o curso profissionalizante que ele pode fazer (art. 19, LEP), associando-se o seu aproveitamento ao trabalho a ser realizado no dia a dia. De qualquer modo, mesmo que não seja particularmente qualificado para um trabalho, deve a direção do presídio providenciar o aprendizado de alguma atividade, pois esse é um dos objetivos principais da ressocialização.

Embora a lei preveja ser facultativo o trabalho ao preso provisório, consagrada a possibilidade de haver a execução provisória da pena, cremos que está ele obrigado a desempenhar alguma atividade no estabelecimento onde se encontre. Afinal, se pretende progredir de regime, passando, por exemplo, do fechado ao semiaberto, torna-se essencial que trabalhe, a fim de ser avaliado, quanto ao mérito, nas mesmas condições de igualdade dos demais condenados. O art. 31, parágrafo único, da Lei de Execução foi elaborado muito antes de se falar em execução provisória da pena, motivo pelo qual se facultou o trabalho ao preso provisório.

Nos termos do art. 32 da LEP, "na atribuição do trabalho deverão ser levadas em conta a habilitação, a condição pessoal e as necessidades futuras do preso, bem como as oportunidades oferecidas pelo mercado. § 1.º Deverá ser limitado, tanto quanto possível, o artesanato sem expressão econômica, salvo nas regiões de turismo. § 2.º Os maiores de 60 (sessenta) anos poderão solicitar ocupação adequada à sua idade. § 3.º Os doentes ou deficientes físicos somente exercerão atividades apropriadas ao seu estado".

2. INDIVIDUALIZAÇÃO EXECUTÓRIA DA PENA SOB O ENFOQUE DO TRABALHO

Novamente se constata a importância não somente do exame de classificação inicial, mas do acompanhamento da Comissão Técnica de Classificação durante toda a execução da pena. Somente nesses termos haverá possibilidade de se garantir o início da atividade laborativa em atividade compatível com a habilitação e condição pessoal do condenado. Posteriormente, o acompanhamento, durante o cumprimento da pena, pode proporcionar aos órgãos diretivos especializados do presídio transferir o sentenciado para outro setor, onde possa aprimorar alguma habilidade ou profissão, bem como se poderá pensar nas necessidades futuras, quando deixar o cárcere.

Em nossa visão, manter a atividade da Comissão Técnica de Classificação restrita a um exame inicial é manietar a execução, prejudicando-a seriamente. Essa Comissão deveria ter um número suficiente de funcionários para acompanhar todo o cumprimento da pena em regimes fechado e semiaberto, opinando em todas as ocasiões de concessão de benefícios ao sentenciado. Porém, como já esclarecido anteriormente, com a reforma ocorrida em 2003, retirou-se da Comissão a obrigatória manifestação quando houver pedido de progressão de regime ou obtenção de liberdade condicional.

É natural que o preso idoso, pessoa com mais de 60 anos, possa requerer o desempenho de atividade compatível com sua idade, pois a Lei 10.741/2003, no art. 26, prevê o seguinte: "a pessoa idosa tem direito ao exercício de atividade profissional, respeitadas suas condições físicas, intelectuais e psíquicas".

Dispõe o art. 33 da Lei de Execução Penal que "a jornada normal de trabalho não será inferior a seis, nem superior a oito horas, com descanso nos domingos e feriados. Parágrafo único. Poderá ser atribuído horário especial de trabalho aos presos designados para os serviços de conservação e manutenção do estabelecimento penal".

Estabelece o art. 33, *caput*, desta Lei, não dever ser inferior a seis, nem superior a oito horas diárias o período de atividade laborativa, com descanso aos domingos e feriados, mas, corretamente, prevê-se uma exceção no parágrafo único, com a fixação de horários especiais aos presos designados para serviços de conservação e manutenção do presídio. É o que se dá, por exemplo, a quem exerce as suas atividades na cozinha. Afinal, também nos domingos e feriados os presos se alimentam normalmente, razão pela qual alguém há de lhes preparar as refeições. Por outro lado, os que trabalham nesse setor, para o mais adequado aproveitamento dos alimentos, terminam em jornadas de 12 horas para que conheçam o cardápio do dia inteiro, usando e reutilizando produtos do almoço para o jantar e para os lanches.

Diante desse cenário, um dia trabalhado por 12 horas equivale a dois, cuja jornada é de, pelo menos, seis para cada dia. Por isso, a importância do trabalho interno, desenvolvido em setores de serviço do próprio presídio e, por via de consequência, a insensatez de se terceirizarem quase todos os serviços de suporte e administração do estabelecimento penal, como vem sendo feito pelo poder público.

3. BANCO DE HORAS

Devem ser computadas todas as horas trabalhadas pelo condenado, desde que em serviço reconhecido pela direção do presídio, não valendo atividades particulares de artes ou outro passatempo. No entanto, vários sentenciados terminam desenvolvendo o seu trabalho por um tempo inferior a seis horas diárias. Isso não significa que esse tempo será ignorado, pois não é o mínimo estabelecido em lei. Quer dizer, isto sim, devam ser anotadas no seu prontuário até que ele atinja o montante necessário por dia, durante os três dias para fazer jus à remição de um dia de pena.

Exemplos: a) o preso trabalhou 2 horas por dia naquela semana; na essência, os três dias de serviço (duas horas/dia) atingem o mínimo de seis horas; diante disso, atingindo as seis horas, completou um dia de trabalho. Ainda faltarão mais 12 horas para que ele possa ter reconhecido outros dois dias de trabalho, completando os três necessários para remir um dia de pena; b) o condenado trabalhou 8 horas por dia durante três dias; a jornada mínima para formar um dia de trabalho é de 6 horas, razão pela qual deve reservar duas horas a cada dia para formar mais um. Noutros termos, trabalhar três dias por 8 horas diárias gera o resultado de 24 horas de trabalho, ou seja, 4 dias de seis horas cada. Em suma, não se deve desperdiçar horas trabalhadas pelo apenado.

Há julgados em sentido contrário, não aceitando o cômputo de horas avulsas para, posteriormente, formarem um *novo dia* de trabalho ou estudo. Existe, também, jurisprudência no sentido de rejeitar a separação de duas horas, para posterior cômputo, quando o sentenciado trabalhar por oito horas diárias; afirma-se que esse é o limite imposto por lei (6 a 8 horas/dia), logo, trabalhar por 6 ou 8 horas daria no mesmo.

Entretanto, parecem-nos injustas essas correntes, pois o preso trabalhou efetivamente aquelas horas, avulsas ou inseridas numa diária completa de, no mínimo, seis horas. Não se pode igualar, para os mesmos fins, quem laborou seis horas num dia e quem o fez em oito horas. Se apenas seis horas de trabalho justificam um dia trabalhado, quem laborou por oito horas merece ter guardadas as suas duas horas excedentes para compor outro dia, posteriormente. Há decisão do STF permitindo computar, para efeito de remição, o período de trabalho inferior a seis horas (ver o capítulo 9, item 8).

O art. 34 da LEP disciplina que: "o trabalho poderá ser gerenciado por fundação, ou empresa pública, com autonomia administrativa, e terá por objetivo a formação profissional do condenado. § 1.º Nessa hipótese, incumbirá à entidade gerenciadora promover e supervisionar a produção, com critérios e métodos empresariais, encarregar-se de sua comercialização, bem como suportar despesas, inclusive pagamento de remuneração adequada. § 2.º Os governos federal, estadual e municipal poderão celebrar convênio com a iniciativa privada, para implantação de oficinas de trabalho referentes a setores de apoio dos presídios".

4. TRABALHO DO PRESO E RESPONSABILIDADE DO ESTADO

Observa-se a preocupação da Lei de Execução Penal em entregar ao poder público a tarefa de organizar, supervisionar e coordenar o trabalho desenvolvido pelos condenados (art. 34, *caput* e § 1.º). Indica, inicialmente, uma fundação ou empresa pública. Afirma a viabilidade da celebração de convênios com a iniciativa privada para a implantação de oficinas de trabalho nos presídios (art. 34, § 2.º).

Na sequência (art. 35), busca-se facilitar a venda dos bens ou produtos advindos do trabalho do preso, até mesmo com dispensa de licitação, aos órgãos da administração direta ou indireta da União, Estados, Distrito Federal e Municípios. Se o valor pago por particulares for mais elevado, a este comércio dá-se preferência. As importâncias arrecadadas voltam-se às fundações ou empresas públicas, que organizaram o serviço. Na falta, ao estabelecimento penal. Em suma, a responsabilidade pelo trabalho do preso é do poder público, que pode até se valer da iniciativa privada, por convênios, para tanto, remunerando-se o preso e arrecadando-se valores ao próprio ente estatal.

O trabalho de condenado não pode gerar lucro para empresas privadas, pois seria uma distorção do processo de execução da pena. O preso receberia, por exemplo, 3/4 do salário mínimo e produziria bens e produtos de alto valor, em oficinas montadas e administradas pela iniciativa privada, que os venderia e ficaria com o lucro, sem nem mesmo conferir ao condenado os benefícios da CLT (lembre-se da vedação estabelecida pelo art. 28, § 2.º, da LEP). Tal situação seria ilegal e absurda. O cumprimento da pena e o exercício do trabalho pelo preso não têm por fim *dar lucro*. É um ônus estatal a ser suportado. Se, porventura, houver lucro na organização e administração da atividade laborativa do condenado, a este e ao Estado devem ser repartidos os ganhos. Por ora, é a previsão legal.

Um dos principais aspectos do trabalho do preso para fins de remição é a sua regulamentação pelo estabelecimento prisional, reconhecendo-o formalmente. Portanto, se o condenado varre todas as celas por sua conta, sem a direção do presídio ter conhecimento, não poderá, depois, pleitear remição, pois inexistirá atestado de serviço prestado, fornecido pelo órgão competente. Sem o atestado, inexiste viabilidade para a concessão da remição. Sob outro prisma, se o preso varre as celas e isso pode ser considerado um trabalho, o correto é ele requerer a sua regulamentação e controle; caso a direção do presídio se recuse, deve apresentar seu pleito ao juiz da execução penal. O importante é que o trabalho seja *efetivo* e *comprovado*. Sem isso, a remição não se viabiliza.

5. PRIVATIZAÇÃO DE PRESÍDIOS

Segundo cremos, há de se editar lei específica para reger tal situação. Antes disso, não se pode tolerar que a iniciativa privada assuma a direção de um estabelecimento penal, contrate funcionários e administre o trabalho do preso, bem como conduza as anotações em seu prontuário. As regras precisariam ser bem claras e discutidas com a sociedade e com a comunidade jurídica antes de qualquer implantação arrojada nesse sentido.

Tem-se notícia, entretanto, da *inautêntica privatização* de presídio, que não passa de uma *terceirização* de alguns serviços. O Estado continua a dirigir o presídio e manter os principais cargos de fiscalização. Contrata-se uma empresa para fornecer a segurança interna do estabelecimento, sem abrir mão, naturalmente, dos agentes penitenciários estatais. É o equivalente a *terceirizar* a alimentação dos presos, algo que já é uma realidade em inúmeros presídios brasileiros.

Registre-se, ainda, o art. 35 da LEP: "os órgãos da administração direta ou indireta da União, Estados, Territórios, Distrito Federal e dos Municípios adquirirão, com dispensa de concorrência pública, os bens ou produtos do trabalho prisional, sempre que não for possível ou recomendável realizar-se a venda a particulares. Parágrafo único. Todas as importâncias arrecadadas com as vendas reverterão em favor da fundação ou empresa pública a que alude o artigo anterior ou, na sua falta, do estabelecimento penal".

6. TRABALHO EXTERNO

Estabelece o art. 36 da Lei de Execução Penal o seguinte: "o trabalho externo será admissível para os presos em regime fechado somente em serviço ou obras públicas realizadas por órgãos da administração direta ou indireta, ou entidades privadas, desde que tomadas as cautelas contra a fuga e em favor da disciplina. § 1.º O limite máximo do número de presos será de 10% (dez por cento) do total de empregados na obra. § 2.º Caberá ao órgão da administração, à entidade ou à empresa empreiteira a remuneração desse trabalho. 3.º A prestação de trabalho a entidade privada depende do consentimento expresso do preso".

Não deve ser a regra, mas a exceção. O ideal, como vimos defendendo em comentários anteriores, é que o Estado providencie, dentro dos estabelecimentos penais (regimes fechado e semiaberto), as condições e instalações necessárias para o desempenho do trabalho obrigatório dos sentenciados. Não há sentido na inserção do preso em serviços externos, especialmente quando se cuidar de condenados perigosos, com penas elevadas a cumprir, deslocando-se um número razoável de agentes de segurança para evitar fugas, a pretexto de não haver local próprio dentro do presídio.

Esse descaso estatal, em relação à falta de estrutura dos estabelecimentos penitenciários, precisa ser contornado, em nome da correta individualização executória da pena. Têm-se acompanhado, lamentavelmente, em algumas localidades, por todo o Brasil, situações incompatíveis com o preceituado na Lei de Execução Penal. Por ausência de instalações apropriadas no estabelecimento fechado, mas também não tendo condições de providenciar escolta, alguns magistrados têm autorizado o trabalho externo do preso, sem nenhuma vigilância. É a consagração da falência do sistema carcerário, pois esse método de cumprimento da pena equivale ao regime aberto, ou seja, o presídio torna-se autêntica Casa do Albergado, na prática. O prejuízo, nesse caso, quem experimentará será a sociedade, pois, se a pessoa *deve* estar recolhida em regime *fechado*, não pode circular livremente pelas ruas, como se nenhuma punição houvesse. As consequências são imponderáveis e totalmente imprevisíveis. Aliás, não há nenhum impedimento legal para que condenados por crimes hediondos ou equiparados possam trabalhar fora do estabelecimento penal; por isso, a relevância de que isso seja feito com a devida escolta.

Do total de empregados na obra (serviço público ou privado) somente haverá o máximo de 10% de presos, o que representa, mais uma vez, um demonstrativo da preocupação legislativa em prol da segurança, evitando-se fugas e garantindo-se a disciplina. Não se poderia controlar, a contento, evitando-se, inclusive, rebeliões eficientes, um contingente de 100 presos, por exemplo, em uma obra com outros 100 empregados. Entretanto, entre 100 trabalhadores, é viável acolher um máximo de 10 condenados, formando nítida minoria dentre todos.

Segundo nos parece, colocado em trabalho externo, o preso deve receber o mesmo montante que outro trabalhador, desempenhando exatamente as mesmas tarefas, respeitadas, logicamente, as situações peculiares, como, por exemplo, verbas e gratificações de ordem pessoal que o empregado pode ter e o preso não possuirá. Situação injusta e inadmissível seria pagar ao preso 3/4 do salário mínimo (art. 29, *caput*, LEP), quando o outro empregado recebe cinco salários mínimos, por exemplo. Representaria pura exploração do trabalho de quem está cumprindo pena.

Somente para ilustrar, poder-se-ia chegar ao absurdo de "emprestar" trabalhadores presos a empresas privadas, que se encarregariam de contratar segurança privada para escoltar os condenados, desde que pudessem pagar salários ínfimos aos mesmos. O Estado não desembolsaria nada, as empresas teriam lucro certo e o preso perderia, pois desempenharia uma atividade sem a remuneração condigna. Lembre-se não haver trabalho forçado no Brasil, equivalente ao desenvolvimento de tarefas em geral sem qualquer remuneração e de maneira compulsória, sob pena de ser castigado.

Estando à disposição do Estado, é natural que possa o poder público determinar o melhor lugar para que o condenado desempenhe atividades laborativas, respeitada, naturalmente, a individualização executória da pena (suas condições pessoais e aptidão). Portanto, pode ser dentro ou fora do presídio, conforme o caso concreto. No entanto, para prestar serviços a entidade privada, até pelo fato de não haver vínculo trabalhista algum (art. 28, § 2.º, LEP), torna-se necessário obter a sua aquiescência *expressa*, o que implica, pois, a assinatura de termo adequado. Preso não pode, jamais, servir de *mão de obra barata* para empresas privadas.

O art. 37 da LEP disciplina que "a prestação de trabalho externo, a ser autorizada pela direção do estabelecimento, dependerá de aptidão, disciplina e responsabilidade, além do cumprimento mínimo de 1/6 (um sexto) da pena. Parágrafo único. Revogar-se-á a autorização de trabalho externo ao preso que vier a praticar fato definido como crime, for punido por falta grave, ou tiver comportamento contrário aos requisitos estabelecidos neste artigo".

6.1. Requisitos para o trabalho externo

Deve haver autorização da direção do presídio, não havendo necessidade de deferimento pelo juiz da execução penal. Entretanto, este poderá intervir, caso provocado, por exemplo, por condenado que se sinta discriminado pela direção do estabelecimento penal onde se encontre, se outros presos, em igual situação, tiverem obtido essa autorização e ele esteja sem qualquer oportunidade de atividade laborativa, nem mesmo interna. Poderia ser instaurado um incidente denominado *desvio de execução* (art. 185, LEP). Ou, por praticidade, bastaria peticionar diretamente ao juiz da execução penal, solicitando a autorização para trabalho externo.

Para a obtenção da referida autorização, leva-se em conta a aptidão do preso (no tocante ao trabalho externo a ser realizado), sua disciplina (comportamento dentro do presídio onde se encontra) e sua responsabilidade (bom desempenho em atividades laborativas no estabelecimento onde está), além do cumprimento mínimo previsto em lei. Este e último requisito é sensato. Não haveria nenhum sentido em se permitir ao condenado, recém-inserido no regime fechado, sem nem mesmo haver tempo para avaliá-lo, que pudesse prestar trabalho externo. Afinal, o art. 36, *caput*, da Lei de Execução prevê que se assegure a inviabilidade de fuga e condições ideais de disciplina. Após o cumprimento de um tempo da pena, torna-se possível analisar o comportamento do preso, justamente para detectar a sua aptidão, disciplina e responsabilidade.

Acrescente-se, ainda, que, também após um período do cumprimento da pena, ele já pode pleitear a progressão para o regime semiaberto, outro sinal de que poderá estar apto a dar início ao trabalho externo, independentemente da decisão judicial acerca da progressão. Há posição jurisprudencial privilegiando os requisitos pessoais do condenado em detrimento do tempo de pena cumprida, embora, em muitos casos, quando o tribunal toma conhecimento do agravo interposto pelo sentenciado, o período de um sexto já tenha decorrido.

6.2. Causas para a revogação do trabalho externo

São três: a) praticar *fato* definido como crime. Neste caso, não é preciso haver processo criminal e condenação com trânsito em julgado, pois a lei é clara ao mencionar *fato definido como crime* e não simplesmente *crime*. Aliás, se fosse necessário aguardar a condenação definitiva, a medida de revogação perderia completamente a eficiência; b) cometer e ser punido por falta grave. Nesta situação, não basta o cometimento da falta grave (ver o art. 50 da LEP), mas é necessário haver apuração e, em seguida, a devida punição; c) ter comportamento inadequado no trabalho que lhe foi designado, agir com indisciplina ou irresponsabilidade. A última hipótese espelha apenas o contrário dos requisitos necessários para a concessão do benefício do trabalho externo (art. 37, *caput*, LEP). Em qualquer hipótese de revogação arbitrária, sem causa justificada, pode o sentenciado provocar a instauração do incidente de desvio de execução (art. 185, LEP).

7. RESUMO DO CAPÍTULO

- **Trabalho obrigatório:** significa que é *dever* do preso trabalhar durante o cumprimento da sua pena, não representando seja um trabalho *forçado*. Afinal, se optar por não trabalhar, nenhuma sanção direta sofrerá, mas apenas a anotação, no seu prontuário, de falta grave. A consequência será o impedimento a certos benefícios.
- **Individualização executória da pena:** seguindo o princípio constitucional da *individualização da pena* (art. 5.º, XLVI, primeira parte, CF), a sua natural sequência é a *individualização executória* da pena, permitindo que o juiz atribua (ou negue) benefícios ao condenado. Com isso, alguns passam mais anos em regime fechado; outros, menos. Alguns recebem livramento condicional; outros, não. E assim sucessivamente. A execução da pena é parte *viva* do direito penal, dependendo muito do comportamento do sentenciado.
- **Trabalho externo:** o condenado, mesmo em regime fechado, pode trabalhar fora do presídio, desde que o faça sob vigilância. Posteriormente, quando estiver no regime semiaberto, poderá obter autorização para trabalhar fora, sem escolta. Ao final, no regime aberto, é dever do preso trabalhar licitamente.

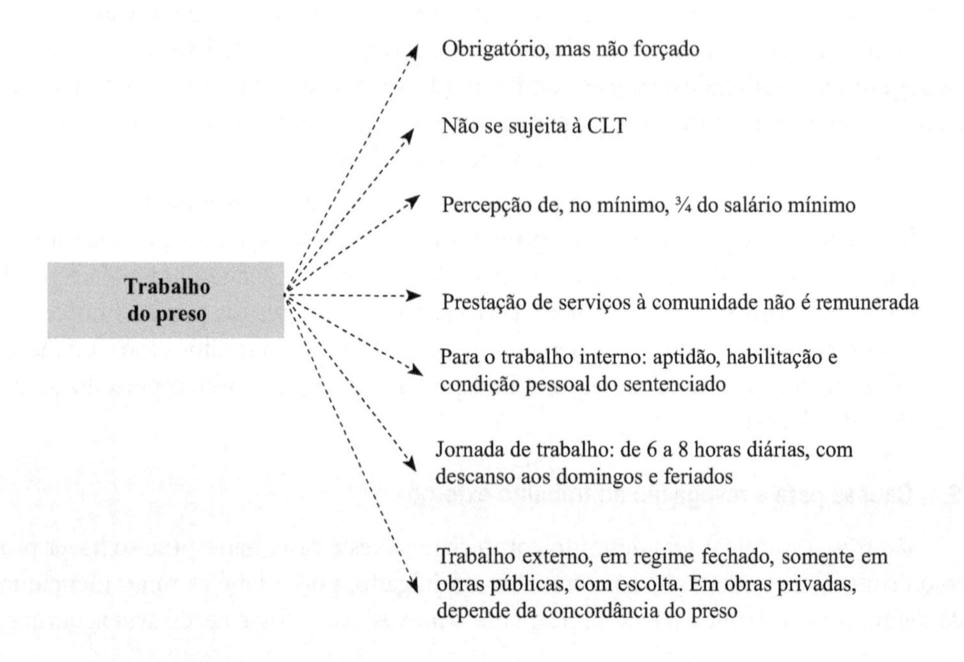

Capítulo VI

Dos deveres, dos direitos e da disciplina

1. DEVERES DO CONDENADO

Dispõe o art. 38 da LEP cumprir "ao condenado, além das obrigações legais inerentes ao seu estado, submeter-se às normas de execução da pena".

Compreendemos o disposto neste dispositivo como uma consequência natural do explicitado no art. 38 do Código Penal: "o preso conserva todos os direitos *não atingidos pela perda da liberdade*, impondo-se a todas as autoridades o respeito à sua integridade física e moral" (grifamos).

Na mesma esteira, não se deve olvidar o preceituado no art. 5.º, XLIX, da Constituição Federal: "é assegurado aos presos o respeito à integridade física e moral". É certo que qualquer sentenciado sofre a natural diminuição da sua liberdade em geral, pois o Estado, detentor do poder punitivo, fará valer a sanção aplicada pelo juiz. Logo, em especial no tocante ao preso, não há como evitar as obrigações legais inerentes ao seu estado, como aceitar a privação da liberdade de ir, vir e ficar; a estreiteza do seu direito à intimidade, em particular pelo permanente acompanhamento e pela constante vigilância; a diminuição do seu direito de se associar, de se comunicar com terceiros, de ter um *domicílio como asilo inviolável* (a cela, embora seja seu lugar de permanência, não pode ser considerada sua casa); a imposição de horários para se alimentar e para dormir, entre outros fatores.

O condenado a pena restritiva de direitos sofre outras privações, inerentes ao seu estado, que é diverso do preso. O sentenciado à pena pecuniária sofre o constrangimento estatal incidindo sobre seu patrimônio, não deixando de ser um cerceamento. Entretanto, há deveres do condenado, enumerados no art. 39 da Lei de Execução, especialmente voltados aos que estão inseridos em estabelecimentos penais. Em suma, deve-se respeitar o sentenciado como *sujeito* de direitos – não devendo ser tratado como *objeto* – mas sem a hipocrisia de se pretender que seja considerado no mesmo patamar de direitos e garantias em que se encontra o cidadão livre de qualquer condenação. *In verbis*: "constituem deveres do condenado: I – comportamento disciplinado e cumprimento fiel da sentença; II – obediência ao servidor e respeito a qualquer pessoa com quem deva relacionar-se; III – urbanidade e respeito no trato com os demais condenados; IV – conduta oposta aos movimentos individuais ou coletivos de fuga ou de subversão à ordem ou à disciplina; V – execução do trabalho, das tarefas e das ordens recebidas; VI – submissão à sanção disciplinar imposta; VII – indenização à vítima ou aos seus sucessores; VIII – indenização ao Estado, quando possível, das despesas realizadas com a sua manutenção, mediante desconto proporcional da remuneração do trabalho; IX – higiene pessoal e asseio da cela ou alojamento; X – conservação dos objetos de uso pessoal. Parágrafo único. Aplica-se ao preso provisório, no que couber, o disposto neste artigo".

Apresentar um comportamento disciplinado somente pode ter relação com o preso, situação lógica para quem está inserido em outra forma de vida comunitária, como a firmada no estabelecimento penal onde se encontra. *Disciplina* (submissão a ordens, regulamentos ou normas) é, como dissemos, mais propícia a se exigir do condenado preso. Os sentenciados a penas restritivas de direitos e pecuniárias têm avaliação mais branda nesse contexto.

Imagine-se o condenado a pena de multa. Na atual configuração da pena pecuniária, estaria ele sendo *indisciplinado* ao não a pagar? É evidente que não, pois o próprio Estado incumbiu-se de abolir a conversão da pena de multa em prisão (Lei 9.268/96), sendo ele solvente ou não, logo, excluiu a *disciplina* desse cenário. Por outro lado, há atos de *indisciplina*, ainda que manifestados pelo preso, configurando faltas graves (ver o rol do art. 50 da LEP) e outros, desconsiderados como tais.

Quanto à obediência e respeito, esses deveres devem ser, sem dúvida, cumpridos, pois não há condição de convívio digno em estabelecimento penal ou em lugar destinado a cumprir penas restritivas de direitos sem sujeição a determinadas regras nem deferência em relação a outras pessoas com as quais deve existir natural convivência. Aliás, a infração a esses deveres constitui falta grave, nos termos dos arts. 50, VI, e 51, III, da LEP.

A civilidade no trato, embora o ambiente carcerário seja, em grande parte das situações, regido por violência, domínio, imposições de toda ordem e constituído por um sistema próprio de regras rígidas, criadas pelos próprios presos, a lei busca o ideal, que é garantir, como dever do condenado, o exercício de civilidade, ou seja, o respeito mútuo entre os sentenciados. Esse dever, na essência, já está contido no inciso II do art. 39 da LEP, quando se refere a lei ao "respeito a qualquer pessoa com quem deva relacionar-se".

Demandar, como dever do preso, manter *conduta oposta* às atividades daqueles que pretendem fugir do presídio é, praticamente, exigir o impossível. Ambientes carcerários não são paraísos, nem mosteiros ou conventos, onde as regras ideais são as que prevalecem, ao contrário, como já mencionamos anteriormente, constituem espaços de disputa, com normas peculiares e próprias, diversas do Direito posto. Exemplo disso é a "lei", impositiva de "pena de morte", executada por qualquer um, ao delator dentro do cárcere. Portanto, reclamar do preso que se oponha a quem pretenda fugir é, basicamente, inaceitável.

Cuida-se de autêntico *estado de necessidade*, em inúmeros casos, participar da fuga, sob pena de *morrer*, antes mesmo de ter conduta *oposta* a quem pretenda evadir-se. Pretendemos evidenciar com isto que a inserção, no prontuário do preso, de falta grave porque não "se opôs" à escapada de terceiros soa injusto e não deve ser acolhido pelo magistrado, se for o caso, como situação impeditiva para o recebimento de benefícios. No mais, parece-nos razoável o dever de se abster de participar da subversão à ordem ou à disciplina. Nesta hipótese, entretanto, há a participação ativa e a passiva. Cremos que o dever imposto pelo art. 39, IV, diz respeito à forma ativa, isto é, liderar e movimentar-se ostensivamente para organizar motins e rebeliões. Aquele que, simplesmente, permanece calado ou, passivamente, acompanha a subversão por outrem liderada ou organizada não deve ser considerado autor de falta grave.

Ressaltamos, mais uma vez, que o trabalho, em variados formatos, é parte importante da execução da pena, razão pela qual é *dever* do condenado, logo, obrigatório. O Estado não pode *forçá-lo* a cumprir qualquer atividade, tarefa ou ordem, mediante punição (como, por exemplo, a inserção em solitária), mas tem o direito de considerar sua atitude inercial como falta grave (arts. 50, VI, 51, III, LEP).

Assim ocorrendo, deixará o preso, no futuro, de receber benefícios, *v.g.*, a progressão para regime menos gravoso. Na situação do condenado à pena restritiva de direitos de prestação de serviços à comunidade, a recusa ao trabalho licitamente imposto pode proporcionar a reconversão para pena privativa de liberdade.

Quanto à sujeição à sanção, parece-nos que tal *dever* nem precisaria constar do texto legal, pois é consequência mais do que óbvia. Se houve a imposição de uma sanção disciplinar justa, com base legal, torna-se mais do que lógico dever o condenado cumpri-la. Seria o mesmo que inserir no Código Penal que, havendo a condenação definitiva, é dever do sentenciado cumprir a pena.

No tocante à indenização da vítima ou sucessores, inserir esse *dever* no contexto da Lei de Execução Penal é mera decorrência dos vários preceitos existentes no Código Penal, buscando priorizar a reparação do dano ao ofendido. Dentre eles, pode-se citar, como exemplo, o principal, previsto no art. 91, I, do Código Penal: "São efeitos da condenação: I – tornar certa a obrigação de indenizar o dano causado pelo crime (...)". A infração a tal dever não foi incluída como falta grave nesta Lei, porém, pode acarretar prejuízos ao sentenciado ao longo do cumprimento da pena. Ilustrando, para a obtenção de livramento condicional, deve demonstrar ter reparado o dano, salvo impossibilidade de fazê-lo (art. 83, IV, CP).

Em relação à indenização ao Estado, cuida-se de dever razoável e lógico, porém, de difícil concretização. Além de muitos presos receberem parca remuneração, quando conseguem trabalhar no presídio onde se encontram, destina-se ela a várias outras prioridades, como a indenização à vítima, à assistência à família (embora exista o auxílio-reclusão), à satisfação de despesas pessoais, ao pagamento de eventual multa aplicada, sem olvidar a formação do pecúlio, destinado à sua saída futura do cárcere.

A higiene e o asseio são termos correlatos, cujo significado é, na essência, *limpeza*. Deve o preso manter-se asseado, bem como assegurar que a cela, onde habita, assim também permaneça. Quando a lei menciona *alojamento*, refere-se à acomodação coletiva do sistema semiaberto. Lembremos que tal dever será acompanhado da atividade estatal de lhe proporcionar cela individual, nos termos do art. 88 da LEP. Não se pode exigir salubridade e limpeza em um ambiente superlotado e promíscuo na prática.

Quanto à conservação dos objetos de uso pessoal, liga-se este dever ao material que lhe é destinado pelo estabelecimento penal onde se encontre (como vestuário ou o colchão onde dorme), pois não se pode exigir do preso que mantenha bem conservado aquilo que é, exclusivamente, seu, recebido, por exemplo, da família.

Os deveres do preso provisório são compatíveis com os deveres previstos nos incisos I, primeira parte, II, III, adaptando-se o termo *condenados* a *presos*, IV, V (embora facultativo o trabalho, conforme previsão do art. 31, parágrafo único, da Lei de Execução, hoje, há interesse para o preso provisório, pois existe o benefício da execução provisória da pena), VI, IX e X do art. 39.

2. DIREITOS DO CONDENADO

Impõe o art. 40 da LEP "a todas as autoridades o respeito à integridade física e moral dos condenados e dos presos provisórios". Trata-se de uma decorrência do previsto no art. 5.º, XLIX, da Constituição Federal, bem como do art. 38 do Código Penal.

Conforme preceituado pelo art. 41 da Lei 7.210/84, são direitos do preso: "I – alimentação suficiente e vestuário; II – atribuição de trabalho e sua remuneração; III – previdência social; IV – constituição de pecúlio; V – proporcionalidade na distribuição do tempo para o trabalho, o descanso e a recreação; VI – exercício das atividades profissionais, intelectuais, artísticas e desportivas anteriores, desde que compatíveis com a execução da pena; VII – assistência material, à saúde, jurídica, educacional, social e religiosa; VIII – proteção contra qualquer forma de sensacionalismo; IX – entrevista pessoal e reservada com o advogado; X – visita do cônjuge, da companheira, de parentes e amigos em dias determinados; XI – chamamento nominal; XII – igualdade de tratamento salvo quanto às exigências da individualização da pena; XIII – audiência especial com o diretor do estabelecimento; XIV – representação e petição a qualquer autoridade, em defesa de direito; XV – contato com o mundo exterior por meio de correspondência escrita, da leitura e de outros meios de informação que não comprometam a moral e os bons costumes; XVI – atestado de pena a cumprir, emitido anualmente, sob pena da responsabilidade da autoridade judiciária competente. Parágrafo único. Os direitos previstos nos incisos V, X e XV poderão ser suspensos ou restringidos mediante ato motivado do diretor do estabelecimento".

Quanto à alimentação e ao vestuário, soa óbvia essa previsão, pois seria inconsequente e inviável que o Estado mantivesse alguém encarcerado deixando-o sem alimentos, em quantidade suficiente para mantença da sua saúde, e vestimenta. A pena seria cruel e poderia levar, inclusive, à morte, o que é vedado pela Constituição Federal (art. 5.º, XLVII, *a* e *e*).

Porém, faremos duas ressalvas: a) quanto à alimentação, temos defendido que o poder público deveria incentivar a instalação e organização de cozinhas dentro dos presídios, como forma viável de abrir inúmeros postos de trabalho aos condenados, evitando-se a *terceirização* do serviço, sob o pretexto de ser mais econômico. Assim, eles seriam os responsáveis pelo preparo da própria alimentação, auferindo, também, as vantagens inerentes à remição; b) quanto ao vestuário, parece-nos viável que o preso possua uniforme, até para ser facilmente identificado dentro do estabelecimento penal, desde que se opte por algo que não o ridicularize.

O trabalho remunerado, segundo nos parece, é um dos principais direitos do preso. Não somente porque a própria lei prevê o exercício de atividade laborativa como *dever* do condenado, mas também por ser oportunidade de obtenção de redução da pena, por meio da remição (arts. 126 a 130, LEP). Além do mais, constitui a mais importante forma de reeducação e ressocialização, buscando-se incentivar o trabalho honesto e, se possível, proporcionar ao recluso ou detento a formação profissional que não possua, porém deseje. Lembre-se, ainda, que o trabalho, condignamente remunerado, pode viabilizar o sustento da família, das suas necessidades pessoais, bem como tem o fim de indenizar a vítima e o Estado, além de permitir a formação do pecúlio, dentre outras necessidades.

Sobre a Previdência Social, dispõe o art. 39 do Código Penal que o trabalho do preso será sempre remunerado, sendo-lhe garantidos os benefícios da Previdência Social. Remetemos o leitor à nota 45 ao art. 29, em que cuidamos desse tema.

O pecúlio é uma reserva em dinheiro, que lhe servirá de lastro para retomar sua vida em liberdade, assim que findar o cumprimento da pena, for colocado em liberdade condicional ou ingressar no regime aberto. É a figura similar à "caderneta de poupança", que muitas pessoas mantêm em bancos para lhes garantir maior conforto material no futuro ou o atendimento de alguma necessidade emergencial.

Quanto à distribuição de tempo, devem as autoridades administrativas encarregadas de ordenar o programa do dia de cada preso atentar para a proporcionalidade natural entre trabalho, descanso e recreação, de modo a não transformar, por exemplo, o trabalho em algo exagerado, a ponto de atingir o grau de penalidade cruel. Por outro lado, também não se pode descurar da possibilidade de se reduzir eventual jornada de recreação em prol de uma extensão na atividade laborativa no interesse do próprio condenado, como faculta o art. 33, parágrafo único, da LEP. Em suma, imperando o bom senso, nenhuma das partes (Administração e preso) sai prejudicada.

Ingressando em recinto prisional, o condenado pode manter as atividades que já desenvolvia antes do encarceramento, desde que compatíveis com a execução da pena. Por isso, se trabalhava em atividade artística, por exemplo, pode efetuar a composição de uma música ou a redação de um livro, ainda que esteja em regime fechado, devendo a administração do presídio assegurar-lhe espaço para tanto. Por outro lado, não é compatível com o regime fechado que um preso saia em turnê pelo Brasil, promovendo shows de suas músicas. A cautela do inciso VI do art. 41 da Lei de Execução Penal é correta: o sentenciado pode desenvolver qualquer atividade profissional, intelectual, artística ou desportiva anterior à prisão, desde que haja compatibilidade com o novo sistema vivenciado.

Sobre o direito à assistência estatal, são meras decorrências da obrigação do Estado de prover as necessidades básicas do preso e do internado, conforme disposto nos arts. 10 e 11 da Lei de Execução Penal.

A Constituição Federal explicita, no art. 5.º, XLIX, ser assegurado ao preso o respeito à integridade física e *moral*. Essa decorre, dentre outros fatores, do direito à honra e à imagem (art. 5.º, X, CF). Associam-se tais dispositivos ao preceituado no art. 38 do Código Penal, no sentido de que devem ser preservados todos os direitos do preso não atingidos pela condenação. Em suma, a honra e a imagem de quem é levado ao cárcere já sofrem o natural desgaste imposto pela violência da prisão, com inevitável perda da liberdade e a consequente desmoralização no âmbito social. Por isso, não mais exposto deve o condenado ficar, enquanto estiver sob tutela estatal.

É, pois, razoável e justo que se proteja o sentenciado contra qualquer forma de sensacionalismo (exploração escandalosa da imagem de alguém ou de fatos). Aliás, a mesma meta está prevista no art. 198 da LEP. Deve ser ressalvada, no entanto, a hipótese de desejar o preso se expor a uma entrevista ou reportagem de órgão de imprensa, de maneira espontânea, por qualquer razão pessoal. Porém, ainda assim, se estiver sob proteção do Estado, impõe-se o dever da administração do presídio de evitar situações humilhantes de qualquer nível.

O direito de defesa ao preso deve ser assegurado como todo direito não atingido pela condenação e pela prisão. É mais do que óbvio que o direito à ampla defesa (art. 5.º, LV, CF) jamais lhe será retirado, ainda e especialmente durante o cumprimento da pena. Por isso, necessita avistar-se com seu advogado sempre que for imprescindível para a sustentação do referido direito à ampla defesa.

Aliás, sob a ótica do defensor, dispõe o art. 7.º, III, da Lei 8.906/94, constituir direito do advogado "comunicar-se com seus clientes, pessoal e reservadamente, mesmo sem procuração, quando estes se acharem presos, detidos ou recolhidos em estabelecimentos civis ou militares, ainda que considerados incomunicáveis". A entrevista deve ser pessoalmente assegurada, bem como o seu sigilo, sem a invasão de terceiros nessa conversação. Inexistem, no entanto, em nosso ponto de vista, direitos absolutos, mesmo de *status* constitucional, merecendo haver harmonia entre a proteção do direito de defesa, por exemplo, e o direito da coletividade à segurança pública. Portanto, cuidando-se de preso recolhido em regime especial (como, *v.g.*, o RDD – art. 52 da LEP), as cautelas para a entrevista serão redobradas. O ingresso do advogado no presídio pode ser dificultado, mas jamais totalmente afastado. Um condenado integrante do crime organizado pode ter o acesso a seu defensor sob maior supervisão estatal, porém sem haver a supressão desse direito. Da mesma forma que não se deve admitir o impedimento absoluto da entrevista de um preso, por mais perigoso que possa ser considerado, com seu defensor, também não se pode tolerar que o mesmo condenado, ilustrando, constitua dezenas de advogados e passe a falar com cada um deles diariamente. Abusos de parte a parte precisam ser coibidos.

Garante-se o direito de entrevista pessoal e reservada, sem escuta de terceiros, com o advogado, mas não se deve aceitar exageros na frequência e na variedade de defensores, a fim de não se deturpar a finalidade da norma que lhe assegura direito de *defesa* e não de liderar atos ou organizações fora do cárcere, valendo-sede terceiros.

Quanto ao direito de visita, o acompanhamento da execução da pena por parentes, amigos e, em particular, pelo cônjuge ou companheiro(a) é fundamental para a ressocialização. Feliz do preso que consegue manter, de dentro do cárcere, estreitos laços com sua família e seus amigos, que se encontram em liberdade. O Estado deve assegurar esse contato, estabelecendo dias e horários determinados para o exercício desse direito.

Entretanto, é possível estabelecer alguma proibição a certas visitas, quando algum visitante busca ingressar no presídio com drogas, armas ou celulares, embora essa vedação deva ser temporária. Se fosse uma proibição definitiva, equivaleria a um fator adverso à proposta de ressocialização.

O chamamento nominal é uma das formas mais sutis de mantença da dignidade da pessoa humana, vale dizer, ser chamado pelo seu nome e não por um número ou um apelido qualquer. O preso conserva todos os direitos não atingidos pela decisão condenatória e o respeito à sua honra e à sua imagem faz parte disso. Logo, inexiste sentido para "numerar" os presos, a não ser pelo indeclinável desgaste de "despersonalizá-lo", para que se sinta mais objeto que pessoa.

A individualização executória da pena, corolário natural do princípio constitucional da individualização da pena (art. 5.º, XLVI, primeira parte, CF), demonstra a sua importância ao, aparentemente, mitigar até mesmo a igualdade de todos perante a lei. Em verdade, segundo o nosso pensamento, a individualização aproxima-se da isonomia, ou seja, deve-se tratar desigualmente os desiguais, fazendo com que a autêntica forma de igualdade seja observada.

Na realidade, todos os presos devem ser tratados com igualdade, porém *na forma da lei*. Esta, por sua vez, seguindo parâmetros identicamente constitucionais, estabelece critérios de merecimento para a obtenção de diversos benefícios. O condenado com bom comportamento pode progredir do regime fechado ao semiaberto, por exemplo. O que ostenta mau comportamento, por outro lado, permanece no fechado. E todos continuam iguais perante *a lei*. Entretanto, o preceito do inciso XII do art. 41 da LEP é correto ao estipular como regra a igualdade e, excepcionalmente, as exigências da individualização da pena. Não se poderia, ilustrando, colocar um preso de mau comportamento em uma cela insalubre e outro, de bom comportamento, em cela ideal, tal como moldada pela Lei de Execução Penal. Essa medida estatal seria inconstitucional, seja porque fere a igualdade de todos *perante a lei*, seja porque não segue os parâmetros da individualização da pena.

Quanto ao direito de audiência, inserido em um estabelecimento penal, que passa a ser a sua comunidade, é natural ter o direito de se avistar com o diretor do presídio, para que possa apresentar eventual reclamação, sem intermediação de outros funcionários ou agentes de segurança, bem como propor alguma medida ou apresentar sugestão. O direito não deve ser absoluto, mas regrado. O diretor-geral não pode negar-se sistematicamente a receber os presos em audiência, mas pode impor limites e condições, em nome da disciplina e da segurança.

O direito de petição é reflexo do direito constitucional de petição: "são a todos assegurados, independentemente do pagamento de taxas: a) o direito de petição aos Poderes Públicos em defesa dos direitos ou contra ilegalidade ou abuso de poder" (art. 5.º, XXXIV, CF). A isso, devemos acrescer o direito de se socorrer do Poder Judiciário, sempre que for conveniente, fazendo-o, também por petição, diretamente, afinal, "a lei não excluirá da apreciação do Poder Judiciário lesão ou ameaça a direito (...)" (art. 5.º, XXXV, CF).

No tocante ao contato com o mundo exterior, há variadas formas de se manter um preso em contato com o mundo alheio ao estabelecimento penitenciário: acesso a jornais, revistas, livros e programas de rádio e televisão. Nestas situações, deve a direção do estabelecimento privilegiar os meios de informação úteis ao processo de reeducação ao qual se submete o sentenciado. Não se trata de uma mera *censura* a programas de rádio e TV ou a periódicos escritos, por capricho da direção do presídio, mas uma medida salutar de seleção dos informes ajustados a quem se encontra preso.

Lembre que ao condenado são assegurados todos os direitos não atingidos pela decisão condenatória, razão pela qual a sua liberdade de acessar todo e qualquer programa ou informação é, também, limitada. Registre-se a existência da *Internet* na vida em sociedade, igualmente levada para os estabelecimentos penais, em face de aulas de informática e outros benefícios de lazer e aprendizado. Alguns *sites* podem ser vedados ao preso (ex.: de conteúdo pornográfico ou alusivo a armas, bombas, atos ilícitos etc.). No mesmo prisma, pode ser válido o impedimento a um filme violento, cuja temática é, *v. g.*, uma rebelião em um presídio. Enfim, a lei está correta ao mencionar que é garantido o acesso ao mundo exterior, porém sem comprometer a moral e os bons costumes. Além disso, em formato privado, existe a correspondência escrita, sempre dirigida (ou recebida) em relação a alguém específico. Nesta hipótese, tem-se admitido a possibilidade de abertura da correspondência, com acompanhamento do seu teor, pois o emitente ou o destinatário está preso, logo, não tem *total* e *completo* acesso ao mundo exterior.

Não fosse assim e estaríamos privilegiando um direito absoluto, quando todos são relativos, merecendo harmonização com os demais. Mais detalhes desenvolvemos na nota 21 ao art. 240, em nosso *Código de Processo Penal comentado*, inclusive mencionando acórdão do STF, autorizando o conhecimento do conteúdo da correspondência, para que não se transforme em veículo da concretização de atos ilícitos. Aliás, muito alarde hoje se faz em razão do celular, que invadiu as penitenciárias por todo o Brasil. Ora, se a correspondência se tornasse inviolável, em qualquer circunstância, o preso poderia interagir com o(s) comparsa(s) do crime, que estaria(m) fora do cárcere, por cartas, independentemente do uso do telefone celular.

Há o direito de receber informação quanto à pena, o que é correto para que o preso tenha, no mínimo uma vez por ano, um panorama da sua condenação. Por isso, cabe ao juiz da execução penal, que controla o cumprimento da pena, informar ao preso, por atestado, o montante a cumprir, a parcela já extinta, os benefícios eventuais auferidos, aqueles que foram indeferidos, enfim, um relatório completo da execução no último ano. Menciona o inciso XVI deste artigo que o atestado de pena envolve a "pena a cumprir", vale dizer, espelharia o futuro. Entretanto, para atingir, corretamente, o montante *a cumprir*, torna-se necessário, em grande parte das vezes, informar o estágio atual e passado da execução. O preso pode ter mais ou menos pena a cumprir, conforme os benefícios recebidos ou indeferidos. Parece-nos, pois, deva o atestado ser completo.

O preso de mau comportamento e, pior, de atitudes agressivas e rebeldes, pode ficar privado do exercício do trabalho ou da recreação (do descanso não há sentido, pois equivaleria a empreender o trabalho forçado), bem como pode deixar de receber visitas por determinado período. Finalmente, pode ser privado de acesso ao mundo exterior, ao menos em relação àquelas atividades que representam lazer (como assistir TV). São formas de disciplina, sob tutela do diretor do estabelecimento penal, a serem exercidas motivadamente. O formato da medida pode ser total (suspensão) ou parcial (restrição), porém, sempre por tempo determinado. Note-se, ainda, o disposto no art. 53, III, da Lei de Execução Penal, demonstrando que tais ações da direção devem ter por base a aplicação de sanção disciplinar. Lembremos, uma vez mais, que o acesso à correspondência do preso não é sanção, mas medida de cautela e segurança.

2.1. Visita íntima

A visita íntima sempre constituiu um tema polêmico. O disposto no inciso X do art. 41 da LEP não alcança, por óbvio, o direito à relação sexual, como se pode verificar: "visita do cônjuge, da companheira, de parentes e amigos em dias determinados". Cuida-se de visitação social para entrelaçamento afetivo e emocional.

Entretanto, há um bom tempo, os diretores de presídios têm permitido a denominada *visita íntima*, para que o preso se relacione sexualmente com a pessoa com quem conviva amorosamente. Essa medida foi salutar, pois amenizou a violência sexual entre detidos e transformou-se em *moeda de troca* para assegurar bom comportamento, afinal, em caso de rebelião ou desobediência, o preso fica privado desse contato.

Logo, deve ser considerado um *direito* se a administração do presídio - como tem ocorrido na maior parte deles - permitir tal exercício generalizadamente. Por uma questão de aplicação do princípio constitucional da igualdade, não é cabível permitir que alguns tenham contato sexual com seus parceiros ou parceiras e outros, não. Ainda que institucionalizado pelo costume - há anos, vários presos usufruem desse direito nos estabelecimentos penais - até para incentivar o contato com a família e com o mundo exterior, não se pode considerá-lo um *direito absoluto*.

Por outro lado, cremos ser necessário democratizar - e legalizar com clareza - esse *novo* direito à visita íntima, permitindo que o maior número possível de presos dele possa fazer uso, sem preconceitos, discriminações de toda ordem e com regras e critérios previamente estabelecidos. O preso casado pode ser beneficiado, pois seu cônjuge cadastra-se e passa à esfera de conhecimento da autoridade. E o solteiro? Como exercitar o direito à visita íntima, vale dizer, à relação sexual com pessoa do sexo oposto ou mesmo com pessoa do mesmo sexo? Parece-nos que, havendo o cadastro e o registro da pessoa com quem o preso pretende relacionar-se, não deve a administração vetar-lhe o direito somente porque não se trata de cônjuge ou companheiro(a).

O direito à visita íntima não se encontra expressamente previsto em lei, contendo regras e procedimento para ser exercido, originando-se do costume adotado pelas direções dos presídios, de modo que não pode encontrar barreira justamente em critérios subjetivos e, por vezes, preconceituosos.

Ademais, o preso inserido em regime disciplinar diferenciado (RDD), com visitas limitadas (ver o art. 52, III, LEP), não tem como usufruir de visita íntima, em qualquer forma que seja. Prevalece, neste último caso, a segurança pública em detrimento do direito individual.

Ainda sobre a visita íntima, é indiscutível haver pontos negativos, levantados por parcela da doutrina: a) o direito à visita íntima retira o controle integral do Estado em relação aos contatos entre presos e pessoas de fora do estabelecimento penal; b) permite-se, dessa forma, o ingresso de instrumentos e aparelhos celulares, pois não se consegue fazer a revista pessoal no visitante de maneira completa, até por ser uma questão de invasão de privacidade; c) pode-se incentivar a prostituição, uma vez que o preso solteiro, pretendendo fazer valer o direito, tende a servir-se desse tipo de atendimento; d) se a prisão não deixa de ser um castigo, a possibilidade de acesso ao relacionamento sexual periódico torna a vida no estabelecimento prisional muito próxima do cotidiano de quem está solto; e) o ambiente prisional não é adequado, nem há instalações próprias para tal ato de intimidade, podendo gerar promiscuidade; f) há presos que são obrigados a *vender* suas mulheres a outros, para que prestem favores sexuais em virtude de dívidas ou outros aspectos. Como mencionamos linhas atrás, não compartilhamos dessas objeções. O direito à visita íntima é, em nosso ponto de vista, um mal menor. Não somente incentiva a ressocialização como inibe a violência sexual entre presos, aspectos de maior relevo, a merecer a consideração do legislador, regulamentando-o, claramente, na Lei de Execução Penal.

Por derradeiro, vale lembrar que o Decreto Federal 6.049/2007 ingressou no contexto da visita íntima e delegou a disciplina do assunto ao Ministério da Justiça. Conferir: "Art. 95. A visita íntima tem por finalidade fortalecer as relações familiares do preso e será regulamentada pelo Ministério da Justiça. Parágrafo único. É proibida a visita íntima nas celas de convivência dos presos". No Brasil, o princípio da legalidade é, de fato, relegado a plano secundário em muitos setores e planos da Administração Pública. Pretende-se, quase sempre, no âmbito da execução penal, dar celeridade à edição de normas, ingressando-se no cenário de atos administrativos em lugar de contar com leis estabelecidas pelo Legislativo federal ou, supletivamente, pelo estadual.

Na esteira das regulamentações de direitos por meio de atos administrativos, em vez de lei, segue-se a Portaria 718, de 28 de agosto de 2017, do Ministério da Justiça e Segurança Pública, disciplinando a *visita íntima*, no âmbito dos presídios federais. Essa portaria não tem validade para o cenário estadual. O que se espera, em verdade, é a edição de uma lei federal para impor as normas em relação ao importante e delicado tema dos relacionamentos sexuais em presídios brasileiros.

Enquanto o ideal não se concretiza, vale mencionar partes do conteúdo da referida Portaria 718/2017: "considerando que a visita íntima não tem previsão formal em lei, sendo interpretada como um direito com base em resolução do Conselho Nacional de Política Criminal e Penitenciária; (...) RESOLVE: Art. 1.º - A visita íntima pode ser concedida com periodicidade mínima de uma vez por mês, em dias e horários estabelecidos pelo diretor da penitenciária, respeitadas as características de cada estabelecimento penal federal. § 1º - A visita íntima será concedida aos presos declarados, nos termos da Lei e por decisão judicial, como réu colaborador ou delator premiado e aos presos que não se enquadrem nas características descritas no parágrafo seguinte. § 2.º - Nos termos do art. 3.º da Lei 11.671, de 8 de maio de 2008, é vedada a concessão de visita íntima a presos que possuam, ao menos, uma das seguintes características, conforme disposições do Decreto 6.877, de 18 de junho de 2009: I - ter desempenhado função de liderança ou participado de forma relevante em organização criminosa; II - ter praticado crime que coloque em risco a sua integridade física no ambiente prisional de origem; III - estar submetido ao Regime Disciplinar Diferenciado (RDD); IV - ser membro de quadrilha ou bando, envolvido na prática reiterada de crimes com violência ou grave ameaça; V - estar envolvido em incidentes de fuga, de violência ou de grave indisciplina no sistema prisional de origem. § 3.º - O preso, ao ser internado no estabelecimento penal federal, informará o nome do cônjuge, se casado, ou da(o) companheira(o), se em união estável, comprovado por declaração lavrada por Escritura Pública em Cartório competente, para fins de visita íntima. § 4.º - A visita ocorrerá em local adequado para essa finalidade, assegurada a intimidade, com a duração de 1 (uma) hora. § 5.º - Fica proibida a visita íntima nas celas de convivência dos presos. Art. 2.º - Somente será autorizado o registro de 1 (um) cônjuge ou companheira(o), ficando vedadas substituições, salvo se ocorrer separação ou divórcio, podendo o preso nominar novo cônjuge ou nova(o) companheira(o) decorrido 12 (doze) meses do cancelamento formal da indicação anterior. § 1.º - O registro de cônjuge ou companheira (o) de comprovado vínculo afetivo deverá ser realizado pela direção do estabelecimento prisional onde se encontrar o preso § 2.º - Os estabelecimentos prisionais federais poderão exigir porte de carteira de identidade específica para visita íntima e deverão remeter cópias de todos os registros de visitantes, atualizados, à Coordenação-Geral de Assistências nas Penitenciárias (CGAP) do Sistema Penitenciário Federal do Departamento Penitenciário Nacional (Depen). Art. 3.º - O preso poderá receber a visita íntima do menor de 18 (dezoito) anos, quando: I - legalmente casados; ou, II - nos demais casos, devidamente autorizado pelo juízo competente. Art. 4.º - A visita íntima poderá ser suspensa ou restringida, por tempo determinado, quando: I - do cometimento de falta disciplinar de natureza grave, apurada mediante processo administrativo disciplinar, que ensejar isolamento celular; II - de ato do cônjuge ou companheiro (a) que causar problemas à administração do estabelecimento de ordem moral ou risco para a segurança ou disciplina; III - da solicitação do preso; IV - houver fundados motivos que comprometam a segurança interna e externa dos estabelecimentos prisionais federais, dos seus servidores, ou dos presos custodiados. § 1.º – A visita íntima também poderá ser suspensa a título de sanção disciplinar, independentemente da natureza da falta, nos casos em que a infração estiver relacionada com o seu exercício. § 2.º – A suspensão ou cancelamento da visita íntima dar-se-á por ato do diretor do estabelecimento prisional, podendo exceder a trinta dias, quando houver motivos que o ensejem, ou forem detectadas práticas ou fundadas suspeitas de prática, pelo interno ou seu visitante, dentro, ou a partir da Penitenciária Federal, de qualquer um dos atos elencados nos incisos de I a V do § 2.º do artigo 1º desta Portaria. Art. 5.º – No caso de um ou ambos os parceiros serem portadores de doença infectocontagiosa transmissível sexualmente, a visita íntima somente será permitida mediante a assinatura, por ambos os parceiros, de termo circunstanciado de responsabilidade contendo todas as informações pertinentes aos riscos de contágio pela prática do ato sexual sem a cautela de prevenção. § 1.º – No dia da visita íntima, a direção do estabelecimento prisional fornecerá, mediante contrarrecibo, preservativos aos parceiros (...)".

Aprovados ou rejeitados os artigos da Portaria 718/2017, o principal fato é que não é esse o veículo correto para disciplinar um direito do preso. A lei federal deveria disciplinar o tema. À sua falta, ao menos, cada Estado-membro deveria editar lei estadual sobre o assunto.

Contudo, de modo peculiar, indiretamente, a Lei 14.994/2024 resolveu parte do problema, reconhecendo, com clareza, haver o direito à visita íntima ou conjugal, ao tratar do autor de violência contra a mulher, conforme previsto no § 2.º do art. 41: "O preso condenado por crime contra a mulher por razões da condição do sexo feminino, nos termos do § 1.º do art. 121-A do Decreto-Lei 2.848, de 7 de dezembro de 1940 (Código Penal), não poderá usufruir do direito previsto no inciso X *em relação à visita íntima ou conjugal*".

Não houvesse o direito à visitação íntima, inexistiria motivo para constar, de maneira expressa, que o condenado por delito contra a mulher, por razões da condição do sexo feminino, não pode obter essa benesse. Desse modo, termina por se incluir na Lei de Execução Penal *existir* a visita íntima ou conjugal, no cenário dos direitos dos presos, restando, apenas, a regulamentação nessa mesma lei. Enquanto isto não se dá, perpetua-se a obediência a regras fixadas em atos administrativos.

2.2. Direitos dos presos provisórios

Segundo dispõe o art. 42 da LEP, "aplica-se ao preso provisório e ao submetido à medida de segurança, no que couber, o disposto nesta Seção". São compatíveis os previstos nos incisos I, II (o trabalho é facultativo, mas, se exercido, deve ser remunerado), III, IV (o pecúlio é, tipicamente, voltado ao condenado, mas o preso provisório pode levar muito tempo até ser definitivamente julgado, motivo pelo qual, se trabalhou, pode também ter formado uma reserva em dinheiro), V, VI (depende, neste caso, do lugar onde se encontra recolhido), VII, VIII, IX, X, XI, XII (hoje, admite-se a execução provisória da pena, de forma que tem aplicação este inciso), XIII, XIV, XV do art. 41 da LEP. O único direito que não lhe diz respeito é o atestado de pena (inciso XVI do art. 41), até pelo fato de não haver pena definitiva a cumprir.

2.3. Direitos dos internos

Quanto aos direitos dos internos, podem ser aplicados todos os direitos dos presos provisórios, a depender do seu estado de saúde. Afinal, a meta principal da medida de segurança é a cura e não a reeducação, motivo pelo qual é possível que se tenha um interno recebendo somente medicação, sem a menor condição de trabalhar. Assim ocorrendo, não se fala, por exemplo, em "atribuição de trabalho e remuneração". Depende, portanto, de cada caso concreto. O ideal seria que, melhorando em seu quadro clínico, pudesse tanto trabalhar, como formar pecúlio, gozar de atividades de recreação e até mesmo estudar, dentre outros direitos.

O art. 43 da LEP preceitua ser "garantida a liberdade de contratar médico de confiança pessoal do internado ou do submetido a tratamento ambulatorial, por seus familiares ou dependentes, a fim de orientar e acompanhar o tratamento". No parágrafo único: "as divergências entre o médico oficial e o particular serão resolvidas pelo juiz de execução".

Embora, aparentemente, consista num direito sem maiores consequências, na realidade, transmuda-se para uma forma de discriminação em face do poder aquisitivo do interno. Pessoas provenientes de famílias de posses poderão obter a assistência e o acompanhamento de médico particular, muitas vezes com maior conhecimento e/ou titulação que o médico do Estado, permitindo que sejam liberadas de maneira mais célere. Por outro lado, uma gama imensa de internos, sem poder aquisitivo à altura desse "direito", fica circunscrita a médicos oficiais, podendo haver descuido do Estado em manter um número razoável de profissionais, levando à maior lentidão nas suas avaliações periódicas. Pensamos que, nesse aspecto, o ideal seria a igualdade de todos perante a lei.

Em outras palavras, a orientação e acompanhamento se fazem pelo médico oficial, para ricos ou pobres. Qualquer conturbação ou lentidão, durante a execução da medida de segurança, necessitaria ser resolvida de igual maneira para todos os internos, inclusive com a interferência do juiz da execução penal. A permissão para o acompanhamento do médico particular, permitindo, inclusive, que este divirja do perito oficial, levando o caso à resolução do juiz, cria um privilégio, em nosso entendimento, inadmissível. Seria o mesmo que o preso de posses exigir o acompanhamento dos trabalhos de individualização executória da pena, realizado pela Comissão Técnica de Classificação, por profissionais particulares por ele contratados, emitindo um laudo divergente. Se tal situação não é permitida, não vemos a razão de se autorizar a intervenção do médico particular no cumprimento da medida de segurança.

Quanto a eventual divergência entre o médico particular e o oficial, parece-nos que, nessa hipótese, a única solução viável é a aplicação, por analogia, do disposto no art. 180 do Código de Processo Penal: "se houver divergência entre os peritos, serão consignadas no auto do exame as declarações e respostas de um e de outro, ou cada um redigirá separadamente o seu laudo, e a autoridade nomeará um terceiro; se este divergir de ambos, a autoridade poderá mandar proceder a novo exame por outros peritos".

3. DISCIPLINA

O cumprimento às regras gerais de um estabelecimento penal ou de qualquer lugar onde se efetue a execução da pena é fundamental tanto para o condenado como para quem administra o local. Por isso, corretamente, estabelece esse artigo que o sentenciado deve colaborar com a ordem, obedecer às determinações emanadas das autoridades e seus agentes, bem como desempenhar algum trabalho. Nota-se, mais uma vez, que o trabalho, especialmente do preso, é um dever (art. 39, V, LEP), um direito (art. 41, V e VI, LEP) e, também, um corolário da disciplina. É natural deduzir que determinações abusivas constituem desvios de execução, cabendo ao preso representar a quem de direito, podendo ser tanto ao diretor-geral como ao juiz da execução penal (art. 41, XIV, LEP).

No caso de prisão provisória, é mais que natural exigir-se do preso a mesma disciplina que se aguarda do condenado definitivo, seja porque ambos podem conviver no mesmo presídio - embora se espere, ao menos, que estejam em alas separadas - como também pelo fato de o preso provisório contar com a possibilidade de execução provisória da sua pena, o que lhe vai exigir prova de bom comportamento carcerário, logo, disciplina. Por outro lado, há penas restritivas de direitos que inserem o condenado em contato com outros trabalhadores, além de poder ter acesso a pessoas carentes de um modo geral, o que redobra o cuidado com a observância às regras e normas do estabelecimento. Como exemplo maior, temos a prestação de serviços à comunidade, demandando respeito aos regulamentos dos orfanatos, hospitais, creches, asilos etc., locais onde o sentenciado deverá cumprir sua pena.

3.1. Legalidade e responsabilidade pessoal

A execução penal, como não poderia deixar de ser, constituindo a efetivação do poder punitivo do Estado, exige o respeito à legalidade. Portanto, da mesma forma que inexiste crime sem lei anterior que o defina, nem pena sem lei anterior que a comine (art. 5.º, XXXIX, CF; art. 1.º, CP), demanda-se que não haverá falta nem sanção disciplinar sem *expressa* e *anterior* lei ou regra regulamentar. *In verbis*, o *caput* do art. 45 da Lei de Execução Penal: "não haverá falta nem sanção disciplinar sem expressa e anterior previsão legal ou regulamentar".

Em nosso entendimento, reserva-se à *lei*, como se pode observar nos arts. 49 a 51 da LEP, a definição de faltas leves, médias e graves. Estas devem estar previstas na Lei de Execução Penal, porque assim já foi feito no art. 50 e, portanto, devem continuar a ser estabelecidas por lei federal, válida de maneira igualitária a todo o território nacional. As outras duas (leves e médias) podem fazer parte da legislação estadual (art. 24, I, CF). Esta expressão (*legislação estadual*) merece um conteúdo emanado de um Poder apropriado, que é o Legislativo, no âmbito dos Estados da Federação. A parte final do *caput* do art. 45 deve ser interpretada de maneira harmônica ao princípio da legalidade estrita e de modo teleológico. Os regulamentos podem estabelecer normas de organização e funcionamento do estabelecimento e podem gerar sanções específicas, sem gerar reflexos diretos na individualização executória da pena.

Entretanto, sob variados argumentos, tem-se permitido que órgãos do Poder Executivo *legisle* em matéria de execução penal (ou, como usou o constituinte, no referido art. 24, I, da CF, *direito penitenciário*). Registre-se, para ilustração, o disposto na Resolução 144/2010 da Secretaria da Administração Penitenciária de São Paulo: "Artigo 85 - para fins administrativos, o comportamento do preso recolhido em regime fechado e em regime semiaberto, nas unidades prisionais sob responsabilidade da Secretaria da Administração Penitenciária, é classificado como: I - ótimo, quando decorrente da ausência de cometimento de falta disciplinar, desde o ingresso do preso na prisão, ocorrido no mínimo há um ano, até o momento do benefício em Juízo. II - bom, quando decorrente da ausência de cometimento de falta disciplinar ou do registro de faltas disciplinares já reabilitadas, desde o ingresso do preso na prisão até o momento do requerimento do benefício em Juízo; III - *regular, quando registra a prática de faltas disciplinares de natureza média ou leve, sem reabilitação de comportamento.* IV - mau, quando registra a prática de faltas disciplinares de natureza grave sem reabilitação de comportamento. Parágrafo único - a infração disciplinar de natureza grave implica na proposta de regressão do regime. (...) Artigo 89 - o preso em regime fechado ou em regime semiaberto tem, no âmbito administrativo, os seguintes prazos para reabilitação do comportamento, contados a partir do cumprimento da sanção imposta: I - 03 (três) meses para as faltas de natureza leve; II - *06 (seis) meses para as faltas de natureza média*; III - 12 (doze) meses para as faltas de natureza grave" (grifamos). Disposições criadas por uma Secretaria de Estado influem diretamente no contexto da individualização executória da pena e, por ora, o Judiciário não tem colocado obstáculo a isso.

No mais, quanto às faltas graves, causadoras dos maiores prejuízos ao sentenciado, inclusive com a perda de vários benefícios, necessitam ser prévia e expressamente inseridas no art. 50 da Lei de Execução Penal, como já exposto acima.

Fora do contexto das faltas, regulamentos podem ser editados pela direção do presídio, como forma de disciplinar e organizar o seu funcionamento. Assim, determinado diretor pode baixar uma portaria fixando o horário de funcionamento da biblioteca, por exemplo. Quem infringir a norma, ultrapassando o horário de fechamento, pode ficar privado de retirar livros por algum tempo. São situações *não constitutivas* de faltas leves ou médias, que possam influir na avaliação do bom ou mau comportamento do preso para efeito de benefícios durante o cumprimento da pena. A sanção fixada esgota-se em si mesma, servindo para impor naturais limites aos presos, sem maiores consequências.

Não fosse assim, estaria aberta a possibilidade para diretores de presídios, também, "legislar" em matéria de execução penal, com reflexos na individualização da pena, algo inadequado para o contexto do cumprimento da pena no Brasil.[1] Porém, aberta a porta para que Secretarias de Estado *legislem* em matéria de execução penal, não nos soaria

---

[1] Já basta a lamentável aceitação, por setores do Judiciário, de resolução, decreto ou portaria de órgãos do Executivo estabelecendo faltas leves e médias e outras matérias relevantes, como o prazo de reabilitação

impossível que em alguns pontos do Brasil o diretor de um estabelecimento penal resolva tipificar faltas leves ou médias, com reflexo direto na execução penal, com a chancela de órgão judiciário.

Entretanto, na sequência da *legislação* promovida pelo Executivo, o Presidente da República editou o Decreto 6.049/2007, entendendo viável dispor acerca das faltas leves e médias (arts. 43 e 44), estabelecendo, inclusive, as sanções aplicáveis (art. 46). Parece-nos que, à falta de legislação estadual sobre o assunto e, cuidando-se de presídio federal, deveria ser editada lei federal, disciplinando o tema. Assim não ocorrendo, tem-se o direito de execução penal, com reflexos no cumprimento da pena (direito penal), fugindo do princípio da legalidade estrita. Note-se que o atestado de conduta carcerária fará constar *conduta regular* e não *boa conduta*, em caso de prática de faltas leves ou médias (art. 79 do mencionado Decreto Federal). Com isso, o preso poderá ficar privado de progressão.

Sob outro prisma, associando a legalidade ao princípio da humanidade, o disposto no § 1.º do art. 45 da LEP ("§ 1º As sanções não poderão colocar em perigo a integridade física e moral do condenado") é consectário lógico do art. 5.º, XLIX, da Constituição Federal ("é assegurado aos presos o respeito à integridade física e moral").

Na esteira da vedação das penas cruéis (art. 5.º, XLVII, *e*, CF), é proibido o emprego de cela escura (art. 45, § 2.º, LEP). Registre-se que essa cela é completamente diversa da cela individual, prevista para o preso em regime disciplinar diferenciado (art. 52, II, LEP). Neste último caso, o preso deve ficar isolado de outros, mas não se pretende fique relegado a condições sub-humanas, como aconteceria se ficasse em completa escuridão.

Um dos mais caros princípios penais é o da responsabilidade pessoal ou da personalidade (art. 5.º, XLV, CF), significando que a "pena não passará da pessoa do condenado". Da mesma forma e em idêntico prisma, deve-se buscar que a sanção disciplinar não ultrapasse a pessoa do infrator. Logo, é vedada a aplicação de sanção coletiva (art. 45, § 3.º, LEP). Exemplo: encontra-se um estilete em uma cela, habitada por vários presos, o que constitui falta grave (art. 50, III, LEP). Realizada sindicância, não se apura a quem pertence. É justo não se poder punir todos os condenados ali encontrados, sob pena de se estar aplicando sanção coletiva, exatamente o que é proibido por esse dispositivo, em consonância com o disposto na Constituição Federal.

3.2. Normas disciplinares

O conhecimento prévio das normas de disciplina é uma medida correta de cautela (art. 45, *caput*, c. c. art. 46, LEP). Presume-se que todo cidadão conheça o universo das leis do seu país. Publicadas no *Diário Oficial*, vencida eventual *vacatio legis*, entram em vigor, com a presunção de que todos delas tomaram ciência. Porém, ao ingressar no estabelecimento penitenciário, mormente pela primeira vez, ninguém está obrigado a conhecer as regras ali existentes, em muitos aspectos diversas das normas às quais está o

---

para as faltas cometidas. Afinal, essas faltas terminam influindo diretamente no direito à progressão de regime e no recebimento de liberdade condicional.

preso habituado quando desfrutava da liberdade. Por isso, é mais que justo que as autoridades ou seus agentes deem conhecimento a todos acerca das normas disciplinares. Não se poderá, depois, alegar ignorância ou erro. O dispositivo refere-se tanto ao condenado quanto ao preso provisório.

Quem tem contato direto com o preso é a autoridade administrativa, inclusive pelo fato de ser o Executivo o Poder de Estado encarregado de organizar, sustentar e fazer funcionar um estabelecimento penal. Portanto, torna-se natural que a aplicação da sanção disciplinar se faça por meio do diretor do presídio e seus agentes (art. 47, LEP). Há o regulamento, estipulando regras gerais de funcionamento do estabelecimento, mas também o procedimento pelo qual as faltas são apuradas e como as sanções serão cumpridas, respeitadas, naturalmente, as disposições específicas da Lei de Execução Penal no contexto punitivo-disciplinar (arts. 53 a 60, LEP).

Para a garantia do devido processo legal na execução penal, em qualquer cenário, quando seja viável a aplicação de sanção (da mais leve à mais grave), torna-se fundamental conceder ao condenado o direito de defesa técnica, bem como de autodefesa. Ele precisa ser ouvido sempre, antes de se lhe aplicar qualquer penalidade. Em situações excepcionais, quando entender ter sido cerceado na sua defesa ou ter experimentado sanção excessiva, nada impede que o preso provoque a atuação do juiz da execução penal, dando ensejo ao incidente de desvio de execução.

Algumas penas restritivas de direitos podem ser cumpridas em lugares públicos, administrados ou fiscalizados por agentes do Estado. Logo, a esses cabe o poder de apurar as faltas e aplicar as sanções (art. 48, *caput*, LEP), sem prejuízo de outras medidas mais graves, dependentes da intervenção do juiz, como, por exemplo, a reconversão da pena restritiva de direitos em privativa de liberdade. Ilustrando, em uma Casa do Albergado cumpre-se limitação de fim de semana (art. 48, CP). Por isso, desrespeitadas as regras estabelecidas para o desenvolvimento dos cursos de finais de semana, conforme o caso, cabe à autoridade administrativa responsável pelo local a punição.

Após sindicância, na qual o preso deve ter tido a oportunidade de se defender, apurada a falta grave, determina o diretor o registro no prontuário do condenado. Assim ocorrendo, deve a autoridade administrativa representar ao juiz da execução penal, buscando-se atingir as consequências negativas previstas em lei. Pode ocorrer: a) regressão de regime (do aberto para o semiaberto ou deste para o fechado, nos termos do art. 118, I, LEP); b) perda do direito de saída temporária (art. 125, LEP); c) perda de parte do tempo remido pelo trabalho (art. 127, LEP); d) reconversão da restritiva de direitos em privativa de liberdade (art. 181, §§ 1.º, *d*, e 2.º, LEP). Repercutirá, ainda, em outros pontos, como, ilustrando, no livramento condicional, na concessão de indulto total ou parcial, na progressão de regime etc.

3.3. Faltas disciplinares

Estabelece o art. 49 da Lei de Execução Penal classificarem-se em leves, médias e graves. Além disso, preceitua que a *legislação local* especificará as leves e médias, bem como as respectivas sanções. Em comentários já expostos, cremos que, para respeitar o princípio da legalidade, regente da execução penal, a inteligência da expressão *legislação local* deveria dizer respeito ao Poder Legislativo estadual. Cada Estado poderia ter o seu código de conduta para os presídios que administrar, mas sempre editado pelo Parlamento. Entretanto, o Judiciário tem aceitado a tipificação de faltas leves e médias por meio de atos administrativos do Poder Executivo.

Outras faltas, que não gerem reflexos no prontuário do condenado, esgotando-se em sanções específicas a elas, podem ser previstas em regulamentos de presídios. É o que nos parece ser o ideal.

Prevê-se a equiparação entre falta consumada e tentada, cremos haver viabilidade para tal previsão, pois existem vários tipos penais que equiparam a figura tentada à consumada, razão pela qual se buscou, no art. 49, parágrafo único, da LEP o mesmo propósito. Logo, fugir ou tentar fugir constitui, igualmente, falta grave.

Dispõe o art. 50 da Lei de Execução Penal o seguinte: "comete falta grave o condenado à pena privativa de liberdade que: I – incitar ou participar de movimento para subverter a ordem ou a disciplina; II – fugir; III – possuir, indevidamente, instrumento capaz de ofender a integridade física de outrem; IV – provocar acidente de trabalho; V – descumprir, no regime aberto, as condições impostas; VI – inobservar os deveres previstos nos incisos II e V do art. 39 desta Lei; VII – tiver em sua posse, utilizar ou fornecer aparelho telefônico, de rádio ou similar, que permita a comunicação com outros presos ou com o ambiente externo; VIII – recusar submeter-se ao procedimento de identificação do perfil genético. Parágrafo único. O disposto neste artigo aplica-se, no que couber, ao preso provisório".

Foi acrescentado, pela Lei 13.964/2019, o inciso VIII ao art. 50, considerando falta grave "recusar submeter-se ao procedimento de identificação do perfil genético". Como já salientamos, a identificação pelo perfil genético é mais uma forma de individualizar pessoas, como a colheita da impressão digital ou a fotografia. Por isso, é obrigação do condenado que se encaixe nas hipóteses do art. 9.º-A da LEP. A recusa gera falta grave, que vai atrapalhar, no futuro, o recebimento de benefícios, como progressão de regime ou recebimento de livramento condicional. Pode-se indagar quantas vezes o sentenciado, que se recusar a esse procedimento, pode cometer falta grave. Por certo, não é cabível exigir, diariamente, a colheita de material genético e, havendo resposta negativa, considerar falta grave, pois seria um excesso. Porém, refletindo sobre o tema, parece-nos razoável refazer o pleito durante o cumprimento da pena, respeitando-se algumas regras: a) havendo o cometimento de uma falta grave, após um ano da ocorrência do fato, o sentenciado readquire o bom comportamento (art. 112, § 7.º, LEP); logo, expirada essa falta, pode o Estado, novamente, procurar a coleta do material; havendo recusa, configura-se outra falta grave; b) não há impedimento para buscar o procedimento de identificação do perfil genético do condenado, durante o cumprimento da pena, como deixa claro o disposto pelo § 4.º do art. 9.º-A, da LEP. Isto significa que, reabilitado da recusa anterior, consistente em falta grave, tenta-se novamente a colheita do material, sendo viável a reiteração da falta se houver oposição.

O rol previsto no art. 50 é taxativo. Não é possível o emprego de analogia para suprir eventual lacuna pelas mesmas razões proibitivas no tocante à ausência de lei penal incriminadora para qualquer situação. É preciso lembrar que a anotação de falta grave pode acarretar vários prejuízos ao condenado, incluindo regressão de regime, perda do livramento condicional, inviabilidade de recebimento do indulto, perda de dias remidos etc.

Por outro lado, é incabível a criação de novas faltas graves por meio de Resolução, Portaria ou Decreto, sob pena de ofensa à legalidade. Há dois fundamentos básicos para esse impedimento: a) a própria Lei de Execução Penal houve por bem tipificar e enumerar as faltas graves, razão pela qual cabe somente a lei federal ampliar esse rol; b) o art. 49 da LEP permite que a legislação local edite apenas faltas leves ou médias, excluindo, por via de consequência, as graves.

3.3.1. Procedimento de apuração da falta grave

Quanto à apuração da falta grave, é indispensável assegurar ao sentenciado a ampla defesa e o contraditório, antes de se fazer qualquer registro em seu prontuário (art. 59, LEP). Para tanto, instaura-se processo administrativo, garantindo-se ao apenado a defesa técnica e a autodefesa. Deve ele ser assistido por advogado constituído ou dativo ou, ainda, pela Defensoria Pública, sem prejuízo do seu direito de ser ouvido em relação à imputação que lhe foi feita. Por óbvio, fazendo-se analogia *in bonam partem* (em seu benefício) com o processo penal, o condenado pode valer-se do direito ao silêncio, preferindo não dar nenhuma declaração a respeito.

Lembre-se da Súmula 533 do Superior Tribunal de Justiça: "Para o reconhecimento da prática de falta disciplinar no âmbito da execução penal, é imprescindível a instauração de procedimento administrativo pelo diretor do estabelecimento prisional, assegurado o direito de defesa, a ser realizado por advogado constituído ou defensor público nomeado".

Houve época em que se permitia apenas a autodefesa, ouvindo-se o sentenciado a respeito da falta grave a ele imputada. Não havia Defensoria Pública como órgão da execução penal, nem advogados suficientes para exercer a assistência jurídica no interior de estabelecimentos penais. Porém, assegurava-se, sempre, a possibilidade de que o condenado questionasse a forma ou o mérito do procedimento administrativo perante o juízo das execuções penais. Atualmente, exige-se a intervenção da defesa técnica em todos os procedimentos administrativos, sob pena de invalidar a falta grave anotada.

Aliás, continua sendo viável à defesa técnica pleitear junto ao juiz da execução a eliminação da falta grave anotada no prontuário do preso, por falhas formais na sindicância ou mesmo quanto ao mérito. E se o magistrado negar, cabe agravo ao Tribunal. Diante disso, o devido processo legal é perfeitamente assegurado.

3.3.2. Prescrição da falta grave

Há regimentos internos de estabelecimentos penitenciários que fixam prazos para o início da apuração administrativa após a ocorrência da falta grave (de 30 a 90 dias, em geral); outros preveem o período máximo para ser concluído o processo administrativo. Ultrapassados esses prazos, pode haver falta administrativa no tocante ao funcionário do estabelecimento, que deixou de tomar as providências devidas. Afora esse aspecto, não há como aguardar um período muito longo para apurar a falta cometida pelo sentenciado, sem que se faça um paralelo com a prescrição prevista no âmbito administrativo e no cenário penal.

Por isso, há de se encontrar um prazo para que a falta grave seja apurada, sob pena de prescrever. A Lei de Execução Penal deveria ter estabelecido, claramente, o prazo prescricional, mas não o fez.

O contorno da falta grave do condenado atinge diretamente a execução penal, cuidando-se, pois, de fato relevante, impossível de ser regulado por regimento de presídio. O caminho correto, partindo-se para a analogia, deve voltar-se à prescrição das faltas administrativas em geral. Tomando-se por base o disposto pela Lei 8.112/1990, disciplinando o regime jurídico dos servidores públicos civis da União, das autarquias e das fundações públicas federais, tem-se o prazo de 180 dias, quando a penalidade é advertência (a mais branda), nos termos do art. 142, III. O prazo começa a correr da data em que o fato se tornou conhecido (art. 142, § 1.º). A abertura de sindicância ou processo disciplinar *interrompe* a prescrição até a decisão final ser proferida pela autoridade competente (art. 142, § 2.º).

Portanto, praticada a falta grave, admite-se o menor prazo possível, válido em nível nacional para os servidores federais, de seis meses para o início da apuração. Assim ocorrendo, interrompe-se a prescrição até a decisão ser proferida. Após, retoma o prazo prescricional o seu curso para que se torne efetiva a punição. Mais adequada a analogia com lei federal do que com regimento de estabelecimento penitenciário. A matéria, entretanto, deveria ser regulada pela Lei de Execução Penal.

É preciso ressaltar, no entanto, que os tribunais têm adotado posicionamento diverso, buscando analogia com a prescrição penal. Alguns julgados adotam o prazo mínimo da prescrição (art. 114, I, CP), voltado à pena de multa, ou seja, dois anos; outros se voltam ao prazo mínimo da prescrição da pena privativa de liberdade (art. 109, VI, CP), que é de três anos. Esta última é a posição acolhida pelo Superior Tribunal de Justiça.

3.3.3. Espécies de faltas

A primeira delas é "incitar ou participar de movimento para subverter a ordem ou a disciplina" (art. 50, I, LEP). Conforme preceitua o art. 354 do Código Penal ("amotinarem-se presos, perturbando a ordem ou a disciplina da prisão. Pena – detenção, de seis meses a dois anos, além da pena correspondente à violência"), observa-se que esta falta grave lhe é similar. A incitação (instigação, estímulo) ou a participação ativa no movimento faz emergir, justamente, a figura criminosa do motim. Há diferenças, contudo. Na infração penal, exige-se um número razoável de presos, enquanto para a configuração da falta grave basta que um preso comece o processo de instigação para que ela se concretize. No crime, exige-se o dolo. Na falta grave, pouco interessa o objetivo do preso. Em suma, guardadas as proporções devidas, as figuras do crime e da falta grave se aproximam. Por isso, é importante que se diga o seguinte: em caso de absolvição do preso pelo mesmo fato na órbita criminal, conforme o fundamento utilizado pelo magistrado (por exemplo, considerar o fato inexistente), não tem cabimento subsistir a anotação de falta grave no prontuário do sentenciado.

A segunda falta é a fuga (art. 50, II). É interessante observar que a fuga, em si, quando realizada sem violência ou grave ameaça à pessoa, não é crime. No entanto, o legislador a elencou como falta grave. Nesse cenário, uma falta grave cometida pelo condenado pode ser igualmente figura típica de crime, o que ocasionaria dupla investigação e processo. É justamente a hipótese da fuga, se o condenado a executar, valendo-se de violência contra o carcereiro, responderá pelo delito previsto no art. 352 do Código Penal (haverá a instauração de inquérito e, depois, processo), bem como sofrerá processo administrativo para inscrição de falta grave em seu prontuário. Entretanto, conforme o caso, se for absolvido no processo-crime (por exemplo, estar provado que o condenado não participou da fuga nem dos atos violentos), já não se pode mais anotar no prontuário a falta grave. Ainda que caiba dizer serem distintas as esferas penal e administrativa, não se aplica essa regra em determinadas situações. Se a única razão de existência da falta grave é justamente a sua exata correspondência com a figura típica incriminadora, uma vez afastada esta, como regra, não pode subsistir aquela, menos importante. Exceção se faça se a prova, no processo-crime, for muito vaga, não permitindo a condenação (insuficiência probatória para a condenação), mas em sede administrativa se obtém um farto conjunto de provas. Em suma, as esferas penal e administrativa são distintas, embora a absolvição, no campo criminal, se trouxer provas contundentes da inexistência do fato ou da não participação do sentenciado, possa influenciar a órbita administrativa.

Outra falta é "possuir, indevidamente, instrumento capaz de ofender a integridade física de outrem" (art. 50, III). O preso, sem autorização da administração do presídio, não pode manter consigo qualquer tipo de instrumento capaz de ofender a integridade física de outra pessoa, como, por exemplo, uma faca. Há, naturalmente, situações em que tal posse é *devida*, como ocorre, a título de ilustração, para os presos que trabalham na cozinha (ao menos, durante o período em que ali se encontram). No mais, andar pelo presídio carregando consigo estiletes, canivetes e outros instrumentos perigosos à incolumidade alheia constitui falta grave. Parece-nos fundamental, inclusive para se justificar o devido processo legal na execução penal, que a autoridade administrativa, descobrindo a posse indevida, determine a lavratura de auto de apreensão formal, juntando-se na sindicância. Se possível, pode-se providenciar a juntada do próprio instrumento aos autos do procedimento administrativo, o que, no futuro, poderá ser útil ao juiz da execução penal, caso seja questionada a legalidade ou a validade da sanção aplicada.

A quarta falta prevista é "provocar acidente de trabalho" (art. 50, IV). Sobre essa hipótese, sabe-se que o trabalho é obrigatório durante o cumprimento da pena, razão pela qual o preso que provoca – no sentido de facilitar, dar ensejo a que ocorra, agir de propósito – acidente de trabalho, seja para receber algum tipo de remuneração suplementar, seja para deixar de exercer atividade laborativa, comete falta grave. É o mesmo que não querer trabalhar.

A outra falta está descrita no inciso V do art. 50: "descumprir, no regime aberto, as condições impostas". Confiram-se as condições especiais do regime aberto, impostas obrigatoriamente, sem prejuízo de outras (art. 115, LEP): "I – permanecer no local que for designado, durante o repouso e nos dias de folga; II – sair para o trabalho e retornar, nos horários fixados; III – não se ausentar da cidade onde reside, sem autorização judicial; IV – comparecer a Juízo, para informar e justificar as suas atividades, quando for determinado". Naturalmente, além dessas, a principal é não tornar a praticar infração penal, neste caso sendo passível de regressão a regime mais rigoroso.

No inciso VI do art. 50, prevê-se, como falta grave, "inobservar os deveres previstos nos incisos II e V, do artigo 39, desta Lei". Dentre os deveres previstos no art. 39, deixar de observar o disposto nos incisos II ("obediência ao servidor e respeito a qualquer pessoa com quem deva relacionar-se") e V ("execução do trabalho, das tarefas e das ordens recebidas") dá ensejo à configuração de falta grave. Nunca é demais observar que a insistência legislativa em fomentar o trabalho do preso é nítida e salutar. Se o preso assim fizer, recebe benefícios (ex.: remição); se não quiser desempenhar qualquer atividade, perde benefícios (ex.: pode não obter livramento condicional). A medida é positiva, pois o interesse estatal é a reeducação, com o objetivo de ressocializar o preso. Ora, sem o desenvolvimento de trabalho honesto, fora do cárcere, é natural haver forte tendência à reincidência, mormente quando a condenação se tratou de crime contra o patrimônio.

Incluído em 2007, o inciso VII do art. 50 considera falta grave o fato de o condenado ter "em sua posse, utilizar ou fornecer aparelho telefônico, de rádio ou similar, que permita a comunicação com outros presos ou com o ambiente externo". Há muitos anos está-se diante do problema de inserção do aparelho telefônico móvel (celular) nos presídios, permitindo a comunicação entre presos e entre estes e pessoas do ambiente externo. Muitas dessas comunicações redundaram em delitos e atos de vandalismo de largas proporções, comandados pelo crime organizado. Essa medida, considerando como *falta grave* a posse, uso ou fornecimento do aparelho telefônico, de rádio ou similar, era indispensável. Resta, no entanto, o controle efetivo, pois somente a edição de uma lei não soluciona concretamente problema algum. Conferir, também, o tipo penal, cuja finalidade é punir o funcionário público que permitir o acesso do preso ao aparelho telefônico, de rádio ou similar (art. 319-A, CP), bem como o tipo penal prevendo punição para qualquer pessoa que introduza celular no presídio (art. 349-A, CP).

Tem-se verificado, na prática, a introdução nos presídios dos aparelhos de telefonia móvel em partes. Quer-se descaracterizar, quando surpreendido o sentenciado, a posse do aparelho completo, que seria o objeto da falta grave. Em princípio, o ideal seria a lei prever, igualmente, a guarda de partes do celular ou rádio comunicador; não o fazendo, a figura típica criminosa não pode se valer desse quadro para condenar o detento, atendo-se à legalidade estrita. No entanto, quanto à órbita administrativa, parece-nos viável a consideração de falta grave quando forem localizadas partes relevantes do aparelho, como o seu corpo, embora sem bateria ou sem chip. De outro lado, encontrada somente a bateria, por exemplo, soa-nos desproporcional registrar-se a falta grave. Ademais, é possível a apreensão de várias partes de um celular, embora esteja este desmontado, permitindo a concretização da falta disciplinar. É preciso analisar cada caso com cautela. A jurisprudência não é pacífica quanto à posse de elementos componentes do aparelho telefônico ou de rádio, ora aceitando para configurar a falta grave, ora rejeitando. Convém mencionar a Súmula 660 do STJ: "A posse, pelo apenado, de aparelho celular ou de seus componentes essenciais constitui falta grave".

Parece-nos inócuo determinar a realização de exame pericial para atestar as condições de qualquer aparelho telefônico, rádio ou similar, mesmo porque, se permitido fosse manter um desses objetos, aparentemente quebrados, a qualquer instante, poderia haver o conserto e, por via de consequência, a burla à vedação imposta pela norma. Ou o contrário: pouco antes da revista à cela, o preso quebra o celular, embora seja o aparelho encontrado em sua posse. Dessa tergiversação não se deve afastar o cumprimento da lei, que busca a disciplina no presídio. Conferir o disposto pela Súmula 661 do STJ: "A falta grave prescinde da perícia do celular apreendido ou de seus componentes essenciais".

A falta grave do inciso VIII do art. 50 foi inserida pela Lei 13.964/2019: "recusar submeter-se ao procedimento de identificação do perfil genético". Não se trata de autoincriminação, mas da formação de banco de dados para eventuais delitos futuros. Estipula-se a falta grave no art. 50 e, também, no § 8.º do art. 9.º-A desta Lei. Sob outro aspecto, resta saber se a falta grave poderia incidir várias vezes, ou seja, tantas vezes quantas o condenado se recusar a fornecer material para a identificação do seu perfil genético. Parece-nos que sim, desde que respeitadas algumas regras: a) havendo o cometimento de uma falta grave, após um ano da ocorrência do fato, o sentenciado readquire o bom comportamento (art. 112, § 7.º, LEP); logo, expirada essa falta, pode o Estado, novamente, buscar a coleta do material; havendo recusa, configura-se outra falta grave; b) não há impedimento para buscar o procedimento de identificação do perfil genético do condenado, durante o cumprimento da pena, como deixa claro o disposto pelo § 4.º do art. 9.º-A da LEP. Isto significa que, reabilitado da recusa anterior, consistente em falta grave, procura-se novamente a colheita do material, sendo viável a reiteração da falta se houver oposição.

Sobre o preso provisório, o parágrafo único do art. 50 preceitua ser aplicável todo o disposto nos incisos anteriores.

Pode-se, igualmente, anotar no prontuário do preso provisório qualquer falta grave por ele cometida. Em especial, deve-se relembrar o seu direito à execução provisória da pena, motivo pelo qual o bom comportamento é desejado como requisito para tanto. Atualmente, cremos aplicável ao preso provisório – ao menos àquele que pretenda obter algum benefício típico de execução da pena, antes do trânsito em julgado de sentença condenatória – todos os incisos do art. 50 da Lei de Execução. É certo que o art. 31, parágrafo único, desta Lei *faculta* ao preso provisório o exercício de atividade laborativa. Entretanto, foi o dispositivo redigido quando nem mesmo se falava em execução provisória da pena. Logo, alterado o entendimento dos tribunais e sumulada a questão pelo Supremo Tribunal Federal (Súmula 716), permitindo-se a referida execução provisória, é evidente que, para obter a progressão de regime, passando do fechado para o semiaberto, aguarda-se que o preso provisório esteja trabalhando, do mesmo modo que o condenado definitivo.

Dispõe o art. 51 da LEP: "comete falta grave o condenado à pena restritiva de direitos que: I – descumprir, injustificadamente, a restrição imposta; II – retardar, injustificadamente, o cumprimento da obrigação imposta; III – inobservar os deveres previstos nos incisos II e V do art. 39 desta Lei".

O disposto no art. 51 da Lei de Execução Penal chega a ser tautológico, sob certos aspectos, pois, pretendendo definir o que seria *falta grave* no contexto das penas restritivas de direitos, acaba repetindo, com outras palavras, o disposto no art. 181 da mesma Lei. Exemplificando: "descumprir, injustificadamente, a restrição imposta" (art. 51, I, LEP) é o mesmo que "não comparecer, injustificadamente, à entidade ou programa em que deva prestar serviço" ou "recusar-se, injustificadamente, a prestar o serviço que lhe foi imposto" (art. 181, § 1.º, *b* e *c*, LEP). Entretanto, deve-se entender como um princípio geral o preceituado no art. 51: é *falta grave* não cumprir (ou retardar) a restrição de direitos imposta pela decisão condenatória definitiva, sem justificativa plausível.

No mais, também o é qualquer ato de insubordinação e não executar as tarefas tal como determinado por quem de direito. Porém, o mais importante nesse contexto não é definir *falta grave*, mas ter a noção de que o descumprimento injustificado da restrição imposta implica a conversão da restrição de direitos em pena privativa de liberdade (art. 44, § 4.º, primeira parte, CP).

Quanto ao descumprimento de restrição imposta, qualquer condicionamento determinado pelo juiz, na sentença condenatória, em substituição à pena privativa de liberdade, deve ser cumprido pelo condenado fielmente. Do contrário, aplica-se a conversão em pena de prisão, nos termos do art. 44, § 4.º, do Código Penal.

O retardamento da obrigação imposta cuida de uma forma anômala de *descumprimento* da restrição estabelecida, pois *retardar* o adimplemento da obrigação é o mesmo que não a cumprir, a tempo e hora. A consequência é a mesma já mencionada: conversão em pena privativa de liberdade.

A inobservância de deveres é regra geral, válida para todos os condenados a penas restritivas de direitos, pretendendo evitar atos de insubordinação e desatendimento às tarefas que forem impostas aos condenados. É evidente que, conforme a pena restritiva de direitos, não tem aplicação o disposto no inciso III do art. 51. Exemplos: a) não se pode falar em insubordinação pelo não pagamento de prestação pecuniária; b) não se pode levar em consideração a não execução de tarefas para o condenado à pena de proibição de frequentar lugares.

3.4. Regime disciplinar diferenciado (RDD)

Disciplina o art. 52 da LEP, após a reforma da Lei 13.964/2019: "a prática de fato previsto como crime doloso constitui falta grave e, quando ocasionar subversão da ordem ou disciplina internas, sujeitará o preso provisório, ou condenado, nacional ou estrangeiro, sem prejuízo da sanção penal, ao regime disciplinar diferenciado, com as seguintes características: I – duração máxima de até 2 (dois) anos, sem prejuízo de repetição da sanção por nova falta grave de mesma espécie; II – recolhimento em cela individual; III – visitas quinzenais, de 2 (duas) pessoas por vez, a serem realizadas em instalações equipadas para impedir o contato físico e a passagem de objetos, por pessoa da família ou, no caso de terceiro, autorizado judicialmente, com duração de 2 (duas) horas; IV - direito do preso à saída da cela por 2 (duas) horas diárias para banho de sol, em grupos de até 4 (quatro) presos, desde que não haja contato com presos do mesmo grupo criminoso; V - entrevistas sempre monitoradas, exceto aquelas com seu defensor, em instalações equipadas para impedir o contato físico e a passagem de objetos, salvo expressa autorização judicial em contrário; VI - fiscalização do conteúdo da correspondência; VII - participação em audiências judiciais preferencialmente por videoconferência, garantindo-se a participação do defensor no mesmo ambiente do preso".

Quanto ao fato descrito como crime doloso, não é preciso que essa conduta seja, efetivamente, julgada em definitivo.[2] Fosse assim, prejudicaria - e muito - o curso da execução. Portanto, basta o cometimento do ato, que poderá ser avaliado pelo juiz das execuções para o *fim de eventual regressão* ou para *cortar algum benefício*. Associa-se o cometimento da falta grave à geração de subversão da ordem ou disciplina internas do presídio.

Alterou-se a duração máxima do RDD de 360 dias (prorrogáveis por outros 360 em caso de repetição da falta grave) para 2 anos, cabendo, igualmente, a prorrogação se houver nova falta grave da mesma espécie. Mantém-se o recolhimento em cela individual (o que muitos presos comuns não possuem, vivendo em ambientes superlotados e insalubres). Alterou-se a visitação quinzenal, para duas pessoas, retirando-se as crianças e acrescendo-se a existência de instalações equipadas para impedir o contato físico e a passagem de objetos, por pessoa da família ou, no caso de terceiro autorizado judicialmente, com duração de duas horas.

Outra mudança diz respeito ao banho de sol, que continua por duas horas diárias, mas se permite que haja o convívio com outros detentos (até 4), desde que não pertençam ao mesmo grupo criminoso - o que, embora óbvio, é melhor que fique claro em lei.

A reforma da Lei 13.964/2019 introduziu que as entrevistas do preso em RDD serão sempre monitoradas (acompanhadas por um agente penitenciário), exceto as mantidas com seu defensor, valendo-se de instalações apropriadas para impedir o contato físico e a passagem de objetos (a menos que haja autorização em contrário).

Incluiu, também, a fiscalização do conteúdo da correspondência. Esse ponto já vem ocorrendo em todos os presídios brasileiros, há muito. Por evidente, não se pode permitir que quem perdeu a liberdade possa ter *ampla liberdade* de troca de correspondências sigilosas; afinal, planos para matar autoridades e outras pessoas já foram descobertos ao longo do tempo justamente pela verificação da correspondência. Lembre-se, ainda, que, atualmente, nem mesmo se pode falar em correspondência (carta escrita), pois as trocas de mensagens se fazem por celulares e computadores. Pode-se argumentar que celular e

---

[2] STF: "O reconhecimento de falta grave consistente na prática de fato definido como crime doloso no curso da execução penal dispensa o trânsito em julgado da condenação criminal no juízo do conhecimento, desde que a apuração do ilícito disciplinar ocorra com observância do devido processo legal, do contraditório e da ampla defesa, podendo a instrução em sede executiva ser suprida por sentença criminal condenatória que verse sobre a materialidade, a autoria e as circunstâncias do crime correspondente à falta grave" (RE 776.823 - RS, Plenário, rel. Edson Fachin, 07.12.2020, v.u.).

computador não são permitidos nos presídios, mormente no âmbito do Regime Disciplinar Diferenciado. Porém, os presídios brasileiros de segurança máxima não têm tido sucesso em evitar o celular. Eis porque a fiscalização de correspondências é o de menos, mas, pelo menos, ingressou, claramente, em lei. A outra modificação diz respeito à participação em audiências judiciais, apontando que se faça, preferencialmente, por videoconferência, assegurando-se a participação do defensor no mesmo ambiente do preso. Muitas vezes, atuando como juiz criminal, já tivemos notícia proveniente de presídio, distante da capital de São Paulo, comunicando que o réu não queria comparecer à audiência porque enfrentaria horas em um veículo-presídio. O acusado tem *direito* à audiência e não é obrigado a comparecer. Eis que a videoconferência pode ser útil a todos.

Manteve-se a regra, após a reforma da Lei 13.964/2019, que o RDD será aplicado tanto aos condenados como aos presos provisórios, nacionais ou estrangeiros. Esse regime pode ser impingido a todos os que apresentem alto risco à ordem e à segurança do estabelecimento penal ou da sociedade (art. 52, § 1.º, I). Na sequência, pode-se inserir os presos em relação aos quais recaiam suspeitas fundadas de envolvimento ou participação em organização criminosa, associação criminosa ou milícia privada, *independentemente da prática de falta grave*. O que se observa são cláusulas abertas, permitindo a inserção do preso no RDD. A abertura se concentra em termos como "alto risco à ordem e à segurança do presídio" ou "fundadas suspeitadas de envolvimento em organismo criminoso de qualquer espécie". Mas isto tem sido necessário e já vem sendo usado desde 2003, quando o RDD foi, formalmente, criado em lei.

Outra novidade, inserida pela Lei 13.964/2019, consta do § 3.º do art. 52: "existindo indícios de que o preso exerce liderança em organização criminosa, associação criminosa ou milícia privada, ou que tenha atuação criminosa em 2 (dois) ou mais Estados da Federação, o regime disciplinar diferenciado será obrigatoriamente cumprido em estabelecimento prisional federal". A medida representa a prioridade à segurança da sociedade e do local onde está detido o preso ou condenado. Veja-se que, assim ocorrendo, o RDD pode ser prorrogado, sucessivamente, por períodos de um ano, *sem limite*, desde que o preso continue apresentando alto risco à ordem e à segurança do presídio ou da sociedade, bem como ficar demonstrado que mantém vínculos com organização criminosa (Lei 12.850/2013), associação criminosa (art. 288, CP), ou milícia privada (art. 288-A, CP), conforme dispõe o art. 52, § 4.º, da LEP. Nestas últimas hipóteses, demanda-se a comprovação do perfil criminal do preso e a função desempenhada por ele no grupo criminoso, focando-se a operação do referido grupo – se extensa ou não – bem como a superveniência de outros processos criminais e o resultado do tratamento penitenciário.

Quando se detectar a ligação do preso com organização criminosa e similares ou com atuação em mais de dois Estados brasileiros, o RDD precisa contar com alta segurança interna e externa, evitando o contato do preso com membros da sua organização. Na realidade, estando no RDD ou não, esta regra deveria valer para todos.

O mais importante de que se tem notícia nos casos concretos do dia a dia é a comunicação interior-exterior feita por condenados ou presos provisórios, inseridos no RDD, mas que têm acesso ao celular para manter contato externo.

Permite-se ao preso em RDD, quando não receba visita nos primeiros 6 meses, poder comunicar-se com a família por telefonema, gravado, duas vezes por mês, por 10 minutos (art. 52, § 7.º, LEP).

Levando-se em consideração que os presídios federais, para onde devem ser levados os presos mais perigosos, funciona em modelo do RDD, para lá seguem aqueles que forem escolhidos pelo juiz da execução. Não há contraditório, nem ampla defesa, ou seja, inexiste o direito de contrariar essa decisão, impedindo a transferência. Toma-se a medida de urgência, sem oitiva da defesa. Se houver abuso, caberá, após a transferência ao presídio federal, agravo ou mesmo *habeas corpus*. Nesses termos, a Súmula 639 do STJ: *Não fere o contraditório e o devido processo decisão que, sem ouvida prévia da defesa, determine transferência ou permanência de custodiado em estabelecimento penitenciário federal.*

3.4.1. Constitucionalidade do regime disciplinar diferenciado

Não se combate o crime organizado, dentro ou fora dos presídios, com o mesmo tratamento destinado ao delinquente comum. Se todos os dispositivos do Código Penal e da Lei de Execução Penal fossem fielmente cumpridos, há muitos anos, pelo Poder Executivo, encarregado de construir, sustentar e administrar os estabelecimentos penais, certamente o crime não estaria, hoje, tão organizado, de modo que não precisaríamos de regimes como o estabelecido pelo art. 52 da LEP.

A realidade distanciou-se da lei, dando margem à estruturação do crime, em todos os níveis. Mas, pior, organizou-se a marginalidade *dentro* do cárcere, o que é situação inconcebível, mormente se pensarmos que o preso deve estar, no regime fechado, à noite, isolado em sua cela, bem como, durante o dia, trabalhando ou desenvolvendo atividades de lazer ou aprendizado. Dado o fato, não se pode voltar as costas à realidade. Por isso, o regime disciplinar diferenciado tornou-se um *mal necessário*, mas está longe de representar uma pena cruel. Severa, sim; desumana, não. Aliás, proclamar a inconstitucionalidade desse regime, mas fechando os olhos aos imundos cárceres aos quais estão lançados muitos presos no Brasil é uma imensa contradição. É, sem dúvida, pior ser inserido em uma cela coletiva, repleta de condenados perigosos, com penas elevadas, muitos deles misturados aos presos provisórios, sem qualquer regramento e completamente insalubre, do que ser colocado em cela individual, longe da violência de qualquer espécie, com mais higiene e asseio, além de não se submeter a nenhum tipo de assédio de outros criminosos.

Há presídios brasileiros onde não existe o RDD, mas presos matam outros, rebeliões são uma atividade constante, fugas ocorrem a todo o momento, a violência sexual não é contida e condenados contraem doenças gravíssimas. Pensamos ser essa situação mais séria e penosa do que o regime disciplinar diferenciado. Obviamente, poder-se-ia argumentar que *um erro não justifica outro*, mas é fundamental lembrar que o *erro essencial* provém, primordialmente, do descaso de décadas com o sistema penitenciário, gerando e possibilitando o crescimento do crime organizado dentro dos presídios. Ora, essa situação necessita de controle imediato, sem falsa utopia. Ademais, não há direito absoluto, como vimos defendendo em todos os nossos estudos, razão pela qual a harmonia entre direitos e garantias é fundamental. Se o preso deveria estar inserido em um regime fechado ajustado à lei – e não o possui no plano real –, a sociedade também tem direito à segurança pública. Por isso, o RDD tornou-se uma alternativa viável para conter o avanço da criminalidade incontrolada, constituindo meio adequado para o momento vivido pela sociedade brasileira. Em lugar de combater, idealmente, o regime disciplinar diferenciado, cremos ser mais ajustado defender, por todas as formas possíveis, o fiel cumprimento às leis penais e de execução penal, buscando implementar, *na prática*, os regimes fechado, semiaberto e aberto, que, em muitos lugares, constituem quimeras.

O regime disciplinar diferenciado é apenas uma subdivisão do regime fechado, mais rigoroso e exigente. Não se trata, pois, de um quarto regime de cumprimento de pena. Continuamos a ter somente três: fechado, semiaberto e aberto. O primeiro, entretanto, possui uma alternativa, conforme descrita no art. 52 da LEP.

4. SANÇÕES E RECOMPENSAS

Conforme preceitua o art. 53 da Lei de Execução Penal, "constituem sanções disciplinares: I – advertência verbal; II – repreensão; III – suspensão ou restrição de direitos (art. 41, parágrafo único); IV – isolamento na própria cela, ou em local adequado, nos estabelecimentos que possuam alojamento coletivo, observado o disposto no art. 88 desta Lei; V – inclusão no regime disciplinar diferenciado".

As sanções disciplinares são instrumentos importantes para a avaliação do condenado, em especial no tocante ao seu mérito, vale dizer, o progresso que vem auferindo durante seu processo de reeducação. Logicamente, quanto maior o número de sanções anotadas em seu prontuário, pior o seu comportamento. Por outro lado, um prontuário sem qualquer sanção registrada permite supor um bom comportamento, embora este deva ser avaliado por outros fatores também.

Há inúmeros líderes de facções criminosas dentro de estabelecimentos penais, cujo prontuário não registra nenhuma sanção, porém são conhecidos por suas atividades ilícitas camufladas, valendo-se de terceiros para chegarem aos seus propósitos. Eis a razão de ser primordial da Comissão Técnica de Classificação, cujos componentes devem manter contato direto com os condenados e conhecer o que se passa no presídio, motivo pelo qual tem condições de emitir um parecer que vai além do simples prontuário.

A advertência verbal e a repreensão são as sanções *chamadas* de *alertas* formais, feitos pela autoridade administrativa do presídio ao condenado, inscrevendo-se em seu prontuário, quando praticar faltas médias ou leves. Estas devem ser descritas pela legislação estadual. Há uma gradação entre ambas: a advertência, segundo pensamos, deve circunscrever-se a faltas leves; a repreensão, a faltas médias ou à reincidência em faltas leves. Logicamente, o acúmulo de faltas leves ou médias pode dar ensejo à aplicação de sanções mais rigorosas, como as previstas nos incisos III e IV deste artigo.

A suspensão ou restrição de direitos são os apontados no art. 41, parágrafo único: a) redução da recreação e mantença do trabalho, com o mínimo de descanso (art. 41, V, LEP); b) restrição ou suspensão das visitas, até o máximo de 30 dias (art. 58, LEP). É preciso ressaltar que o *direito* à visita íntima, que terminou consagrado pelo costume, tornou-se valiosa *moeda de troca* entre a administração do presídio e o condenado, pois este, quando tem possibilidade de usufruir da *visita íntima*, obviamente, faz o possível para mantê-la. Por tal motivo, tem-se obtido, em variados estabelecimentos penais, a redução da frequência do cometimento de faltas pelos sentenciados; c) redução do contato com o mundo exterior, seja por envio e recebimento de correspondência, seja pela restrição a outros meios de comunicação, como, por exemplo, a televisão. Para faltas graves, somente cabe a aplicação desta sanção (inciso III) ou a prevista no inciso IV (art. 57, parágrafo único, LEP).

O isolamento na cela ou em local adequado menciona que o preso, em regime fechado, como punição, será mantido *isolado* em sua *própria* cela. Não fosse trágico, seria risível. Na imensa maioria dos presídios brasileiros, não há cela individual, como determina esta Lei (art. 88, *caput*). Os presos são mantidos em celas coletivas e, pior, em muitos locais, superlotadas. Como se pode isolar *na própria cela*, quem nunca teve *cela individual*? A *cela escura* é vedada (art. 45, § 2.º, LEP), logo, a única solução seria o presídio manter uma cela comum individual para inserir presos sancionados com base no inciso IV deste artigo. É outra solução rara, justamente pela superlotação dos presídios que abrigam o regime fechado.

Entretanto, havendo cela individual, ficará o preso isolado dos demais e de outras pessoas (visitas, por exemplo) durante um período máximo de 30 dias. Não trabalha e não tem lazer fora desse local. Sob outro aspecto, quando a lei menciona *local adequado*, nos estabelecimentos de alojamento coletivo, faz referência ao regime semiaberto. Nas colônias penais, os presos não mais devem ser mantidos em celas individuais, mas em alojamentos coletivos. Por isso, para sofrer a sanção do isolamento, torna-se necessário assegurar-se a existência de um local para tanto. A observância ao disposto no art. 88 da LEP diz respeito a dever o local respeitar os requisitos previstos em lei (área mínima de 6 m^2, salubridade etc.). Esta é outra sanção disciplinar que se destina, basicamente, a quem comete faltas graves (art. 57, parágrafo único, LEP). Nada impede, entretanto, que possa ser aplicada ao reincidente em faltas leves ou médias, conforme o caso concreto.

Segundo o art. 54, não poderia ser diferente para se assegurar o devido processo legal durante a execução penal. As sanções de natureza administrativa, aplicadas pelo diretor-geral do estabelecimento penal, devem ser fundamentadas, até pelo fato de haver sindicância para apurar a falta cometida e ampla defesa garantida ao preso. Logo, a conclusão merece a devida exposição dos motivos que levaram à punição. A sanção de natureza jurisdicional (inclusão no RDD), aplicada pelo juiz da execução penal, como não poderia deixar de ser, necessita de fundamentação (art. 93, IX, CF).

Observa-se, desde logo, não ser cabível ao juiz da execução penal tomar a medida de ofício. Deve haver participação ativa da administração do presídio, provocando a atuação judicial e demonstrando a necessidade da aplicação desse tipo de sanção. Não poderia, de fato, o magistrado decretá-la de ofício, não somente por fugir à sua posição de imparcialidade, mas, sobretudo, por desconhecer a realidade do presídio. Portanto, ainda que o juiz da execução penal tome conhecimento, por algum dado que lhe chegue às mãos, acerca da atividade de determinado preso, conectado ao crime organizado, por exemplo, deve provocar a autoridade administrativa para que esta represente pela inclusão no regime disciplinar diferenciado.

Nos termos previstos no § 1.º do art. 54, nota-se, ainda, não ser da atribuição do membro do Ministério Público esta iniciativa. Limita-se ele a emitir parecer a respeito, quando houver a provocação do diretor do estabelecimento penal (ou outra autoridade do Executivo, como, por exemplo, o Secretário de Estado, cuja pasta tem sob responsabilidade o sistema carcerário). Em suma, a iniciativa atribuída à autoridade administrativa cria uma forma mista de executar a pena, em que a responsabilidade pela inclusão em regime tão gravoso não se situa em um dos polos apenas (Executivo ou Judiciário). Agem ambos no mesmo sentido, o que demonstra a *real* necessidade de afastar o preso do convívio com os demais.

Embora a lei tenha utilizado o termo *requerimento*, pensamos que o adequado seria *representação*. O diretor do estabelecimento penal não é parte na execução penal e não tem qualquer interesse pessoal no cumprimento da pena, logo, cabe-lhe expor um fato e solicitar providências, o que é típico do termo *representação*. Assim como o delegado de polícia *representa* pela prisão temporária ou preventiva (não *requer* a prisão cautelar, pois não é parte interessada), deveria a autoridade administrativa *representar* pela inclusão no RDD, demonstrando, de modo detalhado, os fatos que lhe servem de base.

Cuidando-se de sanção disciplinar de natureza mista (provocada pela administração, mas decretada pelo juiz), com reflexo nítido na execução da pena, que possui essência jurisdicional, torna-se fundamental ouvir, previamente, as partes. Por isso, garante-se a manifestação do membro do Ministério Público, representando o Estado-acusação, bem como da defesa técnica do condenado (advogado constituído ou defensor público ou dativo). Nessa situação, não há possibilidade de haver somente a autodefesa por parte do sentenciado. Há uma previsão legal expressa de oitiva da defesa e a medida extravasa o âmbito de uma mera correção disciplinar dentro do próprio presídio. Na realidade, imposto o regime disciplinar diferenciado, será o preso transferido para estabelecimento apropriado e terá um regime carcerário totalmente diverso daquele que vinha experimentando.

Menciona a lei ser de 15 dias o prazo para a decisão judicial (art. 54, § 2.º, LEP). Entretanto, permite-se, por medida de cautela, o isolamento preventivo do condenado, ordenado pela autoridade administrativa pelo prazo de 10 dias (art. 60, LEP). Ora, se o juiz levar 15 dias para dar a decisão, sem contar o prazo dado ao Ministério Público e à defesa para suas manifestações, é evidente que haverá um período superior aos mencionados 10 dias de isolamento preventivo. Decorrido este período, sem ter havido a decisão judicial, o que fará a autoridade administrativa? Retorna o preso ao convívio com os demais? Portanto, o ideal seria compatibilizar o período de isolamento preventivo com o prazo para o juiz decidir e, também, para a manifestação das partes. Enquanto tal reforma não se verifica, parece-nos deva o magistrado decidir em menor prazo, assim como as manifestações das partes devem ser colhidas brevemente, tudo para não ultrapassar os 10 dias de isolamento cautelar.

A recompensa é o método natural e usual de estímulo a qualquer pessoa para que produza mais ou apresente resultados positivos em variados setores da vida profissional, estudantil ou em outro cenário. *Recompensar* significa premiar, dar uma compensação pelo esforço, empenho ou sofrimento demonstrado por alguém para atingir um objetivo positivo. É evidente que, pretendendo-se a reeducação do condenado, o estímulo da recompensa pode e deve surtir efeito promissor. Estabelece o art. 55 da Lei de Execução que as recompensas advirão do *bom comportamento*, da *colaboração com a disciplina* e em razão da *dedicação ao trabalho*. Nota-se, pois, não fugir do âmbito geral ideal da execução da pena: comportamento, disciplina e trabalho.

Segundo dispõe o art. 56 da LEP, constituem recompensas: "I - o elogio; II - a concessão de regalias. Parágrafo único. A legislação local e os regulamentos estabelecerão a natureza e a forma de concessão de regalias".

Do mesmo modo que, no caso da sanção, a advertência verbal se faz da autoridade administrativa ao preso, o *elogio* (ato de louvor ou de aprovação) também deve ser verbal, embora anotado no prontuário, como forma de auxiliar a análise futura do comportamento do condenado.

A *regalia* é um privilégio ou uma vantagem que alguns auferem em detrimento de outros. Quando é feita de modo discricionário, sem qualquer critério, torna-se forma de expressão de abuso de autoridade e desprezo ao princípio constitucional da igualdade de todos perante a lei. Porém, se uma permissão especial é concedida a determinado preso, de maneira justificada, com critérios preestabelecidos, de maneira transparente, em lugar de causar revolta nos demais, torna-se uma maneira útil de se incentivar o bom comportamento, a disciplina e o empenho no trabalho. É a aplicação da isonomia: tratar desigualmente os desiguais. Quem tem bom comportamento tem privilégios em relação a quem ostenta mau comportamento.

Não se deve permitir que a administração *invente* regalias, critérios e demais formas para privilegiar determinados presos em detrimento de outros. Exige-se respeito ao princípio da legalidade. É fundamental que a legislação estadual forneça o regramento básico, permitindo que, conforme as peculiaridades de cada presídio, a direção edite regulamentos internos, complementando a atividade do legislador. Na ausência de lei estadual, observa-se, muitas vezes, a estranha mania do Poder Executivo de *legislar* em matéria de execução penal, impondo regras e critérios sem qualquer amparo na voz do Poder Legislativo.

O Judiciário se omite, em várias situações, permitindo a lesão à legalidade. Registremos que o RDD foi criado, originalmente, por *resolução* de uma Secretaria de Estado, em São Paulo, sem passar pelo Congresso Nacional ou pela Assembleia Legislativa. Se o *mais* já foi feito (criação de sanção grave), o que se poderá dizer em relação ao *menos* (estabelecimento de regalias)? Porém, não podemos olvidar que, quanto mais poder se conceder ao Executivo para esse mister, menos jurisdicionalizada e menos regrada se tornará a execução penal, o que, em nosso entendimento, é lamentável.

5. APLICAÇÃO DAS SANÇÕES

A individualização da sanção disciplinar é o princípio constitucional da *individualização da pena*, com reflexos para outros cenários, como se pode observar pelo disposto no art. 57 da Lei de Execução Penal: "na aplicação das sanções disciplinares, levar-se-ão em conta a natureza, os motivos, as circunstâncias e as consequências do fato, bem como a pessoa do faltoso e seu tempo de prisão". Para eleger a sanção disciplinar adequada a cada condenado faltoso, deve a direção do presídio analisar a natureza da sua infração (leve, média ou grave), os motivos que o levaram a cometê-la, as circunstâncias e consequências do fato e a pessoa do sentenciado (personalidade), bem como seu tempo de prisão. É uma reprodução minorada do art. 59 do Código Penal. No entanto, merecedora de aplauso. Aliás, esta é outra razão para que a decisão do diretor seja motivada, tanto quanto a do juiz.

O elemento concernente ao *tempo de prisão* é característica especial da execução penal, porém relevante. A personalidade de qualquer pessoa é dinâmica e mutável, variando conforme o ambiente onde se encontra. Se o preso está no cárcere há muitos anos apresenta-se de um modo; se é um recém-chegado, de outro. A administração do presídio tem perfeita noção disso e pode discernir entre o ainda indisciplinado recém-chegado, que leva um tempo para habituar-se às várias regras do presídio, e o condenado de longa data, já acostumado à rotina do local. Por isso, a insubordinação do recém-chegado pode não ser tão grave quanto idêntica indisciplina demonstrada pelo condenado de vários anos. Daí a variação da sanção disciplinar.

Determina o art. 58 da Lei de Execução Penal que "o isolamento, a suspensão e a restrição de direitos não poderão exceder a trinta dias, ressalvada a hipótese do regime disciplinar diferenciado. Parágrafo único. O isolamento será sempre comunicado ao juiz da execução".

As sanções previstas nos incisos III e IV do art. 53 desta Lei tem o limite máximo de 30 dias, o que não significa devam, sempre, ser aplicadas nesse patamar. Ressalva-se o disposto no inciso V do mesmo artigo, pois o regime disciplinar diferenciado tem prazo totalmente diverso, podendo atingir patamar muito superior.

Embora o isolamento seja imposto pelo diretor do estabelecimento penal, comunica-se ao juiz da execução penal, que é também o corregedor do presídio, permitindo-lhe cumprir suas funções legais de fiscalização (art. 66, VI e VII, LEP).

5.1. Procedimento disciplinar

Define o art. 59 da LEP que "praticada a falta disciplinar, deverá ser instaurado o procedimento para sua apuração, conforme regulamento, assegurado o direito de defesa. Parágrafo único. A decisão será motivada".

A ampla defesa é fundamental para a garantia de existência do devido processo legal durante o cumprimento da pena. Havíamos sustentado ser suficiente que o próprio sentenciado se defendesse, dando os seus motivos ou negando ser o autor. Entretanto, atualmente, contando com a presença da Defensoria Pública nos presídios, como órgão da execução penal, deve ser assegurada a defesa técnica. Onde não houver o defensor público, cabe ao juiz nomear dativo.

A indispensabilidade do procedimento disciplinar é o estrito cumprimento do devido processo legal, perfeitamente aplicável em sede de execução penal.

Sobre o recurso contra a sanção disciplinar, havendo silêncio da Lei de Execução Penal, a matéria deveria ser abordada por legislação estadual. Inexistindo esta, parece-nos plenamente cabível que a parte prejudicada (o preso) suscite o incidente de excesso ou desvio de execução, conforme o caso, com pedido liminar de sustação do ato sancionador, se preciso, ao juiz da execução penal. Não vemos o ato do diretor do presídio, ao isolar o preso, por exemplo, por 30 dias, como um simples *ato administrativo*, passível de impugnação por via do mandado de segurança na Vara da Fazenda Pública ou, na falta desta, em Vara Cível.

Cuida-se de situação inexoravelmente ligada à execução da pena e tudo o que concerne a essa matéria é da competência do juiz da execução penal, responsável pela fiscalização do presídio onde se encontra o condenado eventualmente prejudicado pela atitude da administração do estabelecimento penal. Note-se o disposto no art. 185 da LEP: "Haverá excesso ou desvio de execução sempre que algum ato for praticado além dos limites fixados na sentença, em *normas legais ou regulamentares*" (grifamos). Ora, a descrição das faltas leves e médias deve ser feita, primordialmente, por legislação estadual e, subsidiariamente, pelos regulamentos internos dos presídios. As faltas graves estão descritas na Lei de Execução Penal, que é federal, de alcance nacional.

O procedimento para apurá-las e as sanções disciplinares estão elencadas nesta Lei. Poderá haver legislação estadual suplementar. Enfim, não se trata de uma matéria tipicamente administrativa e discricionária, sem qualquer ingerência do juízo da execução penal. Registremos, novamente, ser a execução da pena, no Brasil, de natureza mista, envolvendo uma parte administrativa e outra, jurisdicional. Por isso, todas as ocorrências que envolverem a vida do preso no cárcere concernem ao juízo próprio, um dos órgãos da execução penal (art. 61, II, LEP). Não há necessidade de se impetrar mandado de segurança ou *habeas corpus* neste juízo, bastando suscitar o incidente cabível (desvio ou excesso), com pedido liminar, que está dentro do poder geral de cautela de qualquer magistrado.

Exemplificando: uma punição grave - como o isolamento ou a suspensão de direitos - imposta sem sindicância e sem ouvir o preso pode ser por esta forma questionada e o juiz da execução penal tem competência para determinar, de imediato, a suspensão da ordem administrativa até que o incidente seja julgado. Uma sanção disciplinar indevida ou injusta é um nítido desvio da execução. Ou, ainda, uma sanção disciplinar que ultrapasse os limites impostos pela lei é um nítido excesso de execução. Não se pode ficar circunscrito, em matéria de desvio ou excesso de execução, à pena em si, pois o referido art. 185 mencionou, além da sentença condenatória, as *normas legais ou regulamentares*. Entretanto, para qualquer solução que se adote, não há viabilidade em excluir qualquer *recurso* do preso contra a sanção disciplinar. Se ele optar pelo mandado de segurança (medida mais acertada que o *habeas corpus*, pois se está questionando a legalidade do ato administrativo), impetrado no juízo da execução penal, merece ser conhecido e analisada a necessidade ou não de concessão de liminar. Não se pode, por ausência de previsão legal, deixar desamparado o condenado injustamente sancionado no âmbito administrativo--disciplinar. Para isso existe a ação constitucional (Mandado de Segurança) para coibir abuso de poder ou ilegalidade cometida por autoridade pública (art. 5.º, LXIX, CF). Porém, não se pode descartar, totalmente, o uso do *habeas corpus*, pois a sanção pode afetar, de algum modo, a sua liberdade ou o modo de cumprimento da sua pena.

E vamos além. Se, porventura, o preso, à falta de defensor para impetrar mandado de segurança e diante da urgência, optar pelo *habeas corpus*, que ele mesmo pode ajuizar, cuidando-se de matéria criminal, deve fazê-lo ao juiz da execução penal, mas também merece conhecimento e concessão ou denegação. Afinal, houve, na atualidade, um alargamento considerável na utilização do *habeas corpus*, que não mais se limita a coibir violência ou coação à liberdade de ir, vir e ficar, porém, se volta contra atos ilegais que violem indiretamente a liberdade individual.

Em resumo: a) a primeira e melhor opção seria o recurso administrativo previsto em lei, além de haver também a previsão expressa de recurso ao Judiciário, por meio de petição dirigida ao juiz da execução penal, afinal, nenhuma lesão será excluída da apreciação desse Poder; b) ausentes tanto o recurso na órbita administrativa quanto o meio de impugnação expresso no juízo competente, deve-se optar pela suscitação do incidente de execução previsto no art. 185 da LEP; c) não sendo esta a escolha, ainda assim é viável a utilização de qualquer ação constitucional (mandado de segurança ou *habeas corpus*). A única opção que reputamos ilegal (e inconstitucional) é não haver recurso (ou meio de impugnação) algum à sanção administrativa disciplinar aplicada.

No caso de suscitação de incidente de excesso ou desvio de execução estão legitimados o Ministério Público, o Conselho Penitenciário, o sentenciado, o defensor e qualquer dos demais órgãos da execução penal, nos termos do art. 186 da Lei de Execução (excetuando--se, obviamente, o juiz). Para o ajuizamento de *habeas corpus*, pode ser qualquer pessoa, inclusive o próprio sentenciado, bem como o Ministério Público. Cuidando-se de mandado de segurança, deve ser o sentenciado, por meio de seu defensor.

A decisão motivada é o reflexo natural do anterior procedimento administrativo de apuração da falta, onde se colhem provas e permite-se ao condenado exercer o direito à ampla defesa. Por isso, é mais que lógico haver fundamentação para a decisão administrativa. Do contrário, seria totalmente inútil produzir prova e ouvir o preso, pois a imposição imotivada de sanção equivaleria a um ato administrativo puramente discricionário, que, na essência, não o é.

Diz o art. 60 da LEP que a "autoridade administrativa poderá decretar o isolamento preventivo do faltoso pelo prazo de até dez dias. A inclusão do preso no regime disciplinar diferenciado, no interesse da disciplina e da averiguação do fato, dependerá de despacho do juiz competente. Parágrafo único. O tempo de isolamento ou inclusão preventiva no regime disciplinar diferenciado será computado no período de cumprimento da sanção disciplinar".

A autoridade administrativa pode decretar o isolamento imediato e preventivo do condenado faltoso por até 10 dias. Entretanto, quando houver necessidade de decisão judicial para a inclusão no regime disciplinar diferenciado, como forma de sanção, somente para dar seu veredicto o magistrado dispõe de 15 dias, sem contar o tempo gasto para ouvir as partes (MP e defesa). Logo, há uma incoerência nesses prazos, o que já apontamos linhas acima.

Nos moldes estabelecidos pelo art. 42 do Código Penal, na situação do art. 60 da Lei de Execução Penal, o tempo de isolamento cautelar, até a consolidação da sanção disciplinar, será computado para todos os fins. Exemplificando: se a sanção consistir em 30 dias de isolamento, o condenado cumprirá somente mais 20.

6. RESUMO DO CAPÍTULO

- **Deveres do condenado:** trata-se de uma consequência natural do explicitado no art. 38 do Código Penal ("O preso conserva todos os direitos não atingidos pela perda da liberdade, impondo-se a todas as autoridades o respeito à sua integridade física e moral"). Afora a liberdade, direito restringido por força de pena privativa, há que se considerar o que pode – e o que não pode – fazer o condenado em estabelecimentos penais. Desatendendo as regras, pode praticar faltas leves, médias ou graves (estas últimas estabelecidas claramente em lei), impedindo a percepção de benefícios durante a execução penal.

- **Direitos do condenado:** encontrando-se em estabelecimento penal administrado pelo Estado, o preso tem os seus direitos específicos, tratados no art. 41 da Lei de Execução Penal. É preciso que existam, expostos em lei, para evitar a não aplicação. O fato de estar preso não torna o sujeito completamente despido de interesses.

- **Visita íntima:** diversamente do direito de visita, assegurado a todos os presos, pelos familiares e amigos, criou-se o direito à *visita íntima*, significando que os sentenciados podem ter contato sexual com parceiros(as). A reiteração da prática gerou um direito costumeiro que precisa ser respeitado, salvo quando colocar em risco a segurança do presídio.

- **Faltas disciplinares:** as faltas graves estão previstas, expressamente, no art. 50 da Lei de Execução Penal. As faltas leves e médias, segundo entendemos, devem originar-se de leis estaduais. Infelizmente, atos administrativos têm fixado o conteúdo das faltas leves e médias e os juízos de execução acabam aceitando.

- **Regime disciplinar diferenciado:** cuida-se de uma forma de cumprimento da pena, no regime fechado, quando o preso apresenta particular periculosidade ao presídio ou à sociedade. Por decisão judicial, o condenado é inserido em cela individual, sem contato com outros presos, podendo sair da cela duas horas por dia e receber algumas visitas.

Deveres do condenado (art. 39)

- comportamento disciplinado e fiel cumprimento da sentença
- obediência ao servidor e respeito com quem deva relacionar-se
- urbanidade e respeito no trato com outros condenados
- não aderência a movimentos de fuga ou subversão à ordem
- execução do trabalho e das tarefas ordenadas
- submissão à sanção imposta
- indenização à vítima ou aos seus sucessores
- indenização ao Estado
- higiene pessoal e asseio da cela ou alojamento
- conservação de objetos de uso pessoal

Obs.: aplica-se ao preso provisório o disposto neste artigo

Direitos do preso (art. 41)

– alimentação e vestuário
– atribuição de trabalho e remuneração
– previdência social
– constituição de pecúlio
– distribuição paritária entre trabalho e descanso ou recreação
– exercício de atividades profissionais, intelectuais, artísticas e desportivas
– assistência material à saúde, jurídica, educacional, social e religiosa
– proteção contra qualquer forma de sensacionalismo
– entrevista pessoal e reservada com o advogado
– visita do cônjuge, companheira, parentes e amigos
– chamamento nominal
– igualdade de tratamento
– audiência especial com o diretor do estabelecimento
– direito de representação e petição a qualquer autoridade
– contato com o mundo exterior por meio de correspondência escrita e outros meios de informação
– atestado de pena a cumprir

Falta grave do condenado (art. 50)

– incitar ou participar de movimento para subverter a ordem ou a disciplina
– fugir
– possuir, indevidamente, instrumento capaz de ofender a integridade física de outrem
– provocar acidente de trabalho
– descumprir as condições do regime aberto
– deixar de obedecer ao servidor e não trabalhar
– ter aparelho telefônico, rádio ou similar, que permita comunicação com outros presos ou ambiente externo
– recusar submeter-se ao procedimento de identificação do perfil genético

RDD – Regime Disciplinar Diferenciado (art. 52)

- prática de fato previsto como crime doloso
- subversão da ordem ou disciplina internas
- sujeição a duração máxima de até 2 anos, como regra
- recolhimento em cela individual
- visitas quinzenais, de duas pessoas por vez, em instalações equipadas para impedir o contato físico e a passagem de objetos, por duas horas, gravadas em sistema de áudio ou de áudio e vídeo e, com autorização judicial, fiscalizadas por agente penitenciário
- direito à saída da cela por duas horas diárias para banho de sol, em grupos de até quatro presos, desde que não haja contato com presos do mesmo grupo criminoso
- entrevistas sempre monitoradas, exceto com seu defensor, em instalações equipadas para impedir o contato físico e a passagem de objetos, salvo expressa autorização judicial em contrário
- fiscalização do conteúdo da correspondência
- participação em audiências judiciais preferencialmente por videoconferência, garantindo a participação do defensor no mesmo ambiente do preso
- há a possibilidade de abrigar presos provisórios ou condenados, nacionais ou estrangeiros, suspeitos de envolvimento ou participação em organização criminosa, associação criminosa ou milícia privada, independentemente da prática de falta grave
- obrigatoriedade de o RDD ser cumprido em estabelecimento prisional federal para o preso que exerce liderança em organização criminosa, associação criminosa ou milícia privada, ou que tenha atuação criminosa em dois ou mais Estados da Federação
- o regime disciplinar diferenciado poderá ser prorrogado, sucessivamente, por períodos de um ano, existindo indícios de que o preso:
  a) continua apresentando alto risco para a ordem e a segurança do estabelecimento penal de origem ou da sociedade;
  b) mantém vínculos com organização criminosa, associação criminosa ou milícia privada, considerados o perfil criminal e a função desempenhada por ele no grupo criminoso, a operação duradoura do grupo, a superveniência de novos processos criminais e os resultados do tratamento penitenciário.
- após os primeiros seis meses de regime disciplinar diferenciado, o preso que não receber a visita poderá, após prévio agendamento, ter contato telefônico, que será gravado, com uma pessoa da família, duas vezes por mês e por dez minutos

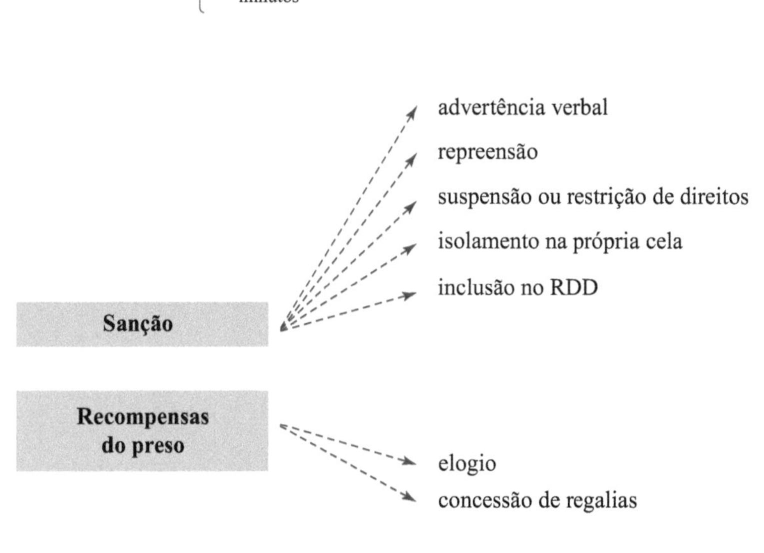

Capítulo VII

Dos órgãos da execução penal

1. ÓRGÃOS DE EXECUÇÃO PENAL

Dispõe o art. 61 da Lei de Execução Penal serem órgãos da execução penal: "I – o Conselho Nacional de Política Criminal e Penitenciária; II – o Juízo da Execução; III – o Ministério Público; IV – o Conselho Penitenciário; V – os Departamentos Penitenciários; VI – o Patronato; VII – o Conselho da Comunidade; VIII – a Defensoria Pública".

Os órgãos da execução penal: são os que, de alguma forma, interferem no cumprimento da pena de todos os condenados, fiscalizado, orientando, decidindo, propondo modificações, auxiliando o preso e o egresso, denunciando irregularidades etc. Cada qual na sua função, os órgãos da execução penal tutelam o fiel cumprimento da pena, de acordo com a sentença condenatória e com os parâmetros legais. Parece-nos, entretanto, que, dentre esses órgãos, deveria ter sido incluída a defesa do condenado, parte indispensável no processo de execução penal. Nessa ótica, conferir as lições de Ada Pellegrini Grinover[1] e de Antonio Magalhães Gomes Filho.[2]

O Conselho Nacional de Política Criminal e Penitenciária é um colegiado com sede em Brasília e subordinado ao Ministério da Justiça, composto por treze membros designados pelo Ministro da Justiça, dentre professores e profissionais da área do Direito Penal, Processual Penal, Penitenciário e ciências correlatas, além de membros da comunidade

---

[1] *Anotações sobre os aspectos processuais da Lei de Execução Penal*, p. 17.

[2] *A defesa do condenado na execução penal*, p. 41.

e dos Ministérios da área social (arts. 62 e 63, LEP). Suas atribuições estão descritas no art. 64 desta Lei.

A organização judiciária (estadual e federal) está estruturada para a criação e autonomia das Varas de Execução Penal, juízos especializados, que, diversamente da área cível, executam as sentenças condenatórias definitivas, provenientes das Varas Criminais e do Júri. Temos sustentado a necessidade de preparo igualmente especializado dos magistrados atuantes nessas Varas. Parece-nos incompatível, na atualidade, admitir-se a promoção e remoção de juízes para qualquer Vara, sem apurar o seu grau de especialização, conhecimento, preparo e afeição ao trabalho que irá desempenhar. Se, em qualquer profissão, cresce, cada vez mais, o nível de especialização pormenorizado de cada agente, a magistratura carece do mesmo enfoque.

Do mesmo modo, magistrados que não se dediquem à causa da regeneração de pessoas humanas, bem como não tenham um domínio mínimo das matérias com as quais lidará no seu dia a dia (penal, processo penal, execução penal), provavelmente, serão fontes de desarranjos no sistema carcerário e não contribuirão para a ressocialização do egresso, até pelo fato de se distanciarem da comunidade. Ao contrário, juízes vocacionados para a execução penal facilitam a comunicação entre o Poder Executivo e seus agentes, entre administradores dos presídios e os presos, incluindo seus familiares, bem como conseguem penetração na comunidade onde atuam, fazendo proliferar os Patronatos e os Conselhos da Comunidade. É tempo de repensar esse ponto.

Da mesma forma que a organização judiciária, o Ministério Público (estadual e federal) vem criando cada vez mais cargos exclusivos de promotores e procuradores da República para atuar junto a Varas especializadas de Execução Penal. As mesmas observações que fizemos em relação à magistratura, no tocante à exigência de especialização e aptidão para o desempenho das funções em matéria de execução penal, estendemos ao Ministério Público. Se o representante da instituição trabalhar em harmonia não somente com o juiz, mas também com os demais órgãos da execução penal, certamente, melhor e mais firme será a fiscalização em relação ao cumprimento da pena. Não significa que o promotor ideal é o que persegue implacavelmente o condenado, sempre buscando mantê-lono cárcere e posicionando-se contrariamente, quase com automatismo, pela concessão de benefícios.

Tampouco deve ser um promotor-advogado, aquele que pretende agir como se fosse defensor do condenado, concordando com todos os benefícios e apressando a libertação do sentenciado, seja para esvaziar presídios, seja pelo fato de não acreditar na pena de prisão. Em execução penal, segundo cremos, tem preferência a legalidade, em lugar da ideologia pessoal de cada profissional (membro do Ministério Público ou juiz), excetuando-se, naturalmente, o advogado, que deve sempre pleitear em favor do condenado. Portanto, o promotor vocacionado fará, em sua Comarca, imensa diferença, constituindo autêntico fiscal da execução penal, mas também *coautor* do acompanhamento da ressocialização do condenado.

O Conselho Penitenciário é o órgão colegiado estadual, cuja finalidade é fiscalizar a execução e emitir pareceres em certas matérias. É composto, nos termos do art. 69, § 1.º, da LEP, por membros nomeados pelo Governador dentre professores e profissionais da área de Direito Penal, Processual Penal, Penitenciário e ciências correlatas, além de representantes da comunidade. Faltou menção expressa ao Direito de Execução Penal.

Os Departamentos Penitenciários, subordinados ao Ministério da Justiça, nos termos do art. 71 da Lei de Execução Penal, são os órgãos executivos da Política Penitenciária Nacional, constituindo o apoio administrativo e financeiro do Conselho Nacional de Política Criminal e Penitenciária. Cada um é o executor das metas traçadas pelo CNPCP. Pode ser de âmbito nacional (Departamento Penitenciário Nacional), como também estadual (Departamento Penitenciário Estadual). Suas atribuições estão elencadas no art. 72 desta Lei.

O patronato é órgão público ou privado de assistência ao albergado (condenado em regime aberto) e ao egresso (aquele que deixa o presídio, pelo prazo de um ano, bem como o que se encontra em livramento condicional), composto por membros da comunidade. Suas atribuições estão enumeradas no art. 79 da LEP.

O Conselho da Comunidade é órgão colegiado local, situado em cada Comarca onde haja presídio, composto, nos termos do art. 80 desta Lei, por um representante de associação comercial ou industrial, um advogado indicado pela OAB, um defensor público, indicado pelo Defensor Público Geral, e um assistente social, escolhido pela Delegacia Seccional do Conselho Nacional de Assistentes Sociais. Podem existir outros membros (ex.: um psicólogo, um especialista em psiquiatria forense etc.). O juiz da execução penal deve cuidar de sua instalação e composição (art. 66, IX, LEP). Como faculta o art. 80, parágrafo único, não havendo, na Comarca, os representantes elencados no *caput* do referido art. 80, pode o magistrado escolher outros profissionais para compô-lo. Note-se que, em várias Comarcas, por falta de interesse do juiz da execução penal, não há Conselho da Comunidade instalado, nem tampouco Patronatos. Eis mais uma razão para se demandar do magistrado aptidão para o exercício da jurisdição especializada em Vara de Execução Penal. As atribuições do Conselho estão enumeradas no art. 81 da LEP.

Há muito, aguardava-se a instituição da Defensoria Pública como um dos órgãos da execução penal, com o fim de dar assistência jurídica gratuita aos presos em geral, particularmente aos hipossuficientes. A Lei 12.313/2010 inseriu o inciso VIII do art. 61, ao mesmo tempo em que o Poder Executivo deve implementar, na prática, a instalação desse organismo junto aos presídios para dar eficiência à lei. Com isso, conseguir-se-á assegurar o respeito ao contraditório e à ampla defesa no processo de execução penal.

2. CONSELHO NACIONAL DE POLÍTICA CRIMINAL E PENITENCIÁRIA

Trata-se de órgão de natureza política, vinculando-se à política nacional, o Conselho é formado pelo Ministro da Justiça, razão pela qual há um forte conteúdo político nessas designações. Dificilmente, vê-se, nos meios de comunicação em geral, a atuação crítica desse Conselho em face da atividade governamental quanto à administração penitenciária. A explicação é lógica: a sua composição é *amistosa*. Na prática, portanto, o Conselho acaba propondo diretrizes harmônicas com o Governo, seja de que partido for, deixando de exercer a importante função crítica e a devida fiscalização dos presídios. Em lugar de se dirigir à sociedade, como órgão público que é, criticando, por exemplo, a falta de Casas do Albergado em vários Estados ou a superlotação de inúmeros estabelecimentos penais, termina por agir de maneira imperceptível aos meios de comunicação. Por isso, os critérios de composição de tão importante Conselho deveriam ser alterados, dando-lhe maior autonomia e independência do Poder Executivo. A sua *subordinação* ao Ministério da Justiça, como determina o art. 62 da Lei de Execução Penal, acaba por transformá-lo em mais um apêndice do Governo. Para agir de modo *controlado* e *pacato*, não haveria necessidade de existir. Bastaria o Ministério da Justiça dispor de assessores para tanto, recrutados, inclusive, dentre profissionais das áreas do Direito Penal, Processual Penal, Direito de Execução Penal etc.

Quanto à política criminal, trata-se de um modo de lidar com o Direito Penal, fazendo-o de modo crítico, voltando ao direito posto, expondo seus defeitos, sugerindo reformas e aperfeiçoamentos, bem como tendo em vista a criação de novos institutos jurídicos que possam satisfazer as finalidades primordiais de controle social desse ramo do ordenamento. A política criminal se dá tanto antes da criação da norma penal como também por ocasião de sua aplicação. Logicamente, neste último contexto (aplicação da lei penal), encontra-se a execução penal. Por isso, cabe ao Conselho Nacional de Política Criminal e Penitenciária "propor diretrizes da política criminal", vale dizer, como o Poder Público deve combater a criminalidade e preveni-la. Dentre suas atribuições, encontra-se avaliar periodicamente o sistema criminal brasileiro para a sua adequação às necessidades do País (art. 64, III, LEP).

Na Lei de Execução Penal, dispõem os arts. 62, 63 e 64, respectivamente, o seguinte: "O Conselho Nacional de Política Criminal e Penitenciária, com sede na Capital da República, é subordinado ao Ministério da Justiça"; "O Conselho Nacional de Política Criminal e Penitenciária será integrado por 13 (treze) membros designados através de ato do Ministério da Justiça, dentre professores e profissionais da área do Direito Penal, Processual Penal, Penitenciário e ciências correlatas, bem como por representantes da comunidade e dos Ministérios da área social. Parágrafo único. O mandato dos membros do Conselho terá duração de dois anos, renovado 1/3 (um terço) em cada ano"; "Ao Conselho Nacional de Política Criminal e Penitenciária, no exercício de suas atividades, em âmbito federal ou estadual, incumbe: I – propor diretrizes da política criminal quanto à prevenção do delito, administração da justiça criminal e execução das penas e das medidas de segurança; II – contribuir na elaboração de planos nacionais de desenvolvimento, sugerindo as metas e prioridades da política criminal e penitenciária; III – promover a avaliação periódica do sistema criminal para a sua adequação às necessidades do País; IV – estimular e promover a pesquisa criminológica; V – elaborar programa nacional penitenciário de formação e aperfeiçoamento do servidor; VI – estabelecer regras sobre a arquitetura e construção de estabelecimentos penais e casas de albergados; VII – estabelecer os critérios para a elaboração da estatística criminal; VIII – inspecionar e fiscalizar os estabelecimentos penais, bem assim informar-se, mediante relatório do Conselho Penitenciário, requisições, visitas ou outros meios, acerca do desenvolvimento da execução penal nos Estados, Territórios e Distrito Federal, propondo às autoridades dela incumbidas as medidas necessárias ao seu aprimoramento; IX - representar ao juiz da execução ou à autoridade administrativa para instauração de sindicância ou procedimento administrativo, em caso de violação das normas referentes à execução penal; X - representar à autoridade competente para a interdição, no todo ou em parte, de estabelecimento penal".

3. JUÍZO DA EXECUÇÃO

Dispõe o art. 65 da Lei de Execução Penal que "a execução penal competirá ao Juiz indicado na lei local de organização judiciária e, na sua ausência, ao da sentença". Cada Estado da federação possui a sua lei de organização judiciária e, com isso, busca-se criar, sempre que possível, Varas especializadas em execução penal, ao menos nas cidades de médio e grande porte ou naquelas onde houver um estabelecimento penitenciário com muitos condenados. As pequenas Comarcas, onde atua um único juiz, não dispõem de Vara de Execução Penal, razão pela qual o mesmo magistrado prolator da condenação será, igualmente, o juiz que promoverá a execução penal.

Compete ao juiz da execução (art. 66, LEP) o seguinte: "I - aplicar aos casos julgados lei posterior que de qualquer modo favorecer o condenado; II - declarar extinta a punibilidade; III - decidir sobre: *a)* soma ou unificação de penas; *b)* progressão ou regressão nos regimes; *c)* detração e remição da pena; *d)* suspensão condicional da pena; *e)* livramento condicional; *f)* incidentes da execução; IV - autorizar saídas temporárias; V - determinar: *a)* a forma de cumprimento da pena restritiva de direitos e fiscalizar sua execução; *b)* a conversão da pena restritiva de direitos e de multa em privativa de liberdade; *c)* a conversão da pena privativa de liberdade em restritiva de direitos; *d)* a aplicação da medida de segurança, bem como a substituição da pena por medida de segurança; *e)* a revogação da medida de segurança; *f)* a desinternação e o restabelecimento da situação anterior; *g)* o cumprimento de pena ou medida de segurança em outra comarca; *h)* a remoção do condenado na hipótese prevista no § 1.º do art. 86 desta Lei; VI - zelar pelo correto cumprimento da pena e da medida de segurança; VII - inspecionar, mensalmente, os estabelecimentos penais, tomando providências para o adequado funcionamento e promovendo, quando for o caso, a apuração de responsabilidade; VIII - interditar, no todo ou em parte, estabelecimento penal que estiver funcionando em condições inadequadas ou com infringência aos dispositivos desta Lei; IX - compor e instalar o Conselho da Comunidade; X - emitir anualmente atestado de pena a cumprir".

A execução penal, no Brasil, possui natureza jurídica mista. Concentram-se na atividade jurisdicional todos os benefícios programados para serem concedidos ao sentenciado, pelo magistrado, quando preenchidos os requisitos legais; cabe ao Judiciário fiscalizar os estabelecimentos penitenciários, acompanhar o desenvolvimento da execução, assegurando o cumprimento do disposto na Lei de Execução Penal, até chegar a proclamar a extinção da punibilidade do condenado. Por outro lado, cabe ao Poder Executivo, em níveis federal e estadual, construir e administrar os presídios, estabelecimentos destinados ao regime semiaberto, bem como as unidades de casas do albergado, pertinentes ao regime aberto.

Em termos legais, como já expusemos em tópico precedente, dispõe o art. 22, I, da Constituição Federal: "compete privativamente à União legislar sobre: I – direito civil, comercial, penal, processual, eleitoral, agrário, marítimo, aeronáutico, espacial e do trabalho". Na sequência, preceitua o art. 24: "compete à União, aos Estados e ao Distrito Federal legislar concorrentemente sobre: I – direito tributário, financeiro, penitenciário, econômico e urbanístico". É preciso deixar bem claro que várias regras de execução penal se mesclam com direito penal e chegam, inclusive, a ter dupla previsão, no Código Penal e na Lei de Execução Penal, razão pela qual essas normas somente podem ser editadas pela União, sem qualquer participação concorrente dos Estados ou do Distrito Federal. Pode-se dizer o mesmo quando a matéria combinar regras de processo penal e execução penal, devendo prevalecer a competência privativa da União para legislar em processo penal.

Entretanto, o legislador-constituinte valeu-se da expressão *direito penitenciário* para apontar o ramo do *direito de execução penal*, com isso permitindo a inteligência de que tanto a União quanto o Estado ou Distrito Federal poderiam legislar *concorrentemente* sobre o tema. Nada haveria a perder se a atividade legislativa do Estado ou do Distrito Federal fosse supletiva e dissesse respeito ao Poder Legislativo dessas unidades da federação. Infelizmente, por economia ou celeridade, o Poder Executivo dos Estados e do Distrito Federal tem ignorado a atividade do Legislativo e editado normas administrativas, por meio de decretos, resoluções ou portarias imiscuindo-se em assuntos sensíveis à área penal, pois resvalam em direitos do condenado à progressão. Por exemplo, permitir a *tipificação* de faltas médias e leves por meio de simples resolução configura lesão ao princípio da legalidade, pois usurpa atividade do Poder Legislativo, podendo afetar a progressão do preso – assunto nitidamente penal. Mas o Judiciário tem sido leniente e aceitado esses atos administrativos, ultrapassando os princípios constitucionais, apegando-se ao disposto pelo art. 47 da LEP e dando uma interpretação muito flexível ao art. 49 da mesma Lei. Enfim, como expusemos no item 5 do Capítulo I desta obra, constitui uma falha lamentável.

3.1. Aplicação aos casos julgados de lei posterior que de qualquer modo favorecer o condenado

A aplicação da lei penal mais favorável é uma das principais atividades do juiz da execução penal, que, aliás, já deu margem a muita discussão – e continua gerando – no campo acadêmico e mesmo no âmbito dos tribunais quanto à amplitude da competência de *reforma* de decisões condenatórias definitivas.

Primeiramente, cabe lembrar ser preceito constitucional a *retroatividade da lei penal benéfica* (art. 5.º, XL, CF). No mesmo sentido, dispõe o art. 2.º, parágrafo único, do Código Penal que "a lei posterior, que de qualquer modo favorecer o agente, aplica-se aos fatos anteriores, ainda que decididos por sentença condenatória transitada em julgado". Tem o juiz da execução penal, portanto, competência para *modificar* qualquer decisão condenatória definitiva, adaptando-a à nova lei penal benigna. As críticas feitas a essa atribuição podem advir de parcela da doutrina, inconformada, por exemplo, com o fato de o juiz de primeiro grau poder alterar uma decisão proveniente de tribunal superior.

Pensamos ser acertada a posição consagrada majoritariamente na jurisprudência e reconhecida em lei no inciso I deste artigo, bem como pela Súmula 611 do STF ("Transitada em julgado a sentença condenatória, compete ao juízo das execuções a aplicação de lei mais benigna"). Não há que se considerar o juiz da execução um *superjuiz*; ao contrário, tomemos como parâmetro o interesse do condenado e a celeridade do processo, hoje preceito constitucionalmente previsto (art. 5.º, LXXVIII, CF). Se um acórdão proferir decisão condenatória, fixando a pena ao réu, advindo lei posterior benéfica, cabe ao juiz da execução penal aplicá-la, revendo a pena aplicada à luz da nova legislação. Não se deve olvidar que há possibilidade de a parte inconformada com a nova decisão recorrer à superior instância, até o limite previsto pelo sistema recursal pátrio. Portanto, embora o magistrado de primeiro grau faça a adaptação da pena ou dos benefícios penais à novel realidade jurídica, não proferirá decisão final e definitiva. Sujeita à reavaliação dos tribunais superiores, respeita-se a celeridade e revê-se a pena com maior facilidade.

É lógico que, não havendo recurso nem do condenado, nem do Ministério Público, consolida-se a nova pena aplicada pelo juiz da execução penal, como se fosse uma autêntica *revisão criminal* do julgado anterior. Mas tal sistemática não nos parece estranha, até pelo fato de que a *coisa julgada* no âmbito criminal é maleável, ao menos no que toca à fase de execução da pena. O preso inicia, por exemplo, o cumprimento da pena no regime fechado, pois assim determinou o tribunal, mas, algum tempo depois, por avaliação do juiz da execução penal, pode passar ao semiaberto e, na sequência, ao aberto. Pode, ainda, regredir do regime semiaberto ou aberto ao fechado. Sob outro aspecto, tem a possibilidade de reduzir o montante da pena por meio da remição, ao mesmo tempo em que pode receber de volta os dias remidos caso cometa falta grave. Em suma, a pena é cumprida de modo *individualizado*, não havendo um título consolidado para ser executado. Não teria sentido o condenado se dirigir ao Supremo Tribunal Federal, solicitando a aplicação da lei penal mais favorável recém-editada somente porque esta Corte conheceu recurso extraordinário de uma das partes e alterou algum ponto referente à pena aplicada.

Seria esta, sem dúvida, a decisão em execução, mas a sua modificação pelo juiz de primeiro grau é somente consequência natural do sistema legal, não implicando subversão da hierarquia jurisdicional. Não se está ingressando no mérito da decisão do STF, proferindo outra, simplesmente porque o magistrado da execução penal formou convicção em sentido contrário. O que há, na realidade, é a mutação legislativa, surgindo, pois, *fato integralmente novo*, proporcionando ao juiz de primeiro grau reformular, à luz da lei, o julgado em relação à pena. Naturalmente, poderá invadir a seara de avaliação dos fatos, quando a nova lei impuser tal medida. Exemplo: cria-se uma atenuante ou causa de diminuição da pena. O juiz da execução penal poderá aplicá-la, caso entenda presente ao caso concreto. Se o fizer, modificará a pena imposta pelo juízo ou tribunal. Acaso entenda impertinente, negará a aplicação e dará margem a recurso. Sintetizando, cremos perfeitamente adequado ao sistema criminal brasileiro o disposto no art. 66, I, da

LEP. Ilustrando: a Lei 11.343/2006 – Lei de Drogas – eliminou, completamente, a pena de prisão ao usuário de drogas (art. 28). Ora, é natural deduzir que os condenados com base no antigo art. 16 da Lei 6.368/1976 que, porventura, estivessem cumprindo pena privativa de liberdade, em qualquer regime, iriam receber, por parte do juiz da execução penal, a adaptação imediata aos critérios da nova lei. Com certeza, deixariam o cárcere. Podem ser submetidos, conforme a situação concreta, a outras medidas (advertência, prestação de serviços à comunidade ou frequência a cursos), mas também podem ter sua punibilidade extinta, a depender do caso concreto.

Imaginem-se duas hipóteses: a) o condenado, com base no art. 16 da revogada Lei 6.368/1976, iniciaria o cumprimento da pena de um ano de detenção, em regime aberto. Não mais o fará. O juiz da execução penal promoverá a substituição da pena privativa de liberdade por uma das previstas no art. 28 da Lei 11.343/2006. E pouco importa se aquela pena de um ano de detenção adveio de juízo de primeiro grau ou do Supremo Tribunal Federal; b) o condenado, com base no art. 16, foi apenado a dois anos de detenção, em regime aberto, já tendo cumprido um ano. O advento da nova lei fará com que haja a imediata extinção da punibilidade, pois nenhuma das penas do art. 28 atinge o patamar de um ano (a prestação de serviços à comunidade e a frequência a cursos, no máximo, atingem 10 meses) e ele já cumpriu um ano.

Uma das principais atribuições do juiz da execução penal é a aplicação da lei penal benéfica, assim que editada. Evidentemente, se uma nova lei penal entra em vigor durante o processo de conhecimento, cabe ao juiz, por ocasião da sentença, em caso de condenação, aplicar a norma mais benéfica. Entretanto, havendo o trânsito em julgado, como já expusemos na nota anterior, é competente o juiz da execução penal. Porém, para que o faça, torna-se imperioso o início da execução, o que se faz com a expedição da guia de recolhimento (art. 105, LEP), em virtude da prisão.

3.2. Declaração de extinção da punibilidade

Quanto à extinção da punibilidade, tanto o juiz do processo de conhecimento pode chegar a essa decisão (ex.: prescrição da pretensão punitiva), como o magistrado da execução penal (ex.: prescrição da pretensão executória).

As causas de extinção da punibilidade são variadas (art. 107, CP, e outras previstas na Parte Especial do Código Penal, bem como em leis especiais), motivo pelo qual a sua ocorrência pode dar-se na fase de execução da pena ou apenas se consegue detectá-la nesse estágio.

Um dos principais pontos de interesse é a *abolitio criminis*. Se uma lei posterior deixa de considerar crime determinada conduta, a aplicação da nova lei pelo juiz da execução penal (art. 66, I) termina por levar à imediata extinção da punibilidade. Ex.: a Lei 11.106/2005 descriminalizou a sedução (art. 217, CP). Dessa forma, se algum condenado por tal crime, à época da sua entrada em vigor, estivesse preso ou cumprindo pena em liberdade, seria imediatamente liberado, julgando-se extinta sua punibilidade (art. 107, III, CP).

3.2.1. *Morte do condenado*

Conforme dispõe o art. 62 do Código de Processo Penal, "no caso de morte do acusado, o juiz somente à vista da certidão de óbito, e depois de ouvido o Ministério Público, declarará extinta a punibilidade". Portanto, se o condenado estiver preso, torna-se mais simples atestar a morte, tendo em vista a maior facilidade de se constatar o ocorrido e expedir a certidão de óbito. Como o falecimento ocorreu em dependências estatais (estabelecimento penitenciário), pode até mesmo ser feito um laudo necroscópico, caso a morte seja violenta, de forma a não deixar nenhuma dúvida.

No entanto, se o sentenciado estiver em regime semiaberto ou aberto e falecer fora da colônia penal ou da casa do albergado, há de se confiar na certidão de óbito. Dessa situação surgem algumas peculiaridades: a) certidão de óbito falsa; b) morte presumida.

Quanto à certidão de óbito falsa, obtendo o condenado a extinção da punibilidade, segundo nos parece, a situação fica definida, tendo em vista não haver revisão criminal em prol da sociedade. Entretanto, há decisões em contrário na jurisprudência, com base nos seguintes argumentos: a) se não houve morte, estava ausente o pressuposto da declaração de extinção da punibilidade, não podendo haver coisa julgada; b) a decisão de extinção da punibilidade é apenas interlocutória, não gerando coisa julgada material.

Quanto à morte presumida (arts. 6.º e 7.º, Código Civil), o ponto essencial é aguardar a expedição da certidão de óbito; se o juiz da esfera civil, após a produção de provas, declarar a morte e determinar a expedição da certidão de óbito, por certo, o juiz das execuções penais decretará extinta a punibilidade.

3.3. Soma ou unificação de penas

3.3.1. *Soma das penas*

Outra competência destinada ao juízo da execução penal é a soma ou unificação de penas. Cuida-se de uma atividade primordial, embora o magistrado da condenação também possa fazê-lo. A soma das penas decorre do disposto no art. 69 do Código Penal: quando o agente comete vários delitos, decorrentes de variadas ações ou omissões, deve haver o somatório das penas aplicadas, resultando num montante global a cumprir. Em outras palavras, no sistema criminal brasileiro, o agente não cumpre duas penas de cinco anos de reclusão, mas, sim, dez anos de reclusão (resultado da soma das duas penas).

O juiz da condenação, quando julga em conjunto os dois delitos, fará essa soma. Entretanto, se cada uma delas advier de um juiz diferente, cabe ao magistrado da execução penal providenciar a soma (na prática, faz-se essa soma automaticamente, ou seja, cada nova pena recebida na Vara de Execução Penal é acrescida no total, pois há procedimento informatizado para o cálculo, na maioria das Comarcas).

3.3.2. *Unificação de penas*

A unificação diz respeito aos arts. 70, 71 e 75. *Unificar* significa transformar várias coisas em uma só. Em matéria de execução penal, deve o juiz transformar vários títulos executivos (várias penas) em único. Assim procederá quando constatar ter havido *concurso formal* (art. 70, CP), *crime continuado* (art. 71) ou *superação do limite de 40 anos* (art. 75, CP).

3.3.2.1. Concurso formal

O concurso formal (art. 70, CP) significa que o agente, mediante uma única ação ou omissão, provoca dois ou mais resultados típicos, devendo ser punido pela pena mais grave, ou uma delas, se idênticas, aumentada de um sexto até a metade, por meio do sistema da exasperação. É o denominado concurso próprio ou perfeito. Dá-se o concurso formal *homogêneo*, quando os crimes forem idênticos (ex.: em disparo único de arma de fogo, o agente atinge e mata duas pessoas, gerando dois homicídios) e o *heterogêneo*, quando os delitos forem diferentes (ex.: o agente dispara um tiro e atinge duas pessoas, matando uma delas e ferindo a outra, causando um homicídio e uma lesão corporal).

O concurso formal é, normalmente, constatado pelo juiz da condenação, pois o cenário do crime é o mesmo; diante disso, cabe ao magistrado avaliar o fato consistente em uma ação, causadora de dois ou mais resultados, aplicando a pena cabível, já unificada.

Dificilmente, caberá ao magistrado da execução penal essa avaliação. Entretanto, é possível que essa análise somente ocorra no momento do cumprimento da pena. Para ilustrar, pode acontecer de um agente, por meio de uma conduta, ingressar num ônibus e, mediante grave ameaça, exercida com emprego de arma de fogo, levar bens de várias pessoas. Cuida-se de um roubo em concurso formal. No entanto, pode dar-se o registro da ocorrência em distritos policiais diversos, por vítimas diferentes, resultando em mais de um processo por roubo, tramitando em Varas Criminais diversas. O autor do crime pode receber várias penas por roubo e elas surgirão na Vara das Execuções Penais para serem somadas, quando, na realidade, não existiu um concurso material, mas formal. Assim sendo, elas precisam ser *unificadas*, para que o juiz aplique a pena de um roubo, com o acréscimo recomendado pelo art. 70 do Código Penal.

É preciso lembrar, no entanto, que o concurso formal pode ser impróprio ou imperfeito, representativo da segunda parte do *caput* do art. 70 do Código Penal. As penas devem ser aplicadas cumulativamente se a ação ou omissão do agente é dolosa e os delitos concorrentes resultarem de *desígnios autônomos*. Na prática, se o agente pretende, de fato, dar um só tiro, com potente arma de fogo, para matar de uma vez duas pessoas, atua com desígnios independentes (dolo direto para matar "A" e dolo direto para matar "B"). Assim ocorrendo, deve-se aplicar a regra do art. 69 do Código Penal, ou seja, somam-se as penas. Isto porque o concurso formal é um benefício criado ao sujeito que, sem premeditação (dolo direto em relação aos resultados), pratica uma ação ou omissão e termina atingindo mais de um resultado.

Na ilustração feita acima, quando alguém entra num transporte coletivo e anuncia o assalto não tem exata noção de quantos bens conseguirá obter. Não houve programação específica para subtrair bens de pessoas determinadas; pode conseguir muito ou não conseguir quase nada. Dessa forma, concretizando o assalto em poucos minutos, empregando arma de fogo, com uma só ação ameaçadora, contra 20 pessoas, poderia receber uma pena de cerca de 133 anos e

4 meses de reclusão (fora a multa), no mínimo. Seria uma pena elevadíssima e desproporcional ao efetivo dano gerado e ao potencial perigo representado pelo agente à sociedade. Para alguém receber esse montante de pena somada, em verdadeiro concurso material, teria que praticar 20 ações diferentes, contra 20 vítimas diversas, em lugares e épocas distintas, ou seja, seriam 20 roubos qualificados. No exemplo retratado, em alguns minutos, o agente, porque invadiu um ônibus e ameaçou todos os que ali estavam, levando alguns pertences, terminaria com uma pena excessiva. Esta é a razão de existência do concurso formal: representar um benefício para quem, em ação única, termina ofendendo mais de um bem jurídico ao mesmo tempo. Esse assaltante das 20 pessoas do ônibus deve receber, então, em torno de 10 anos de reclusão (fora a multa), representando uma punição proporcional ao que foi realizado.

Outro registro merece ser feito: como o concurso formal é um benefício ao agente, a pena aplicada com base no art. 70, *caput*, do CP jamais pode exceder a pena que seria cabível na hipótese prevista pelo art. 69 do mesmo Código (concurso material). Exemplificando, se o agente, com um tiro, mata uma pessoa e lesiona levemente outra, pela regra do concurso material (art. 69, CP), receberia cerca de 6 anos de reclusão (pena mínima de um homicídio simples) e 3 meses de detenção (pena mínima da lesão simples). Entretanto, se for utilizado o disposto pelo art. 70, o julgador deveria aplicar 6 anos de reclusão (pena do homicídio simples) acrescida de, no mínimo, um sexto, o que resultaria 7 anos de reclusão. Porém, torna-se nítido que a pena, valendo-se do concurso formal, seria superior àquela representativa do concurso material. Então, conforme estabelecido pelo art. 70, parágrafo único, do Código Penal, deve-se aplicar o disposto pelo art. 69 e o réu seria condenado a 6 anos de reclusão e 3 meses de detenção. É o que se chama de concurso material benéfico.

3.3.2.2. Crime continuado

Quando o agente, mediante mais de uma ação ou omissão, comete dois ou mais crimes da mesma espécie, em condições de tempo, lugar, maneira de execução e outras similares, cria-se uma suposição de que os subsequentes são uma continuação do primeiro, formando o crime continuado. Nesta hipótese, aplica-se a pena de um só dos delitos, se as penas forem idênticas, ou a mais grave delas, caso sejam diversas, elevada de um sexto a dois terços (art. 71, CP).

Esta situação é comum de ser avaliada pelo juízo das execuções penais, pois as condenações do acusado podem ser proferidas por juízos criminais distintos, porque resultantes de fatos distintos, em locais diversos, embora as imputações tenham ligação e se encaixem nos requisitos do art. 71 do Código Penal. Portanto, apesar de o condenado sofrer várias penas, em lugar de serem somadas, precisam ser unificadas para o reconhecimento do crime continuado.

Ilustrando, o autor de vários furtos, cometidos em dias e lugares diversos, mas em continuidade delitiva, pode terminar condenado a 10 anos de reclusão, como derivação de penas aplicadas por juízos diferentes. Durante a execução, constata-se que os furtos cometidos, na verdade, constituem exatamente a hipótese prevista no art. 71 do Código Penal. Cabe ao juiz da execução penal a unificação, podendo transformar a anterior pena de 10 anos em apenas 2 anos e 6 meses, por exemplo. Sobre a quantidade de aumento, verificar o teor da Súmula 659 do STJ: "A fração de aumento em razão da prática de crime continuado deve ser fixada de acordo com o número de delitos cometidos, aplicando-se 1/6 pela prática de duas infrações, 1/5 para três, 1/4 para quatro, 1/3 para cinco, 1/2 para seis e 2/3 para sete ou mais infrações".

Em relação aos requisitos para o reconhecimento do crime continuado, tem prevalecido na jurisprudência o seguinte: a) crimes da mesma espécie: são os que advêm do mesmo tipo penal (ex.: furto – art. 155 + furto – art. 155); b) condição de tempo: deve ser observado um período de, no máximo, um mês entre um crime e outro; c) condição de lugar: deve-se encontrar o cenário de cidades próximas, onde os delitos foram cometidos; d) maneira de execução: opta-se pela prática similar (ex.: furto simples + furto simples; não seria válido: furto simples + furto qualificado); e) outras condições semelhantes: qualquer outro aspecto a demonstrar similitude entre os crimes (ex.: encontrar sempre o mesmo coautor em todas as infrações). Ressalte-se serem esses requisitos extraídos de julgados, mas a lei é aberta, deixando a sua interpretação a cada caso concreto. Portanto, é preciso considerar esse critério para avaliar, por exemplo, a diferença de tempo entre um delito e outro. Se houver um espaço de dois meses entre eles, mas houver regularidade nisso, pode-se reconhecer o crime continuado. E assim também deve ser feito quanto aos demais requisitos: interpretar as condições com flexibilidade.

Um ponto é polêmico: a unidade de desígnio. Domina o entendimento, nos tribunais, de ser necessário esse requisito, havendo a opção pela teoria objetivo-subjetiva do crime continuado. Isto significa que o juiz deve buscar, no planejamento do autor, uma uniformidade, uma meta comum, não sendo válido o cometimento de vários delitos em lugares diversos por mero acaso ou pura oportunidade. Ilustrando a unidade de desígnio: o agente, empregado de uma loja, pretendendo reformar a sua casa, subtrai, diariamente, uma certa quantia do caixa, até atingir o montante almejado para o seu objetivo. Exemplificando a ausência de unidade de desígnio: o agente subtrai bens de uma residência num dia; uma semana depois, em outro bairro, porque achou uma porta aberta, subtrai bens de uma loja; um mês após, passando por um local, percebe uma bicicleta sem corrente e resolve levá-la. Pode ter cometido três furtos simples, em condições de tempo, lugar e maneira de execução semelhantes, mas não agiu com unidade de propósito; portanto, não teria direito ao reconhecimento do crime continuado. Embora reconheçamos ser a posição predominante, com ela não concordamos. Inexiste a condição *unidade de desígnio* no art. 71 do Código Penal, porque o legislador adotou a teoria objetiva pura, ou seja, bastam requisitos de ordem objetiva, sem analisar o que se passa no planejamento do autor. Confira-se essa adoção pela leitura da Exposição de Motivos da Lei 7.209/1984, que reformou a Parte Geral do Código Penal.

3.3.2.3. Limite de cumprimento de pena

Estabelece o art. 75, *caput*, do Código Penal que "o tempo de cumprimento das penas privativas de liberdade não pode ser superior a 40 (quarenta) anos". Há, basicamente, duas razões para a fixação de um limite: a) tendo em vista que a Constituição Federal proíbe, explicitamente, a pena de *caráter perpétuo* (art. 5.º, XLVII, *b*) não haveria possibilidade lógica para a aceitação da soma infinita de penas, pois conduziria o sentenciado a passar o resto da vida preso; b) levando em consideração ter a Constituição adotado o princípio da humanidade, não haveria sentido encarcerar alguém para o resto da vida, sem qualquer esperança de um dia poder ser colocado em liberdade, configurando uma pena de natureza cruel (art. 5.º, XLVII, *e*).

Pode-se considerar que as referidas vedações constitucionais dizem respeito à pena unitária de *prisão perpétua*, vale dizer, pela prática de um crime grave impõe-se a prisão em caráter perpétuo; sob outro aspecto, poderia ser cruel impor a pena perpétua por um único delito, mas isto não se daria caso o agente cometesse inúmeras infrações penais gravíssimas, acumulando montantes extremamente elevados, como ocorre, por exemplo, com alguns condenados, cuja totalidade ultrapassa os 100 anos de reclusão. Enfim, existem argumentos a favor e contra esse limite de 40 anos.

Nos termos do art. 75, § 1.º, do Código Penal, "quando o agente for condenado a penas privativas de liberdade cuja soma seja superior a 40 (quarenta) anos, devem elas ser unificadas para atender ao limite máximo deste artigo". A unificação será realizada apenas e tão somente para efeito de cumprimento da pena; aliás, é esse o objeto fixado no *caput*. Quanto aos benefícios (progressão de regime, livramento condicional, remição etc.), serão todos calculados sobre o total de sua condenação. É a posição consagrada e predominante na jurisprudência e a matéria está hoje sumulada pelo STF (Súmula 715): "A pena unificada para atender ao limite de 30 (trinta) anos [hoje, 40 anos] de cumprimento, determinado pelo art. 75 do Código Penal, não é considerada para a concessão de outros benefícios, como o livramento condicional ou regime mais favorável de execução". Ilustrando, uma condenação de 100 anos de reclusão será unificada, para fins de cumprimento, em 40 anos. Entretanto, conforme previsão feita pelo art. 112, VII, da Lei de Execução Penal, cuidando-se de apenado reincidente na prática de crime hediondo ou equiparado, deve cumprir 60% da sua pena para pleitear a progressão de regime do fechado ao semiaberto, significando 60 anos (60% do total de 100). Pode-se aventar que isso impediria o condenado de sair antes dos 40 anos, o que é realidade; porém, é preciso lembrar ter ele 100 anos a cumprir, motivo pelo qual deve ter praticado inúmeros delitos hediondos e violentos.

Se houver fuga do condenado, o tempo de pena cumprido não se perde, sob o prisma da unificação. Assim, estabelecido em 40 anos, caso ele fuja após 10 anos, quando for recapturado deverá cumprir mais 30.

De modo diverso, dispõe o § 2.º do art. 75 que "sobrevindo condenação por fato posterior ao início do cumprimento da pena, far-se-á nova unificação, desprezando-se, para esse fim, o período de pena já cumprido". Esse preceito destina-se a impedir que o condenado se torne imune à prática de qualquer outro delito, depois que começar a cumprir pena, somente porque há o teto de 40 anos. Eis o quadro geral: a) nova condenação por fato anterior ao início do cumprimento da pena deve ser lançada no montante total já unificado, sem qualquer alteração; b) nova condenação por fato posterior ao início do cumprimento da pena deve ser lançada na pena unificada, desprezando-se o tempo já cumprido. Se ultrapassar 40 anos, far-se-á nova unificação. Além disso, lança-se, também, no montante total, para efeito de cálculo dos benefícios. Exemplo da primeira situação: réu condenado a 300 anos recebe nova pena de 20 anos por crime cometido anteriormente ao início do cumprimento da pena. Lança-se esse *quantum* no cômputo geral, totalizando agora 320 anos, sem fazer nova unificação. Se o sentenciado entrou na cadeia no dia 10 de março de 1960, sairá da prisão no dia 9 de março de 2000. Com 300 ou 320 anos, o tempo máximo de cumprimento da pena não se altera. Exemplo da segunda situação: réu condenado a 300 anos, com pena unificada em 40, tendo cumprido 10 anos, comete novo crime no interior do presídio. Condenado a 25 anos, esse *quantum* é lançado na pena unificada, desprezando-se o tempo já cumprido: de 40 anos, cumpriu 10, período que é desprezado; portanto, aos 30 anos faltantes para terminar a pena adicionam-se os novos 25, totalizando agora 55. Deve-se fazer nova unificação, porque o montante (55) ultrapassou o limite de 40 anos. Isso significa que, tendo começado inicialmente a cumprir a pena em 10 de março de 1960, deveria sair em 9 de março de 2000; ocorre que, em 1970, recebeu mais 25 anos, que, somados aos 30 restantes, tornaram-se 55, unificados novamente em 40. Sairá da cadeia, agora, somente no ano 2010. Nota-se que aquela pena de 25 anos, na prática, surte o efeito de apenas mais 10 anos.

O sistema adotado pelo Código Penal não se mostra tão eficiente caso o sentenciado cometa o crime logo após o início do cumprimento de sua pena. Se a pena de 300 anos, unificada em 40 (início em março de 1960 e término em março de 2000), receber nova condenação de 20 anos, por exemplo, logo no início do cumprimento da pena, por fato posterior ao início desse cumprimento, será praticamente inútil. Recebendo 25 anos em março de 1965, terminará a pena em março de 2005. Logo, por uma pena de 25 anos, o condenado cumprirá efetivamente, a mais, somente 5 anos.

3.4. Deferimento de progressão ou imposição de regressão nos regimes

A progressão e a regressão, no cenário dos regimes de cumprimento da pena, são aspectos intimamente ligados ao princípio constitucional da individualização executória da pena. Da mesma forma que a pena sofre alterações ao longo do seu cumprimento, podendo diminuir (ex.: indulto, remição), também pode voltar ao patamar anterior (ex.: em caso da prática de falta grave, os dias remidos serão desconsiderados). Nessa ótica, deve-se relembrar que o regime de cumprimento também faz parte da individualização da pena. A opção pelo regime fechado, semiaberto ou aberto é legalmente regrada (art. 33, § 2.º, CP). Após a escolha, cuidando-se de regime mais gravoso (fechado ou semiaberto), tem o condenado o direito à progressão, após cumprir um período, conforme dispõe o art. 112, desde que tenha merecimento.

Por outro lado, ainda que consiga atingir o regime mais brando (aberto), poderá o condenado *regredir*, isto é, ser conduzido a regime mais severo. Tal situação ocorrerá se as condições do regime atual não forem corretamente cumpridas ou outra incompatibilidade advier (ver o art. 118 da LEP). A regressão se fará, conforme o prudente critério do magistrado, para o regime imediatamente anterior (aberto ao semiaberto) ou *por salto* (aberto ao fechado), dependendo do caso concreto.

3.5. Aplicação da detração

A detração é o cômputo no tempo da pena privativa de liberdade e da medida de segurança (neste último caso, em relação ao prazo mínimo, pois não há máximo) do período em que o condenado ficou detido em prisão provisória, no Brasil ou no exterior, bem como do tempo de prisão administrativa e o de internação em hospital de custódia e tratamento (art. 42, CP).

O cálculo da detração se dá automaticamente. Assim que o processo de execução é cadastrado pelo setor competente do cartório, há programas específicos no sistema informatizado que promovem o desconto na pena do tempo de prisão cautelar.

Algumas questões mais polêmicas sobre detração podem ser levadas ao conhecimento do juiz, como, por exemplo, se deve haver ligação entre a prisão provisória e a pena aplicada. Neste contexto, há basicamente duas posições admissíveis: a) deve haver ligação entre o fato criminoso, a prisão provisória decretada e a pena aplicada; b) não precisa haver ligação entre o fato criminoso praticado, a prisão provisória e a pena, desde que haja absolvição, extinção da punibilidade ou redução da pena em outro processo por crime anteriormente cometido, mas prisão decretada depois. Ex.: se o réu comete um roubo, no dia 20 de março de 1990, e depois pratica um furto, pelo qual tem a prisão preventiva decretada, no dia 13 de maio de 1990, caso seja absolvido pelo furto e condenado pelo roubo, poderá computar o tempo de prisão provisória na pena do crime pelo qual foi apenado.

O que não se pode aceitar, de modo algum, é a aplicação da detração quando o fato criminoso pelo qual houve condenação tenha sido praticado posteriormente ao delito que trouxe a prisão provisória e a absolvição. Seria o indevido "crédito em conta-corrente". Ex.: o sujeito pratica um roubo, pelo qual é preso em flagrante, mas é absolvido; depois comete um furto, pelo qual vem a ser condenado. Se pudesse descontar o tempo do flagrante do roubo na pena do furto, estaria criando um "crédito" contra o Estado para ser utilizado no futuro, o que é ilógico.

Se houver prisão provisória e, ao final, o réu for condenado somente a uma pena de multa, parece-nos que deva ser aplicada a detração, que seria denominada *imprópria*, mas plenamente justificada. Esta situação pode acontecer com quem foi preso por tráfico ilícito de drogas (art. 33), permaneceu detido cautelarmente durante o processo, para, terminado este, ser condenado por porte para uso (art. 28), que não prevê pena privativa de liberdade. É mais que justo que o magistrado reconheça a detração imprópria, dando por extinta a punibilidade.

3.6. Concessão de remição

A remição consiste no desconto de dias de pena em função do trabalho ou estudo desenvolvido pelo condenado, instituto analisado em tópicos próprios.

3.7. Fiscalização da suspensão condicional da pena

Quanto à suspensão condicional da pena, normalmente, cabe ao juiz da condenação deliberar sobre a sua concessão. Em caso de deferimento, devem ser estabelecidas as condições às quais ficará sujeito o condenado (não há mais *sursis* incondicionado). Excepcionalmente, entretanto, pode o juiz da execução penal cuidar da suspensão condicional da pena. Uma dessas situações está descrita no art. 159, § 2.º, da Lei de Execução Penal, quando Tribunal concede o *sursis* e confere ao juiz da execução penal a incumbência de estabelecer as condições.

Outro exemplo advém da ausência do condenado na audiência admonitória, que acarrete a perda de efeito do *sursis*. Posteriormente, verificando-se que ele não compareceu, pois não foi corretamente intimado, quem restabelece o benefício é o juiz da execução penal. É viável, ainda, a modificação das condições anteriormente fixadas (art. 158, § 2.º, LEP). O tema será analisado em tópico à parte.

3.8. Concessão de livramento condicional

O livramento condicional é uma medida de política criminal, cuja finalidade é antecipar a libertação do condenado, mediante o preenchimento de certos requisitos e o cumprimento de determinadas condições. Ver os arts. 131 a 146 da LEP, bem como os arts. 83 a 90 do Código Penal.

3.9. Decisão de incidentes da execução penal

Os incidentes da execução penal podem ser nominados ou inominados. Os nominados pela LEP são os seguintes: a) conversão da pena privativa de liberdade em restritiva de direitos (art. 180, LEP) ou o contrário (art. 181, LEP), bem como da pena em medida de segurança (art. 183, LEP). Pode-se, ainda, converter o tratamento ambulatorial em internação (art. 184, LEP).

Cremos existirem, ainda, os incidentes inominados. Como exemplos, citamos a reconversão da medida de segurança em pena, quando o condenado estiver curado, bem como a desinternação progressiva, que significa a transferência da pessoa sujeita a medida de segurança de internação ao tratamento ambulatorial.

3.10. Autorização de saída temporária

A *saída temporária* é um benefício destinado aos presos em regime semiaberto, conforme previsão feita pelos arts. 122 a 125 da Lei de Execução Penal, tema a ser abordado no item 7 do Capítulo IX.

3.11. Deliberação quanto à forma de cumprimento da pena restritiva de direitos e fiscalização da sua execução

Cabe ao juiz da execução penal alterar, quando for conveniente, nos termos do art. 148 da LEP, a *forma* de cumprimento da pena de prestação de serviços à comunidade e da limitação de fim de semana, dependendo das condições pessoais de cada sentenciado. O método de fiscalização também pode ser, livremente, modificado.

3.12. Conversão da pena restritiva de direitos e de multa em privativa de liberdade

No tocante à conversão de penas em prisão, somente se admite a conversão da pena restritiva de direitos quando não cumprida satisfatoriamente ou se houver o advento de fato novo (consultar o art. 181 da LEP). A multa não mais pode ser convertida em prisão, em face da modificação do art. 51 do Código Penal, realizada pela Lei 9.268/96. Passou a pena pecuniária, quando transitada em julgado, a ser considerada dívida de valor, sujeita à execução como se fosse *dívida ativa da Fazenda Pública*. Logo, inexiste possibilidade jurídica de convertê-la em pena privativa de liberdade, mesmo que não seja propositadamente paga pelo condenado. O máximo que o Estado pode fazer é providenciar a execução forçada, buscando a penhora e venda de bens em hasta pública.

3.13. Conversão da pena privativa de liberdade em restritiva de direitos

Há o caminho inverso, significando a conversão da prisão em restrição de direitos, nos termos do art. 180 da LEP.

3.14. Aplicação, substituição e revogação da medida de segurança, bem como desinternação e restabelecimento da situação anterior

É natural que o juiz da execução penal seja o encarregado de fazer cumprir a medida de segurança aplicada pelo juiz do processo de conhecimento. Afinal, cuida-se de uma modalidade de sanção penal da alçada da Justiça Criminal. Por outro lado, cabe-lhe, também, providenciar, quando for o caso, preenchidos os requisitos legais, a substituição da pena privativa de liberdade por medida de segurança. Mais adiante, comentaremos esse tema.

Compete ao juiz da execução penal revogar a medida de segurança. *Revogar* significa invalidar, tornar sem efeito. O termo foi utilizado em relação à medida de segurança por se tratar de sanção penal de natureza diversa da pena. Esta, quando cumprida, dá margem à extinção da punibilidade, ou seja, o Estado vê cessado o seu direito de punir em relação ao condenado. A medida de segurança, por seu turno, tem finalidade precípua de *curar* o interno ou paciente em tratamento ambulatorial. Conseguido o intento, o magistrado libera o indivíduo, para, decorrido o prazo de um ano (art. 97, § 3.º, CP), sem novas intercorrências, *revogar* em definitivo a medida imposta.

Cessada a periculosidade, deve a pessoa submetida ao regime de internação ser liberada condicionalmente (art. 97, § 3.º, CP, c.c. art. 178, LEP). Caso não cumpra satisfatoriamente as condições impostas para manter-se em liberdade, cabe ao juiz da execução penal determinar a sua recondução ao hospital de custódia e tratamento.

3.15. Deliberação acerca do cumprimento de pena ou medida de segurança em outra comarca

Sob outro aspecto, a lei é clara ao preceituar ser da competência do juiz da execução penal do lugar onde se encontra o condenado *autorizar* a sua transferência para outra Comarca ou outro presídio, a fim de cumprir sua pena ou medida de segurança. No entanto, muitas vezes, o Poder Executivo *atropela* esse dispositivo, transfere o preso, alegando razões de segurança e apenas comunicando ao juízo; praticamente, requer a *homologação* do que já se consolidou. Lembre-se que a execução da pena é um procedimento misto, mas precipuamente jurisdicional, logo, não tem cabimento que o Judiciário tolere esse tipo de mecanismo.

3.16. Remoção do condenado para presídio federal

Da mesma forma, para que um sentenciado seja transferido para um presídio federal, distante, pois, do local da condenação, é fundamental haver determinação judicial a respeito.

3.17. Inspeção e interdição de estabelecimentos penais

O juiz da execução penal é, também, o corregedor do presídio, vale dizer, o fiscal da correta execução da pena e da medida de segurança. Aliás, justamente por isso, tem a obrigação de inspecionar, periodicamente, os estabelecimentos penais – incluídos nesse contexto os hospitais de custódia e tratamento – como vem disposto no inciso VII do art. 66. Deve exercer a função fiscalizadora valendo-se do seu bom senso e prudente critério, até mesmo para avaliar a lotação (ou superlotação) do estabelecimento penal. Se encontrar excesso, o caminho é promover a interdição do referido estabelecimento, como estipulado no inciso VIII do mesmo art. 66.

A inspeção é atribuição do juiz da execução penal, com a função de corregedoria do presídio, visitar, mensalmente – em casos excepcionais (rebeliões, motins, fugas, interdições etc.), quando necessário – os estabelecimentos penais da sua região. Verificando alguma incorreção, cabe-lhe tomar as providências para sanar o erro ou defeito, oficiando, se for o caso, para a autoridade do Poder Executivo competente. O disposto neste inciso expõe, ainda, a obrigação de se tomar providência para a *apuração de responsabilidade*. Tal medida se daria em caso de se verificar a prática de crime (ex.: corrupção, tortura, maus-tratos etc.), quando teria competência para requisitar a instauração de inquérito policial. No mais, se a falta se concentrar no âmbito funcional, não cabe ao magistrado *promover* a apuração, mas, sim, oficiar a quem de direito, na órbita do Poder Executivo, para que tal via se concretize.

Quanto à interdição do estabelecimento penal, trata-se de uma atribuição do juiz da execução penal, mormente quando for, também, o corregedor do presídio. Parece-nos ser uma medida de ordem jurisdicional e não de caráter administrativo, até pelo fato de não ter o magistrado atuação nesse campo. Sua atividade, como integrante do Poder Judiciário, é jurisdicional. Por isso, soa-nos incompreensível que, em certos Estados, haja a obrigação de o juiz da execução penal, quando promover a interdição de um estabelecimento penal que estiver funcionando em precárias condições, aguardar a consolidação da sua decisão por órgão superior do Tribunal ao qual está vinculado, como, por exemplo, do Corregedor-Geral da Justiça ou do Presidente do Tribunal.

Ora, determinada a interdição, se com ela não estiver de acordo o Executivo ou qualquer outro interessado (Ministério Público ou presos do local), o mecanismo correto é o agravo. Este, por sua vez, deve ser julgado por Câmara ou Turma do Tribunal, mas não nos parece adequado que um dirigente do Tribunal assuma a tarefa de verificar se está certo ou errado o magistrado. Se esta é uma decisão de cunho jurisdicional, não cabe a interferência da cúpula do Tribunal. Não se pode considerá-la uma decisão meramente administrativa, pois o juiz não tem, no exercício da sua função, nenhum liame com o Executivo, de modo a servir de *fiscal* do Chefe do Executivo para saber se as unidades prisionais atuam a contento. É o magistrado um *fiscal da execução da pena* e defensor da lei e dos condenados, pouco interessando a eventual conveniência do poder público para manter em funcionamento um lugar totalmente inapropriado aos fins aos quais se destina.

Observe-se que o Supremo Tribunal Federal definiu, em 16 de fevereiro de 2017, que o preso submetido a condições degradantes e a superpopulação carcerária tem direito a indenização do Estado por danos morais (RE 580.252-MS). Os ministros fixaram a indenização de R$ 2.000,00 para cada condenado. O Plenário aprovou, ainda, a seguinte tese: "Considerando que é dever do Estado, imposto pelo sistema normativo, manter em seus presídios os padrões mínimos de humanidade previstos no ordenamento jurídico, é de sua responsabilidade, nos termos do artigo 37, parágrafo 6.º, da Constituição, a obrigação de ressarcir os danos, inclusive morais, comprovadamente causados aos detentos em decorrência da falta ou insuficiência das condições legais de encarceramento".

Quanto ao cumprimento da pena em situação degradante, a Corte Interamericana de Direitos Humanos apontou para a contagem de tempo em dobro nesse caso e o Superior Tribunal de Justiça proferiu decisão nesse sentido, cuidando-se de um presídio do Estado do Rio de Janeiro (RHC 136.961-RJ, decisão monocrática, rel. Reynaldo Soares da Fonseca, 28.04.2021).

3.18. Composição e instalação do Conselho da Comunidade

Compete ao juiz instalar o Conselho da Comunidade, que é o colegiado descrito como órgão da execução penal, no art. 61, VII. Sua composição e suas atribuições constam nos arts. 80 e 81. Cabe ao juiz organizá-lo, indicando seus membros, valendo-se dos critérios legais (art. 80), bem como promovendo o seu funcionamento. Não nos parece deva integrá-lo, pois uma das atribuições do Conselho é apresentar relatórios mensais ao juiz da execução (equidistante, pois) sobre suas atividades. Logo, o magistrado apenas organizaria o Conselho da Comunidade, deixando-o livre para atuar.

3.19. Emissão de atestado de pena a cumprir

Finalmente, cabe ao juiz determinar ao cartório que providencie o cálculo total da pena do condenado, ao menos uma vez por ano, emitindo, depois, um atestado que será enviado ao interessado. Este, por sua vez, manter-se-á informado acerca do cumprimento da sua pena, podendo, inclusive, fazer requerimentos de benefícios em geral.

4. MINISTÉRIO PÚBLICO

Cabe, fundamentalmente, ao representante do Ministério Público fiscalizar todo o andamento da execução penal até que seja declarada extinta a punibilidade do condenado (art. 67, LEP). Normalmente, a execução inicia-se por determinação judicial, sem necessidade de provocação de qualquer interessado, muito embora o art. 195 legitime, para esse fim, tanto o órgão do Ministério Público quanto o condenado ou quem o represente (cônjuge, parente ou descendente), além do Conselho Penitenciário e da autoridade administrativa (entenda-se a que for responsável pela administração penitenciária). É evidente que, se há de fiscalizar e oficiar no processo executivo, além de fazê-lo nos incidentes, torna-se dispensável enumerar, ponto por ponto, das suas atribuições, como se vê no art. 68 da Lei de Execução Penal.

Incumbe ao Ministério Público, nos termos do art. 68 da LEP: "I – fiscalizar a regularidade formal das guias de recolhimento e de internamento; II – requerer: *a)* todas as providências necessárias ao desenvolvimento do processo executivo; *b)* a instauração dos incidentes de excesso ou desvio de execução; *c)* a aplicação de medida de segurança, bem como a substituição da pena por medida de segurança; *d)* a revogação da medida de segurança; *e)* a conversão de pena, a progressão ou regressão nos regimes e a revogação da suspensão condicional da pena e do livramento condicional; *f)* a internação, a desinternação e o restabelecimento da situação anterior; III – interpor recursos de decisões proferidas pela autoridade judiciária, durante a execução". Além disso, dispõe o parágrafo único: "o órgão do Ministério Público visitará mensalmente os estabelecimentos penais, registrando a sua presença em livro próprio".

5. CONSELHO PENITENCIÁRIO

Nos termos do art. 69, *caput*, da Lei de Execução Penal, o "Conselho Penitenciário é órgão consultivo e fiscalizador da execução da pena". Segundo o § 1.º, "o Conselho será integrado por membros nomeados pelo governador do Estado, do Distrito Federal e dos Territórios, dentre professores e profissionais da área de Direito Penal, Processual Penal, Penitenciário e ciências correlatas, bem como por representantes da comunidade. A legislação federal e estadual regulará o seu funcionamento". No § 2.º, "o mandato dos membros do Conselho Penitenciário terá a duração de 4 (quatro) anos".

Somente para exemplificar, no Estado de São Paulo, compõe-se de vinte membros efetivos, designados pelo Governador do Estado: a) seis médicos psiquiatras, indicados pelo Conselho Regional de Medicina do Estado de São Paulo; b) quatro Procuradores de Justiça, indicados pelo Procurador-Geral de Justiça do Estado; c) dois Procuradores da República, indicados pelo Procurador-Geral da República; d) quatro Advogados, indicados pela Ordem dos Advogados do Brasil – Seção São Paulo, sendo 2 (dois) deles na qualidade de representantes da comunidade; e) dois Procuradores do Estado, da Procuradoria de Assistência Judiciária, indicados pelo Procurador-Geral do Estado; f) dois Psicólogos, indicados pelo Conselho Regional de Psicologia do Estado de São Paulo (art. 71, Decreto 46.623/2002, com as alterações do Decreto 51.074/2006).

Incumbe a esse colegiado o seguinte (art. 70, LEP): "I – emitir parecer sobre indulto e comutação de pena, excetuada a hipótese de pedido de indulto com base no estado de saúde do preso; II – inspecionar os estabelecimentos e serviços penais; III – apresentar, no 1.º (primeiro) trimestre de cada ano, ao Conselho Nacional de Política Criminal e Penitenciária, relatório dos trabalhos efetuados no exercício anterior; IV – supervisionar os patronatos, bem como a assistência aos egressos".

Cabe ao Conselho Penitenciário emitir parecer nos pedidos de livramento condicional (art. 131, LEP), embora no art. 70 nada se mencione a esse respeito. A Lei 10.792/2003 reformulou a redação do inciso I do art. 70, retirando a anterior previsão para emissão de parecer acerca de livramento condicional, mas se esqueceu o legislador de modificar todo o contexto da Lei de Execução Penal. Por isso, tem-se entendido, nos termos do disposto no art. 131 e seguintes desta Lei, continuar o Conselho Penitenciário vinculado à concessão do livramento condicional (apresentando parecer) e à sua fiscalização. Esse é mais um exemplo de que *reformas pontuais* introduzidas em Códigos ou Leis Especiais, de modo açodado e sem estudo aprofundado, causam perplexidade ao operador do Direito no momento de aplicação do instituto.

O indulto é o perdão concedido pelo Presidente da República, por decreto (art. 84, XII, CF), provocando a extinção da punibilidade do condenado (art. 107, II, CP); a comutação (indulto parcial) é a redução da pena ou sua substituição por outra, mais branda, sem acarretar a extinção da punibilidade. Na realidade, quando o Conselho Penitenciário é chamado a opinar, o Presidente da República já editou o Decreto de Indulto, cabendo ao referido Conselho avaliar se o condenado preenche os seus requisitos. O parecer do Conselho não vincula o juiz da execução penal. Pensamos, com a devida vênia, ser um entrave burocrático desnecessário ao processo de análise do indulto.

6. DEPARTAMENTO PENITENCIÁRIO

Segundo o art. 71 da Lei de Execução Penal, o "Departamento Penitenciário Nacional, subordinado ao Ministério da Justiça, é órgão executivo da Política Penitenciária Nacional e de apoio administrativo e financeiro do Conselho Nacional de Política Criminal e Penitenciária".

Suas atribuições são as seguintes (art. 72, LEP): "I – acompanhar a fiel aplicação das normas de execução penal em todo o território nacional; II – inspecionar e fiscalizar periodicamente os estabelecimentos e serviços penais; III – assistir tecnicamente as unidades federativas na implementação dos princípios e regras estabelecidos nesta Lei; IV – colaborar com as unidades federativas, mediante convênios, na implantação de estabelecimentos e serviços penais; V – colaborar com as unidades federativas para a realização de cursos de formação de pessoal penitenciário e de ensino profissionalizante do condenado e do internado; VI – estabelecer, mediante convênios com as unidades federativas, o cadastro nacional das vagas existentes em estabelecimentos locais destinadas ao cumprimento de penas privativas de liberdade aplicadas pela justiça de outra unidade federativa, em especial para presos sujeitos a regime disciplinar; VII – acompanhar a execução da pena das mulheres beneficiadas pela progressão especial de que trata o § 3.º do art. 112 desta Lei, monitorando sua integração social e a ocorrência de reincidência, específica ou não, mediante a realização de avaliações periódicas e de estatísticas criminais".

Incumbem também ao Departamento a coordenação e a supervisão dos estabelecimentos penais e de internamento federais (art. 72, § 1.º). E mais: "os resultados obtidos por meio do monitoramento e das avaliações periódicas previstas no inciso VII do *caput* deste artigo serão utilizados para, em função da efetividade da progressão especial para a ressocialização das mulheres de que trata o § 3.º do art. 112 desta Lei, avaliar eventual desnecessidade do regime fechado de cumprimento de pena para essas mulheres nos casos de crimes cometidos sem violência ou grave ameaça" (art. 72, § 2.º).

Prevê o art. 73 da Lei de Execução Penal que "a legislação local poderá criar Departamento Penitenciário ou órgão similar, com as atribuições que estabelecer". "O Departamento Penitenciário local, ou órgão similar, tem por finalidade supervisionar e coordenar os estabelecimentos penais da unidade da Federação a que pertencer" (art. 74).

Além disso, "os órgãos referidos no *caput* deste artigo realizarão o acompanhamento de que trata o inciso VII do *caput* do art. 72 desta Lei e encaminharão ao Departamento Penitenciário Nacional os resultados obtidos" (art. 74, parágrafo único).

7. DIREÇÃO E PESSOAL DOS ESTABELECIMENTOS PENAIS

Quanto à formação do diretor do estabelecimento penal, deve ser portador de diploma de nível superior em área logicamente ligada aos aspectos essenciais à individualização executória da pena: Direito, Psicologia, Sociologia, Pedagogia ou Serviços Sociais. Lembre-se, inclusive, ser ele integrante da Comissão Técnica de Classificação, que emite pareceres sobre a forma de cumprimento da pena e a respeito do merecimento do condenado (ver os arts. 7.º e 9.º, LEP). Exige-se, por certo, experiência administrativa na área de estabelecimentos penais, bem como idoneidade moral e aptidão para desempenhar suas funções (art. 75, LEP).

Dispõe o art. 76 da Lei de Execução Penal que o "quadro do Pessoal Penitenciário será organizado em diferentes categorias funcionais, segundo as necessidades do serviço, com especificação de atribuições relativas às funções de direção, chefia e assessoramento do estabelecimento e às demais funções". Na sequência, o art. 77 menciona que "a escolha do pessoal administrativo, especializado, de instrução técnica e de vigilância atenderá a vocação, preparação profissional e antecedentes pessoais do candidato". Seguindo, o § 1.º estabelece que "o ingresso do pessoal penitenciário, bem como a progressão ou a ascensão funcional dependerão de cursos específicos de formação, procedendo-se à reciclagem periódica dos servidores em exercício". Finalmente, o § 2.º fixa que "no estabelecimento para mulheres somente se permitirá o trabalho de pessoal do sexo feminino, salvo quando se tratar de pessoal técnico especializado".

Muito se fala, hoje em dia, a respeito da *privatização* dos presídios, entregando-se à iniciativa privada a construção e o controle dos estabelecimentos penais. Seria uma economia para o Estado e possibilitaria o incremento do número de presídios para atender à crescente demanda. Entretanto, é preciso modificar a Lei de Execução Penal. Nota-se, no art. 77, *caput* e § 1.º, desta Lei, haver regras para a escolha do pessoal administrativo, de instrução técnica e de vigilância, assim como para a progressão e ascensão funcionais. Logo, se o presídio for vigiado e administrado por pessoas estranhas aos quadros da Administração Pública, torna-se imprescindível haver leis específicas e expressas em relação a tais métodos.

8. PATRONATO

"O Patronato público ou particular destina-se a prestar assistência aos albergados e aos egressos (art. 26)", conforme prevê o art. 78 da LEP. Entre suas incumbências, estão: "I - orientar os condenados à pena restritiva de direitos; II - fiscalizar o cumprimento das penas de prestação de serviço à comunidade e de limitação de fim de semana; III - colaborar na fiscalização do cumprimento das condições da suspensão e do livramento condicional" (art. 79).

A sua função é fiscalizadora e social. Não lida com presos, mas com condenados soltos. Pode orientar o sentenciado a bem desempenhar a pena restritiva de direitos que lhe foi imposta, em especial a prestação de serviços à comunidade e a limitação de fim de semana, sobre as quais possui, igualmente, a tarefa de fiscalização. Pode colaborar na fiscalização do cumprimento das condições impostas para o gozo de *sursis* (muitas vezes, é a prestação de serviços à comunidade e a limitação de fim de semana) e do livramento condicional. Não deixa de ser a participação ativa da sociedade no cumprimento da pena do condenado.

9. CONSELHO DA COMUNIDADE

Segundo o art. 80 da LEP, "haverá, em cada comarca, um Conselho da Comunidade composto, no mínimo, por 1 (um) representante de associação comercial ou industrial, 1 (um) advogado indicado pela Seção da Ordem dos Advogados do Brasil, 1 (um) Defensor Público indicado pelo Defensor Público Geral e 1 (um) assistente social escolhido pela Delegacia Seccional do Conselho Nacional de Assistentes Sociais". E o parágrafo único estabelece que "na falta da representação prevista neste artigo, ficará a critério do juiz da execução a escolha dos integrantes do Conselho".

Registre-se que, após a edição da Lei 12.313/2010, inseriu-se no Conselho da Comunidade a figura do Defensor Público, o que merece aplauso, pois, como órgão da execução penal, deve estar engajado na melhoria do sistema carcerário, independentemente da atividade individual de defesa dos presos.

São suas atribuições: "I - visitar, pelo menos mensalmente, os estabelecimentos penais existentes na comarca; II - entrevistar presos; III - apresentar relatórios mensais ao juiz da execução e ao Conselho Penitenciário; IV - diligenciar a obtenção de recursos materiais e humanos para melhor assistência ao preso ou internado, em harmonia com a direção do estabelecimento" (art. 81).

Observa-se que, além de ser uma forma de engajar membros da sociedade no processo de ressocialização do preso, as atividades do Conselho diferem do Patronato, porque, enquanto este órgão cuida de condenados soltos, aquele se volta aos presos. Por isso, impõe a lei que os membros do Conselho visitem, mensalmente, os estabelecimentos penais da sua Comarca, entrevistem presos - quando poderão apurar os bons ou maus tratos por eles vivenciados -, além de apresentar relatórios ao juiz da execução penal e ao Conselho Penitenciário, demonstrando problemas, propondo soluções e registrando desvios da execução. Deve, ainda, diligenciar para a obtenção de recursos materiais e humanos para melhor assistir ao preso, desde que o faça em harmonia com a direção do presídio. Cuida-se de missão relevante, pois são membros da comunidade demandando melhores condições de sustentação para determinado presídio. Certamente, podem dirigir-se aos órgãos governamentais em geral (Poderes Executivo e Legislativo).

10. DEFENSORIA PÚBLICA

Estabelece o art. 81-A que "a Defensoria Pública velará pela regular execução da pena e da medida de segurança, oficiando, no processo executivo e nos incidentes da execução, para a defesa dos necessitados em todos os graus e instâncias, de forma individual e coletiva".

São suas incumbências (art. 81-B): "I – requerer: *a)* todas as providências necessárias ao desenvolvimento do processo executivo; *b)* a aplicação aos casos julgados de lei posterior que de qualquer modo favorecer o condenado; *c)* a declaração de extinção da punibilidade; *d)* a unificação de penas; *e)* a detração e remição da pena; *f)* a instauração dos incidentes de excesso ou desvio de execução; *g)* a aplicação de medida de segurança e sua revogação, bem como a substituição da pena por medida de segurança; *h)* a conversão de penas, a progressão nos regimes, a suspensão condicional da pena, o livramento condicional, a comutação de pena e o indulto; *i)* a autorização de saídas temporárias; *j)* a internação, a desinternação e o restabelecimento da situação anterior; *k)* o cumprimento de pena ou medida de segurança em outra comarca; *l)* a remoção do condenado na hipótese prevista no § 1.º do art. 86 desta Lei; II – requerer a emissão anual do atestado de pena a cumprir; III – interpor recursos de decisões proferidas pela autoridade judiciária ou administrativa durante a execução; IV – representar ao Juiz da execução ou à autoridade administrativa para instauração de sindicância ou procedimento administrativo em caso de violação das normas referentes à execução penal; V – visitar os estabelecimentos penais, tomando providências para o adequado funcionamento, e requerer, quando for o caso, a apuração de responsabilidade; VI – requerer à autoridade competente a interdição, no todo ou em parte, de estabelecimento penal".

O parágrafo único fixa que "o órgão da Defensoria Pública visitará periodicamente os estabelecimentos penais, registrando a sua presença em livro próprio".

Equiparou-se a Defensoria Pública ao Ministério Público nas atividades relativas à fiscalização da execução penal e no tocante ao individual acompanhamento dos interesses dos presos hipossuficientes. Os pleitos formulados podem ser dirigidos ao Judiciário de modo individual ou coletivo, abrangendo vários detidos ao mesmo tempo, facilitando o pleito (ex.: garantir o direito de saída temporária, em determinada data, para todos os presos de certo estabelecimento penitenciário). Observe-se que *todos* os presos têm direito ao contraditório e à ampla defesa, embora a lei tenha estipulado o atendimento da Defensoria Pública somente aos necessitados. Diante disso, cabe ao juiz da execução nomear defensor dativo para cumprir as funções constitucionais para os condenados que tenham condições financeiras, mas, na realidade, não possuam assistência jurídica. Depois, poderá o defensor cobrar seus honorários na Justiça.

Embora extenso, cuida-se de rol meramente exemplificativo, pois a Defensoria Pública deve engajar-se em todos os casos pertinentes aos direitos e garantias dos presos, na ótica individual ou coletiva. De todo modo, tais atribuições são mais numerosas do que as previstas para o Ministério Público; o fundamento disso reside na particular missão de defesa dos interesses dos sentenciados, enquanto o órgão ministerial deve, primordialmente, zelar pela regularidade da execução, mas não necessariamente requerer benefícios em favor dos condenados.

11. RESUMO DO CAPÍTULO

- **Órgãos de execução penal:** são os que, de alguma forma, interferem no cumprimento da pena de todos os condenados, fiscalizando, orientando, decidindo, propondo modificações, auxiliando o preso e o egresso, denunciando irregularidades etc. Dispõe o art. 61 da Lei de Execução Penal serem órgãos da execução penal: "I - o Conselho Nacional de Política Criminal e Penitenciária; II - o Juízo da Execução; III - o Ministério Público; IV - o Conselho Penitenciário; V - os Departamentos Penitenciários; VI - o Patronato; VII - o Conselho da Comunidade; VIII - a Defensoria Pública".
- **Juízo da Execução Penal:** compete ao juiz da execução (art. 66, LEP) o seguinte: "I - aplicar aos casos julgados lei posterior que de qualquer modo favorecer o condenado; II - declarar extinta a punibilidade; III - decidir sobre: *a)* soma ou unificação de penas; *b)* progressão ou regressão nos regimes; *c)* detração e remição da pena; *d)* suspensão condicional da pena; *e)* livramento condicional; *f)* incidentes da execução; IV - autorizar saídas temporárias; V - determinar: *a)* a forma de cumprimento da pena restritiva de direitos e fiscalizar sua execução; *b)* a conversão da pena restritiva de direitos e de multa em privativa de liberdade; *c)* a conversão da pena privativa de liberdade em restritiva de direitos; *d)* a aplicação da medida de segurança, bem como a substituição da pena por medida de segurança; *e)* a revogação da medida de segurança; *f)* a desinternação e o restabelecimento da situação anterior; *g)* o cumprimento de pena ou medida de segurança em outra comarca; *h)* a remoção do condenado na hipótese prevista no § 1.º do art. 86 desta Lei; *i)* (vetado); VI - zelar pelo correto cumprimento da pena e da medida de segurança; VII - inspecionar,

mensalmente, os estabelecimentos penais, tomando providências para o adequado funcionamento e promovendo, quando for o caso, a apuração de responsabilidade; VIII – interditar, no todo ou em parte, estabelecimento penal que estiver funcionando em condições inadequadas ou com infringência aos dispositivos desta Lei; IX – compor e instalar o Conselho da Comunidade; X – emitir anualmente atestado de pena a cumprir".

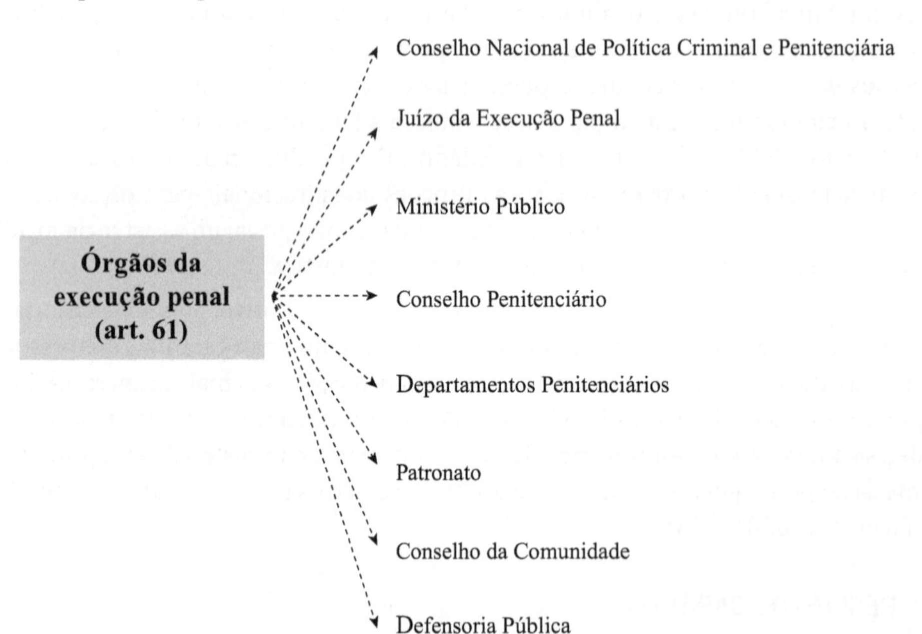

Capítulo VIII

Dos estabelecimentos penais

1. PRECEITOS GERAIS

O art. 82 da Lei de Execução Penal preceitua que "os estabelecimentos penais destinam-se ao condenado, ao submetido à medida de segurança, ao preso provisório e ao egresso". No § 1.º: "a mulher e o maior de 60 anos, separadamente, serão recolhidos a estabelecimento próprio e adequado à sua condição pessoal". No § 2.º: "o mesmo conjunto arquitetônico poderá abrigar estabelecimentos de destinação diversa desde que devidamente isolados".

Ao condenado (regimes fechado, semiaberto e aberto), ao submetido a medida de segurança (internado em hospital de custódia de tratamento), ao preso provisório (decorrência da prisão cautelar) e ao egresso (neste caso, nos termos do art. 26 da LEP, seria a pessoa que foi liberada definitivamente do estabelecimento onde se encontrava, pelo período de um ano, bem como aquele que for colocado em liberdade condicional). Quanto ao egresso, não se pode pressupor que os estabelecimentos penais em geral a ele se destinem, pois está em liberdade. Entretanto, se considerarmos o período de assistência de dois meses em *estabelecimento adequado* (art. 25, II, LEP), seria este o lugar mencionado no art. 82 compatível com o egresso.

Quanto à proteção à mulher e ao idoso, cumpre-se o disposto no art. 5.º, XLVIII, da Constituição Federal: "a pena será cumprida em estabelecimentos distintos, de acordo com a natureza do delito, a idade e o sexo do apenado". A separação de homens e mulheres evita a promiscuidade e as violências sexuais. Quanto ao idoso, por sua situação mais frágil, no cenário físico e psicológico, é justo ter um estabelecimento apropriado para cumprir sua pena, seja ela no regime fechado, semiaberto ou aberto. Aliás, quando estiver em regime aberto, possuindo mais de 70 anos, poderá estar livre da Casa do Albergado, recolhendo-se em sua própria residência (é a prisão albergue domiciliar), nos termos do art. 117, I, da Lei de Execução Penal.

A lei não impõe que o poder público mantenha um prédio isolado para mulheres e outro, em lugar totalmente distinto, para idosos. É viável que, no mesmo complexo de prédios, volteado por uma só muralha, existam diversos pavilhões ou alas, devidamente isoladas, que possam abrigar mulheres e pessoas idosas. A tendência, entretanto, é a separação completa, pois imensos presídios, como ocorreu com a Casa de Detenção de São Paulo, que abrigava cerca de 7.000 presos, demonstraram a inviabilidade quanto à organização e, também, à ressocialização. Tornam-se autênticas cidades, que podem fugir ao controle da administração geral.[1]

O art. 83 fixa que "o estabelecimento penal, conforme a sua natureza, deverá contar em suas dependências com áreas e serviços destinados a dar assistência, educação, trabalho, recreação e prática esportiva". Na sequência, dispõe o § 1.º: "haverá instalação destinada a estágio de estudantes universitários". O § 2.º preceitua: "os estabelecimentos penais destinados a mulheres serão dotados de berçário, onde as condenadas possam cuidar de seus filhos, inclusive amamentá-los, no mínimo, até 6 (seis) meses de idade". O § 3.º menciona: "os estabelecimentos de que trata o § 2.º deste artigo deverão possuir, exclusivamente, agentes do sexo feminino na segurança de suas dependências internas". No § 4.º, prevê-se que "serão instaladas salas de aulas destinadas a cursos do ensino básico e profissionalizante". Finalmente, no § 5.º, afirma-se que "haverá instalação destinada à Defensoria Pública".

Os presídios não devem ser construídos, organizados e administrados para *dar lucro* ao Estado. Infelizmente, lida-se com o lado negativo da sociedade, que é a criminalidade. Pode-se argumentar que várias pessoas erram, em decorrência de inúmeras carências impostas pela própria política estatal, que lhes retira a chance de boa educação, oportunidade de emprego lícito e outros benefícios, terminando por cometer crimes e condenadas, necessitando de reeducação. Portanto, surge um processo caro e complexo, motivo pelo qual não vemos com bons olhos nenhuma administração que se proclama *econômica* no patrocínio do cumprimento das penas das pessoas presas em regime fechado, semiaberto ou aberto.

Surge, nesse cenário, como já abordamos anteriormente, o processo de *terceirização* de serviços e até mesmo o pensamento de *privatizar* presídios. Na realidade, o estabelecimento penal deve funcionar de acordo com o disposto em lei. No regime fechado, é imperioso existir vaga de trabalho para cada um dos presos, por exemplo. Não compreendemos e não podemos concordar que o poder público promova a desativação de vários setores do estabelecimento (ex.: cozinha, lavanderia) com o fito de terceirizar o serviço,

---

[1] Na Casa de Detenção de São Paulo, em 1992, ocorreu o *massacre do Carandiru*, em que morreram 111 presos, após a invasão da Polícia Militar a pretexto de conter uma rebelião. O presídio foi desativado.

a pretexto de *sair mais barato* aos cofres estatais. Pode até ser verdade, mas os postos de trabalho desperdiçados são inúmeros. Muitos presos podem deixar de exercer qualquer atividade justamente por causa disso.

O art. 83 da LEP é claro ao determinar que o estabelecimento, conforme sua natureza, deve contar com serviços de assistência, educação, trabalho, recreação e prática esportiva ao condenado. É inconcebível que um presídio desative a lavanderia, somente para ilustrar, contratando empresas particulares para cuidar das roupas dos presos, enquanto vários deles ficam o dia todo em plena ociosidade, por total falta de ocupação. O dinheiro que o Estado diz poupar nessa fase do cumprimento da pena, com certeza, vai gastar no futuro, comprando mais armas para a polícia, aumentando o número de vagas nos cárceres e elevando o contingente de policiais.

Afinal, se o preso for ilusoriamente reeducado, poderá tornar à liberdade em situação piorada e a criminalidade somente experimentará incremento. Se o preso não aprender a trabalhar e a gostar de viver da força da sua atividade laborativa, não terá como sobreviver, fora do cárcere, de maneira honesta. Logo, retirar os serviços descritos no art. 83 da Lei de Execução Penal dos estabelecimentos penais somente merece crítica. Lembre-se, ainda, que a autorização para trabalho externo é excepcional e não a regra. Aliás, para trabalhar fora do presídio, no regime fechado, seria indispensável haver escolta e não há número suficiente de agentes de segurança para isso.

Segundo o § 2.º do art. 83 da LEP, modificado pela Lei 11.942/2009, também é uma decorrência do disposto no art. 5.º, L, da Constituição Federal: "às presidiárias serão asseguradas condições para que possam permanecer com seus filhos durante o período de amamentação". Em igual sentido, o art. 10 da Lei 8.069/90 preceitua que os "hospitais e demais estabelecimentos de atenção à saúde de gestantes, públicos e particulares, são obrigados: (...) V – manter alojamento conjunto, possibilitando ao neonato a permanência junto à mãe". Na realidade, a novidade concentrou-se em dois pontos: a) a mãe pode *cuidar* de seu filho – e não somente amamentá-lo, como constava da anterior redação; b) o período para esse trato, inclusive amamentação, foi fixado em seis meses, o que inexistia anteriormente.

Quanto à segurança interna, deve ser realizada, exclusivamente, por agentes do sexo feminino, buscando-se assegurar a integridade moral das presas, evitando-se qualquer assédio ou invasão de privacidade, motivada por questões sexuais. Cumpre-se, pois, o disposto nos incisos XLVIII ("a pena será cumprida em estabelecimentos distintos, de acordo com a natureza do delito, a idade e o sexo do apenado") e XLIX ("é assegurado aos presos o respeito à integridade física e moral") da Constituição Federal. A preocupação em estabelecer divisão por gêneros nas atividades que envolvem contato direto, físico e moral, também encontra previsão na legislação ordinária, *v.g.*, no art. 249 do Código de Processo Penal, tratando da revista pessoal: "A busca em mulher será feita por outra mulher, se não importar retardamento ou prejuízo da diligência". Sabe-se, por certo, que eventual assédio pode dar-se de uma mulher (agente de segurança) em relação a outra (presa), mas, nessa hipótese, cuida-se de exceção.

Mais conveniente, para a harmonia interna do estabelecimento prisional, seria a segurança conduzida por mulheres, uma vez que se trata de local destinado a pessoas presas do sexo feminino. A previsão feita no § 3.º não envolve a guarda externa, em particular nos estabelecimentos de regime fechado, onde existem as muralhas, com policiais ou agentes de segurança armados, podendo ser de ambos os sexos.

Constitui o ensino básico, nos termos do art. 21, I, da Lei 9.394/1996, a educação infantil, o ensino fundamental e o ensino médio. Nos termos dos arts. 32 e 35 da referida Lei, no campo do ensino fundamental, busca-se abranger toda a formação necessária à completa alfabetização, com o domínio da leitura, da escrita e do cálculo, bem como se agregando a compreensão do ambiente natural e social, do sistema político, das artes, da tecnologia e dos demais valores da sociedade. Desenvolve-se, ainda, a capacidade de aprendizagem, com o objetivo de adquirir novos conhecimentos e habilidades. No cenário do ensino médio, tem-se por fim consolidar o conhecimento auferido no ensino fundamental, aprofundando-o e preparando a pessoa para o trabalho e para o exercício da cidadania. Almeja-se atingir o desenvolvimento intelectual e a compreensão de fundamentos científicos e tecnológicos dos processos produtivos em geral.

A inserção do § 4.º ao art. 83, fruto da Lei 12.245/2010, complementa o determinado pelo *caput*, no sentido de que o estabelecimento penal deve contar com dependências voltadas à educação. Esmiúça-se o âmbito do ensino objetivado para o preso, fixando a meta de formá-lo nos níveis fundamental e médio, sendo que, neste último caso, associa-se o programa profissionalizante, perfeitamente compatível com essa fase do estudo. Por isso, nos termos do art. 36-B, I, da Lei 9.394/1996, deve-se conduzir o programa do ensino médio em harmonia com o ensino profissionalizante. Idealiza-se cumprir, na prática, o horizonte do art. 208, I, da Constituição Federal, garantindo-se a todos a "educação básica obrigatória e gratuita (...)". Certamente, colocando-se em funcionamento as aulas de ensino básico e profissionalizante, pode-se mais adequadamente seguir o disposto no art. 126 da Lei de Execução Penal, com a redação dada pela Lei 12.433/2011, regularizando o estudo como forma de remição da pena dos sentenciados. Assim, os presos poderão auferir condições mais apropriadas mais apropriadas nos níveis intelectual e profissional para enfrentar o mercado de trabalho, quando deixarem o cárcere.

Se a Defensoria Pública passa a ser considerada órgão da execução penal e deve visitar os estabelecimentos penais com regularidade, além da incumbência de cuidar dos interesses dos presos hipossuficientes, é mais que natural e lógico possuir instalações condignas nos presídios. Poderá manter arquivos, computadores e outros instrumentos de apoio para facilitar o exercício das suas funções.

1.1. Terceirização de serviços e privatização dos presídios

Introduzidos em 2015, os arts. 83-A e 83-B da Lei de Execução Penal conferem regras básicas para autorizar a terceirização de vários serviços internos dos estabelecimentos penais, ao mesmo tempo que vedam a completa privatização.

Nos termos do art. 83-A, "poderão ser objeto de execução indireta as atividades materiais acessórias, instrumentais ou complementares desenvolvidas em estabelecimentos penais, e notadamente: I - serviços de conservação, limpeza, informática, copeiragem, portaria, recepção, reprografia, telecomunicações, lavanderia e manutenção de prédios, instalações e equipamentos internos e externos; II - serviços relacionados à execução de trabalho pelo preso". No § 1.º, "a execução indireta será realizada sob supervisão e fiscalização do poder público." O § 2.º estipula que "os serviços relacionados neste artigo poderão compreender o fornecimento de materiais, equipamentos, máquinas e profissionais".

Esse artigo consagra a viabilidade de terceirizar os serviços ali mencionados, o que termina por arrematar a falha sistêmica à qual temos feito referência em vários pontos desta obra. Passando todas essas atividades para empresas, o que resta ao preso nos regimes fechado e semiaberto? Seria indispensável que o Estado providenciasse postos de trabalho para todos os internos, o que, na prática, tem se mostrado inatingível.

Por certo, algumas vozes diriam que os presos não deveriam trabalhar em serviços de cozinha, lavanderia, limpeza etc., mas, ao contrário, precisariam obter instrução de nível mais elevado e profissionalizante para enfrentar o mercado de trabalho quando terminarem suas penas. Mesmo que o Estado fosse capaz de proporcionar esse ensino profissionalizante - o que não tem ocorrido - uma coisa não afasta a outra. Alguém pode trabalhar na cozinha do presídio e, ao mesmo tempo, estudar ou aprender alguma função mais específica. A alteração de leis, no Brasil, segue um padrão idealizado, mas nunca atingido verdadeiramente.

Sob outro aspecto, o art. 83-B da LEP preceitua serem "indelegáveis as funções de direção, chefia e coordenação no âmbito do sistema penal, bem como todas as atividades que exijam o exercício do poder de polícia, e notadamente: I - classificação de condenados; II - aplicação de sanções disciplinares; III - controle de rebeliões; IV - transporte de presos para órgãos do Poder Judiciário, hospitais e outros locais externos aos estabelecimentos penais". Essa é a parte que veda a completa privatização dos estabelecimentos penais.

Fica, então, bem claro que a direção geral, a chefia e a coordenação, no estabelecimento penal, são atividades designadas pelo Executivo. E, nesse prisma, cabe a esses postos a classificação dos condenados (em verdade, uma tarefa da Comissão Técnica de Classificação), a aplicação das sanções disciplinares (após o devido processo legal, no âmbito administrativo), o controle das rebeliões (que somente teria cabimento se feito por alguém designado diretamente pelo Estado) e o transporte de presos (terceirizar seria como fazer o mesmo com a polícia).

1.2. Divisão dos presos por setores

Preceitua o art. 84 que "o preso provisório ficará separado do condenado por sentença transitada em julgado". No § 1.º, preceitua-se que "os presos provisórios ficarão separados de acordo com os seguintes critérios: I - acusados pela prática de crimes hediondos ou equiparados; II - acusados pela prática de crimes cometidos com violência ou grave ameaça à pessoa; III – acusados pela prática de outros crimes ou contravenções, diversos dos apontados nos incisos I e II".

O § 2.º estipula o seguinte: "o preso que, ao tempo do fato, era funcionário da Administração da Justiça Criminal ficará em dependência separada". O § 3.º menciona que "os presos condenados ficarão separados de acordo com os seguintes critérios: I – condenados pela prática de crimes hediondos ou equiparados; II – reincidentes condenados pela prática de crimes cometidos com violência ou grave ameaça à pessoa; III – primários condenados pela prática de crimes cometidos com violência ou grave ameaça à pessoa; IV – demais condenados pela prática de outros crimes ou contravenções em situação diversa das previstas nos incisos I, II e III". Por derradeiro, o § 4.º prevê que "o preso que tiver sua integridade física, moral ou psicológica ameaçada pela convivência com os demais presos ficará segregado em local próprio".

Sempre defendemos que o disposto no art. 84 da LEP é não somente sensato como imprescindível para a devida ressocialização de cada preso, tornando o processo de individualização executória da pena uma realidade. Não se pode conceber que condenados definitivos compartilhem espaços conjuntos com presos provisórios. Estes estão detidos por medida de cautela, sem apuração de culpa formada, podendo deixar o cárcere a qualquer momento, inclusive em decorrência de absolvição. Se forem mantidos juntamente com sentenciados, mormente os perigosos, tendem a absorver defeitos e lições errôneas, passíveis de lhes transformar a vida, especialmente quando deixarem o cárcere. Além disso, estão sujeitos a violências de toda ordem, tornando a prisão cautelar uma medida extremamente amarga e, até mesmo, cruel. Sob outra ótica, também não tem o menor cabimento a mistura, na mesma cela, ou nas mesmas atividades, do condenado primário com o reincidente. Este apresenta, sem dúvida, maior tendência à criminalidade, tanto que já possui condenações variadas. O outro é *estreante*, podendo nunca mais tornar a delinquir, desde que consiga ser convenientemente ressocializado.

Para isso, o Estado deve assumir a responsabilidade de não prejudicar o seu aprendizado, não permitindo que conviva com delinquentes habituais, muito mais distantes de qualquer chance de ressocialização efetiva. Se um ou outro preso, reincidente e perigoso, é recalcitrante ao processo educacional que a pena lhe visa impor, não pode contaminar a maioria da população carcerária, que apresenta condições de melhora, *desde que o Estado cumpra a sua parte* no método imposto por lei.

Antes de se defender, com certa ingenuidade, que a pena de prisão está *falida*, deve-se voltar os olhos às verdadeiras condições dos cárceres brasileiros, constatando não se cumprir, na sua imensa maioria, o disposto na Lei de Execução Penal, tampouco no Código Penal. Portanto, não se pode ter por *falido* o que nunca teve crédito, nem foi concretizado.[2]

---

[2] A propósito da referência à pena de prisão estar *falida*, com elevados índices de reincidência por parte de quem cumpriu pena, mormente nos regimes fechado e semiaberto, deve-se conhecer os Centros de Ressocialização existentes no Estado de São Paulo – possivelmente, com estabelecimentos similares em outros Estados –, onde se cumpre pena no regime fechado ou semiaberto, em situação normal, cumprindo-se as regras da Lei de Execução Penal. Disso se extrai um índice baixo de reincidência.

A terceira etapa de separação tem viabilidade e não afeta o princípio da igualdade: deve-se separar dos demais presos os condenados que eram integrantes da Justiça criminal. É evidente que há forte probabilidade de represália de presos comuns contra condenados, que, antes, trabalhavam como servidores da Justiça (policiais, oficiais de justiça, juízes, promotores etc.).

Quanto aos específicos critérios introduzidos pela Lei 13.167, de 6 de outubro de 2015, em primeiro plano, merece aplauso a referida lei, pois torna ainda mais detalhado o critério de separação de presos, como já sustentamos antes. Porém, em segundo momento, quais as chances de o Poder Executivo implantar, com efetividade, tais critérios? Arriscaríamos dizer que são mínimas. Se não for implementada a lei, cujo vigor é imediato, pode-se cuidar de desvio (para o condenado) ou excesso (para o provisório) de execução. Entendemos deva o Judiciário zelar por isso. Não se faz lei à toa. As leis são o espelho fiel do princípio da legalidade, razão pela qual o seu deliberado descumprimento pode acarretar os referidos incidentes.

Conforme a gravidade da situação, como a inserção em mesmo ambiente de um preso provisório primário, acusado de furto simples, com um reincidente violento, por crime hediondo, como o latrocínio, deve admitir o uso de *habeas corpus* para imediatamente corrigir a situação de constrangimento ilegal patente. No entanto, se o Judiciário fechar as vistas para essa mescla ilegal, será mais uma lei (promissora) a cair no vazio.

Quanto aos critérios legais, cremos razoáveis. Em ordem de relevância: autores de delitos hediondos; agentes de crimes violentos; os demais (para os provisórios). No quadro dos condenados: a) hediondos; b) reincidentes em crimes violentos; c) autores de delitos violentos; d) os demais. Naturalmente, pode-se discutir, com base na criminologia, tais vetores. O autor de uma falsificação de remédio, embora crime hediondo, não é, como regra, tão perigoso quanto um homicida ou latrocida, embora possam ficar juntos na mesma cela. E assim outras críticas podem ser tecidas. A mais importante, entretanto, é o potencial desprezo à novel legislação pelo Poder encarregado de aplicá-la nos presídios do Brasil: o Executivo (União, nos presídios federais; Estados, nos estaduais).

Os crimes hediondos e equiparados são os previstos no art. 1.º da Lei 8.072/1990: "I – homicídio (art. 121), quando praticado em atividade típica de grupo de extermínio, ainda que cometido por 1 (um) só agente, e homicídio qualificado (art. 121, § 2.º, incisos I, II, III, IV, V, VII, VIII e IX); I-A – lesão corporal dolosa de natureza gravíssima (art. 129, § 2.º) e lesão corporal seguida de morte (art. 129, § 3.º), quando praticadas contra autoridade ou agente descrito nos arts. 142 e 144 da Constituição Federal, integrantes do sistema prisional e da Força Nacional de Segurança Pública, no exercício da função ou em decorrência dela, ou contra seu cônjuge, companheiro ou parente consanguíneo até terceiro grau, em razão dessa condição; I-B – feminicídio (art. 121-A); II – roubo; *a)* circunstanciado pela restrição de liberdade da vítima (art. 157, § 2.º, inciso V); *b)* circunstanciado pelo emprego de arma de fogo (art. 157, § 2.º-A, inciso I), ou pelo emprego de

---

Infelizmente, não há vagas para todos os presos nesses regimes. O importante a destacar é a viabilidade de ressocialização efetiva.

arma de fogo de uso proibido ou restrito (art. 157, § 2.º-B); *c)* qualificado pelo resultado lesão corporal grave ou morte (art. 157, § 3.º); III – extorsão qualificada pela restrição da liberdade da vítima, ocorrência de lesão corporal ou morte (art. 158, § 3.º); IV – extorsão mediante sequestro e na forma qualificada (art. 159, *caput*, e §§ 1.º, 2.º e 3.º); V – estupro (art. 213, *caput*, §§ 1.º e 2.º); VI – estupro de vulnerável (art. 217-A, *caput*, §§ 1.º, 2.º, 3.º e 4.º; VII – epidemia com resultado morte (art. 267, § 1.º); VII-A – (VETADO); VII-B – falsificação, corrupção, adulteração ou alteração de produto destinado a fins terapêuticos ou medicinais (art. 273, *caput* e § 1.º, §§ 1.º-A e 1.º-B, com a redação dada pela Lei 9.677, de 2 de julho de 1998); VIII – favorecimento da prostituição ou de outra forma de exploração sexual de criança ou adolescente ou de vulnerável (art. 218-B, *caput*, §§ 1.º e 2.º); IX – furto qualificado pelo emprego de explosivo ou de artefato análogo que cause perigo comum (art. 155, § 4.º-A); X – induzimento, instigação ou auxílio a suicídio ou a automutilação realizados por meio da rede de computadores, de rede social ou transmitidos em tempo real (art. 122, *caput* e § 4.º); XI – sequestro e cárcere privado cometido contra menor de 18 (dezoito) anos (art. 148, § 1.º, inciso IV); XII – tráfico de pessoas cometido contra criança ou adolescente (art. 149-A, *caput*, incisos I a V, e § 1.º, inciso II)". Ainda, no parágrafo único: "consideram-se também hediondos, tentados ou consumados: I – o crime de genocídio previsto nos arts. 1.º, 2.º e 3.º da Lei 2.889, de 1.º de outubro de 1956; II – o crime de posse ou porte ilegal de arma de fogo de uso proibido, previsto no art. 16 da Lei 10.826, de 22 de dezembro de 2003; III – o crime de comércio ilegal de armas de fogo, previsto no art. 17 da Lei 10.826, de 22 de dezembro de 2003; IV – o crime de tráfico internacional de arma de fogo, acessório ou munição, previsto no art. 18 da Lei 10.826, de 22 de dezembro de 2003; V – o crime de organização criminosa, quando direcionado à prática de crime hediondo ou equiparado; VI – os crimes previstos no Decreto-Lei 1.001, de 21 de outubro de 1969 (Código Penal Militar), que apresentem identidade com os crimes previstos no art. 1.º desta Lei; VII – os crimes previstos no § 1.º do art. 240 e no art. 241-B da Lei 8.069, de 13 de julho de 1990 (Estatuto da Criança e do Adolescente)". São delitos equiparados a hediondos, conforme previsão do art. 2.º, *caput*, da mesma Lei: "a prática da tortura, o tráfico ilícito de entorpecentes e drogas afins e o terrorismo".

Quanto aos crimes violentos contra a pessoa, há muito, por força da tradição, habituou-se o legislador a separar a violência física da violência moral (ameaça grave). De toda forma, são variados os crimes inseridos nesse perfil, mas de longe, em número, encontra-se o roubo. Autores desse delito devem ficar separados de outros crimes, mesmo patrimoniais, como o furto, o estelionato etc. Porém, há um desacerto nesse critério, quando se colocar na mesma cela o agente de uma ameaça, no lar, com um assaltante de banco. É preciso prudência para localizar o cerne dessa divisão.

Todos os demais delitos (art. 84, § 1.º, III, LEP), que não se encaixarem nos incisos anteriores, possibilitarão aos seus autores permanecer juntos, na mesma cela. Entretanto, esta nos parece uma norma verdadeiramente difícil de ser aplicada. Não por má vontade do Poder Executivo, mas por falta de opções. Depois do advento da Lei 9.099/95, praticamente inexiste alguém preso pela prática de contravenção penal. Com a transação e o *sursis* processual, o processo nem atinge uma condenação para as infrações de menor potencial ofensivo. E, se houver julgamento, há a viabilidade de aplicação de penas alternativas, do *sursis*, do regime aberto (cumprido em casa – Prisão Albergue Domiciliar). Enfim, um inciso de pouca utilidade prática.

No tocante aos reincidentes em crimes violentos, eis um dos equívocos da Lei de Execução Penal, ao indicar (repetindo o disposto no antigo § 1.º do art. 84 da LEP) a mera separação entre reincidentes e primários. Ora, existem os condenados não reincidentes, mas com inúmeros antecedentes criminais dos mais graves. Segundo o art. 63 do Código Penal, é reincidente quem comete um crime após ter sido condenado anteriormente por outro crime, com trânsito em julgado da decisão. Porém, o art. 64, II, estabelece um período de caducidade da condenação anterior (que alguns denominam de *período depurador*). Assim, caso o agente cometa um roubo após seis anos de sua última condenação com trânsito em julgado, é considerado primário. Mas ele pode ter, por exemplo, dez outras condenações por crimes gravíssimos, que antecedem os cinco anos do período de caducidade. Não nos parece correto colocá-lo na mesma cela que um autor de roubo primário *sem nenhum outro antecedente*. Se é para separar o condenado *professor* do sentenciado *aprendiz*, a regra deste inciso não irá atender o desejado.

Como já mencionado, há vários presos primários (atingidos pelo período depurador, previsto no art. 64, II, do CP) que, no entanto, possuem vários antecedentes criminais graves. O legislador deveria ter cuidado dos maus *antecedentes* nesta revisão ao art. 84, o que não fez. Portanto, problemas ainda continuarão a ocorrer na indevida mistura entre o delinquente habitual e o de primeira viagem.

A redação do § 2.º é a seguinte: "o preso que, ao tempo do fato, era funcionário da Administração da Justiça criminal ficará em dependência separada". Trata-se de uma garantia, por presunção, de que policiais, juízes, carcereiros, promotores e outros agentes da segurança e administração criminal podem tornar-se vítimas *em potencial* dos demais presos, que, no passado, prenderam. É uma norma correta, pois não se deseja o extermínio de pessoas no cárcere. Aliás, qualquer preso ameaçado de morte (como o estuprador) deve ser imediatamente separado dos demais. Igualmente, devem ser mantidos separados os detentos vinculados a grupos adversários, como "justiceiros" e "assaltantes".

O § 4.º ratificou esse entendimento, ampliando a qualquer condenado: "o preso que tiver sua integridade física, moral ou psicológica ameaçada pela convivência com os demais presos ficará segregado em local próprio". Essa referência vale tanto para os funcionários da administração da Justiça criminal quanto para os demais presos que, por divergências variadas, encontrarem-se jurados de morte. Ressalte-se, a bem da verdade, a existência de certas *presunções absolutas* nesse meio: a) funcionários, como policiais, não podem ser colocados com presos comuns; b) estupradores devem conviver com outros autores de delitos sexuais; c) *matadores de aluguel* precisam ficar afastados de criminosos comuns; d) devedores de traficantes não podem ficar em contato com os *credores*. E assim sucessivamente.

Cabe ao Estado e não ao preso a eleição do local mais adequado em que deve o funcionário da administração da Justiça cumprir sua pena ou aguardar o julgamento.

Dispõe o art. 85 da LEP que "o estabelecimento penal deverá ter lotação compatível com a sua estrutura e finalidade". No parágrafo único, menciona-se que "o Conselho Nacional de Política Criminal e Penitenciária determinará o limite máximo de capacidade do estabelecimento, atendendo a sua natureza e peculiaridades".

Não há dúvida de ser ideal haver estabelecimentos penais com lotação compatível com o número de vagas oferecidas. Somente desse modo se pode falar em cumprimento satisfatório da pena, com um processo de reeducação minimamente eficiente. O contrário, infelizmente, constitui o cenário da maioria dos estabelecimentos nacionais. Muitos dos referidos estabelecimentos penais, até mesmo os recém-construídos, atingem a superlotação assim que são inaugurados. E pode-se observar que inúmeros presídios já são erguidos em desacordo com os preceitos da Lei de Execução Penal, que prevê isolamento noturno do preso, quando, na realidade, as celas são moldadas para receber vários condenados. Há, até mesmo, decisão do Conselho Nacional de Política Criminal e Penitenciária autorizando a construção em molde incompatível com o previsto nesta Lei. De acordo com o inciso VI do art. 64, incumbe ao Conselho Nacional de Política Criminal e Penitenciária "estabelecer regras sobre a arquitetura e construção de estabelecimentos penais e casas de albergados". É visivelmente suplementar aos preceitos estabelecidos pela Lei de Execução Penal. Não tem – e não pode ter – o referido Conselho poder normativo acima de lei federal emanada do Congresso Nacional. Por isso, embora possa fixar regras sobre a estrutura do presídio e da casa do albergado, deve pautar-se pelos critérios legais.

A principal fiscalização é de responsabilidade do juiz da execução penal, que deverá, inclusive, sendo o caso, providenciar a interdição do estabelecimento que ultrapasse a sua capacidade, tornando insalubre a vida dos condenados (art. 66, VI, VII e VIII, LEP).

1.3. Transexuais femininas e travestis

É preciso regulamentar, de preferência em lei, o lugar adequado para que sejam presas provisoriamente e, igualmente, para que cumpram a pena. Afinal, a evolução dos costumes e o aprendizado geral da comunidade científica reconhecem a diversidade de gênero. Parece-nos importante que tenham um local apropriado para o seu recolhimento, a fim de se evitar que sejam vítimas de violências físicas ou morais. Em decisão monocrática, o STF concedeu a elas o direito de escolher o lugar para o cumprimento da prisão (como será visto no item 9, *infra*).

O ideal, segundo nos parece, seria haver uma ala ou pavilhão específico para todas as detentas, porque a mera opção entre presídio masculino e presídio feminino não resolve, de vez, o problema. Além disso, a opção por uma penitenciária feminina, igualmente, pode não ser a proposta mais adequada. Um estudo especializado é indispensável para que uma lei seja editada para resolver esse ponto especificamente.

Amanda Ferreira de Souza Nucci apresenta relevantes pontos nesse tópico, concentradas na conclusão do trabalho: "assim, discute-se a criação de um novo modelo carcerário, de modo que seja possível abarcar as diversidades humanas, ou seja, garantir ao sentenciado transgênero (transexual, travesti, andróginos e outros) que sua dignidade humana seja preservada acima de tudo. (...) Para tanto, seria imperioso que efetivamente fosse implementado um projeto para alteração da Lei de Execução Penal a fim de que conste expressamente em lei como se dará o tratamento para essa população quando do encarceramento, devendo constar na proposta soluções que abarquem alas específicas para destinação desta população a fim de proteger a incolumidade física e psicológica dessas pessoas. Assim, primeiramente é importante que conste em todos os prontuários, documentos e sistemas de informação e pela administração dos estabelecimentos prisionais o nome social dos presos e presas travestis e transexuais, com determinação para que todos os agentes os chamem pelos devidos nomes. Para além disso, é imperioso que a população transgênero encarcerada seja chamada pelo seu nome social, devendo utilizar as roupas condizentes com sua opção de gênero (femininas, masculinas ou neutras), podendo e devendo manter seus cabelos compridos caso desejarem. (...) Ademais, uma das possibilidades para adequação do sistema prisional seria endereçar a população transgênero, quando necessário o confinamento, em ala específica dentro do estabelecimento prisional para não permanecer em situação de risco. (...) Contudo, é indiscutível que a pessoa travesti ou transexual deve ser endereçada para uma ala segura, sem dividir cela com pessoas de outro gênero ou orientação sexual diversa, a fim de evitar situações como estupros, lesões corporais, abusos psicológicos diversos, entre outros. (...) Em caso de dúvida sobre para qual local deve ser encaminhado o indivíduo, em razão da sua opção de gênero, é evidente que deve existir uma cela e ala própria para seu acolhimento - ainda que momentânea - sem a presença de homens ou mulheres, a fim de que, somente após a definição de seu efetivo encaminhamento, esta pessoa possa ser transferida de acordo com o gênero que escolheu. (...) Além disso, o Estado precisa fomentar a capacitação de seus funcionários, por meio de cursos e fornecendo estudo, em especial nos estabelecimentos prisionais, sob o ponto de vista de que a identidade de gênero deve ser respeitada, frisando o princípio norteador da dignidade da pessoa humana e fornecendo elementos para que os colaboradores estejam capacitados para lidar com a vulnerabilidade dos sentenciados transgêneros. (...) As administrações prisionais devem fazer todos os ajustes possíveis para garantir que todos os presos (incluindo transgêneros, deficientes físicos e mentais, mulheres grávidas) tenham total acesso e de forma efetiva à vida prisional, em respeito à igualdade e ao princípio da dignidade da pessoa humana. (...) Conforme amplamente exposto e reiterado, a expressão da orientação sexual e identidade de gênero implica essencialmente em respeito à dignidade da pessoa humana, estando a pessoa encarcerada ou não, sendo certo que, por qualquer prisma que se analise, a conclusão que se toma é de que todo ser humano deve cumprir sua pena em estabelecimentos dignos, de acordo com a natureza do delito, a idade e o sexo do apenado (art. 5.º, XLVIII, da CF), bem assim vedando-se o tratamento desumano e degradante (art. 5.º, III, da CF), independentemente de sua orientação sexual ou identidade de gênero".[3]

---

[3] *Execução penal e transexualidade*. Dissertação de mestrado, aprovada em 21 de fevereiro de 2020, na PUC-SP.

2. MOBILIDADE DO PRESO

Estabelece o art. 86 da LEP que "as penas privativas de liberdade aplicadas pela justiça de uma unidade federativa podem ser executadas em outra unidade, em estabelecimento local ou da União". Na sequência, estipulam os §§ 1.º a 3.º o seguinte: "§ 1.º A União Federal poderá construir estabelecimento penal em local distante da condenação para recolher os condenados, quando a medida se justifique no interesse da segurança pública ou do próprio condenado; § 2.º Conforme a natureza do estabelecimento, nele poderão trabalhar os liberados ou egressos que se dediquem a obras públicas ou ao aproveitamento de terras ociosas; § 3.º Caberá ao juiz competente, a requerimento da autoridade administrativa definir o estabelecimento prisional adequado para abrigar o preso provisório ou condenado, em atenção ao regime e aos requisitos estabelecidos".

O ideal e a regra é que a pena seja cumprida no lugar onde o crime foi cometido e o réu, julgado. Afinal, uma das finalidades da pena é a legitimação do Direito Penal associada à intimidação coletiva, motivo pelo qual se torna preciso que a sociedade conheça o teor da condenação e acompanhe o cumprimento da pena. Mas não é rígida essa regra. Fundamentos calcados no interesse público podem alterá-la. Aliás, também com base no interesse do preso, voltando-se o enfoque ao processo de ressocialização, é possível modificar a sua base de cumprimento da pena (ex.: o preso pretende cumprir pena próximo aos seus familiares em cidade diversa daquela em que foi condenado; havendo vaga, a transferência pode ser autorizada).

Os motivos mais comuns, no entanto, dizem respeito à segurança pública. Presídios superlotados precisam ser esvaziados; locais onde estão acumulados líderes de facções criminosas precisam de filtragem; presos ameaçados de morte necessitam de transferência; lugares onde houve rebelião precisam ser reconstruídos, dentre outras causas. Atualmente, uma das principais, é a desmobilização do crime organizado, removendo-se muitos líderes para presídios de segurança máxima, em regime disciplinar diferenciado, que começam a surgir, inclusive no plano federal. Lembre-se, no entanto, que a transferência precisa do aval judicial (art. 66, V, *g* e *h*, LEP).

Quanto ao presídio federal, há muitos anos se aguarda que a União participe ativamente da segurança pública, ao menos no que se refere à construção, à manutenção e à fiscalização de estabelecimentos penais, destinados a criminosos perigosos, que são incapazes de conviver com outros presos em cárceres comuns. Por isso, o ideal é que tais estabelecimentos se situem bem distantes do lugar do crime ou do local onde o preso possui alguma influência, neste caso quando vinculado ao crime organizado.

Dispõe o art. 3.º da Lei 8.072/1990: "A União manterá estabelecimentos penais de segurança máxima, destinados ao cumprimento de penas impostas a condenados de alta periculosidade, cuja permanência em presídios estaduais ponha em risco a ordem ou incolumidade pública". Não é preciso dizer que vários anos se passaram e esse artigo foi completamente ignorado por inúmeros governos, de diversos partidos políticos. Como já mencionamos, *preso não dá voto* e o descaso nessa área sempre foi imenso. Em 2006, inaugurou-se o primeiro presídio federal, em Catanduvas, Estado do Paraná, mas é preciso ressaltar que, antes disso, o crime se organizou, tornou-se mais forte, incendiou ônibus em cidades, depredou e metralhou estabelecimentos comerciais, matou policiais e agentes penitenciários e comandou o crime de dentro para fora do cárcere, promovendo líderes que se tornaram nacionalmente conhecidos, pois nenhum Estado da Federação pretendia mantê-los em seus cárceres. A situação era de total descalabro, o que empurrou a União para um *beco sem saída*, motivo pelo qual, associada à criação legal do regime disciplinar diferenciado (Lei 10.792/2003), com a alteração dada ao § 1.º do art. 86, nesta Lei, não houve alternativa. Muitos outros presídios federais têm surgido e outros tantos precisam surgir para atender à demanda estrangulada de criminosos perigosos a serem futuramente transferidos. Esperemos que haja responsabilidade para tanto, uma vez que já foram dados os primeiros passos.

Os liberados de medida de segurança (art. 178 c.c. art. 132, § 1.º, *a*, LEP) e os egressos (art. 26, LEP) devem trabalhar licitamente. Por isso, buscando proporcionar-lhes oportunidades, permite-se que desenvolvam alguma atividade em estabelecimentos penais compatíveis, como as colônias penais e as Casas do Albergado. Excepcionalmente, podem exercer algum labor em presídios de regime fechado, mas é mais raro e mais complexo, justamente para evitar a mistura com os presos.

Quanto à definição jurisdicional do presídio, tende a não ser cumprido o dispositivo, pois o magistrado raramente tem condições de saber em qual estabelecimento penal deve inserir o preso, por falta de dados e de condições de avaliar a segurança e as necessidades do momento. Termina por seguir a orientação dada pelas autoridades administrativas, como regra.

3. PENITENCIÁRIA

A penitenciária é o estabelecimento penal destinado ao cumprimento da pena privativa de liberdade, em regime fechado, quando se tratar de reclusão (art. 87, LEP). Busca-se a segurança máxima, com muralhas ou grades de proteção, bem como a atuação de policiais ou agentes penitenciários em constante vigilância. Olvidou-se, por completo, o preso condenado a pena de detenção. Muito embora o art. 33, *caput*, do Código Penal, preceitue que os detentos serão inseridos, inicialmente, nos regimes semiaberto ou aberto, é possível a sua transferência para o fechado, por regressão. Nesse caso, é óbvio que haverão de cumprir a pena em lugares destinados aos reclusos, como as penitenciárias, pois inexiste estabelecimento exclusivo para apenados a detenção, quando estiverem, porventura, em regime fechado. Espera-se, então, que haja a conveniente separação entre os condenados por reclusão e os apenados por detenção.

A leitura do parágrafo único do art. 87 da Lei de Execução Penal dá a entender que a União, os Estados e o Distrito Federal (não há Territórios) poderão (uma faculdade) construir penitenciárias destinadas a abrigar os presos inseridos no regime disciplinar diferenciado. Ora, parece-nos uma necessidade, logo, uma obrigação. Aliás, no tocante à União, como já foi destacado, o art. 3.º da Lei 8.072/1990 impõe o dever de manter presídios para presos de alta periculosidade, que, normalmente, são os mesmos inseridos no

RDD. Quanto aos Estados ou DF, é possível que eles construam os presídios ou destinem alas especiais de penitenciárias já existentes para isso (esta última opção seria o caráter facultativo da norma). O fato é que todos os Estados e o Distrito Federal precisam ter lugares apropriados para o regime disciplinar diferenciado.

Sobre o regime fechado, estabelece o art. 88 da LEP o seguinte: "o condenado será alojado em cela individual que conterá dormitório, aparelho sanitário e lavatório. Parágrafo único. São requisitos básicos da unidade celular: *a)* salubridade do ambiente pela concorrência dos fatores de aeração, insolação e condicionamento térmico adequado à existência humana; *b)* área mínima de 6,00 m^2 (seis metros quadrados)".

Não importa o crime e sua gravidade, como também não importa a pessoa do delinquente. Acima de tudo, o Estado deve dar o exemplo, por se constituir em ente abstrato e perfeito, diverso, pois, das pessoas que ocupam cargos públicos e podem agir de maneira equivocada. Por isso, busca-se que a lei privilegie o respeito aos direitos e garantias fundamentais do preso, constituindo parâmetro para a reverência à dignidade da pessoa humana. Logicamente, para um país em desenvolvimento como o Brasil, ao menos em matéria de justa distribuição de renda, prever-se o alojamento em cela individual, com dormitório, aparelho sanitário e lavatório, em ambiente salubre, com área mínima de seis metros quadrados, pode soar falacioso ou, infelizmente, até jocoso para quem vive em barracos menores que isso, sem a prática de infrações penais. No entanto, deve-se manter a ideia de que um erro não pode justificar outro, devendo o Estado investir na área social tanto quanto na área da segurança pública, respeitadas as condições legais.

O que se observa, na prática, é a pena de prisão ser cumprida ao arrepio do disposto no art. 88 da LEP, sem que o Judiciário tome medidas drásticas para impedir tal situação, interditando, por exemplo, o local. Acostumado a contar com a *compreensão* judicial, o Executivo deixa de cumprir sua obrigação e as celas não adquirem a forma prevista em lei. O vício perpetua-se, portanto, enquanto, de outra banda, critica-se a pena privativa de liberdade, como se ela tivesse algum modelo civilizado atual de substituição para destinar aos autores de crimes graves. Em nosso entendimento, é pura ilusão. Qualquer outra medida, se for realmente séria, poderia implicar crueldade, o que a Constituição Federal veda (ex.: trocar o cárcere por castigo corporal ou banimento).[4]

Por outro lado, ironicamente, aos presos considerados perigosos, abrigados em presídios federais, destina-se justamente a necessária cela individual. Confira-se o disposto no Decreto Federal 6.049/2007: "art. 6.º O estabelecimento penal federal tem as seguintes características: I – destinação a presos provisórios e condenados em regime fechado; II – capacidade para até duzentos e oito presos; III – segurança externa e guaritas de responsabilidade

[4] Em nossa obra *Criminologia*, concluímos que as soluções para o atual sistema de penas – em especial, as penas privativas de liberdade – necessita se valer de avanços tecnológicos, de forma a criar um modelo de punição, com a contenção de sanções prisionais, permitindo controlar e fiscalizar os autores de delitos, em particular os crimes violentos contra a pessoa. No passado, nem se imaginava existir o monitoramento eletrônico, que já é realidade atualmente. Outros instrumentos deverão surgir para servir de aparato punitivo eficiente, tornando desnecessária a prisão. Em realidade, as respostas para os entraves penais estão nas mãos de engenheiros e inventores.

dos Agentes Penitenciários Federais; IV – segurança interna que preserve os direitos do preso, a ordem e a disciplina; V – *acomodação do preso em cela individual*; e VI – existência de locais de trabalho, de atividades socioeducativas e culturais, de esporte, de prática religiosa e de visitas, dentro das possibilidades do estabelecimento penal" (grifamos).

O art. 89 da Lei de Execução Penal estipula que, "além dos requisitos referidos no art. 88, a penitenciária de mulheres será dotada de seção para gestante e parturiente e de creche para abrigar crianças maiores de 6 (seis) meses e menores de 7 (sete) anos, com a finalidade de assistir a criança desamparada cuja responsável estiver presa. Parágrafo único. São requisitos básicos da seção e da creche referidas neste artigo: I – atendimento por pessoal qualificado, de acordo com as diretrizes adotadas pela legislação educacional e em unidades autônomas; e II – horário de funcionamento que garanta a melhor assistência à criança e à sua responsável".

A modificação introduzida pela Lei 11.942/2009 transformou em norma cogente o que, anteriormente, era apenas facultativo. Portanto, os presídios femininos *devem* ter seção específica para abrigar a gestante ou parturiente, conforme os padrões de cuidados médicos necessários, previstos no art. 14, § 3.º, da LEP. Outra imposição legal diz respeito à mantença de creche, no âmbito do estabelecimento penal, para acolher as crianças entre seis meses e seis anos, possibilitando-as permanecer sob os cuidados maternos, em fase tão delicada e importante de sua vida. Não há, pois, necessidade de se retirar a criança da mãe, colocando-a para adoção, quando não existirem familiares próximos, aptos a cuidar do recém-nascido. Após os sete anos, quando deve ser incluída, obrigatoriamente, no ensino básico, continuando a mãe detida, outro encaminhamento social precisa ser feito. Espera-se, entretanto, ter havido o cuidado indispensável da mãe, com relação ao seu filho, no período mais relevante. Estabelece-se a idade mínima de seis meses para ingressar na creche, visto que, até esse patamar, deverá ser amamentada (art. 83, § 2.º, LEP), logo, ficará em outro setor, à disposição da mãe.

A seção destinada às gestantes e às parturientes constitui o local apropriado para o acompanhamento médico pré-natal e para a assistência pós-parto, onde se realizam, também, as amamentações. Portanto, deve ser aparelhado tanto para a assistência médica quanto para a existência de berçário. A creche é o lugar destinado à mantença das crianças entre seis meses e seis anos. Prevê-se estrutura de atendimento similar à exigida para as escolas em geral, sem qualquer distinção ou discriminação.

Dispõe o art. 90 que "a penitenciária de homens será construída em local afastado do centro urbano a distância que não restrinja a visitação". Em grande parte das Comarcas, quando a penitenciária é nova, busca-se respeitar a regra, que envolve fatores de segurança. Porém, há inúmeros lugares que convivem com penitenciárias praticamente dentro do centro urbano, sem que haja a perspectiva breve de solução do problema.

4. COLÔNIA PENAL

A colônia penal, destinada ao cumprimento da pena em regime semiaberto, é um estabelecimento penal de segurança média, onde já não existem muralhas e guardas armados, de modo que a permanência dos presos se dá, em grande parte, por sua própria disciplina e senso de responsabilidade. É o regime intermediário, portanto, o mais adequado em matéria de eficiência. Enquanto o regime fechado encontra-se superlotado (em várias Comarcas) e o aberto é sinônimo de impunidade, nos lugares onde não existe a Casa do Albergado, o regime semiaberto pode representar um alento, ao menos quando a colônia efetivamente funciona dentro dos parâmetros legais.

Quanto à ausência de vagas no semiaberto, trata-se de responsabilidade estatal providenciar as referidas vagas em número suficiente para atender a demanda de presos em regime semiaberto, tanto os que o obtêm como regime inicial quanto os que recebem tal regime por progressão. A falta de vagas não pode acarretar prejuízo ao condenado, inserindo-o no regime fechado, enquanto aguarda a transferência ao semiaberto. Em realidade, se assim ocorrer, deve-se transferir o preso ao regime aberto, onde aguardará tal vaga e, quando surgir, verificar-se-á a necessidade da transferência.

Por conta dessa situação, o Supremo Tribunal Federal editou a Súmula Vinculante 56: "A falta de estabelecimento penal adequado não autoriza a manutenção do condenado em regime prisional mais gravoso, devendo-se observar, nessa hipótese, os parâmetros fixados no RE 641.320/RS". Sobre o recurso extraordinário mencionado: "O Tribunal, por maioria e nos termos do voto do Relator, deu parcial provimento ao recurso extraordinário, apenas para determinar que, havendo viabilidade, ao invés da prisão domiciliar, observe-se: (i) a saída antecipada de sentenciado no regime com falta de vagas; (ii) a liberdade eletronicamente monitorada do recorrido, enquanto em regime semiaberto; (iii) o cumprimento de penas restritivas de direito e/ou estudo ao recorrido após progressão ao regime aberto, vencido o Ministro Marco Aurélio, que desprovia o recurso. Em seguida, o Tribunal, apreciando o tema 423 da repercussão geral, fixou tese nos seguintes termos: a) a falta de estabelecimento penal adequado não autoriza a manutenção do condenado em regime prisional mais gravoso; b) os juízes da execução penal poderão avaliar os estabelecimentos destinados aos regimes semiaberto e aberto, para qualificação como adequados a tais regimes. São aceitáveis estabelecimentos que não se qualifiquem como "colônia agrícola, industrial" (regime semiaberto) ou "casa de albergado ou estabelecimento adequado" (regime aberto) (art. 33, § 1.º, alíneas "b" e "c"); c) havendo déficit de vagas, deverá determinar-se: (i) a saída antecipada de sentenciado no regime com falta de vagas; (ii) a liberdade eletronicamente monitorada ao sentenciado que sai antecipadamente ou é posto em prisão domiciliar por falta de vagas; (iii) o cumprimento de penas restritivas de direito e/ou estudo ao sentenciado que progride ao regime aberto. Até que sejam estruturadas as medidas alternativas propostas, poderá ser deferida a prisão domiciliar ao sentenciado. Ausente, justificadamente, o Ministro Dias Toffoli. Presidiu o julgamento o Ministro Ricardo Lewandowski. Plenário, 11.05.2016".

Nos termos do art. 92 da LEP, caracteriza-se desse modo o regime semiaberto: "o condenado poderá ser alojado em compartimento coletivo, observados os requisitos da letra *a* do parágrafo único do art. 88 desta Lei. Parágrafo único. São também requisitos básicos das dependências coletivas: *a)* a seleção adequada dos presos; *b)* o limite de capacidade máxima que atenda os objetivos de individualização da pena".

Dispõe-se *alojamento coletivo* em virtude do maior preparo do preso, advindo com bom comportamento do regime fechado, quando ocorre a progressão de regime, ou do seu reduzido grau de periculosidade, quando inicia diretamente no regime semiaberto, já se pode introduzi-lo em alojamento coletivo, onde poderá partilhar espaço comum com outros condenados. Não haverá, pois, o isolamento noturno previsto no regime fechado e, durante o dia, o trabalho será comum, com a viabilidade de o preso circular pela colônia sem as mesmas cautelas tomadas na penitenciária. Embora o art. 92, *caput*, mencione que o condenado *poderá* ser alojado em compartimento coletivo, é óbvio que assim deve ser. Do contrário, se for instalado em cela individual, isolado durante a noite, estará em regime fechado e não no semiaberto. Somente se for punido, poderá ser colocado em local próprio devidamente isolado (art. 53, IV, LEP). Esse alojamento coletivo deve respeitar a salubridade do ambiente, em face dos fatores de aeração, insolação e condicionamento térmico adequado (art. 88, parágrafo único, *a*, LEP).

Respeita-se, como requisito básico, dentre outros, a seleção adequada dos presos, colocando cada um próximo a outro com o qual não irá manter desavenças ou trazer litígios ou disputas de outros presídios ou da criminalidade exterior, além de se buscar separar os condenados, conforme a sua aptidão para o trabalho, estado civil e outros pontos comuns de interesse. Naturalmente, como em todo estabelecimento penal, deve-se respeitar a capacidade máxima do local, pois, do contrário, a individualização executória da pena sofrerá abalos imponderáveis. A superlotação de qualquer presídio ou estabelecimento similar torna inócua a tarefa do Estado de buscar a ressocialização do condenado.

5. REGIME ABERTO

A Casa do Albergado é destinada ao cumprimento da pena privativa de liberdade no regime aberto, bem como à pena restritiva de direito, consistente na limitação de fim de semana (art. 93, LEP).

Cuida-se, no entanto, de ilustre desconhecida da maioria das Comarcas, como, por exemplo, da cidade de São Paulo, onde há um número elevado de presos inseridos no regime aberto, cuida-se do estabelecimento adequado ao cumprimento da pena no mencionado regime aberto. Além disso, serve também a abrigar aqueles que devem cumprir a pena de limitação de fim de semana (restritiva de direitos). A sua inexistência levou a gravíssimos fatores ligados à impunidade e ao descrédito do Direito Penal. Há décadas, muitos governantes simplesmente ignoram a sua necessidade. Por isso, o Judiciário foi obrigado a promover a inadequada analogia, porém inafastável, com o art. 117 da Lei de Execução.

Passou-se a inserir o condenado em regime aberto na denominada *prisão albergue domiciliar* (P.A.D.). O que era para se tornar uma exceção, destinada a sentenciados maiores de 70 anos, pessoas acometidas de doenças graves, condenadas com filhos menores ou deficientes físicos ou mentais, bem como a mulheres gestantes, passou a ser regra. Nem é preciso salientar que não há a menor chance de fiscalização adequada, de modo ser impossível saber se o condenado recolhe-se, em sua casa particular, nos horários determinados pelo juiz, bem como o que faz durante o seu dia inteiro. Se não há interesse político nesse regime, é preciso extirpá-lo da lei, substituindo-o por outra medida, possivelmente o regime semiaberto, com dois estágios, mas não se pode conviver com a lei sem implementá-la.

Cuida-se de autêntica afronta à legalidade. A jurisprudência, no entanto, acolhe a possibilidade de se empregar a analogia *in bonam partem*, admitindo a inserção de qualquer condenado em regime aberto na modalidade de prisão albergue domiciliar, por não haver uma alternativa.

O art. 94 da LEP preceitua que "o prédio deverá situar-se em centro urbano, separado dos demais estabelecimentos, e caracterizar-se pela ausência de obstáculos físicos contra a fuga". Na sequência, estabelece o art. 36, *caput*, do Código Penal, ser o regime aberto baseado na "autodisciplina e senso de responsabilidade do condenado". Por isso, o estabelecimento onde se encontra não pode ter vigilância armada, nem grades ou obstáculos contra a fuga. Porém, não se trata de uma *pensão*, onde os sentenciados entram e saem à vontade, sem qualquer controle. Algumas Casas do Albergado como essas, muitas vezes custeadas pela Prefeitura de algumas cidades, a pedido do juiz da execução penal, já tivemos a oportunidade de visitar e é fácil constatar o arremedo de regime aberto, pois os albergados ficam encarregados de "controlar" as entradas, saídas e ocorrências internas. Palestras não existem, nem orientação alguma. Ora, é sabido que *preso não controla preso*, ao menos no que se refere à delação, vale dizer, se tiver que narrar ao juiz eventuais faltas cometidas por outro. Portanto, o mínimo que se espera da Casa do Albergado é haver fiscalização e controle de entradas e saídas, além de um espaço próprio para palestras, eventos, cursos etc. Aliás, nada do que já não está previsto expressamente em lei (art. 95, LEP).

Além de aposentos, a Casa do Albergado, por se destinar a condenados à pena de limitação de fim de semana, onde se busca ministrar palestras, promover cursos e atividades educativas (art. 48, parágrafo único, CP), deve ter, como ponto indispensável, um local apropriado para tanto, bem como um corpo de profissionais apto a desenvolver tais tarefas. Não se trata de elevado investimento por parte do Estado, mas que, se fosse realizado, traria imenso avanço ao cumprimento da pena no Brasil, reativando uma proposta de regime de prisão amena, sem os traumas do regime fechado e com possibilidade de êxito para criminosos de baixa periculosidade.

6. CENTRO DE OBSERVAÇÃO

Conforme disciplinado pelo art. 96 da LEP, "no Centro de Observação realizar-se-ão os exames gerais e o criminológico, cujos resultados serão encaminhados à Comissão Técnica de Classificação. Parágrafo único. No Centro poderão ser realizadas pesquisas criminológicas". Em sequência, dispõem os arts. 97 e 98, respectivamente: "o Centro de Observação será instalado em unidade autônoma ou em anexo a estabelecimento penal"; "os exames poderão ser realizados pela Comissão Técnica de Classificação, na falta do Centro de Observação".

Os referidos Centros de Observação são importantes locais situados em prédios anexos aos estabelecimentos penais, onde atuam os profissionais ligados à Comissão Técnica de Classificação e outros, que possam contribuir para o aperfeiçoamento dos dados estatísticos e da pesquisa criminológica. Os pareceres elaborados por tais Centros, em sua grande maioria, possuem elevado nível e permitem ao juiz conhecer, realmente, a personalidade do condenado, auxiliando-o no processo de convencimento para a concessão - ou não - dos benefícios penais.

Lamentavelmente, sob o argumento da falta de recursos, vários Estados estão abandonando esses Centros, interrompendo suas atividades e desativando-os. A meta parece ser a construção de presídios em regime fechado, para que a população veja o resultado da administração penitenciária, sem qualquer substrato ou fundamento em um escorreito processo de individualização executória da pena. Lida-se, em matéria de execução penal, no Brasil, em grande parte, com a *aparência* de um cumprimento de pena, sem qualquer apego produtivo e promissor. Há penitenciárias *ocas* espalhadas pelo País, aquelas que se limitam a manter o preso em seu interior, dando-lhe alimentação e vestuário. Não há trabalho, nem orientação psicossocial, muito menos uma atuante Comissão Técnica de Classificação. A ociosidade impera e a promiscuidade entre os presos torna-se a regra. Nessa ótica, defender-se que a pena de prisão está falida é extremamente fácil; complexo e difícil é desvendar as razões verdadeiras por meio das quais se chegou a esse caos no sistema carcerário brasileiro e, mais relevante, propor soluções viáveis.

7. HOSPITAL DE CUSTÓDIA E TRATAMENTO PSIQUIÁTRICO

"O Hospital de Custódia e Tratamento Psiquiátrico destina-se aos inimputáveis e semi-imputáveis referidos no art. 26 e seu parágrafo único do Código Penal" (art. 99, LEP). No parágrafo único: "aplica-se ao Hospital, no que couber, o disposto no parágrafo único do art. 88 desta Lei".

Trata-se do lugar adequado para receber e tratar os indivíduos sujeitos ao cumprimento de medida de segurança de internação. Naturalmente, equipara-se, em matéria de cuidados e cautelas contra a fuga, ao regime fechado. Suas dependências, além dos indispensáveis equipamentos e medicamentos, devem possuir salas próprias para segurar os internos, mormente os de periculosidade elevada.

Por tal motivo, estipula o parágrafo único deste artigo que se deve aplicar, no que couber, o disposto no parágrafo único do art. 88 da Lei de Execução Penal, vale dizer, unidade celular com salubridade e área mínima de 6 metros quadrados. Não se admite o recolhimento de enfermo mental em estabelecimento prisional, mesmo que se alegue a falta de vagas em hospitais apropriados, pois a falha estatal não pode representar prejuízo ao doente.

"O exame psiquiátrico e os demais exames necessários ao tratamento são obrigatórios para todos os internados" (art. 100, LEP). O psiquiátrico é o exame realizado para controle da doença, visando alternativas para a cura. Deve ser realizado com a periodicidade que o médico entender necessária. Por outro lado, há o exame de cessação de periculosidade, envolvendo a avaliação anual, exigida pela lei (art. 175 e seguintes da LEP), para transmitir ao magistrado da execução penal se é viável a liberação do internado ou se deve ele continuar em tratamento por outro período.

O art. 101 da Lei de Execução aponta que "o tratamento ambulatorial, previsto no art. 97, segunda parte, do Código Penal, será realizado no Hospital de Custódia e Tratamento Psiquiátrico ou em outro local com dependência médica adequada".

É o equivalente a uma pena restritiva de direitos, há o inimputável ou semi-imputável que necessita apenas de tratamento ambulatorial, ou seja, precisa frequentar determinado posto de saúde ou hospital para entrevistas e acompanhamento médico, porém sem a necessidade de permanecer internado. Esse tratamento pode se dar, como prevê o art. 101 da LEP, no próprio Hospital de Custódia e Tratamento Psiquiátrico, em dependência apropriada, ou em outro local distinto.

8. CADEIA PÚBLICA

Trata-se do estabelecimento destinado a abrigar presos provisórios, em *sistema* fechado, porém sem as características do *regime* fechado. Em outras palavras, a cadeia, normalmente encontrada em cidades interioranas brasileiras, é um prédio (muitas vezes anexo à delegacia de polícia) que abriga celas – o ideal é que fossem individuais ou, pelo menos, sem superlotação –, contendo um pátio para banho de sol. Não há trabalho disponível, nem outras dependências de lazer, cursos etc., justamente por ser lugar de passagem, onde não se deve cumprir pena. Atualmente, está-se mudando o conceito de estabelecimento penal para abrigar presos provisórios, inclusive pelo fato de se estar autorizando a execução provisória da pena.

Há, pois, a construção e instalação de estabelecimentos penais bem maiores que uma cadeia pública, com estrutura de presídio, porém voltados somente aos presos provisórios. Melhor assim que abrigar o preso em infectas celas de cadeias pequenas superlotadas. Aliás, nesses presídios maiores, pode haver a possibilidade de trabalho e outras atividades, ocupando o dia dos presos.

Transitada em julgado a decisão condenatória, deve o sentenciado ser transferido para o estabelecimento penitenciário compatível com o regime fixado (fechado ou semiaberto). Cuidando-se do aberto, naturalmente, deve dirigir-se à Casa do Albergado. No entanto, a cadeia pública existente nas Comarcas é lugar inadequado para o cumprimento de penas. Pode configurar constrangimento ilegal a mantença de condenado nesses estabelecimentos.

9. RESUMO DO CAPÍTULO

- **Estabelecimentos penais:** o art. 82 da Lei de Execução Penal preceitua que "os estabelecimentos penais se destinam ao condenado, ao submetido à medida de segurança, ao preso provisório e ao egresso". No § 1.º: "a mulher e o maior de 60 anos, separadamente, serão recolhidos a estabelecimento próprio e adequado à sua condição pessoal". No § 2.º: "o mesmo conjunto arquitetônico poderá abrigar estabelecimentos de destinação diversa desde que devidamente isolados".

- **Penitenciária:** é o estabelecimento penal destinado ao cumprimento da pena privativa de liberdade, em regime fechado, quando se tratar de reclusão (art. 87). Busca-se a segurança máxima, com muralhas ou grades de proteção, bem como a atuação de policiais ou agentes penitenciários em constante vigilância.

- **Colônia penal:** é o estabelecimento destinado ao cumprimento da pena em regime semiaberto. Trata-se de um estabelecimento penal de segurança média, onde já não existem muralhas e guardas armados, de modo que a permanência dos presos se dá, em grande parte, por sua própria disciplina e senso de responsabilidade. É o regime intermediário, portanto, o mais adequado em matéria de eficiência.

- **Casa do Albergado:** é destinada ao cumprimento da pena privativa de liberdade no regime aberto, bem como à pena restritiva de direito, consistente na limitação de fim de semana (art. 93, LEP). Cuida-se, no entanto, de ilustre desconhecida da maioria das Comarcas, como, por exemplo, da cidade de São Paulo, onde há um número elevado de presos inseridos no regime aberto. Trata-se de um estabelecimento adequado ao cumprimento da pena no mencionado regime aberto. Quando não há a Casa do Albergado, o sentenciado cumpre em regime albergue domiciliar (P. A. D.).

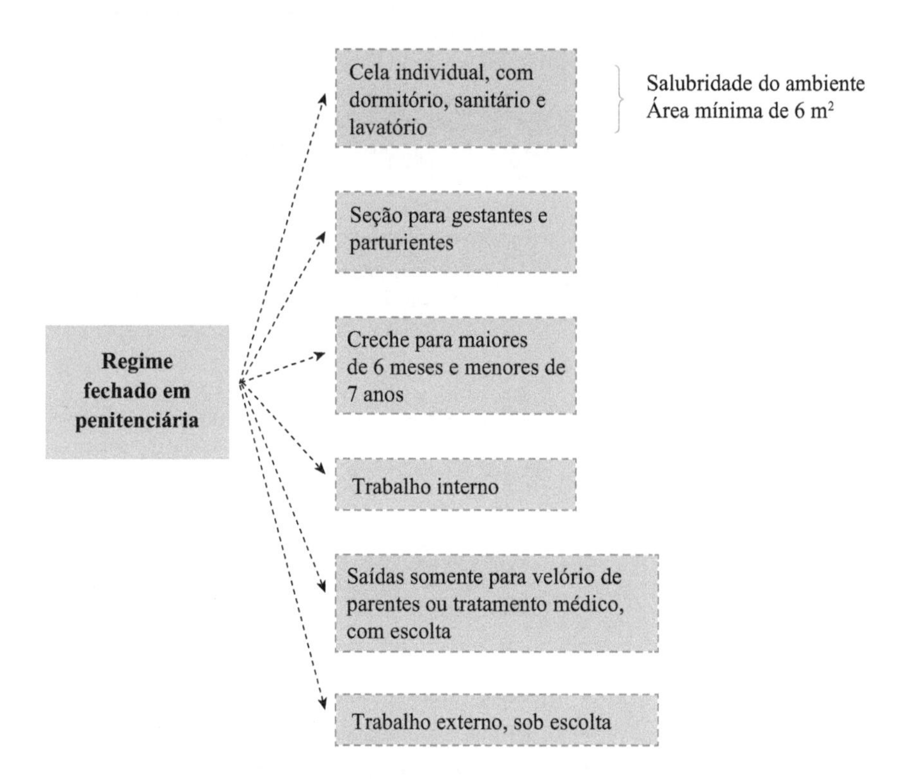

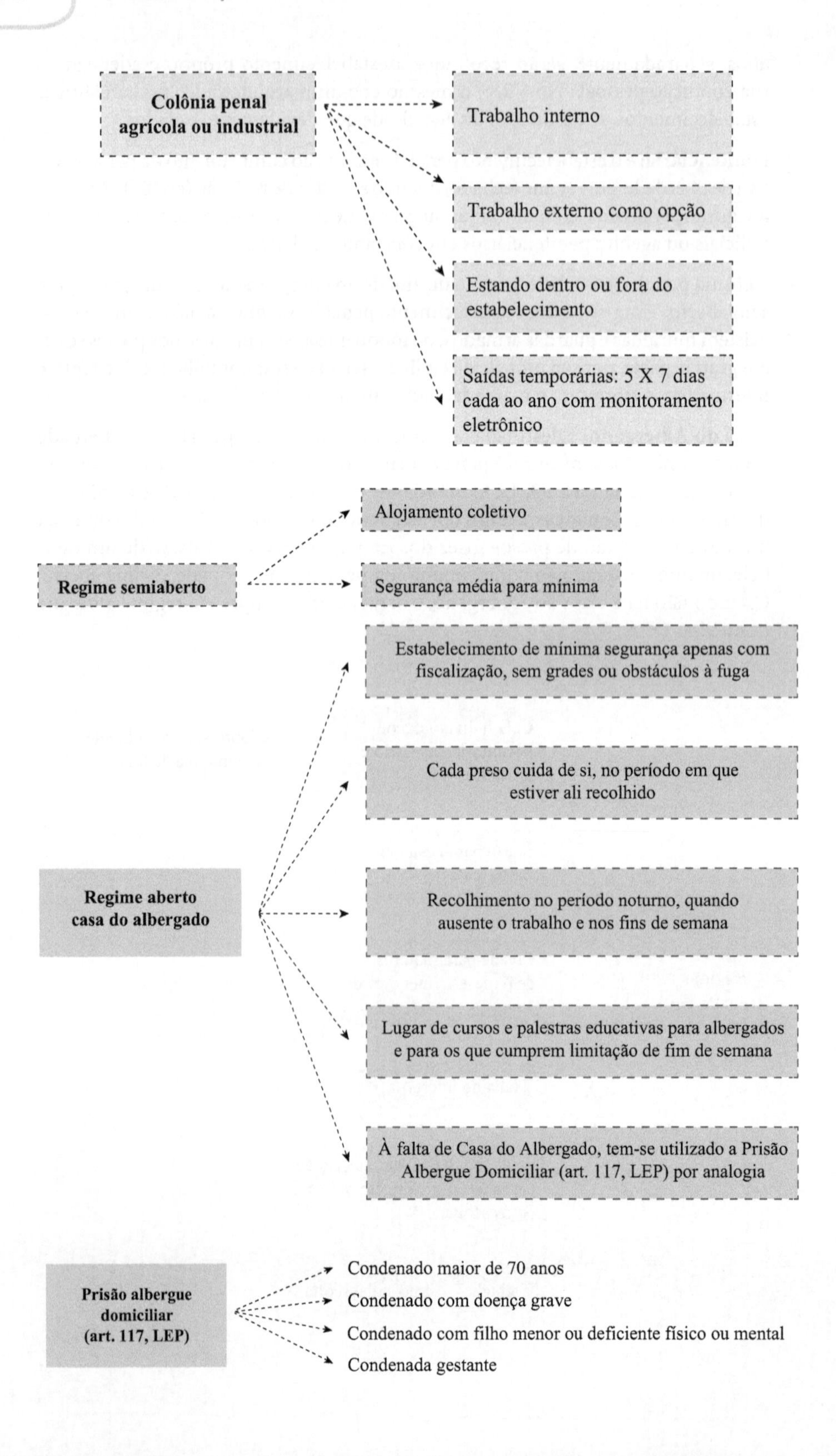
Colônia penal agrícola ou industrial
Trabalho interno
Trabalho externo como opção
Estando dentro ou fora do estabelecimento
Saídas temporárias: 5 X 7 dias cada ao ano com monitoramento eletrônico
Regime semiaberto
Alojamento coletivo
Segurança média para mínima
Regime aberto casa do albergado
Estabelecimento de mínima segurança apenas com fiscalização, sem grades ou obstáculos à fuga
Cada preso cuida de si, no período em que estiver ali recolhido
Recolhimento no período noturno, quando ausente o trabalho e nos fins de semana
Lugar de cursos e palestras educativas para albergados e para os que cumprem limitação de fim de semana
À falta de Casa do Albergado, tem-se utilizado a Prisão Albergue Domiciliar (art. 117, LEP) por analogia
Prisão albergue domiciliar (art. 117, LEP)
Condenado maior de 70 anos
Condenado com doença grave
Condenado com filho menor ou deficiente físico ou mental
Condenada gestante

Capítulo IX

Da execução das penas em espécie

1. INÍCIO DA EXECUÇÃO PENAL

Preceitua o art. 105 da LEP que "transitando em julgado a sentença que aplicar pena privativa de liberdade, se o réu estiver ou vier a ser preso, o juiz ordenará a expedição de guia de recolhimento para a execução".

Desse modo, o formal início da execução se dá com a expedição da guia de recolhimento. Esta, por seu turno, somente será emitida quando o réu, após o trânsito em julgado da sentença condenatória, vier a ser preso ou já se encontrar detido. Deve o cartório do juízo da condenação providenciar a expedição da guia, enviando-a, com as peças necessárias, ao juízo da execução penal. Cópias serão igualmente remetidas à autoridade administrativa onde se encontra preso o condenado.

2. EXECUÇÃO PROVISÓRIA DA PENA

Trata-se de uma realidade no cenário jurídico brasileiro, já regulamentada pelos Tribunais dos Estados e, também, pelo Conselho Nacional da Justiça. Por isso, o juízo da condenação, assim que o réu vier a ser preso ou se já se encontrar detido, deve determinar a expedição da guia de recolhimento, ainda que haja recurso das partes, portanto, antes do trânsito em julgado, colocando a observação de se tratar de guia de recolhimento provisória. Seguem as peças ao juiz da execução penal, que decidirá, conforme o seu convencimento, se, como e quando deve o preso, condenado provisório, obter algum benefício, como, por exemplo, a progressão de regime. Sobre o tema, conferir o Capítulo I, item 7.2.

3. GUIA DE RECOLHIMENTO

Segundo o art. 106 da Lei de Execução Penal, "a guia de recolhimento, extraída pelo escrivão, que a rubricará em todas as folhas e a assinará com o juiz, será remetida à autoridade administrativa incumbida da execução e conterá: I – o nome do condenado; II – a sua qualificação civil e o número do registro geral no órgão oficial de identificação; III – o inteiro teor da denúncia e da sentença condenatória, bem como certidão do trânsito em julgado; IV – a informação sobre os antecedentes e o grau de instrução; V – a data da terminação da pena; VI – outras peças do processo reputadas indispensáveis ao adequado tratamento penitenciário. § 1.º Ao Ministério Público se dará ciência da guia de recolhimento. § 2.º A guia de recolhimento será retificada sempre que sobrevier modificação quanto ao início da execução, ou ao tempo de duração da pena. § 3.º Se o condenado, ao tempo do fato, era funcionário da administração da justiça criminal, far-se-á, na guia, menção dessa circunstância, para fins do disposto no § 2.º do art. 84 desta Lei".

Desse modo, a guia de recolhimento constitui não somente o título judicial (como se fosse uma *petição inicial*) da execução penal, como a comunicação formal e detalhada à autoridade administrativa, responsável pela prisão do condenado, do teor da sentença (pena aplicada, regime, benefícios etc.). Deve conter todos os dados descritos nos incisos do art. 106, acompanhada das cópias das peças que instruíram o processo principal, de onde se originou a condenação. Os detalhes, em especial quanto às datas (fato, sentença, acórdão, trânsito em julgado etc.), são úteis para o cálculo da prescrição, uma das primeiras providências a ser tomada pelo juiz da execução penal. Não há sentido em se providenciar a execução de pena prescrita.

A ciência ao Ministério Público é fundamental pelo fato de ser ele o fiscal da execução da pena. Como o processo de execução inicia-se de ofício, na imensa maioria dos casos, torna-se providência lógica abrir vista ao membro do Ministério Público para que se manifeste, requerendo algo em favor ou contra o condenado, conforme seu entendimento, desde logo, já que não foi ele o órgão a propor a inicialização do processo executório.

Quanto à modificação dos dados da guia, além dos erros materiais que possa conter e merecem ser corrigidos, altera-se esse documento sempre que houver alguma modificação provocada por outros fatores, como, por exemplo, o provimento a um recurso do MP (no caso de guia de recolhimento provisória) ou o deferimento de uma ação de revisão criminal (proposta pelo condenado, após o trânsito em julgado), que altere a pena.

Deve-se ressaltar a função pública do condenado, para fins de separação do preso dos demais, evitando-se retaliações, nos termos do art. 84, § 2.º, da LEP. Deve haver expressa menção de que o sentenciado era funcionário da administração da justiça (juiz, promotor, policial etc.).

Disciplina o art. 107 da Lei de Execução Penal que "ninguém será recolhido, para cumprimento de pena privativa de liberdade, sem a guia expedida pela autoridade judiciária. § 1.º A autoridade administrativa incumbida da execução passará recibo da guia de recolhimento, para juntá-la aos autos do processo, e dará ciência dos seus termos ao condenado. § 2.º As guias de recolhimento serão registradas em livro especial, segundo a ordem cronológica do recebimento, e anexadas ao prontuário do condenado, aditando-se, no curso da execução, o cálculo das remições e de outras retificações posteriores".

A norma prevista no art. 107 impõe razoável e correta cautela para que alguém seja levado ao cárcere, impedindo-se, pois, a ausência de controle estatal de quem está preso e quando deve deixar o estabelecimento penal. A autoridade administrativa responsável pelo presídio, cadeia ou estabelecimento similar somente poderá receber alguém, concretizando-se o cerceamento da sua liberdade, caso exista documento formal para tanto, com lastro constitucional. Se fosse uma prisão preventiva, viria acompanhada do mandado de prisão expedido pelo juiz.[1]

No presente, a guia de recolhimento é o documento hábil a espelhar que há uma pena efetiva a cumprir, motivo pelo qual a prisão é formalmente legal. Se o preso for recepcionado sem a expedição da guia, pode-se configurar infração administrativa e, conforme o caso, crime. A mesma precaução se dá no cenário das internações em Hospitais de Custódia e Tratamento (ver art. 172, LEP).

"O condenado a quem sobrevier doença mental será internado em Hospital de Custódia e Tratamento Psiquiátrico" (art. 108, LEP). Há situações passageiras de perturbação da saúde mental, que, no entanto, precisam de tratamento especializado. Nesse caso, transfere-se o preso do estabelecimento penal comum para o Hospital de Custódia e Tratamento Psiquiátrico pelo tempo necessário à sua recuperação, tornando em seguida para o presídio. Não se converte a pena em medida de segurança (art. 183, LEP). A conversão, no entanto, será a medida adequada, se houver a comprovação de se tratar de doença mental ou perturbação da saúde mental de longa duração, vale dizer, cujo tratamento não envolverá somente algumas semanas ou meses, mas, provavelmente, anos. Assim ocorrendo, transforma-se a pena em medida de segurança. As condições para isso e a reversibilidade da situação são analisadas nos comentários ao art. 183 desta Lei.

"Cumprida ou extinta a pena, o condenado será posto em liberdade, mediante alvará do juiz, se por outro motivo não estiver preso" (art. 109). É lógico dever o Estado libertar o preso. A razão de ser do art. 109 é especificar que tal autorização deve originar-se do juiz da execução penal, mediante a expedição de alvará de soltura. Sempre se expede esse documento com o alerta de que o preso somente será libertado se não houver outro motivo que o segure no cárcere (ex.: a decretação de uma prisão preventiva em outro processo). Extravasar o tempo de prisão, sem justa causa, pode configurar o crime de abuso de autoridade.

---

[1] No passado, quando o controle das prisões (penas ou preventivas) era feito manualmente por funcionários do Judiciário, valendo-se de fichas escritas onde se anotavam as entradas, saídas e benefícios da execução, muitos condenados acabavam cumprindo *mais tempo de pena* do que o previsto no título judicial. Atualmente, a informatização da execução penal facilitou muito esse controle, sendo raro o caso de excesso nesse campo.

4. REGIMES

Além da individualização legislativa e da individualização executória da pena, a fase mais decisiva para qualquer condenado é a individualização judicial, quando o magistrado do processo de conhecimento chega à conclusão acerca da culpa do réu e decide condená-lo. Deve, então, fixar a pena, seguindo três estágios: a) *primário*: esse momento exige três fases. A primeira é da pena-base, estabelecendo-se o *quantum* da pena (ex.: entre 1 e 4 anos, pode-se fixar dois anos), com base nos elementos fornecidos pelo art. 59, *caput*, do Código Penal; após, insere-se o conjunto de agravantes e atenuantes reconhecidas (arts. 61 a 66, CP); na sequência, atinge-se o quadro das causas de aumento e diminuição porventura existentes (geralmente, encontradas no tipo penal incriminador); b) *secundário*: elege-se o regime, dentre os legalmente possíveis, ou seja, fechado, semiaberto ou aberto. Deve-se levar em consideração os limites impostos no art. 33, §§ 2.º e 3.º, do Código Penal; c) *terciário*: é o estágio em que o julgador pondera os benefícios cabíveis ao sentenciado, isto é, se pode substituir a pena privativa de liberdade por restritiva de direitos (art. 44, CP) ou por multa (art. 60, § 2.º, CP). Não sendo viável a substituição, cabe ao magistrado ponderar sobre a possibilidade de concessão de suspensão condicional da pena. O disposto no art. 110 da Lei de Execução Penal, em sintonia com o Código Penal (art. 59, III), preceitua ser, *sempre*, dever do julgador estabelecer o regime no qual o condenado iniciará o cumprimento da pena privativa de liberdade. Logo, não é tarefa do juiz da execução penal fazê-lo, exceto quando tiver que adaptar o montante total da pena a uma nova realidade, como veremos no disposto no art. 111 da LEP.

Parece-nos fundamental destacar a indispensabilidade de fixação do regime inicial de cumprimento da pena privativa de liberdade, ainda que se possa conceder a suspensão condicional da pena. Registremos que o *sursis* é condicionado e haverá audiência admonitória especialmente designada para a aceitação de seus termos pelo sentenciado (art. 160, LEP).

Se, feita a advertência, desde logo o condenado manifestar sua não concordância com as condições impostas, perde efeito o benefício e será ele inserido no regime inicial estabelecido na sentença condenatória. Ex.: pode ter recebido uma pena de dois anos por lesão corporal gravíssima, fixando o magistrado o regime inicial aberto, porém, por preencher os requisitos do art. 77 do Código Penal, concede-lhe *sursis*. Caso não seja este aceito ou não compareça o réu, devidamente intimado, à audiência admonitória, perde efeito o benefício e será o condenado encaminhado ao estabelecimento destinado ao regime estabelecido.

4.1. Unificação de penas para a fixação do regime de cumprimento

Dispõe o art. 111 que "quando houver condenação por mais de um crime, no mesmo processo ou em processos distintos, a determinação do regime de cumprimento será feita pelo resultado da soma ou unificação das penas, observada, quando for o caso, a detração ou remição. Parágrafo único. Sobrevindo condenação no curso da execução, somar-se-á pena ao restante da que está sendo cumprida, para determinação do regime".

Consagra-se o juízo universal da execução da pena, ou seja, todas as penas aplicadas ao réu concentrar-se-ão em uma única Vara de Execução Criminal, normalmente a da Comarca onde ele estiver preso ou fixar domicílio (caso se encontre em liberdade). Por isso, cabe ao juiz que controla todas as suas condenações promover o necessário somatório das penas e verificar a adequação do regime imposto, bem como dos benefícios auferidos. Em caso de concurso material, quando as penas são somadas, é possível que o réu tenha, exemplificando, três penas de dois anos em regime aberto, em cada uma delas, pois todas provenientes de juízos criminais diferentes. É natural que, concentrando-se todas elas na Vara de Execução Penal, o montante atinge seis anos e o regime aberto torna-se incompatível (art. 33, § 2.º, *b*, CP). Deve o magistrado adaptá-lo ao semiaberto, no mínimo. Se o somatório das penas ultrapassar oito anos, o juiz impõe o regime fechado (art. 33, § 2.º, *a*, CP).

Nesse contexto, pode-se somar as penas de reclusão e detenção, com a finalidade de eleição do regime ideal de cumprimento; afinal, mesmo a pena de detenção, quando houver regressão, está sujeita ao regime fechado. Logo, exemplificando, a soma de uma pena de 4 anos de reclusão, em regime aberto, outra pena de reclusão de 3 anos, em regime aberto, associadas a uma pena de 2 anos de detenção, em regime aberto, termina por resultar em 9 anos de pena privativa de liberdade, devendo-se impor o regime fechado. É o entendimento atual do Superior Tribunal de Justiça.

Por outro lado, é viável haver a unificação de penas, ocasião em que nova adaptação de regime pode ser necessária. Ilustrando: o réu possui dez condenações por furto simples, atingindo dez anos de reclusão, motivo pelo qual foi inserido no regime inicial fechado (art. 33, § 2.º, *a*, CP). Porém, em seu processo de execução da pena, constata-se ter havido crime continuado (art. 71, CP), razão pela qual o juiz unifica todas elas em um ano e seis meses de reclusão. Deve, logicamente, afastar o regime fechado, concedendo o aberto. Determina, ainda, o art. 111 da Lei de Execução Penal que se leve em conta para tal cálculo os benefícios trazidos pela detração (art. 42, CP) e remição (art. 126, § 1.º, LEP). Portanto, para atingir a pena justa, soma-se ou unifica-se o montante geral, aplica-se a detração e/ou a remição, conforme o caso, para chegar-se ao regime ideal.

Como regra, é desnecessária a prévia oitiva do sentenciado, pois a unificação deve ser determinada pelo juiz de ofício, assim que outras penas se juntarem à execução em trâmite. No entanto, se o sentenciado possuir defensor constituído ou houver defensoria pública que lhe dê assistência o magistrado pode abrir vista para a sua prévia manifestação, valendo o mesmo procedimento para o membro do Ministério Público. Privilegiar o contraditório e a ampla defesa no processo executório da pena nunca é demais.

Quanto à adaptação dos benefícios penais concedidos à nova realidade das penas, os mesmos critérios expostos anteriormente serão utilizados no tocante ao cenário dos benefícios. Exemplificando: a) o réu recebe três penas de três anos, por diversos crimes dolosos, em Varas diferentes; cada magistrado, na sentença condenatória, concede-lhe a substituição por penas restritivas de direitos. Quando as três condenações chegarem à Vara da Execução Penal, o juiz promoverá o somatório, verificará o total de nove anos de reclusão e deverá cassar o benefício da pena alternativa, inserindo o condenado no regime fechado; b) o contrário pode ser viável, ou seja, o acusado é condenado por vários juízes diferentes a um montante que atingiu doze anos de reclusão, por crimes dolosos. Ingressou no regime fechado e seu processo de execução penal tem início. O juiz observa ser possível a unificação, em face da existência de crime continuado, reduzindo a pena para três anos. Poderá conceder-lhe, preenchidas as condições legais (art. 44, CP), a substituição desse novo montante por pena restritiva de direitos.

Um preceito fundamental: *pena cumprida é pena extinta*. Sempre que nova pena chegar, para cumprimento, na Vara de Execução Penal, deve ser somada ao restante da pena e não no montante total inicial, afinal, pena cumprida é pena extinta. Com esses novos valores, decide o magistrado acerca do regime cabível. Ilustrando: iniciou o réu o cumprimento da pena de doze anos de reclusão, em regime fechado; por merecimento e cumprido o período previsto na tabela de progressão do art. 112 da LEP, passou ao semiaberto; depois, atingiu o regime aberto. Faltando três anos para terminar a pena, recebe-se na Vara de Execução Penal mais uma condenação de um ano de reclusão. Não será somada esta nova pena aos doze anos iniciais, mas aos três anos derradeiros. Logo, o total será de quatro anos de reclusão e não de treze anos. Por isso, pode o magistrado mantê-lo no regime aberto, pois a pena a cumprir não ultrapassa quatro anos (art. 33, § 2.º, *c*, CP).

Realizada a unificação, pelo somatório de outras penas, além de fixar o regime adequado, o magistrado deve determinar o cômputo dos eventuais benefícios a partir da data do trânsito em julgado definitivo da última condenação, quando se torna nítida a prática de outra infração penal.

5. CRITÉRIOS PARA A PROGRESSÃO DA PENA

O sistema de cumprimento da pena é baseado na sua individualização executória, devendo ser apurado o critério objetivo do tempo no regime anterior, associado ao merecimento do sentenciado, verificado pelo seu bom comportamento carcerário e, conforme o caso, para autores de crimes violentos contra a pessoa, também se pode determinar a realização do exame criminológico.

5.1. Critérios objetivos

Estabelece o art. 112 da LEP, com a redação dada pela Lei 13.964/2019, que: "a pena privativa de liberdade será executada em forma progressiva com a transferência para regime menos rigoroso, a ser determinada pelo juiz, quando o preso tiver cumprido ao menos: I – 16% (dezesseis por cento) da pena, se o apenado for primário e o crime tiver sido cometido sem violência à pessoa ou grave ameaça; II – 20% (vinte por cento) da pena, se o apenado for reincidente em crime cometido sem violência à pessoa ou grave ameaça; III – 25% (vinte e cinco por cento) da pena, se o apenado for primário e o crime tiver sido cometido com violência à pessoa ou grave ameaça; IV – 30% (trinta por cento) da pena, se o apenado for reincidente em crime cometido com violência à pessoa ou grave ameaça; V – 40% (quarenta por cento) da pena, se o apenado for condenado pela prática de crime hediondo ou equiparado, se for primário; VI – 50% (cinquenta por cento) da pena, se o apenado for: a) condenado pela prática de crime hediondo ou equiparado, com resultado morte, se for primário, vedado o livramento condicional; b) condenado por exercer o comando, individual ou coletivo, de organização criminosa estruturada para a prática de crime hediondo ou equiparado; ou c) condenado pela prática do crime de constituição de milícia privada; VI-A – 55% (cinquenta e cinco por cento) da pena, se o apenado for condenado pela prática de feminicídio, se for primário, vedado o livramento condicional; VII – 60% (sessenta por cento) da pena, se o apenado for reincidente na prática de crime hediondo ou equiparado; VIII – 70% (setenta por cento) da pena, se o apenado for reincidente em crime hediondo ou equiparado com resultado morte, vedado o livramento condicional". Apesar da opção pela fórmula calcada no percentual, não se trata de um panorama muito diferente das anteriores frações: 16% equivalem a 1/6; 20% a 1/5; 25% a 1/4; 30% a 3/10; 40% a 2/5; 50% a 1/2; 60% a 3/5; 70% a 7/10. Note-se nas pontas o equilíbrio do novo sistema: o condenado pode progredir do fechado ao semiaberto e deste ao aberto, com 16% da pena cumprida, se primário, que tiver cometido crime sem violência ou grave ameaça à pessoa. Do outro lado, deverá cumprir 70% da pena, vedado o livramento condicional, o reincidente em crime hediondo ou equiparado com resultado morte (agente reincidente em latrocínio, por exemplo).

De forma muito mais detalhada, o legislador implantou um sistema coerente de individualização executória da pena, que, em nosso entendimento, está correto. O único problema é o descaso do Poder Executivo com o sistema carcerário. Se já se encontra o fechado com superlotação; o semiaberto, sem trabalho ou estudo; o aberto cumprido em domicílio, torna-se essencial investir nos regimes para adaptá-los ao estabelecido na Lei de Execução Penal. Não resolve apenas alterar o tempo de cumprimento em cada um dos regimes para obter a progressão.

5.1.1. *Lapso legislativo na elaboração do art. 112 da LEP*

No contexto da progressão nos casos de condenados por crimes hediondos, quando reincidentes, após a edição da Lei 13.964/2019, foram criadas várias faixas, no art. 112 da Lei de Execução Penal, gerando dúvidas no seguinte cenário: *a)* utiliza-se o percentual de 40% da pena, se o apenado for condenado pelo cometimento de delito hediondo ou equiparado, sendo primário; *b)* usa-se o percentual de 60% da pena, caso o sentenciado seja reincidente na prática de crime hediondo ou equiparado; *c)* vale-se do percentual de 50% da pena, se o apenado for condenado pelo cometimento de crime hediondo ou equiparado, com resultado morte, se primário; *d)* utiliza-se o percentual de 70% da pena, caso haja condenação de reincidente em crime hediondo ou equiparado, com resultado morte. Comparando-se as hipóteses das alíneas *a* e *b*, emerge o seguinte conflito aparente de normas: quem é reincidente não específico (comete um crime hediondo e depois um crime comum ou o contrário), deve progredir ao atingir 40% ou 60%? Afinal, na referência feita aos 60%, menciona-se ser o sentenciado reincidente na prática de crime hediondo ou equiparado, vale dizer, estaria apontando uma reincidência específica. Pode dar-se o mesmo conflito no cenário das alíneas *c* e *d*, pois a faixa dos 50% indica primariedade, enquanto a faixa dos 70% aponta para reincidência em crime hediondo ou equiparado.

Decidindo casos concretos, no Tribunal de Justiça de São Paulo, chegamos a proferir o seguinte voto, que nos parece o mais indicado caminho, diante de uma interpretação teleológica: "visando a esclarecer tal situação, deve-se observar que, para o resgate das parcelas mais benéficas (25% e 40%), o legislador estipulou, expressamente, o preenchimento de duplo requisito, exigindo que os sentenciados, além de serem autores de crimes violentos ou hediondos, também sejam primários, assim vedando sua aplicação aos reincidentes que, de acordo com o art. 63 do Código Penal, são assim reconhecidos quando o agente comete novo crime, depois de transitar em julgado a sentença que, no País ou no estrangeiro, o tenha condenado por crime anterior. Portanto, de acordo com os incisos III e V, somente os sentenciados primários, frise-se, desprovidos de condenação anterior não atingida pelo período depurador de 5 anos, estarão guarnecidos pelos percentuais de 25% e 40%, respectivamente exigidos para práticas violentas e hediondas. Por outro lado, quando não preenchidos os requisitos cumulativamente previstos, por exclusão, devem os condenados se sujeitar ao cumprimento das maiores parcelas (30% e 60%), estipuladas pelos incisos IV e VII, as quais abarcam os reincidentes de qualquer tipo, sejam específicos ou não. De forma análoga, já vínhamos sustentando semelhante raciocínio, no tocante à fração exigida para a concessão de livramento condicional, aos sentenciados primários que ostentem maus antecedentes, *in verbis*: 'não se encaixando no primeiro dispositivo, que, expressamente, exige os bons antecedentes, somente lhe resta o segundo. Assim, o primário com maus antecedentes deve cumprir metade da pena para pleitear o livramento condicional. É a posição que adotamos, pois o art. 83, I, exige *duplo requisito* e é expresso acerca da impossibilidade de concessão de livramento com 1/3 da pena a quem possua maus antecedentes'". Num primeiro momento, a 5.ª Turma do STJ adotou esse critério. Posteriormente, debatendo o tema, ambas as Turmas do Superior Tribunal de Justiça optaram pelo percentual de 40% ao autor de crime hediondo ou equiparado, quando for reincidente em crime não hediondo, levando em conta haver uma dúvida na aplicação dos mencionados incisos, devendo-se decidir em favor do réu condenado. Assim também se posicionou o Supremo Tribunal Federal.

A partir disso, ressalvando o nosso entendimento, passamos a adotar a posição do STJ e do STF, para evitar que o condenado seja obrigado a atingir o Tribunal Superior para auferir o benefício de progredir ao atingir os 40%. Segundo cremos, embora não seja a ideal posição, trata-se da proposta mais favorável ao acusado e, adotando-a, evita-se que ele seja obrigado a recorrer ao STJ, lembrando-se que muitos não conseguem esse acesso, pois nem mesmo possuem uma defesa constituída.

5.1.2. Marco inicial de contagem do tempo

Deve-se iniciar a partir do momento em que o condenado ingressa em qualquer dos regimes para o cumprimento da pena. Por outro lado, ele completa o tempo necessário computando-se a data na qual ele atingiu o percentual fixado pelo art. 112 (conforme cada caso concreto) e não quando o juiz da execução penal concede a progressão ou quando se dá a efetiva transferência. Ilustrando, se o percentual cabível é de 20% e a sua pena é de dez anos, iniciando o cumprimento em regime fechado no dia 20 de março de 2018, ele completa os dois anos (não havendo remição ou indulto) no dia 19 de março de 2020. Nessa ocasião, ele requer a progressão ao semiaberto. Mesmo que consiga o deferimento do pedido e a transferência mais tarde, o seu novo período, para progredir do semiaberto ao aberto, tem início no dia em que havia completado o requisito objetivo para pleitear a passagem do fechado ao semiaberto. Verificar o item 14, *infra* (jurisprudência).

No entanto, havendo datas diversas para atingir o requisito objetivo e o subjetivo, deve-se adotar a última delas. Essa situação pode ocorrer caso o requisito objetivo seja atingido e o juízo entenda indispensável requisitar a realização de exame criminológico, por exemplo, destinado a condenados por delitos violentos contra a pessoa e penas extensas a cumprir. É possível que o pressuposto objetivo se concretize antes da chegada do resultado do criminológico. Se este exame tiver parecer favorável, a partir desta data computa-se a viabilidade da progressão. Ilustrando: o sentenciado atinge o lapso objetivo no dia 11 de abril de 2020; o atestado de boa conduta carcerária é emitido no dia 15 de maio de 2020 e o exame criminológico, no dia 30 de maio de 2020. O juiz defere a progressão do regime fechado ao semiaberto em 12 de agosto de 2020 e ele ingressa na colônia penal no dia 29 de agosto de 2020. O prazo para obter, objetivamente, tempo para a progressão do semiaberto para o aberto começa a ser computado a partir do dia 30 de maio de 2020, quando o condenado atingiu os dois requisitos para o benefício (objetivo e subjetivo). Se o magistrado não tivesse requisitado o exame criminológico, nessa hipótese a data de início do prazo de progressão do semiaberto ao aberto começaria no dia 15 de maio de 2020 (emissão do atestado). É o que têm decidido, majoritariamente, os tribunais, em particular o STF e o STJ. Parece-nos correta essa visão, pois a progressão de regime *exige* dois requisitos: um de fundo objetivo (tempo de cumprimento de pena no regime mais rigoroso) e outro de conteúdo subjetivo (merecimento: atestado de boa conduta carcerária e/ou exame criminológico).

5.2. Critérios subjetivos

Exige o § 1.º do art. 112 da Lei de Execução Penal a boa conduta carcerária, comprovada pelo diretor do estabelecimento penitenciário em que se encontra o sentenciado, bem como o resultado positivo do exame criminológico, que se tornou obrigatório para todos os casos, a partir da edição da Lei 14.843/2024.

Apenas para registrar, a parte final do § 1.º não tem aplicabilidade ("respeitadas as normas que vedam a progressão"), pois visava à Lei dos Crimes Hediondos, quando previa o cumprimento da pena integralmente em regime fechado. Essa norma foi proclamada inconstitucional pelo STF e, depois, alterada pelo Legislativo, não constando mais na referida lei.

A decisão concessiva da progressão de regime (e, por óbvio, também a que nega) deve ser sempre motivada - como todas as decisões do Poder Judiciário, nos termos do art. 93, IX, da CF - ouvindo-se, previamente, o Ministério Público e o defensor. É o disposto no § 2.º do referido art. 112, além de se apontar o mesmo procedimento para a concessão de livramento condicional (este, no entanto, possui mais regras específicas), indulto e comutação de penas (a comutação é um indulto parcial).

"No caso de mulher gestante ou que for mãe ou responsável por crianças ou pessoas com deficiência, os requisitos para progressão de regime são, cumulativamente: I - não ter cometido crime com violência ou grave ameaça a pessoa; II - não ter cometido o crime contra seu filho ou dependente; III - ter cumprido ao menos 1/8 (um oitavo) da pena no regime anterior; IV - ser primária e ter bom comportamento carcerário, comprovado pelo diretor do estabelecimento; V - não ter integrado organização criminosa" (§ 3.º do art. 112). "O cometimento de novo crime doloso ou falta grave implicará a revogação do benefício previsto no § 3.º deste artigo" (§ 4.º do art. 112).

Criou-se o § 5.º apenas para incluir na lei - tornando o seu cumprimento obrigatório - a jurisprudência dominante no STF e no STJ: "não se considera hediondo ou equiparado, para os fins deste artigo, o crime tráfico de drogas previstos no § 4.º do art. 33 da Lei 11.343, de 23 de agosto de 2006". É a hipótese do tráfico com causa de diminuição da pena de 1/6 a 2/3, tratando-se de réu primário, de bons antecedentes, que não se dedique a atividades criminosas nem tome parte de organização criminosa.

Lastreado, ainda, em jurisprudência majoritária dos Tribunais Superiores, o § 6.º dispõe que "o cometimento de falta grave durante a execução da pena privativa de liberdade interrompe o prazo para a obtenção da progressão no regime de cumprimento da pena, caso em que o reinício da contagem do requisito objetivo terá como base a pena remanescente". Quem cumpre pena de 9 anos, iniciando pelo regime fechado, em decorrência da prática de um roubo, sendo reincidente, pode pedir a progressão ao atingir 3 anos de pena cumprida. No entanto, depois de 2 anos, comete falta grave. Restam 7 anos. Reinicia-se a contagem dos 30%, baseada agora na pena restante de 7 anos para requerer passagem ao semiaberto.

O § 7.º, incluído pela Lei 13.964/2019, foi vetado. Estava assim redigido: "o bom comportamento é readquirido após 1 (um) ano da ocorrência do fato, ou antes, após o cumprimento do requisito temporal exigível para a obtenção do direito". O veto apresentava a seguinte motivação: "a propositura legislativa, ao dispor que o bom comportamento, para fins de progressão de regime, é readquirido após um ano da ocorrência do fato, ou antes, após o cumprimento do requisito temporal exigível para a obtenção do direito, contraria o interesse público, tendo em vista que a concessão da progressão de regime depende da satisfação de requisitos não apenas objetivos, mas, sobretudo de aspectos subjetivos, consistindo este em bom comportamento carcerário, a ser comprovado, a partir da análise de todo o período da execução da pena, pelo diretor do estabelecimento prisional.

Assim, eventual pretensão de objetivação do requisito vai de encontro à própria natureza do instituto, já preconcebida pela Lei nº 7.210, de 1984, além de poder gerar a percepção de impunidade com relação às faltas e ocasionar, em alguns casos, o cometimento de injustiças em relação à concessão de benesses aos custodiados".

Esse veto foi derrubado pelo Congresso Nacional e, realmente, não deveria mesmo subsistir, pois não se sustentava pelos seus próprios fundamentos. Estabelecer um prazo objetivo, em *lei federal*, portanto, válida para todo o Brasil, para a reabilitação é positivo. Isto não significa que é a concessão de imunidade ou impunidade para o preso, pois se ele cometer outra falta grave, antes do prazo de um ano, por exemplo, acaba eliminando a sua reabilitação, retomando-se a contagem de novo período. Diga-se o mesmo se ele praticar falta grave, logo após o decurso de um ano. Enfim, o bom comportamento será considerado como um todo, independente do prazo objetivo fixado pelo § 7.º. Por outro lado, torna-se muito mais adequado prever a reabilitação da falta em lei do que em atos administrativos, como tem ocorrido em vários Estados, ferindo o princípio da legalidade. Confira-se o disposto na Resolução da Secretaria de Administração Penitenciária n. 144, de 29.06.2010, que institui o Regimento Interno Padrão das Unidades Prisionais do Estado de São Paulo, fixando os seguintes prazos para a reabilitação de faltas cometidas pelo preso: "artigo 89 - o preso em regime fechado ou em regime semiaberto tem, no âmbito administrativo, os seguintes prazos para reabilitação do comportamento, contados a partir do cumprimento da sanção imposta: I - 03 (três) meses para as faltas de natureza leve; II - 06 (seis) meses para as faltas de natureza média; III - 12 (doze) meses para as faltas de natureza grave". Se o Judiciário paulista tem seguido o disposto na referida Resolução, podendo outra unidade da federação seguir ato administrativo diverso, parece-nos ter sido o caminho mais sensato a derrubada do veto, uniformizando essa reabilitação na Lei de Execução Penal.

5.2.1 Exame criminológico: questões acerca da inconstitucionalidade e da aplicabilidade

Em breve retrospecto, a Lei 10.792/2003 trouxe, à época da sua edição, alterações substanciais à redação do art. 112 da Lei de Execução Penal. Buscou-se diminuir a esfera de atuação da Comissão Técnica de Classificação no cenário da progressão de regime. Antes da referida Lei 10.792/2003, essa Comissão, composta pelo diretor do presídio, por, pelo menos, dois chefes de serviço, um psiquiatra, um psicólogo e um assistente social (art. 7.º, LEP), obrigatoriamente, participava do processo de individualização da execução, opinando nos pedidos de progressão do regime fechado para o semiaberto e deste para o aberto. Cabia a ela, inclusive, propor as progressões e regressões de regime, bem como as conversões. Destarte, dispunha o art. 112, parágrafo único (hoje substituído pelos §§ 1.º e 2.º), cuidando da progressão de regime: "A decisão será motivada e precedida de parecer da Comissão Técnica de Classificação e do exame criminológico, quando necessário".

Havia previsão tanto para a atuação da CTC quanto para a realização de exame criminológico, com o objetivo de proporcionar ao juiz o mais nítido quadro possível a respeito do cumprimento da pena pelo sentenciado.

Por medida de contenção de despesa, primordialmente, procurou-se afastar a Comissão do cenário da progressão, tendo em vista a inexistência de profissionais em número suficiente para providenciar, com rapidez, a elaboração dos necessários pareceres e, ainda, do exame criminológico. Substituiu-se esse material pelo simples atestado de conduta carcerária.

Outro motivo indicado para a supressão do parecer e do exame calcou-se na superficialidade das opiniões emitidas, bem como na padronização de laudos, o que ocorreu em alguns casos, embora tenha sido por causa do expressivo número de pedidos de progressão em confronto com os baixos contingentes de profissionais habilitados à feitura do parecer e do exame. Em vez de aprimorar a Comissão Técnica de Classificação, optou-se pela solução mais fácil ao Poder Executivo: cortar custos e eliminar do parecer o exame criminológico.

À época, criticamos essa medida, pois lesiva à correta individualização executória da pena, indicando que isso não afastava o poder jurisdicional de requisitar a elaboração do criminológico, ao menos para casos mais graves, envolvendo condenações em decorrência de crimes violentos contra a pessoa, com sentenciados reincidentes, penas longas a cumprir e, finalmente, que tenham cometido faltas graves.

O Supremo Tribunal Federal e o Superior Tribunal de Justiça caminharam nesse sentido e permitiram a realização do exame criminológico para a progressão de regime. O primeiro editou a Súmula Vinculante 26: "Para efeito de progressão de regime no cumprimento de pena por crime hediondo, ou equiparado, o juízo da execução observará a inconstitucionalidade do art. 2.º da Lei n. 8.072, de 25 de julho de 1990, sem prejuízo de avaliar se o condenado preenche, ou não, os requisitos objetivos e subjetivos do benefício, *podendo determinar, para tal fim, de modo fundamentado, a realização de exame criminológico*" (grifamos). O segundo editou a Súmula 439: "Admite-se o *exame criminológico pelas peculiaridades do caso*, desde que em decisão motivada" (grifamos).

A Lei 14.843, de 11 de abril de 2024, tornou a exigir o exame criminológico (nova redação dada ao § 1.º do art. 112 da LEP), envolvendo *todos* os casos, sem nenhuma distinção. Passou-se da eliminação do exame, em 2003, para a sua integral exigência, 21 anos depois. Todavia, ao longo dos anos, a situação carcerária, no Brasil, piorou, motivo pelo qual o criminológico, embora relevante, não poderia ser banalizado para abranger *todas* as execuções em andamento.

Um enfoque essencial diz respeito à declaração do *estado de coisas inconstitucional* no sistema carcerário brasileiro, com a violação de direitos fundamentais dos detentos, pelo Supremo Tribunal Federal (ADPF 347 – DF, Pleno, rel. Roberto Barroso, 04.10.2023). Busca-se a cooperação de diversas autoridades, instituições e da comunidade em geral para amenizar o problema. Em jogo, estão princípios relevantes, como a individualização executória da pena, a proporcionalidade das punições, a duração razoável do processo de execução e, acima de tudo, a dignidade da pessoa humana.

As medidas extremadas comprometem o mais vital fator da progressão de regime: o livre convencimento do Judiciário. Não se pode interferir radicalmente na individualização da pena, nem eliminando por completo o exame criminológico, nem o impondo ao juiz em todos os casos. Afinal, há de se ressaltar que o magistrado *não está atrelado* ao conteúdo do laudo, podendo simplesmente rejeitá-lo, desde que o faça de maneira fundamentada, assim como pode determinar a sua confecção para auxiliar a sua decisão.

A modificação do § 1.º do art. 112 deve ser considerada *materialmente* inconstitucional. Embora lançada pelo Poder Legislativo e formalmente instituída na Lei de Execução Penal, ela ignora e menospreza o estado de coisas inconstitucional, reconhecido pelo STF, em 2023. Em vez de procurar contribuir para a solução dos graves entraves ao correto cumprimento da pena, o Parlamento ingressa com medida mais rigorosa, sem qualquer lastro realístico. Afinal, é público e notório haver insuficiência de recursos destinado à execução da pena no País e, portanto, a inviabilidade de se realizar eficientes laudos criminológicos em *todas* as execuções de sentenciados. Disso resultará o agravamento do caos penitenciário, com mais lesões a direitos fundamentais, em contradição evidente à própria finalidade da pena.

É inegável a importância do criminológico para casos de crimes violentos contra a pessoa, como é reconhecido pela Corte Interamericana de Direitos Humanos, bastando-se consultar a Resolução de 28 de novembro de 2018, que deliberou sobre a situação do Complexo Prisional do Curado (Pernambuco), para se considerar em dobro o tempo de pena cumprido nesse local, em face de condições degradantes existentes. Nessa decisão a Corte impôs o seguinte: "7. O Estado deverá organizar, no prazo de quatro meses a partir da presente decisão, uma *equipe criminológica* de profissionais, em especial psicólogos e assistentes sociais, sem prejuízo de outros, que, em pareceres assinados pelo menos por três deles, *avalie o prognóstico de conduta, com base em indicadores de agressividade dos presos* alojados no Complexo de Curado, *acusados de crimes contra a vida e a integridade física, ou de crimes sexuais, ou por eles condenados*. Segundo o *resultado alcançado em cada caso*, a equipe criminológica, ou pelo menos três de seus profissionais, conforme o prognóstico de conduta a que tenha chegado, *aconselhará a conveniência ou inconveniência do cômputo em dobro do tempo de privação de liberdade ou, então, sua redução em menor medida*. 8. O Estado deverá dotar a equipe criminológica do número de profissionais e da infraestrutura necessária para que seu trabalho possa ser realizado no prazo de oito meses a partir de seu início" (grifo nosso). Por conta disso, o Ministro Edson Fachin deferiu liminar em *habeas corpus* para determinar que, em 30 dias, o paciente fosse avaliado por equipe criminológica para o preenchimento dos requisitos da resolução, avaliando-se se o cômputo em dobro da pena lhe é aplicável (Medida Cautelar no HC 208.337 - PE, 30.06.2022).

Ocorre que a imposição do exame criminológico pode gerar um bloqueio automático das progressões de regime, porque não há elemento humano suficiente para elaborá-lo, dentro de padrões aceitáveis de razoabilidade, provocando um agravamento no já reconhecido estado de coisas inconstitucional. Assim, a sua exigência em *todos* os casos, sem permitir a avaliação judicial em relação à sua real necessidade, é materialmente inconstitucional.

Sobre a aplicabilidade da norma, que modificou a redação do art. 112, cuida-se de aspecto ínsito à apuração do critério de merecimento para a progressão, incluindo um requisito de *natureza obrigatória* para compor o quadro de fatores a ser avaliado *livremente* pelo juiz. Todavia, quanto à progressão, o Código Penal estabelece haver o sistema progressivo, conforme o mérito do condenado (art. 33, § 2.º). Se nada dispõe expressamente, remete-se o quadro de requisitos objetivos e subjetivos à Lei de Execução Penal, encontrando-se tais elementos no art. 112, incisos I a VIII (parte objetiva) e § 1.º (parte subjetiva).

Temos sustentado a autonomia do *direito de execução penal*, como ramo desprendido de penal e processo penal, com legislação própria, embora seja ligado a essas disciplinas, delas auferindo os *princípios constitucionais apropriados*. Por isso, a inserção do exame criminológico, como *um dado a mais* para auxiliar o juiz a decidir, sob o prisma da legalidade e da anterioridade (não há pena sem lei anterior que a comine), bem como da irretroatividade da lei penal prejudicial ao réu (art. 5.º, XXXIX e XL, CF), somente pode ser exigido, em caráter *obrigatório*, aos sentenciados cujo delito for cometido após a entrada em vigor da Lei 14.843/2024.

É fundamental lembrar que o *regime de cumprimento* é parte integrante da pena, tanto que assim prevê o Código Penal, ou seja, além da espécie de pena e do seu *quantum*, deve o julgador estabelecer o "regime inicial de cumprimento da pena privativa de liberdade" (art. 59, III). Associado a esse dispositivo, encontra-se o art. 33, § 3º: "A determinação do regime inicial de cumprimento da pena far-se-á com observância dos critérios previstos no art. 59 deste Código". Aliás, a bem da verdade, atualmente, torna-se mais relevante ao acusado saber qual é o regime inicial do cumprimento da pena do que propriamente o montante desta. Do mesmo modo, é deveras importante o *modo de cumprimento*, que se dá por mecanismo progressivo, motivo pelo qual a alteração de qualquer critério que obste a passagem de um regime mais severo ao mais brando constitui norma penal de índole prejudicial, só podendo ser aplicada a quem cometer o delito em data posterior à vigência da lei mais rigorosa.

Note-se que a norma do § 1.º do art. 112 da LEP não é de fundo processual penal, sendo irrelevante debater se poderia ser considerada norma processual penal formal ou material. Trata-se de dispositivo atrelado ao cumprimento da pena e, portanto, de conteúdo penal.

É possível argumentar que o juiz não está atrelado ao conteúdo do exame criminológico, podendo não concordar com a sua conclusão – sugerindo a progressão ou seu indeferimento, mas o ponto principal não é este. Concentra-se a matéria na *obrigatoriedade* de realização desse exame, *antes* que o juiz possa proferir a decisão, o que representa um nítido entrave para todos os sentenciados na presente realidade do sistema prisional brasileiro. Este é um tópico crucial no andamento do pedido de progressão, visivelmente prejudicial, porque, anteriormente à Lei 14.843/2024, a realização *prévia* do exame criminológico dependia do caso concreto e era uma faculdade do juiz.

Sob outro aspecto, a novel alteração do art. 112, § 1.º, da Lei de Execução Penal tem como destino certo a progressão de regime, mas não outros benefícios, como o livramento condicional, o indulto e a comutação de penas. Afinal, estes últimos estão previstos no § 2.º do art. 112, que determina que seja seguido o procedimento para a progressão de regime ali previsto, vale dizer, a decisão do magistrado deve ser fundamentada e precedida de manifestação do Ministério Público e do defensor do sentenciado. Nada consta a respeito da formação do requisito subjetivo para tais concessões, devendo o juiz valer-se dos mesmos instrumentos utilizados até o presente. Os elementos para avaliação judicial, quanto ao livramento condicional, encontram-se no art. 83, I a V, do Código Penal. Apenas para o condenado por crime doloso, cometido com violência ou grave ameaça à pessoa, há espaço para a realização de exame criminológico, pois o parágrafo único do mencionado artigo estipula que se deve constatar "condições pessoais que façam presumir que o liberado não voltará a delinquir". Este é o propósito do exame em questão. Quanto ao indulto e à comutação, dependerá do que for previsto, expressamente, no decreto de concessão.

Em suma, há *inconstitucionalidade material* na nova redação do § 1.º do art. 112 da LEP, visto que lesiona, concretamente, a *individualização executória da pena*, ao *obrigar* que o magistrado se sirva desse meio para formar a sua convicção (ressalte-se a incongruência: se ele pode ignorar o conteúdo do exame, não estaria atrelado à sua realização); a *proporcionalidade da punição*, pois, na prática, os exames levarão tempo excessivo para se consumar, o que estenderá o requisito objetivo (tempo para a progressão em regime mais severo) de maneira desproporcional; a *duração razoável do processo* (nenhum processo criminal – de conhecimento ou de execução – pode durar por tempo desprendido da razoabilidade), visto ser fato notório a carência de material humano para realizar o exame nas varas por todo o país; finalmente, o mais essencial, que é a *dignidade da pessoa humana*, lançado que está o preso em ambiente degradado, no estado de coisas inconstitucional, reconhecido pelo STF, não podendo dele desvincular-se, assim que preenchido o requisito objetivo, *sem ter praticado crime violento contra a pessoa*, com o requisito subjetivo reconhecido pelo magistrado em seu livre convencimento (atestado de boa conduta carcerária, sem falta grave cometida).

A par disso, caso seja considerada constitucional, exigindo-se *sempre* a *prévia* realização do exame criminológico, deve a norma ser aplicada a todos os sentenciados que tenham cometido o crime após a entrada em vigor da Lei 14.843/2024. Isso não afasta, ao contrário, confirma, a *viabilidade* de se determinar a realização do exame em questão para os casos específicos e graves, em andamento, que permitam ao magistrado decidir, com convicção, acerca da progressão e do livramento condicional.

Sobre o tema, o Superior Tribunal de Justiça proferiu decisão intermediária no tocante à exigibilidade do exame criminológico: somente pode ser obrigatório para quem for condenado após a vigência da Lei 14.843/2024. Portanto, não é preciso que o crime tenha sido praticado depois dessa lei, mas, também, não é aplicável a todos os sentenciados assim que entrou em vigor. Conferir: "Recurso em *habeas corpus*. Progressão de regime. Exame criminológico. Lei 14.843/2024. *Novatio legis in pejus*. Impossibilidade de aplicação retroativa. Casos cometidos sob égide da lei anterior. Precedentes. 1. A exigência de realização de exame criminológico para toda e qualquer progressão de regime, nos termos da Lei 14.843/2024, constitui *novatio legis in pejus*, pois incrementa requisito, tornando mais difícil alcançar regimes prisionais menos gravosos à liberdade. 2. A retroatividade dessa norma se mostra inconstitucional, diante do art. 5.º, XL, da Constituição Federal, e ilegal, nos termos do art. 2.º do Código Penal. 3. No caso, todas as condenações do paciente são anteriores à Lei 14.843/2024, não sendo aplicável a disposição legal em comento de forma retroativa. 4. Recurso em *habeas corpus* provido para afastar a aplicação do § 1.º do art. 112 da Lei de Execução Penal, com redação dada pela Lei 14.843/2024, determinando o retorno dos autos ao Juízo da execução para que prossiga na análise do pedido de progressão de regime" (RHC 200670 – GO, 6ª. T., rel. Sebastião Reis Júnior, 20.8.2024, v. u.).

5.2.2 Regras específicas

A avaliação do mérito do sentenciado, quando efetivada por meio do exame criminológico,[2] é um subsídio a mais para o juiz, mas não o vincula, até porque a verificação de periculosidade não se trata de uma ciência exata. Havendo outros elementos, nos autos da execução, que forneçam ao magistrado um perfil do condenado, o exame, mesmo negativo, pode ser afastado. Ademais, é relevante fazer o referido exame somente em condenações por crimes violentos contra a pessoa.

Quanto à pena de longa duração, à gravidade do crime e à transferência a regime menos severo, verifica-se a possibilidade de progressão, desde que o condenado preencha os requisitos legais. O fato de o sentenciado apresentar extensa pena não pode ser empecilho para a sua progressão, pois é um elemento não previsto em lei (ex.: condenado a 60 anos de reclusão, inserido no regime fechado, após o tempo previsto em Lei [incisos I a VIII do art. 112], pode, em tese, seguir para o regime semiaberto). Além disso, não se pode, igualmente, vedar a progressão sob o argumento de que o delito praticado foi grave. Para a punição dessa conduta já se aplicou a pena; a partir do início do cumprimento, deve-se zerar o passado e avaliar o sentenciado onde se encontre (regime fechado, semiaberto ou aberto) dali para frente.

Se o condenado empreender fuga, durante o período em que se analisa seu pedido de progressão, torna-se prejudicado o pleito, nem mesmo merecendo avaliação de mérito, até que seja capturado. Além disso, para efeito de progressão, deve começar a computar o período objetivo novamente a contar da reinserção no cárcere. Consequências: a) não poderá receber o benefício da progressão, por ausência de merecimento; b) começará a contar novo período a partir da data em que cometeu a falta; c) deve-se lembrar que esse novo período incide sobre o remanescente da pena e não sobre o total.

A existência, por si só, de um inquérito policial em trâmite, para apurar eventual crime cometido pelo condenado, antes do início da execução, não pode servir de obstáculo à concessão de progressão de regime ou outro benefício qualquer, desde que ele tenha preenchido o lapso temporal e os demais requisitos do merecimento (laudos favoráveis). Em primeiro lugar, porque um inquérito em trâmite é uma mera suspeita, não podendo ser acolhido para

[2] O exame criminológico deveria ser efetivado por um psiquiatra forense, pois avalia o grau de periculosidade do condenado, especialmente o autor de delito violento. No entanto, por carência de médicos, o poder público tem encaminhado parecer da Comissão Técnica de Classificação (sem o psiquiatra em muitos casos) e, por vezes, somente exames psicológicos ou pareceres de assistentes sociais.

impedir benefícios de execução penal. Em segundo, não há previsão legal para esse obstáculo à progressão, a menos que o delito tenha sido cometido *durante* a execução da pena.

Havendo o concurso de delito hediondo e crime comum, podem ser realizados cálculos separados para envolver exigências distintas, conforme seja o crime hediondo ou comum. Deve-se atender às duas necessidades, quanto ao hediondo, que se cumpre em primeiro lugar e, também, quanto ao comum. Atingido o prazo do hediondo, deve-se imediatamente começar a computar o prazo do comum. Esse cálculo em separado possui respaldo jurisprudencial.

5.3. Progressão por saltos e falta de vagas

Deve-se observar, rigorosamente, o disposto no Código Penal e na Lei de Execução Penal para promover a execução da pena, sem a criação de subterfúgios contornando a finalidade da lei, que é a reintegração gradativa do condenado, especialmente daquele que se encontra em regime fechado, à sociedade. Diante disso, o caminho correto é a passagem do regime fechado ao semiaberto e deste ao aberto, evitando-se a transferência do sentenciado que esteja no fechado diretamente ao aberto. Confira-se a Súmula 491 do STJ: "É inadmissível a chamada progressão *per saltum* de regime prisional".

Portanto, como regra, é incabível a execução da pena "por salto", ou seja, a passagem do regime fechado para o aberto diretamente, sem o necessário estágio no regime intermediário (semiaberto). Mas é preciso considerar que, por vezes, deferindo o juiz a progressão do sentenciado do regime fechado ao regime semiaberto, não havendo vaga neste último, tem-se permitido que se aguarde a referida vaga no regime aberto.

Há de se computar os casos em que a vaga não surge a tempo e o condenado cumpre outro período suficiente para novamente progredir; assim, deve passar do fechado ao aberto, sem retorno ao semiaberto. Ilustrando: o sentenciado tem uma pena de seis anos, iniciada no regime fechado; após um ano, obtém do juiz o direito de progredir ao semiaberto; entretanto, inexiste vaga; determina-se que aguarde no regime aberto, onde permanece por mais de ano (cumpre, novamente, mais uma etapa do remanescente da sua pena), já tendo direito de pleitear, formalmente, o regime aberto. Não haveria sentido algum em retornar ao semiaberto – mesmo que surja vaga – quando atingiu mais de 30% do cumprimento da pena, podendo situar-se em definitivo no regime aberto. Sem dúvida, houve progressão *por salto*, mas por culpa exclusiva do Estado, que não lhe arranjou vaga no semiaberto assim que o juízo deferiu o benefício.

A falta de vagas no regime semiaberto levou o STF a editar a Súmula Vinculante n. 56: "A falta de estabelecimento penal adequado não autoriza a manutenção do condenado em regime prisional mais gravoso, devendo-se observar, nessa hipótese, os parâmetros fixados no RE 641.320/RS".

5.4. Procedimento para o livramento condicional, indulto e comutação de penas

Não basta atingir o requisito temporal de cumprimento de pena, necessitando-se a avaliação do merecimento. Esta se dá tanto pelo atestado de boa conduta carcerária como, também, se necessário à formação do convencimento do magistrado, pelo exame criminológico. Privilegia-se, desse modo, o princípio constitucional da individualização executória da pena. Por outro lado, cuidando-se o indulto e a comutação de autênticas formas de clemência estatal, concedida pelo Poder Executivo, há de se levar em consideração o disposto no decreto concessivo desses benefícios. Respeitado o princípio da legalidade, somente o que ali constar pode ser exigido para o deferimento do indulto ou da comutação. Se não se demandar a análise do merecimento no decreto de indulto total ou comutação, é incabível que o juiz assim exija.

5.5. Regime aberto

O art. 113 da LEP prevê que "o ingresso do condenado em regime aberto supõe a aceitação de seu programa e das condições impostas pelo juiz". Preceitua o art. 36 do Código Penal que o regime aberto "baseia-se na autodisciplina e senso de responsabilidade do preso do condenado". Por tal razão, é preciso que ele se submeta às condições impostas pelo magistrado de espontânea vontade.

No art. 114, estabelece-se: "somente poderá ingressar no regime aberto o condenado que: I – estiver trabalhando ou comprovar a possibilidade de fazê-lo imediatamente; II – apresentar, pelos seus antecedentes e pelos resultados do exame criminológico, fundados indícios de que irá ajustar-se, com autodisciplina, baixa periculosidade e senso de responsabilidade, ao novo regime. Parágrafo único. Poderão ser dispensadas do trabalho as pessoas referidas no art. 117 desta Lei".

Quanto aos requisitos básicos de ingresso no regime aberto, deve o albergado trabalhar, demonstrando ao juiz da execução penal já exercer alguma atividade (eventualmente, pode estar no regime semiaberto e estar trabalhando fora da colônia) ou comprovar a viabilidade de fazê-lo (ainda que desempregado, tem empenho em recolocar-se). O requisito da potencialidade para o trabalho deve ser analisado com cautela, pois o mercado de trabalho é variável, conforme as condições econômicas do País.

Observe-se, na sequência, a insistência do legislador em prol da individualização executória da pena, ao mencionar que, em face de seus antecedentes ou conforme o resultado do exame criminológico a que se submeteu, deverá ajustar-se às regras liberais do novo regime. Essa previsão do inciso II do art. 114 admite dois ajustes. O primeiro diz respeito à análise dos antecedentes, que somente podem referir-se ao processo de conhecimento e, portanto, deve concernir à fixação do regime aberto pelo magistrado da condenação. Não há sentido em se especificar que o juiz das execuções verifique os antecedentes criminais do sentenciado para lhe deferir a migração do regime semiaberto ao aberto. Por outro lado, se porventura esses antecedentes disserem respeito à fase da execução penal estão em desarmonia com o cenário, visto que o relevante, para a progressão do semiaberto ao aberto, é cumprir o lapso temporal associado a um bom comportamento carcerário. O segundo refere-se ao resultado de exame criminológico, atualmente exigido, embora nos pareça inadequada a sua realização para todos os casos, conforme exposto no item 5.2.2 *supra*.

Os condenados que estiverem nas condições do art. 117 da LEP não precisam trabalhar, embora possam fazê-lo. Trata-se de uma faculdade, conforme cada caso concreto. Uma pessoa idosa pode estar em perfeita forma e em gozo de saúde ideal, logo, pode desempenhar alguma atividade laborativa. Por outro lado, a pessoa gravemente enferma dificilmente conseguirá desenvolver qualquer tarefa.

Conforme prevê o art. 115, "O juiz poderá estabelecer condições especiais para a concessão de regime aberto, entre as quais, a fiscalização por monitoramento eletrônico, sem prejuízo das seguintes condições gerais e obrigatórias: I - permanecer no local que for designado, durante o repouso e nos dias de folga; II - sair para o trabalho e retornar, nos horários fixados; III - não se ausentar da cidade onde reside, sem autorização judicial; IV - comparecer a juízo, para informar e justificar as suas atividades, quando for determinado".

A fiscalização por monitoramento eletrônico foi introduzida pela Lei 14.843/2024, constituindo uma faculdade do juiz, ainda que nos pareça essencial a sua imposição, tendo em vista a *padronização* do cumprimento da pena em albergue domiciliar.

Quanto às condições do regime aberto, além de eventuais condições específicas, conforme as necessidades de individualização executória da pena de cada condenado, o magistrado deve estabelecer as previstas nos incisos do art. 115 ao albergado. São as seguintes: a) permanecer na Casa do Albergado quando não estiver trabalhando (durante o repouso e nos dias de folga); b) respeitar os horários estabelecidos pelo juiz para sair e voltar à Casa do Albergado (dependerá do tipo de trabalho que conseguiu); c) não sair da cidade onde se situa a Casa do Albergado, sem prévia autorização do juiz da execução penal; d) comparecer a juízo sempre que for chamado a informar o que vem fazendo e justificar suas atividades. Todas elas, atualmente, devem adaptar-se ao regime aberto existente na maior parte das Comarcas: prisão albergue domiciliar. Portanto, onde se lê *Casa do Albergado* deve ler-se *domicílio do sentenciado.*

As condições inexistentes em lei são vedadas, como regra, em homenagem ao princípio da legalidade. Porém, se o magistrado encontrar alguma hipótese, cuja dimensão da condição imposta, além das previstas expressamente no art. 155 desta Lei, comportar adequação, pode implementá-la. Ex.: acompanhar um curso esclarecedor dos males das drogas (caso sua condenação tenha algum aspecto nesse campo) ou dos prejuízos do uso do álcool para quem vai dirigir veículo (também se o crime disser respeito a esse cenário). É totalmente inviável inserir como condição qualquer sanção, que tenha outra roupagem, como as penas restritivas de direitos. Seria um indesejável *bis in idem.*

É perfeitamente possível que as condições do regime aberto possam ser alteradas para se adaptar ao cenário atual de vida do condenado. Imagine-se que ele passe de um trabalho diurno para uma atividade laborativa noturna. Nesse caso, haverá o magistrado de adaptar seus horários de saída e chegada à Casa do Albergado (ou prisão domiciliar), para que possa cumprir satisfatoriamente as regras fixadas. Outro exemplo: se arrumar um emprego de vendedor, que exija constantes viagens para outras cidades. Necessitará de uma autorização duradoura do juiz para deixar a cidade onde se situa a Casa do

Albergado (ou prisão domiciliar), informado quando e onde poderá ser encontrado. Há, pois, maleabilidade na execução da pena, o que se conforma ao espírito da individualização.

5.6. Prisão albergue domiciliar

Preceitua o art. 117 da LEP que "somente se admitirá o recolhimento do beneficiário de regime aberto em residência particular quando se tratar de: I – condenado maior de 70 anos; II – condenado acometido de doença grave; III – condenada com filho menor ou deficiente físico ou mental; IV – condenada gestante".

A conhecida P.A.D. (prisão albergue domiciliar) foi hipótese idealizada para presos inseridos no regime aberto em condições pessoais particularizadas. Seria muito mais complicado e, por vezes, inútil aos propósitos ressocializadores da pena, manter na Casa do Albergado as pessoas descritas nos incisos do art. 117 da Lei de Execução Penal. Os condenados maiores de 70 anos são idosos e podem padecer de dificuldades naturais físicas ou mentais. Os sentenciados enfermos merecem cuidados permanentes. A condenada, com filho menor ou deficiente físico ou mental, deve destinar grande parte do seu tempo a seu descendente, não podendo se instalar, junto com a família, na Casa do Albergado. Por derradeiro, a condenada gestante, conforme o caso, pode estar prestes a dar à luz, o que justifica maior observação e cautela.

Em suma, todos são condenados com particularidades, de menor periculosidade à sociedade, motivo pelo qual podem ser inseridos em prisão domiciliar. O que, na prática, houve, lamentavelmente, em decorrência do descaso do Poder Executivo de vários Estados brasileiros, foi a proliferação dessa modalidade de prisão a todos os sentenciados em regime aberto, por total ausência de Casas do Albergado. Cuida-se de nítida forma de impunidade, até pelo fato de não haver fiscalização para atestar o cumprimento das condições fixadas pelo juiz, já que estão recolhidos, em tese, em suas próprias casas, cada qual situada em lugar diverso da cidade.

O regime semiaberto e o albergue domiciliar são incompatíveis. O local adequado para o cumprimento do semiaberto é a colônia penal agrícola ou industrial, em que deve haver, preferencialmente, trabalho interno. Excepcionalmente, autoriza-se o condenado a sair para atividades educacionais ou laborativas. Porém, em decorrência da precariedade de vários estabelecimentos destinados ao semiaberto, alguns juízes têm permitido a saída cotidiana para o trabalho ou estudo, de modo que o semiaberto se torna, praticamente, uma *casa do albergado*, onde o sentenciado apenas repousa à noite. No entanto, transformar o regime semiaberto em albergue domiciliar é uma medida ainda mais desconcertante para o processo de individualização executória da pena.

6. REGRESSÃO DE REGIME

Dispõe o art. 118 que "a execução da pena privativa de liberdade ficará sujeita à forma regressiva, com a transferência para qualquer dos regimes mais rigorosos, quando o condenado: I – praticar fato definido como crime doloso ou falta grave; II – sofrer condenação, por crime anterior, cuja pena, somada ao restante da pena em execução, torne incabível o regime (art. 111). § 1.º O condenado será transferido do regime aberto se, além das hipóteses referidas nos incisos anteriores, frustrar os fins da execução ou não pagar, podendo, a multa cumulativamente imposta. § 2.º Nas hipóteses do inciso I e do parágrafo anterior, deverá ser ouvido, previamente, o condenado".

A execução da pena é flexível e respeita a individualidade de cada condenado. Havendo merecimento, a tendência é a finalização da pena no regime mais brando, que é o aberto. Se faltas forem cometidas, demonstrando a inadaptação do condenado ao regime no qual está inserido, poderá haver regressão. Não existe a obrigatoriedade de retornar ao regime anterior, vale dizer, se estava no aberto, deve seguir ao semiaberto. Eventualmente, conforme preceitua o art. 118, *caput*, pode ser o condenado transferido para *qualquer dos regimes mais rigorosos*, sendo viável o salto do aberto para o fechado. Depende, pois, do caso concreto.

A relação das faltas graves consta do art. 50 da Lei de Execução Penal. Por outro lado, cometer um fato (note-se que se fala em *fato* e não em *crime*, de modo que não há necessidade de se aguardar o trânsito em julgado de eventual sentença condenatória) definido em lei como crime doloso (despreza-se o delito culposo para tal finalidade), conforme a gravidade concreta auferida pelo juiz, pode levar o condenado do aberto ao semiaberto ou desse para o fechado, bem como do aberto diretamente para o fechado. Exemplo: estando no aberto, comete uma extorsão mediante sequestro, pela qual é preso em flagrante. Cabe regressão ao regime fechado, em razão da gravidade do fato praticado.

Quanto à suspensão cautelar, há possibilidade. Dependendo do caso concreto, pode o juiz da execução penal suspender cautelarmente o regime mais benéfico (aberto ou semiaberto), inserindo o condenado em regime fechado. Afinal, conforme o crime, em tese, cometido, podendo, inclusive, haver prisão em flagrante, a gravidade da situação impõe medida urgente, de modo a evitar qualquer frustração no cumprimento da pena. Ilustrando, se o sentenciado, em regime aberto, comete um roubo e é preso em flagrante, não pode permanecer no referido regime aberto. De imediato, *suspende-se* o regime, inserindo-o no fechado, para depois ouvi-lo e decidir, em definitivo, qual será o regime cabível.

O advento de nova condenação pode evidenciar que o montante delas torna o regime incompatível com o preceituado em lei; precisa o juiz adaptá-lo à nova realidade, podendo implicar regressão. Ilustrando, se o condenado se encontra em regime aberto, mas recebe condenação a doze anos de reclusão, atinge um montante incompatível com o referido regime de liberdade parcial, devendo ser deslocado para o fechado.

A frustração dos fins da execução e o não pagamento da multa são fatores importantes. O objetivo principal da execução é a reeducação do preso, com vistas à sua ressocialização. Portanto, atitudes hostis a tal propósito comprometem o escopo da execução penal, autorizando a transferência do condenado do regime aberto a outro, mais severo. Em especial, para isso, verifica-se o descumprimento às condições impostas pelo juiz (art. 115, LEP).

O outro ponto seria o não pagamento da multa *cumulativamente* imposta. Em nosso entendimento, o fato de ter a multa sido transformada em dívida de valor (art. 51, CP), não implicando mais prisão, por conversão dos dias-multa em dias de prisão, caso deixe de ser paga, não afeta o previsto neste artigo. Está-se situado em outro cenário: o da autodisciplina e do senso de responsabilidade do condenado (art. 36, CP). Ora, se está trabalhando, ganha o suficiente, por que não pagaria a multa que lhe foi imposta? Por que haveria de deixar o Estado gastar tempo e dinheiro para executar a pena pecuniária? Não se trata, naturalmente, de atitude responsável. Por isso, pensamos que o albergado deve pagar, podendo, a multa imposta cumulativamente à sua pena privativa de liberdade. Não o fazendo, é motivo para regressão, desde que seja solvente e o não pagamento decorra de má-fé.

Nesse prisma, o STF deliberou que o não pagamento da pena de multa, de modo intencional, podendo fazê-lo, constitui impedimento à progressão de regime prisional. Ora, o mesmo argumento pode ser utilizado para autorizar a regressão de regime. Dentre os fatores relevantes utilizados, aponta-se que o enfoque principal da progressão é o merecimento do sentenciado e que os requisitos para verificá-lo não se esgotam na previsão feita pelo art. 112 da Lei de Execução Penal. Confira-se: "11. Nada obstante essa regra geral, a jurisprudência desta Corte tem demonstrado que a análise dos requisitos necessários para a progressão de regime não se restringe ao referido art. 112 da LEP, tendo em vista que elementos outros podem, e devem, ser considerados pelo julgador na delicada tarefa de individualização da resposta punitiva do Estado, especialmente na fase executória. Afinal, tal como previsto na Exposição de Motivos à Lei de Execução Penal, '*a progressão deve ser uma conquista do condenado pelo seu mérito*', '*compreendido esse vocábulo como aptidão, capacidade e merecimento, demonstrados no curso da execução*'. 12. Nessa linha, recordo, por exemplo, a recente decisão adotada por este Plenário no julgamento de agravo regimental na Execução Penal nº 22, de que sou relator. Oportunidade em que esta Corte declarou a constitucionalidade do art. 33, § 4º, do Código Penal, no ponto em que impõe ao apenado a reparação do dano causado à Administração Pública como condição para a progressão no regime prisional. Essa condição não figura nos requisitos do art. 112 da LEP. 13. Um outro exemplo está na possibilidade de o Juízo da Execução Penal determinar a realização do exame criminológico para avaliar o preenchimento, pelo sentenciado, do requisito subjetivo indispensável à progressão no regime prisional. Embora o exame criminológico tenha deixado de ser obrigatório, com a edição da Lei nº 10.792/2003, que alterou o art. 112 da LEP, este Tribunal tem permitido '*a sua utilização para a formação do convencimento do magistrado sobre o direito de promoção para regime mais brando*' (RHC 116.033, Rel. Min. Ricardo Lewandowski). Essa orientação, consolidada na Corte, deu origem à Súmula Vinculante 26, assim redigida: (...) 14. A análise desses julgados demonstra que o julgador, atento às finalidades da pena e de modo fundamentado, está autorizado a lançar mão de requisitos outros, não necessariamente enunciados no art. 112 da LEP, mas extraídos do ordenamento jurídico, para avaliar a possibilidade de progressão no regime prisional, tendo como objetivo, sobretudo, o exame do merecimento do sentenciado. (...) 16. Todavia, especialmente em matéria de crimes contra a Administração Pública – como também nos crimes de colarinho branco em geral –, a parte verdadeiramente severa da pena, a ser executada com rigor, há de ser a de natureza pecuniária. Esta, sim, tem o poder de funcionar como real fator de prevenção, capaz de inibir a prática de crimes que envolvam apropriação de recursos públicos. A decisão que se tomar aqui solucionará não apenas o caso presente, mas servirá de sinalização para todo o país acerca da severidade com que devem ser tratados os crimes contra o erário. 17. Nessas condições, não é possível a progressão de regime sem o pagamento da multa fixada na condenação. Assinale-se que o condenado tem o dever jurídico – e não a faculdade – de pagar integralmente o valor da multa. Pensar de modo diferente seria o mesmo que ignorar modalidade autônoma de resposta penal expressamente concebida pela Constituição, nos termos do art. 5º, inciso XLVI, alínea 'c'. De modo que essa espécie de sanção penal exige cumprimento espontâneo por parte do apenado, independentemente da instauração de execução judicial. É o que também decorre do art. 50 do Código Penal, ao estabelecer que '*a multa deve ser paga dentro de 10 (dez) dias depois de transitada em julgado a sentença*'. 18. Com efeito, o não recolhimento da multa por condenado que tenha condições econômicas de pagá-la, sem sacrifício dos recursos indispensáveis ao sustento próprio e de sua família, constitui deliberado descumprimento de decisão judicial e deve impedir a progressão de regime. Além disso, admitir-se o não pagamento da multa configuraria tratamento privilegiado em relação ao sentenciado que espontaneamente paga a sanção pecuniária. 19. Não bastasse essa incongruência lógica, note-se, também, que a passagem para o regime aberto exige do sentenciado '*autodisciplina e senso de responsabilidade*' (art. 114, II, da LEP), o que pressupõe o cumprimento das decisões judiciais que se lhe aplicam. Tal interpretação é reforçada pelo que dispõem o art. 36, § 2º, do Código Penal e o art. 118, § 1º, da Lei de Execução Penal, que estabelecem a regressão de regime para o condenado que '*não pagar, podendo, a multa cumulativamente imposta*'. De modo que o deliberado inadimplemento da pena de multa sequer poderia ser comparável à vedada prisão por dívida, nos moldes do art. 5º, LXVII, da CF/88, configurando apenas óbice à progressão no regime prisional". Ressalvando a situação de impossibilidade efetiva de pagar a multa, aduz o relator: "21. A absoluta incapacidade econômica do apenado, portanto, deve ser devidamente demonstrada nos autos, inclusive porque o acordão exequendo fixou o *quantum* da sanção pecuniária especialmente em função da situação econômica do réu (CP, art. 60), como deve ser. De modo que a relativização dessa resposta penal depende de prova robusta por parte do sentenciado" (AgRg. na progressão de regime na execução penal 16 – DF, Plenário, rel. Roberto Barroso, j. 15.04.2015, m. v.).

Quando praticar fato definido como crime doloso ou quando deixar de cumprir as condições impostas pelo juiz, bem como deixar de pagar a multa de modo deliberado, antes de haver a regressão, o condenado precisa ser ouvido *pelo magistrado*. Cremos que o exercício da ampla defesa é fundamental, tanto da autodefesa quanto da defesa técnica. Pode ele apresentar justificativa razoável para o evento. E, se o fizer, o juiz pode mantê-lo no regime aberto, embora advertido a não repetir o equívoco. Entretanto, se o juiz promover a regressão de regime *sem ouvir pessoalmente* o sentenciado, cuida-se de constrangimento ilegal, passível de correção por agravo ou, se for preso por causa disso, até mesmo pela utilização do *habeas corpus*. Deve-se anular a decisão judicial de regressão, sem a oitiva do condenado, para que outra seja proferida depois de cumprida essa formalidade.

Não se ouve o condenado no caso do inciso II do art. 118, tendo em vista que se trata de situação objetiva e incontornável.

Disciplina o art. 119 que "a legislação local poderá estabelecer normas complementares para o cumprimento da pena privativa de liberdade em regime aberto (art. 36, § 1.º, do Código Penal)".[3] A legislação estadual pode criar mais regras para aprimorar o cumprimento da pena em regime aberto, tais como criar e dar o contorno a cursos e outras atividades para preencher o tempo do albergado nas horas vagas, como, por exemplo, durante os finais de semana. Infelizmente, nem mesmo a Casa do Albergado existe em muitas Comarcas.

7. AUTORIZAÇÕES DE SAÍDA

7.1. Permissão de saída

Os presos, condenados ou provisórios, podem deixar o estabelecimento penal, sob escolta de policiais ou agentes penitenciários, que assegurem não haver fuga, para situações de necessidade: a) participar de cerimônia funerária em decorrência de falecimento do cônjuge, companheiro(a), ascendente, descendente ou irmão; b) visitar as mesmas pessoas retro mencionadas quando padecerem de doença grave; c) necessidade de submissão a tratamento médico não disponível no presídio ou em hospital penitenciário anexo, conforme disposto pelo art. 120 da LEP.

Vale registrar o fato inusitado, ocorrido no dia 14 de outubro de 2006, na Penitenciária José Parada Neto, em Guarulhos, Estado de São Paulo, quando a mulher de um preso considerado perigoso faleceu. Ele não pôde ir ao velório, pois os responsáveis pela escolta ficaram com medo de ocorrer um eventual resgate. Diante disso, o caixão foi levado para ser velado na prisão, com autorização da Coordenadoria dos Estabelecimentos Penitenciários da Capital e Grande São Paulo (*Jornal da Tarde*, 20.10.2006, p. 7A).

A permissão de saída somente se aplica aos inseridos nos regimes fechado e semiaberto, tendo em vista que os albergados (regime aberto) já estão soltos. Entretanto, em casos excepcionais, porque eles têm horários certos para entrar e sair da Casa do Albergado, podem necessitar de autorização do juiz da execução penal para, sem escolta, ficar em local diverso (ex.: passar a noite no velório de um parente). Não se trata, nessa última hipótese, de permissão de saída, porém não deixará de ser o caso de se buscar uma autorização do

---

[3] Note-se a menção à legislação local para criar regras de cumprimento da pena no regime aberto, o que somente pode indicar o Poder Legislativo estadual. Seria uma grave lesão à legalidade caso se permitisse o estabelecimento de normas complementares disciplinando o regime aberto por meio de decreto, portaria ou resolução emanada do Poder Executivo ou de seus agentes. Segundo nos parece, é o mesmo cenário exigível para a previsão de faltas médias ou leves, que, no entanto, têm sido criadas por atos administrativos.

magistrado ou, pelo menos, comunicar ao juízo, assim que possível, o não cumprimento das condições estabelecidas em face de situação excepcional.

A referência feita pelo art. 120, II, no tocante ao parágrafo único do art. 14, na verdade, deveria ter indicado o § 2.º do art. 14.

Essa modalidade de permissão de saída tem caráter puramente administrativo, pois não influencia o cumprimento da pena em nenhum aspecto. Logo, cabe ao diretor do presídio determiná-la e garantir a segurança do ato.

Diversamente do instituto tratado no art. 122 e seguintes desta Lei, a permissão é medida excepcional e deve ter, realmente, a mera função de corrigir um problema (tratamento de saúde) ou atender a uma razão de natureza humanitária (visita a um doente ou participação em cerimônia fúnebre). Por isso, tem a duração pertinente à finalidade da saída (art. 121, LEP).

7.2. Saída temporária

Nos termos do art. 122 da LEP, "os condenados que cumprem pena em regime semiaberto poderão obter autorização para saída temporária do estabelecimento, sem vigilância direta, nos seguintes casos: [...] II – frequência a curso supletivo profissionalizante, bem como de instrução do 2.º grau ou superior, na Comarca do Juízo da Execução. [...] § 1.º A ausência de vigilância direta não impede a utilização de equipamento de monitoração eletrônica pelo condenado, quando assim determinar o juiz da execução. § 2.º Não terá direito à saída temporária de que trata o *caput* deste artigo ou a trabalho externo sem vigilância direta o condenado que cumpre pena por praticar crime hediondo ou com violência ou grave ameaça contra pessoa. § 3.º Quando se tratar de frequência a curso profissionalizante ou de instrução de ensino médio ou superior, o tempo de saída será o necessário para o cumprimento das atividades discentes".

Cuida-se de benefício de execução penal destinado aos condenados que cumprem pena em regime semiaberto, como forma de viabilizar a ressocialização, desenvolvendo-lhes o senso de responsabilidade, para, no futuro, dar-se o ingresso no regime aberto. Por isso, é concedida pelo juiz da execução penal, respeitados os requisitos descritos no art. 123, com a finalidade prevista no inciso II do art. 122. Não há, por decorrência lógica dos objetivos que pretende alcançar, vigilância direta de agentes policiais ou penitenciários.

Lembre-se que inexiste saída temporária voltada aos presos em regime fechado, algo que, infelizmente, alguns magistrados, a pretexto de contornar problemas relativos à superlotação do presídio, começaram a conceder, muito embora assumindo postura contrária à lei.

Sob outro aspecto, verifique-se o teor da Súmula 520 do STJ, que dispõe: "O benefício de saída temporária no âmbito da execução penal é ato jurisdicional insuscetível de delegação à autoridade administrativa do estabelecimento prisional". Esta súmula tem o objetivo de impedir que o magistrado responsável pelas execuções penais, por portaria, *delegue* ao diretor do presídio a libertação dos sentenciados para saída temporária. É preciso que o juiz analise os casos individualizados e defira (ou não) essa saída.

Defendíamos que a execução provisória da pena se tornava incompatível com a saída temporária, porque ainda estava o sentenciado sob o crivo da prisão cautelar. Mas é preciso considerar a *realidade* da situação fática do preso. Ele está aguardando o resultado de seu recurso, porém se encontra em execução provisória da pena e deve obter todos os benefícios compatíveis com o regime no qual se encontra. Isto significa que, se estiver em semiaberto, considerados os requisitos legais, devidamente preenchidos, faz jus ao benefício da saída temporária.

A meta da saída temporária é formação educacional do sentenciado, permitindo-lhe alcançar um futuro mais promissor, quando estiver em liberdade.

A Lei 12.258, de 15 de junho de 2010, disciplinou as hipóteses de vigilância indireta, a ser realizada por meio de equipamento eletrônico. Uma das situações em que se permite a vigilância indireta concentra-se na saída temporária, voltada aos sentenciados inseridos no regime semiaberto, como forma de lhes possibilitar o retorno à sociedade, desenvolvendo o senso de responsabilidade e disciplina. A ideia é permitir a saída da colônia penal, sem a denominada vigilância *direta*, ou seja, com acompanhamento de escolta de agentes estatais; por outro lado, introduz-se a fiscalização *indireta*, com o uso de monitoramento eletrônico.

Consideramos a medida amoldada à Constituição Federal, pois não impinge ao sentenciado qualquer gravame de natureza cruel ou humilhante. Por isso, conforme prevê o art. 3.º da Lei 12.258/2010, caberá ao Poder Executivo regulamentar a sua implementação. Caso se faça pelo emprego de aparelho discreto, sem visibilidade, porém com eficiência, nada impede a sua utilização pelo condenado, de modo a permanecer em liberdade, investindo em sua própria ressocialização. Desde a edição da referida lei, decorrida mais de uma década, não há tornozeleiras suficientes para todos os sentenciados do regime semiaberto, motivo pelo qual muitos saem da colônia sem qualquer acompanhamento.

Preceitua o art. 123 da LEP que "a autorização será concedida por ato motivado do juiz da execução, ouvidos o Ministério Público e a administração penitenciária, e dependerá da satisfação dos seguintes requisitos: I – comportamento adequado; II – cumprimento mínimo de 1/6 (um sexto) da pena, se o condenado for primário, e 1/4 (um quarto), se reincidente; III – compatibilidade do benefício com os objetivos da pena".

Cabe impugnação tanto do Ministério Público, em relação a determinados presos, feita diretamente ao juiz, para que não saiam, quanto do preso que não obteve o benefício, também dirigida ao magistrado da execução penal. Este, então, poderá decidir o caso concreto, motivadamente. Qualquer decisão tomada comporta agravo, mas sem efeito suspensivo. Logo, em casos teratológicos, autorizando ou negando a saída temporária, pode ser impetrado *habeas corpus*, conforme o caso e dependendo da parte interessada (ex.: o MP, para evitar a saída temporária de algum preso, deve valer-se do mandado de segurança; o preso, para conseguir alcançar a saída, pode impetrar *habeas corpus*).

São requisitos para a saída temporária:

a) comportamento adequado, o que não significa, necessariamente, ser ótimo. Por vezes, o preso pode ser sancionado por falta leve,[4] exemplificando, o que não lhe retiraria a possibilidade de obter o benefício;

---

4 Os tribunais têm aceitado a imposição de faltas leves ou médias, previstas em atos administrativos, expedidos por órgãos do Poder Executivo.

b) cumprimento de, pelo menos, um sexto da pena, se primário, e um quarto, se reincidente. Caso ingresse diretamente no regime semiaberto, para cumprir, por exemplo, seis anos de reclusão, somente poderá pleitear a saída temporária após um ano. Porém, se ingressa no regime semiaberto, por progressão, advindo do regime fechado, já tendo cumprido neste último um sexto do total da pena, pode obter, de imediato, a saída temporária. É o teor da Súmula 40 do STJ: "Para obtenção dos benefícios de saída temporária e trabalho externo, considera-se o tempo de cumprimento da pena no regime fechado". Está correta essa disposição, pois o condenado já teve tempo suficiente para demonstrar seu bom comportamento e adequação à disciplina exigida pelo estabelecimento penal mais severo (regime fechado), tanto que conseguiu a transferência ao semiaberto. Assim que viável, pode ser beneficiado pela saída temporária;
c) compatibilidade do benefício com os objetivos da pena, no caso, os aspectos da reeducação e da ressocialização. O disposto no inciso III do art. 123 é naturalmente preenchido pela finalidade da saída: formação educacional.

A Lei 14.843/2024 disciplinou o § 2.º do art. 122, vedando a saída temporária do condenado, para estudo ou trabalho, quando se tratar de pena pela prática de crime hediondo ou com violência ou grave ameaça contra pessoa. Essa lei incluiu o § 3.º para dispor que a frequência a curso profissionalizante ou de instrução de ensino médio ou superior, o período de saída deve ser o suficiente para cumprir as atividades discentes.

Cuida-se de um tratamento mais rigoroso a esses agentes criminosos, embora se deva lembrar que, para pleitear a saída temporária, eles já estão no regime intermediário, onde provavelmente não iniciaram o cumprimento da pena. Noutros termos, eles já passaram pelo regime fechado e adquiriram mérito para seguir ao semiaberto. Ademais, esse formato de estabelecimento penal, diferente do modelo de segurança máxima, não retém ninguém que realmente queira fugir. Por isso, a vedação à saída temporária não vai produzir grande consequência para a segurança pública e termina por simbolizar uma proibição de efeito moral.

7.2.1. Trabalho externo

O ideal seria haver trabalho interno, nas colônias penais, para os sentenciados inseridos no regime semiaberto. Entretanto, essa situação nem sempre é concretizada. Por isso, muitos juízes têm autorizado o trabalho externo dos condenados, hipótese prevista em lei (art. 35, § 2.º, CP). Essa saída para trabalhar, no entanto, deveria seguir o disposto no art. 123, II, da LEP (cumprir 1/6 da pena, se primário; 1/4, se reincidente).

Os tribunais vêm amenizando a necessidade de permanecer um tempo mínimo recolhido, permitindo, conforme o caso concreto, a imediata saída para trabalho, tão logo ingresse na colônia. Tudo depende da situação concreta, a critério ponderado do magistrado.

O que vem acontecendo, na realidade, é a transformação de colônias penais em verdadeiras casas do albergado. O preso sai durante o dia para trabalhar todos os dias e dorme na colônia à noite. Esse perfil é relativo às casas de albergado (regime aberto). Evidencia-se, também, a incongruência do regime semiaberto, em muitas Comarcas.

7.2.2. *Período de saída temporária*

O art. 124 da LEP, revogado pela Lei 14.843/2024, disciplinava o período de saída temporária e as condições para isso, quando se referia à visitação de familiares. Não mais se permite saída para visitar parentes.

Portanto, essa saída deve dar-se nos estritos termos do art. 122, § 3.º, da LEP: deve durar o período necessário para as atividades discentes.

7.2.3 *Revogação da saída temporária*

O art. 125 da Lei de Execução Penal prevê que "o benefício será automaticamente revogado quando o condenado praticar fato definido como crime doloso, for punido por falta grave, desatender as condições impostas na autorização ou revelar baixo grau de aproveitamento do curso. Parágrafo único. A recuperação do direito à saída temporária dependerá da absolvição no processo penal, do cancelamento da punição disciplinar ou da demonstração do merecimento do condenado".

Deve-se entender sob duplo aspecto o disposto no art. 125, *caput*, da LEP. O preso que, por exemplo, pratique fato definido como crime tanto pode ter a sua saída temporária revogada, como pode não a obter no futuro, nos termos expostos no parágrafo único do mesmo artigo. Assim também nos outros casos (desatendimento das condições impostas, punição por falta grave ou baixo aproveitamento em curso).

Quanto à recuperação do direito, dependendo da situação, exige-se uma das seguintes medidas:

a) quem cometer fato definido como crime doloso, transformando-se o caso em processo criminal contra o condenado inserido no regime semiaberto, é preciso aguardar a sua absolvição (entendemos não haver necessidade de decisão com trânsito em julgado, pois a lei assim não explicita);

b) o preso que cometer falta grave e por ela for punido somente se reabilitará caso consiga reverter a sanção, cancelando-a. Tal situação poderá advir de recurso administrativo, quando previsto na legislação local, ou por meio do juiz da execução penal, em face de irregularidade no processo administrativo. Sustentamos, ainda, a viabilidade de ser superada a falta grave, readquirindo o preso o direito à saída temporária, desde que cumpra mais um sexto da pena, certamente se não conseguir a progressão para o regime aberto;

c) o desatendimento das condições da autorização de saída ou o baixo desempenho estudantil pode ser revertido em face do *merecimento* do condenado, vale dizer, deve ele, na colônia, passar a demonstrar seu empenho efetivo em reverter a situação de indisciplina evidenciada, seja elevando o número de horas dedicadas ao trabalho, seja colaborando com as atividades internas, até auferir novamente elogios em seu prontuário, que sejam contrapontos às irresponsabilidades demonstradas.

8. REMIÇÃO

8.1. Disposições gerais

Trata-se do desconto na pena do tempo relativo ao trabalho ou estudo do condenado, conforme a proporção prevista em lei. É um incentivo para que o sentenciado desenvolva uma atividade laborterápica ou ingresse em curso de qualquer nível, aperfeiçoando a sua formação. Constituindo a reeducação uma das finalidades da pena, não há dúvida de que o trabalho e o estudo são fortes instrumentos para tanto, impedindo a ociosidade perniciosa no cárcere. Ademais, o trabalho constitui um dos deveres do preso (art. 39, V, LEP).

A remição somente é viável quando o sentenciado estiver nos regimes fechado e semiaberto, pois, nessas hipóteses, como regra, deve trabalhar ou estudar no próprio estabelecimento penitenciário. No regime aberto, não cabe remição pelo trabalho, pois é obrigação do condenado, como condição para permanecer no mencionado regime, o exercício de atividade laboral honesta. Entretanto, a Lei 12.433/2011 permitiu a remição, em regime aberto, pelo estudo, como forma de incentivo ao sentenciado para tal atividade (art. 126, § 6.º, LEP).

In verbis, dispõe o art. 126 da LEP: "o condenado que cumpre a pena em regime fechado ou semiaberto poderá remir, por trabalho ou por estudo, parte do tempo de execução da pena. § 1.º A contagem de tempo referida no *caput* será feita à razão de: I - 1 (um) dia de pena a cada 12 (doze) horas de frequência escolar - atividade de ensino fundamental, médio, inclusive profissionalizante, ou superior, ou ainda de requalificação profissional - divididas, no mínimo, em 3 (três) dias; II - 1 (um) dia de pena a cada 3 (três) dias de trabalho. § 2.º As atividades de estudo a que se refere o § 1.º deste artigo poderão ser desenvolvidas de forma presencial ou por metodologia de ensino a distância e deverão ser certificadas pelas autoridades educacionais competentes dos cursos frequentados. § 3.º Para fins de cumulação dos casos de remição, as horas diárias de trabalho e de estudo serão definidas de forma a se compatibilizarem. § 4.º O preso impossibilitado, por acidente, de prosseguir no trabalho ou nos estudos continuará a beneficiar-se com a remição. § 5.º O tempo a remir em função das horas de estudo será acrescido de 1/3 (um terço) no caso de conclusão do ensino fundamental, médio ou superior durante o cumprimento da pena, desde que certificada pelo órgão competente do sistema de educação. § 6.º O condenado que cumpre pena em regime aberto ou semiaberto e o que usufrui liberdade condicional poderão remir, pela frequência a curso de ensino regular ou de educação profissional, parte do tempo de execução da pena ou do período de prova, observado o disposto no inciso I do § 1.º deste artigo. § 7.º O disposto neste artigo aplica-se às hipóteses de prisão cautelar. § 8.º A remição será declarada pelo juiz da execução, ouvidos o Ministério Público e a defesa".

Lembre-se, com base no § 8.º suprarreferido, que o juiz *declara* remidos os dias de pena, conforme o trabalho ou estudo desenvolvido. Antes, porém, deve ouvir o Ministério Público e a defesa. Na anterior redação da lei, somente o órgão ministerial era ouvido previamente; com razão, estendeu-se tal direito ao defensor, constituído, dativo ou público. Privilegia-se, cada vez mais, a atuação da defesa técnica no curso da execução penal.

8.2. Requisitos e inexistência de trabalho ou estudo no estabelecimento penal

Os requisitos para a remição são os seguintes: a) três dias de trabalho ou de estudo, à razão de, pelo menos, 6 horas de trabalho por dia e, como regra, 4 horas de estudo; b) atestado de trabalho ou frequência escolar apresentado pela direção do presídio, que goza de presunção de veracidade; c) exercício de trabalho ou estudo reconhecido pelo estabelecimento prisional.

Em caso da inexistência de trabalho ou estudo no presídio: se o Estado não providencia trabalho ou estudo ao preso, falha em seu dever de manter e fazer funcionar a contento o estabelecimento penitenciário sob seu controle e administração. Esse vício dá ensejo à propositura do incidente de desvio de execução. Cabe ao magistrado utilizar o seu poder de fiscalização para obrigar o órgão competente a tomar as medidas cabíveis a suprir a deficiência. Se, nem mesmo assim o poder público providenciasse trabalho e/ou estudo ao preso, defendíamos não ser possível remir a pena, pois seria a aceitação da *remissão ficta*. O Judiciário, de um modo geral, não vem concedendo remição a quem não trabalha ou não estuda, mesmo que a *culpa* seja exclusiva do Poder Público. No entanto, os anos passam, a lei não é cumprida pelos órgãos estatais e a responsabilidade não é do sentenciado. Portanto, na ótica da política criminal adotada pela Lei de Execução Penal, incentivando a ressocialização, somos levados a alterar o nosso entendimento. Se o condenado *quer* trabalhar ou estudar e o Estado não lhe proporciona nem um nem outro, *deve* ter direito à remição a cada três dias em que ficar à disposição da direção do presídio para tal finalidade. É preciso dar um *basta* na indiferença do Poder Executivo em relação à comunidade que não lhe proporciona *votos* (os condenados). Aliás, confira-se o disposto na Lei 13.163/2015, que torna *obrigatória* a oferta de ensino médio nos presídios. Em decisão promissora, o Superior Tribunal de Justiça, por unanimidade, reconheceu a viabilidade de computar a remição, mesmo sem ter o sentenciado efetivamente trabalhado, em decorrência das restrições impostas pela pandemia da Covid-19. Outras soluções equivalentes poderão ser tomadas no futuro, pois os órgãos de administração penitenciária deixam de cumprir a lei, omitindo-se em proporcionar trabalho e/ou estudo ao condenado. Conferir: "Com efeito, entendo que o princípio da dignidade da pessoa humana conjugado com os princípios da isonomia e da fraternidade (este último tão bem trabalhado pelo em. Min. Reynaldo Soares da Fonseca) não permitem negar aos indivíduos que tiveram seus trabalhos ou estudos interrompidos pela superveniência da pandemia de Covid-19 o direito de remitir parte da sua pena tão somente por estarem privados de liberdade. Não se observa nenhum discrímen legítimo que autorize negar àqueles presos que já trabalhavam ou estudavam o direito de remitir a pena durante as medidas sanitárias restritivas. (...) Nada obstante a interpretação restritiva que deve ser conferida ao art. 126, § 4º, da LEP, os princípios da individualização da pena, da dignidade da pessoa humana, da isonomia e da fraternidade, ao lado da teoria da derrotabilidade da norma e da situação excepcionalíssima da pandemia de Covid-19, impõem o cômputo do período de restrições sanitárias como de efetivo estudo ou trabalho em favor dos presos que já estavam trabalhando ou estudando e se viram impossibilitados de continuar seus afazeres unicamente em razão do estado pandêmico" (Recurso Especial 1.953.607 - SC, Terceira Seção, rel. Ribeiro Dantas, 14.09.2022, v. u.).

Quanto ao tempo de estudo, prevê-se o período de 12 horas para a obtenção de um dia de remição da pena. O montante leva em consideração a partilha de 4 horas por dia (carga horária normal de estudo diário de muitos cursos), o que significa, como se faz no tocante ao trabalho, três dias de estudo para um dia de pena. Nada impede, entretanto, outra divisão de carga horária, desde que se atinja 12 horas para remir um dia de pena. Admitem-se variados graus de estudo, desde o fundamental (estágio inicial) até o superior (estágio final). Há informes, inclusive, da inauguração de unidade de ensino superior em estabelecimento penitenciário no Brasil, após a edição da Lei 12.433/2011.

A falta de lugares apropriados para o sentenciado desenvolver atividades laborativas ou estudar não autoriza a ampliação do significado desses termos, de modo a abranger ações incompatíveis com o objetivo da remição. Trabalhar e/ou estudar confere ao condenado a oportunidade de adquirir novas habilidades e aprimorar o seu conhecimento, permitindo a sua ressocialização com maior facilidade. As atividades de lazer ou a prática de esportes, embora sejam positivas para o cenário da reeducação, não podem ser consideradas para efeito de remição.

Ainda no tocante ao tempo de trabalho, deve o condenado desenvolver três dias de trabalho para obter o desconto de um dia de pena. O dia trabalhado deve ter, no mínimo, seis horas e, no máximo, oito, com descanso aos domingos e feriados (art. 33, *caput*, LEP). Note-se ser o período-base para o dia de trabalho computado para a remição o montante de seis horas. Se o condenado trabalhar oito, duas horas devem ficar anotadas[5] em sua ficha para posterior utilização, ao formar outras seis horas. Além disso, é viável o estabelecimento de horário especial de trabalho, conforme as peculiaridades do caso concreto, como, por exemplo, para serviços de conservação e manutenção do presídio (art. 33, parágrafo único, LEP). Ilustrando, se o sentenciado trabalhar em turno de 12 horas num dia, para cuidar da alimentação dos presos, na cozinha, deve ser considerado o montante de dois dias trabalhados. Naturalmente, para esse sistema, ele trabalha 12 horas num dia e folga em outro.

---

[5] É o denominado *banco de horas*, admissível para que inexista desigualdade entre os condenados. Se um trabalhar seis horas num dia e outro, oito horas, seria injusto que ambos computassem exatamente a mesma quantidade. Parece-nos viável que o trabalho de quem atuou por oito horas tenha anotadas as duas horas que ultrapassam o mínimo de seis horas para ganhar um dia de trabalho. Assim, a cada três dias, com jornada de oito horas, o condenado aufere mais um dia. Há decisões judiciais *desconsiderando* esse cálculo e igualando as jornadas para efeito de remição.

É importante mencionar a decisão tomada pelo Supremo Tribunal Federal a respeito da contagem de tempo para remição, pelo trabalho, em quantidades inferiores a seis horas: "Recurso ordinário constitucional. *Habeas corpus*. Execução Penal. Remição (arts. 33 e 126 da Lei de Execução Penal). Trabalho do preso. Jornada diária de 4 (quatro) horas. Cômputo para fins de remição de pena. Admissibilidade. Jornada atribuída pela própria administração penitenciária. Inexistência de ato de insubmissão ou de indisciplina do preso. Impossibilidade de se desprezarem as horas trabalhadas pelo só fato de serem inferiores ao mínimo legal de 6 (seis) horas. Princípio da proteção da confiança. Recurso provido. Ordem de *habeas corpus* concedida para que seja considerado, para fins de remição de pena, o total de horas trabalhadas pelo recorrente em jornada diária inferior a 6 (seis) horas. 1. O direito à remição pressupõe o efetivo exercício de atividades laborais ou estudantis por parte do preso, o qual deve comprovar, de modo inequívoco, seu real envolvimento no processo ressocializador. 2. É obrigatório o cômputo de tempo de trabalho nas hipóteses em que o sentenciado, por determinação da administração penitenciária, cumpra jornada inferior ao mínimo legal de 6 (seis) horas, vale dizer, em que essa jornada não derive de ato de insubmissão ou de indisciplina do preso. 3. Os princípios da segurança jurídica e da proteção da confiança tornam indeclinável o dever estatal de honrar o compromisso de remir a pena do sentenciado, legítima contraprestação ao trabalho prestado por ele na forma estipulada pela administração penitenciária, sob pena de desestímulo ao trabalho e à ressocialização. 4. Recurso provido. Ordem de *habeas corpus* concedida para que seja considerado, para fins de remição de pena, o total de horas trabalhadas pelo recorrente em jornada diária inferior a 6 (seis) horas" (RHC 136.509 - MG, 2.ª T., rel. Dias Toffoli, 04.04.2017, v.u.).

Sobre a compatibilidade de carga horária, embora o dispositivo preveja medida óbvia, pois não teria sentido a cumulação de trabalho e estudo no mesmo horário, nada melhor do que deixar bem claro. O preso pode remir sua pena pelo trabalho e pelo estudo, concomitantemente, desde que as horas dedicadas ao trabalho não coincidam com as horas voltadas ao estudo. Levando-se em conta o mínimo para o trabalho (6 horas) e para o estudo (4 horas), por dia o sentenciado pode dedicar 10 horas do seu tempo para auferir a remição da pena.

8.3. Apontamentos sobre o estudo do sentenciado

No tocante ao aproveitamento escolar, a lei se refere apenas à frequência do preso às aulas, sem qualquer menção expressa ao rendimento. Parece-nos deva o Estado, que organiza e proporciona o estudo, cuidar de mensurar o referido aproveitamento; afinal, o simples comparecimento às aulas não significa rendimento ou desenvolvimento positivo.

É verdade que a conclusão do curso provoca o aumento da remição em um terço (vide o § 5.º), porém, conceder o desconto pela simples frequência também não é razoável. Ademais, observa-se uma contradição: se o sentenciado estudar fora do presídio, deverá ser comprovado o seu aproveitamento escolar (art. 129, § 1.º, LEP); se estudar no presídio, não precisaria. Ora, por uma questão de coerência, visando ao ganho do próprio reeducando, deve-se exigir o aproveitamento em todas as situações. Esse rendimento escolar submete-se às regras estabelecidas pela administração, conforme a situação concreta de cada estabelecimento penal.[6] Portanto, não existindo aproveitamento, deve-se excluir o sentenciado do curso, impedindo-o de receber o benefício da remição. Se não se fizer a exclusão, não há como negar o cômputo dos dias estudados, leia-se, com frequência escolar. Por fim, a eventual exclusão não deve ser permanente, permitindo-se que o sentenciado opte por outro curso ou retome o início daquele não concluído.

A Lei 12.433/2011 acompanhou o atual estágio dos estudos, em quase todos os níveis, no Brasil e no mundo, acolhendo o ensino à distância, denominado telepresencial. Essa modalidade tem permitido o acesso de muitas pessoas, situadas em cidades distantes dos grandes centros, a cursos existentes apenas em determinadas cidades, razão pela qual deve ser incentivado.

Sob outro aspecto, premia-se o reeducando com o referido acréscimo nas horas de estudo, caso ele consiga concluir o ensino fundamental, médio ou superior durante o cumprimento da pena. Toma-se o tempo de estudo desenvolvido no estabelecimento penal, que redundou na conclusão do curso, acrescentando-se um terço. Ilustrando, o preso estudou, durante um ano, cerca de 960 horas e conseguiu concluir qualquer fase do ensino; ao montante de 960 horas válidas para remição, somam-se mais 320 horas visando ao mesmo fim.

O estudo em liberdade é uma das novidades da Lei 12.433/2011, que não se cingiu à autorização da remição da pena pelo estudo, mas também pela possibilidade de se fazer isso em regime aberto ou em livramento condicional. Note-se que a praxe sempre foi considerar, para fins de remição pelo trabalho, apenas os regimes fechado e semiaberto, pois, quando em liberdade, é obrigação do preso laborar licitamente como condição para permanecer solto, antes do cumprimento da pena. Permanece a mesma situação, no tocante ao trabalho, mas, em relação ao estudo, inova-se, com o nítido propósito de incentivar o sentenciado a estudar, em qualquer nível, para o aprimoramento pessoal.

Quer-se crer que a formação intelectual possa habilitá-lo com maiores chances para enfrentar o mercado de trabalho, evitando o retorno à delinquência. Por isso, em regime aberto ou em livramento condicional, além de trabalhar, pode estudar, recebendo em troca o desconto da pena ou do período de prova pela remição.

O ideal seria a efetividade do trabalho e, também, do estudo, visualizando-se o aproveitamento de ambos. No entanto, a lei é omissa no tocante ao referido aproveitamento escolar para o estudo realizado no estabelecimento penal. Associado a isso, temos que concordar com a carência estatal a respeito de proporcionar ao preso o melhor caminho

---

[6] Quando se trata de *rendimento escolar*, não significa tirar notas boas ou ter sucesso na passagem de estágio, mas, ao menos, deve ser cobrado por meio de trabalhos e provas. A frequência, sem nenhum aproveitamento, torna-se tão fictícia quanto não estudar e ter a remição considerada. Defendemos a *remição ficta* (sem trabalho ou estudo), quando houver omissão do Estado; entretanto, se o estudo é oferecido deveria ser exigido o rendimento. No entanto, não tem o Judiciário se posicionado nesse sentido.

para o estudo e até mesmo para o trabalho. Diante dessa lacuna, como mencionado, muitos magistrados têm autorizado que o condenado promova a sua remição por meio de leitura de livros e, posterior, resenha das obras. Se, por um lado, a leitura é também aprendizado, por outro, é fundamental que exista um acompanhamento para as leituras e a indicação de obras relevantes.

8.4. Acidente do trabalho

Preceitua-se a viabilidade de computar a remição, em caso de preso acidentado, ainda que o sentenciado não trabalhe nem estude. Tal situação ocorreria se o preso sofresse um acidente, que o impossibilitasse a continuar laborando ou estudando. Deve-se agir com cautela. Na hipótese de ocorrência de um acidente de trabalho, pode até ser acolhida a ideia; porém, se qualquer tipo de acidente propiciar o ganho fácil da remição, o sentenciado pode até mesmo provocar um evento qualquer para levá-lo a tal situação de inaptidão para o trabalho ou estudo. Enquanto não faz absolutamente nada, computa-se, concomitantemente, trabalho e estudo.

Sob outro aspecto, pensamos que, no mínimo, deve-se anotar em seu prontuário a continuidade das mesmas atividades anteriormente desenvolvidas, antes do acidente, nos termos e horários efetivados. Se o preso não trabalhava ou estudava, uma vez acidentado, nada terá a computar em favor da remição.

Um ponto relevante a ser considerado é a possibilidade de provocação intencional de acidente de trabalho, que se registra como falta grave (art. 50, IV, LEP). Ora, se assim acontecer, parece-nos incabível computar-se a remição, tendo em vista a fonte do acidente constituir uma falta. Não se deve privilegiar a má-fé.

8.5. O contexto da prisão cautelar

No tocante à prisão provisória, durante muito tempo debateu-se na jurisprudência, antes do advento da Lei 12.433/2011, se o preso cautelar poderia valer-se da remição, caso exercesse atividade laborativa. Aos poucos, consolidou-se o entendimento favorável à remição, em especial porque se autorizou a execução provisória da pena. Ora, sendo cabível até mesmo a progressão de regime – uma situação, em tese, viável somente aos condenados – com maior razão deveria ser computada a remição.

Atualmente, o disposto no § 7.º do art. 126 da LEP consolidou o entendimento predominante. Cabe remição ao preso provisório, tanto no campo do trabalho como no cenário do estudo. Lembremos, no entanto, ser facultativo o trabalho ao preso cautelar e, do mesmo modo, o estudo.

8.6. O cometimento de falta grave

A questão relativa à prática de falta grave é disciplinada pelo art. 127 da LEP: "em caso de falta grave, o juiz poderá revogar até 1/3 (um terço) do tempo remido, observado o disposto no art. 57, recomeçando a contagem a partir da data da infração disciplinar". Intenso debate havia em relação à perda dos dias remidos, quando o preso cometia falta grave. Dispunha a anterior redação do art. 127 que ele deveria perder todo o tempo remido, recomeçando novo período a partir da data da infração disciplinar. Editou-se a Súmula Vinculante 9 (STF) a respeito, confirmando esse entendimento.

Não deixava de ser injusto em alguns casos, pois o preso poderia trabalhar muitos anos e, cometendo apenas uma falta, perderia tudo de uma só vez. A nova redação impôs um limite de um terço para a perda dos dias remidos, quando cometida a falta grave. Trata-se de lei penal nova mais benéfica, devendo-se aplicar retroativamente, mesmo aos casos já julgados, desde que a execução ainda esteja em andamento. Por outro lado, não andou bem o legislador ao estabelecer um limite máximo sem a imposição de um mínimo. Se o teto da perda é de um terço, qual seria o mínimo? Um dia? Por certo, foi inadequado deixar tal questão ao livre arbítrio judicial. Entretanto, como a pena mínima possível é de um dia, esse é o montante mínimo a ser perdido.

Outra cautela concentrou-se na menção ao disposto pelo art. 57 da LEP, com o fim de estabelecer critérios para mensurar a perda de até um terço. Deve o juiz levar em consideração a natureza, os motivos, as circunstâncias e consequências do fato, bem como a pessoa do faltoso (personalidade) e seu tempo de prisão. Havendo uma individualização legal para a perda do tempo remido, é indispensável a fundamentação do magistrado para apontar a opção tomada, seja um dia, seja um terço. A ausência de motivação, como se dá na sentença condenatória, ao fixar a pena, gera nulidade da decisão. Não pode o Tribunal sobrepor-se à falha do magistrado, fornecendo a justificativa cabível para manter ou reformar *o decisum*, sob pena de supressão de instância.

8.7. Tempo remido e pena cumprida

O *tempo remido como pena cumprida* é outra discussão que teve fim com a edição da Lei 12.433/2011 (art. 128). Estabelece-se, claramente, que o tempo remido deve ser computado como pena cumprida, para todos os fins, ou seja, quando houver o desconto na pena, recalculam-se todos os benefícios com base no novo montante atingido.

A remição não significa apenas abatimento na pena ao final do seu cumprimento; durante a execução, conforme os dias remidos, o tempo se altera para efeito de progressão de regime, livramento condicional, saída temporária etc.

8.8. Procedimento para declarar a remição

Quanto ao procedimento, preceitua o art. 129 que "a autoridade administrativa encaminhará mensalmente ao juízo da execução cópia do registro de todos os condenados que estejam trabalhando ou estudando, com informação dos dias de trabalho ou das horas de frequência escolar ou de atividades de ensino de cada um deles. § 1.º O condenado autorizado a estudar fora do estabelecimento penal deverá comprovar mensalmente, por meio de declaração da respectiva unidade de ensino, a frequência e o aproveitamento escolar. § 2.º Ao condenado dar-se-á a relação de seus dias remidos".

Se o encaminhamento dos atestados de trabalho ou frequência a estudo será feito todos os meses, quer-se crer deva a remição ser computada mensalmente. Entretanto, conforme o volume de trabalho da Vara de Execução Penal, nada impede seja o cálculo da remição feito a cada "x" meses, desde que não prejudique qualquer benefício do condenado.

No tocante ao estudo fora do estabelecimento penal, deve ser comprovado, mensalmente, pela unidade de ensino, tanto a frequência quanto o aproveitamento escolar do sentenciado. Configura-nos essencial a demonstração do aproveitamento, pois é esse o cerne do estudo. Afinal, o mero comparecimento às aulas não serve de base para a formação, nem para a conclusão de qualquer curso. Deve-se fazer o mesmo, em nossa visão, no tocante ao estudo mantido dentro do estabelecimento penal.

O envio da relação dos dias remidos ao sentenciado é obrigatório e uma forma de mantê-lo ciente dos seus direitos; por via de consequência, terá noção dos benefícios que pode pleitear junto à Vara de Execução Penal.

O atestado de trabalho, emitido pelo presídio, goza de presunção de veracidade, não sendo necessário haver a juntada de outras provas, dando conta do trabalho do preso. Se o funcionário encarregado da sua emissão falsear a verdade, deve responder pelo delito de falsidade ideológica (art. 299, CP). Aliás, nesse prisma encontra-se o art. 130 da LEP, que nem precisaria mencionar o óbvio.

9. LIVRAMENTO CONDICIONAL

9.1. Conceito e natureza jurídica

Trata-se de medida penal restritiva da liberdade de locomoção, mediante a imposição de certas condições, cuja finalidade é antecipar a liberdade do condenado, retirando-o do estabelecimento penal onde se encontra, desde que preencha os requisitos legais. Em relação à natureza jurídica, trata-se de uma medida de política criminal, visando à redução do período de prisão, com vistas à ressocialização mais célere em ambiente livre.

Embora constitua uma forma de restrição da liberdade, é um benefício ao condenado e, portanto, consiste em seu direito subjetivo, integrando um estágio do cumprimento da sanção penal. Não se trata de um incidente da execução, porque a própria Lei de Execução Penal não o considerou como tal.

Conforme dispõe o art. 131, "o livramento condicional poderá ser concedido pelo juiz da execução, presentes os requisitos do art. 83, incisos e parágrafo único, do Código Penal, ouvidos o Ministério Público e o Conselho Penitenciário".

O tempo de duração do livramento equivale ao período restante da pena privativa de liberdade a ser cumprida. Exemplo: condenado a 10 anos de reclusão, o sentenciado obtém livramento condicional ao atingir 5 anos de cumprimento da pena. O tempo do benefício será de 5 anos.

Trata-se de faculdade do juiz? A utilização do termo *poderá*, no art. 83, *caput*, do Código Penal, fornece a impressão de que se trata de mera faculdade do juiz a sua concessão ao sentenciado. Porém, pensamos que se cuida de uma situação mista. Se o condenado preencher todos os requisitos estabelecidos no art. 83 do Código Penal, *deve* o magistrado conceder o benefício. Entretanto, é preciso ressaltar que alguns dos referidos requisitos são de natureza subjetiva, isto é, de livre valoração do juiz, motivo pelo qual não se pode exigir análise favorável ao condenado. Nesse caso, o magistrado *pode* entender não ser cabível o benefício.

9.2. Requisitos do livramento condicional

São requisitos objetivos:

a) *a pena aplicada deve ser igual ou superior a 2 anos (art. 83, caput, CP)*. O enfoque desse montante se voltava à seguinte ideia: o condenado a uma pena de até dois anos de reclusão ou detenção, primário, com bons antecedentes, teria a sua pena suspensa (*sursis*, art. 77, CP). Quando condenado a uma pena superior a dois anos, não tendo obtido o *sursis*, ingressaria em qualquer dos regimes (fechado, semiaberto ou aberto), mas teria direito à liberdade antecipada, por meio do livramento condicional. Posteriormente à edição da nova Parte Geral do Código Penal (Lei 7.209/1984), surgiu a Lei 9.714/1998, ampliando a viabilidade de substituir a pena privativa de liberdade de até 4 anos (crimes dolosos) ou sem limite (crimes culposos), não mais se tornando indispensável o benefício da suspensão condicional da pena. Do mesmo modo, o livramento condicional perdeu força. Constatando-se, na prática, ser possível cumprir o regime aberto em prisão domiciliar (P.A.D.), dificilmente, na atualidade, o condenado se interessa pelo livramento condicional;

b) *o tempo para o cumprimento da pena varia entre um terço (primário com bons antecedentes), metade (reincidentes em crimes dolosos) e dois terços (condenados por delitos hediondos e equiparados)* (art. 83, I, II e V, CP). O condenado não reincidente em crime doloso e com bons antecedentes faz jus ao livramento condicional, após cumprir *1/3 da pena*. Houve uma lacuna lamentável no tocante ao primário, que possua maus antecedentes. Não se pode incluí-lo com perfeita adequação nem neste dispositivo, nem no próximo, que cuida do reincidente. Surgiram *duas posições*: 1) *na falta de expressa previsão, deve ser adotada a posição mais favorável ao condenado*, ou seja, o primário, com maus antecedentes, pode receber o livramento quando completar 1/3 da pena (é o que predomina); 2) *deve-se fazer a adequação por exclusão*. Não se encaixando no primeiro dispositivo, que, expressamente, exige os bons antecedentes, somente lhe resta o segundo. Assim, o primário com maus antecedentes deve cumprir metade da pena para pleitear o livramento condicional. É a posição que nos parece a mais indicada, pois o art. 83, I, exige "duplo requisito" e é expresso acerca da impossibilidade de concessão do livramento com 1/3 da pena a quem possua maus antecedentes. E quanto ao reincidente em crime hediondo ou equiparado, não haverá a concessão de livramento condicional;

c) *reparação do dano* (art. 83, IV, CP). É preciso que o sentenciado tenha reparado o prejuízo causado à vítima, salvo a efetiva demonstração de que não pôde fazê-lo, em face de sua precária situação econômica. Há muitos condenados que, pelo próprio exame realizado pela Comissão Técnica de Classificação e por serem defendidos pela defensoria pública, são evidentemente pessoas pobres, de modo que fica dispensada a prova de reparação do dano. Leva-se, também, em conta o desaparecimento da vítima ou seu desinteresse pelo ressarcimento, o que significa a possibilidade de concessão do livramento condicional, sem ter havido a reparação do dano. Além disso, deve-se ponderar os crimes que não possuem vítima determinada, como tráfico ilícito de entorpecentes (objeto jurídico: saúde pública), logo, inexiste reparação de anos apurável.

Há de se salientar que a prática de falta grave cometida pelo preso não alterava o prazo para a obtenção do livramento condicional. No entanto, podia prejudicar o requisito referente ao bom comportamento durante a execução da pena. Conferir o teor da Súmula 441 do STJ: "A falta grave não interrompe o prazo para obtenção de livramento condicional". A reforma da Lei 13.964/2019 modificou esse entendimento, inserindo a alínea *b* ao inciso III do art. 83 do Código Penal, como requisito objetivo para esse benefício: "não cometimento de falta grave nos últimos 12 (doze) meses". Portanto, se cometer a referida falta, deverá aguardar 12 meses para pleitear novamente o livramento condicional.

São requisitos subjetivos:

a) *apresentar bom comportamento durante a execução da pena* (art. 83, III, *a*, CP). Deve-se analisar se houve a prática de faltas durante o cumprimento da pena, em particular, as graves. Conforme o número de faltas e o conteúdo de cada uma delas, não se deve conceder o benefício, pois o comportamento foi negativo, independentemente do prazo de 12 meses fixado na alínea *b* ao inciso III do art. 83 do CP;
b) *apresentar bom desempenho no trabalho* (art. 83, III, *c*, CP). Sabe-se que o trabalho é obrigatório durante a execução da pena. Para o recebimento do livramento condicional, portanto, não basta trabalhar, mas é preciso fazê-lo com eficiência e dedicação, algo que somente pode seria realmente atestado pela Comissão Técnica de Classificação. Inexistindo esta Comissão para o parecer, resta saber apenas se o condenado recusou trabalhar – o que constitui falta grave;
c) *demonstrar aptidão para provar a própria subsistência mediante trabalho honesto* (art. 83, III, *d*, CP). Esse requisito mereceria ser revisto e revogado, pois é extremamente aberto, tornando-se um elemento de rara demonstração.[7] Entretanto, uma das situações em que se podia perceber a inaptidão para o trabalho honesto,

---

[7] Quando atuávamos em Vara de Execuções Penais, recordamo-nos de pedidos de livramento condicional em que o defensor do sentenciado juntava aos autos "propostas de emprego". Geralmente, por meio da família, o preso conseguia uma "carta de intenção", sugerindo que alguém, caso o livramento fosse concedido, iria dar-lhe emprego lícito. Essa proposta não vinculava ninguém e não tinha eficácia jurídica.

fora do cárcere, consistia em avaliação da Comissão Técnica de Classificação, em especial, pelo parecer da assistência social. Nas entrevistas, alguns presos terminavam demonstrando não ter interesse algum em desenvolver uma atividade laborativa lícita; mesmo assim, o requisito é de difícil evidência. No mais, os tribunais têm ignorado esse ponto, justamente pela sua patente vagueza;

d) apresentar condições pessoais que levem à *presunção de que não voltará a delinquir (art. 83, parágrafo único, CP)*. É um requisito voltado aos condenados por crimes praticados com violência ou grave ameaça à pessoa, exigindo-se o exame criminológico. Assim, faz-se um autêntico prognóstico do que o condenado poderá fazer se colocado em liberdade. É a parte concernente ao psicólogo e do psiquiatra.

Quanto ao exame criminológico, continua viável e exigível, desde que presentes as circunstâncias descritas no parágrafo único do art. 83 do CP. O condenado por crime doloso, cometido com violência ou grave ameaça à pessoa, para auferir o benefício do livramento condicional, deve ser submetido a avaliação psicológica, demonstrando, então, condições pessoais que façam presumir que não tornará a delinquir. Por outro lado, segundo o disposto pelo § 2.º ao art. 112 da Lei de Execução Penal, com a redação dada pela Lei 13.964/2019, tem-se: "a decisão do juiz que determinar a progressão de regime será sempre motivada e precedida de manifestação do Ministério Público e do defensor, procedimento que também será adotado na concessão do livramento condicional, indulto e comutação de penas, respeitados os prazos previstos nas normas vigentes". Isso significa a apresentação de atestado de boa conduta carcerária.

Não somente a decisão que conceder o benefício será motivada, mas igualmente a que indeferir qualquer vantagem ao condenado.

Segundo o art. 131 da Lei de Execução Penal, é indispensável o parecer do Conselho Penitenciário. Entretanto, o juiz não fica vinculado nem ao referido parecer, nem à opinião do Ministério Público, podendo decidir de acordo com seu livre convencimento, sempre motivado. O mais importante, nesse contexto, é o exame criminológico), porque se trata da visualização mais ampla do comportamento do condenado durante a execução da pena.

9.3. Condições do livramento

O art. 132 preceitua que, "deferido o pedido, o juiz especificará as condições a que fica subordinado o livramento. § 1.º Serão sempre impostas ao liberado condicional as obrigações seguintes: *a)* obter ocupação lícita, dentro de prazo razoável se for apto para o trabalho; *b)* comunicar periodicamente ao juiz sua ocupação; *c)* não mudar do território da comarca do Juízo da Execução, sem prévia autorização deste. § 2.º Poderão ainda ser impostas ao liberado condicional, entre outras obrigações, as seguintes: *a)* não mudar de residência sem comunicação ao juiz e à autoridade incumbida da observação cautelar e de proteção; *b)* recolher-se à habitação em hora fixada; *c)* não frequentar determinados lugares. *d)* (*Vetada*)".

São condições obrigatórias:

a) *obter ocupação lícita*, dentro de prazo razoável, se for apto ao trabalho. É mais do que natural deva o Estado agir com cautela, pois não é fácil a quem deixa o cárcere conseguir emprego. Em primeiro lugar, deveria haver um auxílio efetivo de órgãos estatais para arranjar colocação ao sentenciado, promovendo a sua reintegração social da melhor maneira possível. Em segundo, da parte do magistrado, é preciso compreender as limitações existentes a todos os trabalhadores, em relação à falta de postos de trabalho, motivo pelo qual é fundamental interpretar com cautela o "prazo razoável";
b) *comunicar a ocupação*. Periodicamente, a critério do juiz, o liberado vai ao fórum para informar onde e como está trabalhando. Logicamente, cuida-se de uma consequência natural do anterior requisito (arrumar um emprego);
c) *não mudar da Comarca sem prévia autorização*. É um modo de exercer controle sobre o liberado. Caso ele precise mudar de local, o juiz pode enviar os autos da execução penal a outra Comarca, para que a fiscalização continue.

Estabelece o art. 133 que "se for permitido ao liberado residir fora da comarca do Juízo da Execução, remeter-se-á cópia da sentença do livramento ao juízo do lugar para onde ele se houver transferido e à autoridade incumbida da observação cautelar e de proteção". Caso o juiz da execução penal permita que o liberado resida em Comarca diversa, deve comunicar ao magistrado dessa região, para que possa fiscalizar o cumprimento das condições impostas. "O liberado será advertido da obrigação de apresentar-se imediatamente às autoridades referidas no artigo anterior" (art. 134).

O liberado é um condenado em gozo de liberdade *condicional*, concedida *antecipadamente*, vale dizer, está em liberdade como medida de política criminal, visando à sua ressocialização, porém ainda cumpre pena e tem vínculo com o Estado, devendo, pois, apresentar-se, imediatamente, quando intimado, para prestar qualquer esclarecimento. Lembremos que ele possui várias obrigações a desenvolver enquanto está em liberdade, motivo pelo qual tanto o juiz quanto a autoridade administrativa designada para acompanhá-lo podem ouvi-lo a respeito, a qualquer tempo.[8] O não comparecimento pode dar ensejo à revogação do benefício, se não houver justo motivo.

São condições facultativas (como regra, os juízes as impõem também, associadas às obrigatórias):

a) *não mudar de residência*. Esta situação difere da prevista no § 1.º, *c*, pois a mudança não é de Comarca, mas tão somente de endereço residencial. É válida,

---

[8] Algo que faz falta durante a execução penal é haver, com efetividade, uma autoridade para a fiscalização de benefícios concedidos ao sentenciado, tal como o livramento condicional e o regime aberto. Seria a pessoa a controlar os passos do liberado, podendo checar onde se encontra a qualquer hora do dia ou da noite.

pois o magistrado e a fiscalização do livramento, quando existente, devem saber onde encontrar o condenado, sempre que for necessário;

b) *recolher-se à habitação em horário predeterminado*. O juiz pode fixar, conforme o emprego do condenado, a hora em que ele deve seguir para sua casa, não mais permanecendo na via pública. A situação pode ser salutar, mas é de fiscalização quase impossível, justamente pela falta de funcionário encarregado disso;

c) *não frequentar determinados lugares*. Esta é uma das condições mais tolas, pois nunca se sabe ao certo o que proibir e, muito menos, como fiscalizar. Por outro lado, não bastasse já ser uma condição facultativa quase inócua do livramento condicional, o legislador ainda a elegeu como pena alternativa autônoma, válida para substituir pena privativa de liberdade, o que nos parece hipótese absurda (art. 47, IV, CP);

d) *utilizar equipamento de monitoração eletrônica*. Surge essa condição com o advento da Lei 14.843/2024, possibilitando maior controle em relação às demais condições, tais como não mudar da Comarca e da residência, recolher-se à habitação em certo horário e não frequentar determinados lugares.

Se o juiz concede ou nega o benefício ao livramento condicional, cabe agravo (art. 197, LEP). Tornando-se definitiva a decisão, o magistrado fixa as condições cabíveis e providencia a cerimônia de formalização do benefício (art. 135, LEP).

9.4. Cerimônia do livramento

"Concedido o benefício, será expedida a carta de livramento com a cópia integral da sentença em duas vias, remetendo-se uma à autoridade administrativa incumbida da execução e outra ao Conselho Penitenciário" (art. 136). A referida carta de livramento é o documento que contém a concessão do benefício, bem como todas as condições às quais ficou submetido o condenado. O seu conteúdo será transposto para a caderneta do liberado (art. 138, *caput*, LEP). Assim, caso seja interpelado, por exemplo, pela polícia, em qualquer situação, deve exibi-la. Se estiver, por exemplo, fora de casa em horário inadequado, pode estar infringindo as regras do livramento e o juízo será comunicado disso.

A remessa de cópia ao Conselho Penitenciário busca garantir a sua fiscalização em relação ao livramento condicional, cumprindo a sua precípua função, nos termos do art. 69, *caput*, da Lei de Execução Penal.

Disciplina o art. 137 da Lei de Execução Penal que "a cerimônia do livramento condicional será realizada solenemente no dia marcado pelo presidente do Conselho Penitenciário, no estabelecimento onde está sendo cumprida a pena, observando-se o seguinte: I – a sentença será lida ao liberando, na presença dos demais condenados, pelo presidente do Conselho Penitenciário ou membro por ele designado, ou, na falta, pelo juiz; II – a autoridade administrativa chamará a atenção do liberando para as condições impostas na sentença de livramento; III – o liberando declarará se aceita as condições.

§ 1.º De tudo, em livro próprio, será lavrado termo subscrito por quem presidir a cerimônia e pelo liberando, ou alguém a seu rogo, se não souber ou não puder escrever. § 2.º Cópia desse termo deverá ser remetida ao juiz da execução".

Quanto à cerimônia oficial, optou-se pela formalização do ato de concessão do livramento condicional, como método de incentivo aos demais presos para a busca do mesmo benefício. Por tal motivo, realiza-se em ato solene, acompanhado por outros condenados. Lembre-se, entretanto, que, infelizmente, o livramento condicional vem rareando. Não há mais interesse na sua obtenção. Muitos presos têm preferido os regimes semiaberto e aberto. O semiaberto, em várias Comarcas, tornou-se um arremedo de Casa do Albergado (o condenado sai durante o dia para trabalhar e retorna no início da noite para dormir na colônia penal); o aberto tornou-se uma ficção, implicando *albergue domiciliar*, vale dizer, o sentenciado fica recolhido em sua própria casa, sem nenhuma fiscalização eficiente. Para que livramento condicional? Tornou-se, em muitos casos, desnecessário e, com as condições estabelecidas para o seu gozo, mais rigoroso do que a prisão domiciliar.

Na sequência, segue-se o art. 138: "ao sair o liberado do estabelecimento penal, ser-lhe-á entregue, além do saldo de seu pecúlio e do que lhe pertencer, uma caderneta, que exibirá à autoridade judiciária ou administrativa sempre que lhe for exigida. § 1.º A caderneta conterá: *a)* a identificação do liberado; *b)* o texto impresso do presente Capítulo; *c)* as condições impostas. § 2.º Na falta de caderneta, será entregue ao liberado um salvo-conduto, em que constem as condições do livramento, podendo substituir-se a ficha de identificação ou o seu retrato pela descrição dos sinais que possam identificá-lo. § 3.º Na caderneta e no salvo-conduto deverá haver espaço para consignar-se o cumprimento das condições referidas no art. 132 desta Lei".

Tratando-se de sentenciado em pleno cumprimento de pena, é mais que natural tenha ele um documento de identificação específico, contendo as condições do seu benefício. Dessa forma, as autoridades em geral, especialmente, a polícia, caso o encontre em lugar inapropriado ou desenvolvendo atividades que lhe estão vetadas, poderão tomar as medidas cabíveis para encaminhá-lo ao juiz da execução penal. Este, conforme o caso, pode revogar o benefício.

9.4.1. *Apoio ao liberado*

Dispõe o art. 139 da LEP que "a observação cautelar e a proteção realizadas por serviço social penitenciário, Patronato ou Conselho da Comunidade terão a finalidade de: I – fazer observar o cumprimento das condições especificadas na sentença concessiva do benefício; II – proteger o beneficiário, orientando-o na execução de suas obrigações e auxiliando-o na obtenção de atividade laborativa. Parágrafo único. A entidade encarregada da observação cautelar e da proteção do liberado apresentará relatório ao Conselho Penitenciário, para efeito da representação prevista nos arts. 143 e 144 desta Lei".

9.4.2. *Revogação do livramento*

Estabelece o art. 140 da Lei de Execução Penal que "a revogação do livramento condicional dar-se-á nas hipóteses previstas nos arts. 86 e 87 do Código Penal. Parágrafo único. Mantido o livramento condicional, na hipótese da revogação facultativa, o juiz deverá advertir o liberado ou agravar as condições".

Aproveita-se o ensejo para incluir os arts. 86 (revogação obrigatória) e 87 (revogação facultativa) do Código Penal: "art. 86. Revoga-se o livramento, se o liberado vem a ser condenado a pena privativa de liberdade, em sentença irrecorrível: I – por crime cometido durante a vigência do benefício; II – por crime anterior, observado o disposto no art. 84 deste Código"; "art. 87. O juiz poderá, também, revogar o livramento, se o liberado deixar de cumprir qualquer das obrigações constantes da sentença, ou for irrecorrivelmente condenado, por crime ou contravenção, a pena que não seja privativa de liberdade".

O cumprimento da pena precisa ser efetivo e real, em particular quando se trata de benefício concedido para avaliar o grau de ressocialização do sentenciado. Nesse cenário, as condições fixadas pelo juiz para o gozo do livramento condicional devem ser fielmente respeitadas. Diga-se o mesmo em relação a outros benefícios, como os regimes semiaberto e aberto, quando atingidos por progressão, a saída temporária, a suspensão condicional da pena etc.

Cabe ao serviço social penitenciário, ao Patronato ou ao Conselho da Comunidade essa fiscalização. Entretanto, na maioria das cidades brasileiras, por inexistência de Patronato ou Conselho da Comunidade, incumbe ao órgão do Executivo essa tarefa. Parece-nos, assim, vincular-se essa atividade fiscalizatória a uma autoridade, que, no entanto, também inexiste na maior parte das situações. Nada impede que o Estado-membro ou o Distrito Federal legisle nesse campo, desde que não haja conflito com leis federais.

Quanto à vigilância eletrônica, deve-se seguir o disposto na Lei Federal 12.258/2010, não havendo mais espaço para a legislação estadual atuar, visto ser matéria disciplinada pela União. Portanto, não mais se aplica a Lei Estadual 12.906/2008, de São Paulo.

O Conselho Penitenciário deve não somente emitir parecer a respeito da concessão ou não do livramento condicional como precisa acompanhar o seu cumprimento. Se entender necessário, pode representar pela revogação do benefício ou pela modificação das condições (arts. 143 e 144, LEP).

São hipóteses de revogação obrigatória: a) se o liberado for condenado a pena privativa de liberdade, em sentença irrecorrível, por crime cometido durante a vigência do benefício; b) se o liberado for condenado a pena privativa de liberdade, em sentença irrecorrível, por crime anterior, mas cujo montante de pena somado não autorize a continuidade do benefício, nos moldes do art. 84 do CP.

Constituem causas de revogação facultativa: a) se o liberado deixar de cumprir qualquer das obrigações impostas na decisão de concessão do benefício; b) se o liberado for irrecorrivelmente condenado, por crime ou contravenção, a pena que não seja privativa de liberdade.

São consequências da revogação do livramento condicional:

a) dispõe o art. 141 da LEP: "se a revogação for motivada por infração penal anterior à vigência do livramento, computar-se-á como tempo de cumprimento da pena o período de prova, sendo permitida, para a concessão de novo livramento, a soma do tempo das 2 (duas) penas";

b) caso a revogação tenha por fundamento o disposto no art. 86, II, do Código Penal, é possível receber novo benefício, assim que preenchidos os requisitos legais. Exemplificando: o condenado "A", com 10 anos de pena, obteve livramento ao atingir 4 anos; depois de 2 anos, recebeu condenação de 20 anos. Sua situação não permitia permanecer em livramento. Volta ao cárcere, porém, o tempo de 2 anos que ficou em liberdade condicional, será computado como cumprimento da pena. Teremos, então, um total de 30 anos, menos os 6 anos já cumpridos. O resultado é de 24 anos. Logo, conforme a situação individual, ele poderá receber o benefício após cumprir 1/3 (primário, de bons antecedentes) de 24 ou 1/2 (reincidente), conforme o caso;

c) o art. 142 é claro ao preceituar: "no caso de revogação por outro motivo, não se computará na pena o tempo em que esteve solto o liberado, e tampouco se concederá, em relação à mesma pena, novo livramento".

Havendo a revogação do livramento condicional, deve-se desprezar o tempo em que o liberado permaneceu solto, não podendo ele receber novamente o benefício, em relação à mesma pena.

9.4.3. Procedimento da revogação

Segue-se o disposto nos arts. 143 e 144 da LEP, respectivamente: "a revogação será decretada a requerimento do Ministério Público, mediante representação do Conselho Penitenciário, ou de ofício, pelo juiz, ouvido o liberado"; "o Juiz, de ofício, a requerimento do Ministério Público, da Defensoria Pública ou mediante representação do Conselho Penitenciário, e ouvido o liberado, poderá modificar as condições especificadas na sentença, devendo o respectivo ato decisório ser lido ao liberado por uma das autoridades ou funcionários indicados no inciso I do *caput* do art. 137 desta Lei, observado o disposto nos incisos II e III e §§ 1.º e 2.º do mesmo artigo".

Tem o condenado direito à ampla defesa, da mesma forma que os demais réus. Logo, seja rico ou pobre, deve o Estado garantir-lhe acesso ao advogado, para promover a sua defesa técnica. Logo, a previsão de ser o requerimento formulado pela Defensoria Pública resolve, parcialmente, o ponto, mas não envolve o preso de melhor condição econômica. Diante disso, é sempre importante haver um defensor, constituído ou dativo, tratando dos interesses dos condenados, quando a Defensoria Pública não o fizer.

9.4.4. Prática de nova infração penal durante o livramento

O art. 145 da LEP estipula que "praticada pelo liberado outra infração penal, o juiz poderá ordenar a sua prisão, ouvidos o Conselho Penitenciário e o Ministério Público, suspendendo o curso do livramento condicional, cuja revogação, entretanto, ficará dependendo da decisão final".

A prática de infração penal, mormente grave, por parte do liberado impõe ao juiz que tome uma medida célere, determinando o seu retorno à prisão. Trata-se de um *recolhimento cautelar*, independente de outra medida igualmente de ordem cautelar que tenha sido tomada (lavratura de auto de prisão em flagrante ou decretação de prisão preventiva por outro juízo). Aguarda-se, então, o término do processo-crime instaurado para apurar o caso.

Se for definitivamente condenado, revoga-se o livramento condicional e o tempo em que permaneceu solto será ignorado como cumprimento de pena. Caso seja absolvido, será novamente posto em liberdade condicional e o tempo em que esteve solto, bem como o período do recolhimento cautelar, serão computados como cumprimento de pena. É natural que, demorando o processo-crime para ter um fim, torna-se hipótese viável que o condenado, em recolhimento cautelar, termine a sua pena. Se não houver prisão cautelar decretada, deve ser, de qualquer modo, colocado em liberdade.

Note-se que o magistrado *poderá* ordenar o seu recolhimento cautelar. Afinal, conforme a infração penal cometida, de natureza leve, por exemplo, sem possibilidade de acarretar prisão (ilustrando, hoje é o que ocorre com o art. 28 da Lei 11.343/2006, em relação ao usuário de drogas, que receberá, sempre, penas alternativas à privativa de liberdade), eventualmente, o juiz pode mantê-lo em liberdade, mas adverti-lo, novamente, bem como aplicar-lhe outras obrigações (art. 140, parágrafo único, LEP). Porém, se o magistrado *não decretar* a prisão cautelar, futuramente, esse período será computado como cumprimento de pena, como prevê a jurisprudência majoritária.

Nenhum prejuízo ocorre ao princípio constitucional da presunção de inocência a suspensão do livramento condicional, pois se trata de medida cautelar, como, aliás, no processo penal, acontece com frequência (ex.: decretação de prisão temporária ou preventiva).

Quanto à prorrogação automática, lembre-se que a prática de nova infração penal, durante o período do livramento condicional, autoriza o juiz a ordenar a prisão do sentenciado, o que, por lógica, acarreta a suspensão do curso do benefício (não há como estar preso e solto ao mesmo tempo). Isso não deveria significar que, findo o prazo do livramento condicional, mesmo que o magistrado não determine a prisão do liberado, a pena estaria extinta. Aplicar-se-ia ao caso o disposto no art. 89 do Código Penal: "O juiz não poderá declarar extinta a pena, enquanto não passar em julgado a sentença em processo a que responde o liberado, por crime cometido na vigência do livramento". No entanto, compondo o disposto no art. 89 do CP com o art. 145 da LEP, somente se interrompe o livramento condicional, aguardando-se o julgamento do delito praticado durante a sua vigência, quando o juiz impõe a suspensão do livramento, com prisão do liberado.

Diante disso, é recomendável ao juiz da execução penal que, sempre, suspenda cautelarmente o livramento condicional, recolhendo-se o preso, se houver o cometimento de infração penal durante o gozo do benefício. Caso não o faça, corre-se o risco de haver o decurso do período, enquanto se aguarda o julgamento da nova infração e estaria extinta a pena.

9.4.5. Extinção do livramento sem revogação

É claro o disposto pelo art. 146 da LEP: "o juiz, de ofício, a requerimento do interessado, do Ministério Público ou mediante representação do Conselho Penitenciário, julgará extinta a pena privativa de liberdade, se expirar o prazo do livramento sem revogação".

Findo o prazo do livramento condicional, sem ter havido qualquer hipótese de prorrogação, nem mesmo revogação, *considera-se*, por lei, extinta a pena privativa de liberdade (art. 90, CP). Por isso, a decisão será meramente declaratória e não constitutiva.

Conferir a Súmula 617 do STJ: "A ausência de suspensão ou revogação do livramento condicional antes do término do período de prova enseja a extinção da punibilidade pelo integral cumprimento da pena".

O ideal é haver um controle eficiente disso, a ponto de o juiz da execução penal fazê-lo de ofício, ouvido, antes, ao menos, o Ministério Público. Porém, cabe a provocação do MP e do Conselho Penitenciário para que tal decisão se concretize.

10. MONITORAÇÃO ELETRÔNICA

10.1. Hipóteses de cabimento

Estabelece o art. 146-B da Lei de Execução Penal poder o juiz "definir a fiscalização por meio da monitoração eletrônica quando: (...) II – autorizar a saída temporária no regime semiaberto; (...); IV – determinar a prisão domiciliar; (...) VI – aplicar pena privativa de liberdade a ser cumprida nos regimes aberto ou semiaberto, ou conceder progressão para tais regimes; VII – aplicar pena restritiva de direitos que estabeleça limitação de frequência a lugares específicos; VIII – conceder o livramento condicional".

Trata-se de uma faculdade do juiz a utilização do monitoramento eletrônico para todos os casos viáveis. A situação concreta do sentenciado, a espécie de benefício pleiteado, o grau de confiabilidade do beneficiário e a estrutura de fiscalização da Vara de Execuções Criminais podem ser fatores determinantes para a indicação do monitoramento ou não. Por vezes, ilustrando, uma prisão domiciliar de pessoa idosa e enferma constitui cenário despropositado para o uso de vigilância indireta. Enfim, deve o juiz lançar mão da monitoração eletrônica em último caso, quando perceber a sua necessidade para fazer valer, de fato, as regras do benefício concedido.

No cenário da saída temporária, cuida-se de típico benefício para os que cumprem pena no regime semiaberto. Não há que se tolerar saída temporária para os sentenciados inseridos em regime fechado, visto não terem a menor confiabilidade para gozarem do benefício. Igualmente, a quem está em regime aberto pouco interessa a saída temporária, pois grande parte do tempo de seu dia encontra-se livre, fora do ambiente carcerário.

Quanto à prisão domiciliar, trata-se da prisão proveniente do regime aberto, a ser cumprida em residência particular, nos termos do art. 117 da Lei de Execução Penal. Em tese, portanto, destina-se somente aos condenados maiores de 70 anos, acometidos de doença grave, com filho menor ou deficiente físico ou mental e às condenadas gestantes.

Ocorre que, lamentavelmente, por deficiência da atuação do Poder Executivo, em grande parte das Comarcas brasileiras, inexiste a Casa do Albergado, lugar apropriado para o cumprimento do regime aberto. Por tal motivo, os magistrados têm determinado a inserção dos sentenciados nesse regime em prisão albergue domiciliar. A ausência de fiscalização é evidente e a pena torna-se um autêntico arremedo. Porém, para tais situações, prevê-se a utilização do monitoramento eletrônico, que, se for bem utilizado, poderá controlar as entradas e saídas da residência, bem como o afastamento indevido do local onde deve permanecer quando se encontra fora do trabalho ou nos dias de folga.

Não se confunda a prisão domiciliar, em regime aberto, com a sinônima voltada para a segregação cautelar, fruto da Lei 5.256/1967 (prisão especial, nos termos do art. 295 do CPP) ou decorrente dos artigos 317 e 318 do CPP. Entretanto, a Lei 12.258/2010 não especificou qual das duas pretendia atingir, pois se referiu apenas à *prisão domiciliar*. Assim, pode-se usar a monitoração eletrônica, igualmente, aos presos cautelares nesse contexto.

A Lei 14.843/2024 incluiu os incisos VI a VIII ao art. 146-B. A hipótese do inciso VI almeja abranger qualquer situação de quem se encontra no regime aberto ou semiaberto, embora se possa argumentar que, no semiaberto, utiliza-se a monitoração eletrônica para a saída temporária - para estudo ou trabalho, logo, já incluída no inciso II deste artigo. No mesmo prisma, quando se faz referência ao regime aberto, volta-se à prisão albergue domiciliar, portanto, incluída no inciso IV. De qualquer maneira, por cautela, estipula-se a permissão para a tornezeleira sempre que o condenado, nesses regimes, precisa de acompanhamento a distância.

O inciso VII traz situação inédita, pois autoriza a monitoração para a pena restritiva de direitos da proibição de frequência a certos lugares (art. 47, IV, CP). Essa pena, em si, é vazia na prática, pois inexistem locais específicos para figurar como *vedados* ao condenado. Além disso, a fiscalização sempre foi um problema, visto ser ineficiente ou inexistente. A previsão de uso de tornozeleira não parece resolver esse cenário negativo, pois seria indispensável haver um controle tecnológico preciso, a ponto de permitir que o sistema monitore exatamente os passos do sentenciado, sendo capaz de o ligar ao lugar especificado pelo juiz para não ser acessado. Além de tudo, faltam aparelhos suficientes para casos mais relevantes, como saída temporária no regime semiaberto ou para a prisão domiciliar, razão pela qual dificilmente seriam reservados alguns para essa modalidade de pena restritiva de direitos. Não bastasse, raros são os juízos que aplicam a proibição de frequentar lugares, justamente pelos defeitos mencionados.

O inciso VIII parece útil, pois indica a monitoração eletrônica para acompanhar o livramento condicional. Neste caso, o acompanhamento a distância permite fiscalizar eventual afastamento da Comarca ou mudança de residência, o recolhimento à habitação em horário fixado e até mesmo a frequência a determinados lugares, que já comentamos anteriormente.

A Lei 14.994/2024 introduz o art. 146-E, como hipótese obrigatória para a fixação da monitoração eletrônica: quando o condenado por delito contra a mulher por razões da condição do sexo feminino (art. 121-A, § 1.º, CP) usufruir de qualquer benefício que propicie a sua saída de estabelecimento penal. Cuida-se de uma medida preventiva a eventuais agressões que possam ocorrer contra a mesma vítima - ou outra mulher - ao menos enquanto durar o cumprimento da pena.

10.2. Deveres e cuidados por parte do condenado

O art. 146-C da LEP estabelece que "o condenado será instruído acerca dos cuidados que deverá adotar com o equipamento eletrônico e dos seguintes deveres: I – receber visitas do servidor responsável pela monitoração eletrônica, responder aos seus contatos e cumprir suas orientações; II – abster-se de remover, de violar, de modificar, de danificar de qualquer forma o dispositivo de monitoração eletrônica ou de permitir que outrem o faça; (...). Parágrafo único. A violação comprovada dos deveres previstos neste artigo poderá acarretar, a critério do juiz da execução, ouvidos o Ministério Público e a defesa: I – a regressão do regime; II – a revogação da autorização de saída temporária; (...); VI – a revogação da prisão domiciliar; VII – advertência, por escrito, para todos os casos em que o juiz da execução decida não aplicar alguma das medidas previstas nos incisos de I a VI deste parágrafo; VIII – a revogação do livramento condicional; IX – a conversão da pena restritiva de direitos em pena privativa de liberdade".

Cabe ao monitorado manter contato com o servidor responsável pela fiscalização de sua situação, a fim de se saber onde e como está, nos períodos em que se encontra em liberdade, bem como nos espaços de tempo em que deve recolher-se a determinado lugar. Resta a indagação acerca da existência desse servidor, pois a falta de material humano sempre foi a mais comum desculpa do Executivo para não dar cumprimento às diversas formas de fiscalização. Afinal, havendo carência de fiscais, o monitoramento eletrônico não surtirá nenhum efeito prático. Por outro lado, deve o sentenciado zelar pelo aparelho, não podendo danificá-lo ou alterá-lo de qualquer forma, de modo a impedir a sua correta utilização.

Como consequências da violação dos deveres do monitorado, a critério do juiz, conforme o caso concreto, são as seguintes possibilidades, da mais branda à mais grave:

a) *advertência, por escrito*. Intima-se o sentenciado a comparecer à Vara de Execuções e, em audiência, o juiz colhe as suas explicações. Dependendo da situação, insere no termo a advertência de que a recidiva na mesma falta ou em outra similar dará ensejo a medidas mais drásticas. Assegura-se defesa técnica, incluindo a produção de provas, se assim for necessário, e assinam o termo tanto o juiz, quanto o representante do Ministério Público, o defensor e o condenado;

b) *revogação do benefício concedido*, seja a autorização para saída temporária, seja a prisão domiciliar. No primeiro caso, o resultado será colhido para o futuro, na medida em que a próxima (ou as próximas) saída temporária será vedada pelo juiz. Nada impede que, durante a saída, constatando-se qualquer falta, o juiz revogue imediatamente o benefício, com o fito de ouvir o sentenciado, proporcionando-lhe defesa. A partir disso, analisando suas justificativas, poderá, ou não, coibir saídas futuras. A segunda revogação é mais complexa. Se o sentenciado se encontra em prisão domiciliar, fruto do regime aberto, onde não existe Casa do Albergado, a revogação da prisão em domicílio implicará, automaticamente, a regressão de regime, pois somente ao semiaberto ou ao fechado poderá ser encaminhado. Entretanto, na hipótese de se tratar de pessoa com mais de 70 anos, por exemplo, inserido na prisão domiciliar, em local onde há Casa do Albergado, o cometimento de falta pode implicar a revogação da prisão em domicílio com transferência para a Casa do Albergado. Tal situação, porém, é rara;[9]

c) *regressão do regime*. Encontrando-se no regime semiaberto, praticando falta durante a saída temporária, conforme a gravidade (como o cometimento de delito doloso), pode o juiz determinar a regressão ao regime fechado. Cabe-lhe assegurar ao condenado a ampla defesa (autodefesa e defesa técnica, com produção de provas, se necessário). Se estiver inserido no regime aberto, a regressão pode dar-se ao semiaberto; em situações mais graves, nada impede que a regressão se faça diretamente ao regime fechado. Lembre-se, entretanto, da indispensabilidade de se garantir defesa antes da decisão a respeito da regressão;
d) *revogação do livramento condicional*. Essa hipótese pode conduzir o sentenciado ao regime fechado, causando uma mudança considerável no cumprimento da pena;
e) *conversão da pena restritiva de direitos em privativa de liberdade*. Cuida-se de situação a gerar, também, uma alteração evidente na execução da pena, pois ela migra para um regime de privação da liberdade. No entanto, essa conversão nem sempre acarreta *efetivo* prejuízo, o que pode acontecer se o juiz fixar o regime aberto – em prisão albergue domiciliar. Assim, não cumprindo a restrição de direito, o sentenciado pode ser submetido a uma prisão domiciliar, nem sempre fiscalizada.

A violação aos deveres impostos pelo uso de monitoração eletrônica pode gerar os efeitos enumerados no parágrafo único do art. 146-C da Lei de Execução Penal, mas pode não constituir falta grave, quando não coincidir com hipótese prevista no art. 50 da mesma lei. Noutros termos, exemplificando, descumprir as condições impostas para o regime aberto, como a utilização da tornozeleira, danificando o aparelho, encaixa-se no art. 50, V. Todavia, violar o aparelho em saída temporária no regime semiaberto não se encontra no rol do art. 50, motivo pelo qual não produz falta grave. Há posição de quem aponta esta última situação como falta grave, pretendendo inserir no art. 50, VI, com ligação ao art. 39, II, significando desobediência a servidor, porque foi instruído a preservar o equipamento. Não nos parece seja viável essa alternativa, pois a desobediência ali existente refere-se ao agente penitenciário e às regras internas do presídio. Inexiste vínculo com o dever de preservar as regras do art. 146-C, I e II.

10.3. Hipóteses de revogação

Há dois focos básicos para sustentar a revogação da monitoração eletrônica, um positivo e outro negativo (art. 146-D, LEP). Sob o aspecto positivo, o monitoramento se torna desnecessário ou inadequado, demonstrando ter o sentenciado assumido um

---

[9] Tratando-se de prisão cautelar, a sua revogação desloca o preso para presídio fechado, como regra, local onde se insere quem tem a prisão preventiva decretada.

comportamento tão diligente e responsável que a vigilância indireta se torna inútil. Por vezes, conforme a atividade laborativa do condenado (ex.: professor de natação), o aparelho pode ficar exposto e trazer constrangimento a quem o utiliza. De todo modo, pode-se falar em foco positivo, pois a retirada da monitoração será feita para o bem do sentenciado.

Sob o prisma negativo, revoga-se o benefício se forem violados os deveres do sentenciado durante a sua utilização. Em realidade, como regra, a retirada do monitoramento eletrônico termina por implicar medidas mais drásticas, como a regressão de regime ou a proibição de saídas temporárias. Nota-se que, nesse artigo, menciona-se o termo *acusado*, apontando-se, pois, para a utilização do aparelho, quando em prisão domiciliar, fruto de medida processual cautelar. Por outro lado, inclui-se a prática de *falta grave*, indicando tratar-se de condenado. E, nessa situação, como regra, não se considera apenas a possibilidade de revogação do monitoramento eletrônico, mas, também, distintas alternativas, incluindo eventual regressão de regime.

Confira-se o teor do Decreto 7.627, de 24 de novembro de 2011, editado pela Presidência da República, em relação à monitoração eletrônica: "Art. 1.º Este Decreto regulamenta a monitoração eletrônica de pessoas prevista no inciso IX do art. 319 do Decreto-Lei 3.689, de 3 de outubro de 1941 – Código de Processo Penal, e nos arts. 146-B, 146-C e 146-D da Lei 7.210, de 11 de julho de 1984 – Lei de Execução Penal. Art. 2.º Considera-se monitoração eletrônica a vigilância telemática posicional à distância de pessoas presas sob medida cautelar ou condenadas por sentença transitada em julgado, executada por meios técnicos que permitam indicar a sua localização. Art. 3.º A pessoa monitorada deverá receber documento no qual constem, de forma clara e expressa, seus direitos e os deveres a que estará sujeita, o período de vigilância e os procedimentos a serem observados durante a monitoração. Art. 4.º A responsabilidade pela administração, execução e controle da monitoração eletrônica caberá aos órgãos de gestão penitenciária, cabendo-lhes ainda: I – verificar o cumprimento dos deveres legais e das condições especificadas na decisão judicial que autorizar a monitoração eletrônica; II – encaminhar relatório circunstanciado sobre a pessoa monitorada ao juiz competente na periodicidade estabelecida ou, a qualquer momento, quando por este determinado ou quando as circunstâncias assim o exigirem; III – adequar e manter programas e equipes multiprofissionais de acompanhamento e apoio à pessoa monitorada condenada; IV – orientar a pessoa monitorada no cumprimento de suas obrigações e auxiliá-la na reintegração social, se for o caso; e V – comunicar, imediatamente, ao juiz competente sobre fato que possa dar causa à revogação da medida ou modificação de suas condições. Parágrafo único. A elaboração e o envio de relatório circunstanciado poderão ser feitos por meio eletrônico certificado digitalmente pelo órgão competente. Art. 5.º O equipamento de monitoração eletrônica deverá ser utilizado de modo a respeitar a integridade física, moral e social da pessoa monitorada. Art. 6.º O sistema de monitoramento será estruturado de modo a preservar o sigilo dos dados e das informações da pessoa monitorada. Art. 7.º O acesso aos dados e informações da pessoa monitorada ficará restrito aos servidores expressamente autorizados que tenham necessidade de conhecê-los em virtude de suas atribuições".

11. PENAS RESTRITIVAS DE DIREITOS

11.1. Disposições gerais

Nos termos do art. 147 da LEP, "transitada em julgado a sentença que aplicou a pena restritiva de direitos, o juiz de execução, de ofício ou a requerimento do Ministério Público, promoverá a execução, podendo, para tanto, requisitar, quando necessário, a colaboração de entidades públicas ou solicitá-la a particulares".

A execução das penas restritivas de direitos: como se dá com a privativa de liberdade, inicia-se a execução, como regra, de ofício, sem necessidade de provocação do Ministério Público ou mesmo do condenado. Porém, há de se fazer um registro importante. Embora o art. 147 mencione poder o magistrado *requisitar* (exigir legalmente) a colaboração de entidades públicas ou *solicitá-la* (pedir, pleitear) a entidades particulares, essa referência se aplica, basicamente, à pena de prestação de serviços à comunidade.

As demais, também como regra geral, prescindem da participação de entes públicos ou de particulares. E mesmo em relação à prestação de serviços à comunidade torna-se essencial haver estrutura, organização e *boa vontade*. De nada adianta o juiz da execução penal requisitar auxílio de organismos públicos despreparados ou solicitar a particulares, que possam atuar a contragosto. O engajamento do Estado e da comunidade no cumprimento da pena é muito importante para consagrar a meta de ressocialização do condenado. Atualmente, em vários Estados, existem centrais específicas para o cumprimento das penas alternativas, especialmente a prestação de serviços à comunidade. Por isso, facilitou-se o acesso do condenado ao seu cumprimento.

É inviável, pois ilegal, a execução provisória da pena restritiva de direitos. Deve-se aguardar o trânsito em julgado da decisão condenatória para que se possa exigir o cumprimento da pena restritiva de direitos.[10] A execução provisória, nessa situação, não traria nenhum benefício ao condenado; ao contrário, somente malefícios, pois estaria cumprindo pena antes do trânsito em julgado da sentença condenatória. Entretanto, se houve o início do cumprimento dessa modalidade de pena, antes do trânsito em julgado, não se pode considerar o disposto no art. 117, V, do Código Penal, vale dizer, interrupção da prescrição executória pelo início do cumprimento da pena, tendo em vista a patente ilegalidade na qual está incurso o sentenciado.

11.2. Revogação da pena restritiva de direitos

Poderá ser feita, durante o seu cumprimento, desde que advenha outra condenação, demonstrativa da incompatibilidade dessa modalidade de pena. Ilustrando: o condenado cumpre prestação de serviços à comunidade, por dois anos; logo no início do cumprimento, advém outra condenação a pena de quatro anos de reclusão. Somadas as penas, o total atinge seis anos, ultrapassando o limite (quatro anos) previsto no art. 44, I, do Código

---

[10] Súmula 643 do STJ: "A execução da pena restritiva de direitos depende do trânsito em julgado da condenação".

Penal. Portanto, o juiz deve converter as penas em privativa de liberdade, no montante de seis anos, escolhendo o regime adequado à situação concreta.

Por outro lado, é viável que o condenado esteja cumprimento pena privativa de liberdade, em regime aberto, no total de dois anos; advinda outra condenação, de um ano de reclusão, convertida em prestação pecuniária, torna-se possível a convivência de ambas, sem necessidade de revogação da pena alternativa.

Outra hipótese: o sentenciado cumpre prestação de serviços à comunidade por três anos; advém outra condenação a pena de seis meses de detenção, com *sursis*. Pode-se manter o quadro tal como posto: cumpre-se a prestação de serviços e a suspensão condicional da outra pena de seis meses, sem prejuízo, aplicando-se o disposto no art. 44, § 5.º, do CP.

11.3. Alteração da forma de cumprimento

Disciplina o art. 148 que "em qualquer fase da execução, poderá o juiz, motivadamente, alterar a forma de cumprimento das penas de prestação de serviços à comunidade e de limitação de fim de semana, ajustando-as às condições pessoais do condenado e às características do estabelecimento, da entidade ou do programa comunitário ou estatal".

Imposta a pena alternativa na sentença condenatória, a alteração mencionada no referido art. 148 diz respeito à *forma de cumprimento*, mas não à modificação da pena em si, trocando uma por outra, pois tal medida seria ofensiva à coisa julgada material, sem que haja autorização legal a tanto.

Portanto, se o juiz da condenação impôs limitação de fim de semana, não pode o juiz da execução penal alterar a pena, substituindo-a para prestação de serviços à comunidade (ou outra qualquer). O que lhe é dado fazer é modificar a estrutura do cumprimento da pena. Assim, exemplificando, em lugar de permanecer por cinco horas diárias, aos sábados e domingos, em casa do albergado (art. 48, CP), como determinou o juiz da condenação, na impossibilidade, é possível – embora improvável – que o juiz da execução determine o comparecimento em outro órgão público (ilustrando, a Prefeitura Municipal da Comarca) para que participe de algum curso, nos fins de semana, ocupando-se durante as cinco horas diárias.

No caso de pena de prestação de serviços à comunidade, é possível ao juiz da execução alterar a forma de cumprimento, ou seja, em lugar de uma hora-tarefa por dia de condenação, pode determinar que o condenado, respeitado o seu interesse, preste sete horas de serviços, num único dia, em determinada entidade assistencial.

Quando foi editada a Lei de Execução Penal em 1984, não existiam as penas de perda de bens e valores e de prestação pecuniária, criações da Lei 9.714/98. Porém, valendo-se do disposto no art. 45, § 2.º, do Código Penal, é perfeitamente viável a alteração da pena de prestação pecuniária ao longo da execução. Assim, imposta uma pena de prestação pecuniária consistente no pagamento de 100 salários mínimos à vítima (art. 45, § 1.º, CP), no momento de executar, verifica-se que o condenado não tem condições de arcar com tal montante.

Acolhendo pleito do próprio sentenciado, contando-se com a aceitação do beneficiário, o juiz converte o pagamento em pecúnia em prestação de outra natureza, como, por exemplo, a prestação de serviços à vítima (ex.: por ser mecânico, pode empreender à revisão ou algum reparo de funilaria em um veículo do ofendido). Temos sustentado não ser alternativa legalmente viável a concessão, de pronto, na sentença condenatória, de *prestação de outra natureza*. Essa é uma modificação a ser, quando for o caso, implementada pelo juízo da execução penal, nos mesmos moldes em que, expressamente, garantiu o art. 148 nos cenários das penas de prestação de serviços à comunidade e limitação de fim de semana.

11.4. Prestação de serviços à comunidade

Conforme a letra do art. 149 da Lei de Execução penal, "caberá ao juiz da execução: I – designar a entidade ou programa comunitário ou estatal, devidamente credenciado ou convencionado, junto ao qual o condenado deverá trabalhar gratuitamente, de acordo com as suas aptidões; II – determinar a intimação do condenado, cientificando-o da entidade, dias e horário em que deverá cumprir a pena; III – alterar a forma de execução, a fim de ajustá-la às modificações ocorridas na jornada de trabalho. § 1.º O trabalho terá a *duração de oito horas semanais* e será realizado aos sábados, domingos e feriados, ou em dias úteis, de modo a não prejudicar a jornada normal de trabalho, nos horários estabelecidos pelo juiz. § 2.º A execução terá início a partir da data do primeiro comparecimento" (grifamos).

Moderniza-se, atualmente, essa incumbência do juiz da execução penal. Como já mencionamos, em muitas Comarcas, há centrais de penas alternativas – o que representa o método ideal –, organizadas pelo Poder Executivo, para encaminhar a vários órgãos estatais os condenados sujeitos à prestação de serviços à comunidade. Assim, basta ao juiz encaminhar o sentenciado a essa central e, depois, receber os relatórios mensais (art. 150, LEP), a respeito do seu desempenho no serviço. Apenas a alteração quanto à *forma* de execução necessita da autorização judicial, mas pode ser intermediada pela central que recepcionou o sentenciado.

Houve a derrogação do art. 149, § 1.º, pela Lei 9.714/1998, que alterou a redação do art. 46, § 3.º, do Código Penal, estabelecendo, diversamente do contido no mencionado art. 149, § 1.º, da Lei de Execução Penal, que a prestação de serviços à comunidade deverá ser cumprida à razão de uma hora de tarefa por dia de condenação, o que implica jornada semanal de sete horas e não de oito, como anteriormente constava tanto nesta Lei como no Código Penal. Por ser norma mais recente, afasta-se o disposto no art. 149, § 1.º, da Lei de Execução Penal, no tocante à duração de *oito horas semanais*.

Continua-se, entretanto, a permitir que a atividade seja desenvolvida aos sábados, domingos, feriados ou em dias úteis, como for mais conveniente aos interesses do condenado, de forma a não lhe prejudicar a jornada normal de trabalho. O juiz da execução penal tem autonomia para acertar a jornada da melhor maneira (ex.: o sentenciado pode comparecer à entidade assistencial que lhe foi designada uma hora por dia, todos os dias da semana, bem como pode trabalhar sete horas no sábado ou domingo). Lembre-se, ainda, de outra novidade, introduzida também pela Lei 9.714/1998: a possibilidade de antecipação do cumprimento dessa modalidade de pena (art. 46, § 4.º, CP). Para tanto, será necessário fazer o cálculo em horas do total da pena, permitindo-se que a antecipação se dê, no máximo, até a metade do total fixado.

Conforme dispõe o art. 117, V, do Código Penal, interrompe-se o curso da prescrição – neste caso, em relação à pretensão executória da pena – quando se iniciar o cumprimento. No caso da prestação de serviços à comunidade, tem início, interrompendo-se a prescrição, no primeiro comparecimento do sentenciado à entidade que lhe foi designada. Logo, não é por ocasião de sua ida ao fórum ou à central de penas alternativas, a fim de tomar conhecimento de como será desenvolvido seu trabalho, para efeito de interrupção do curso da prescrição.

"A entidade beneficiada com a prestação de serviços encaminhará mensalmente, ao juiz da execução, relatório circunstanciado das atividades do condenado, bem como, a qualquer tempo, comunicação sobre ausência ou falta disciplinar" (art. 150, LEP).

Esse relatório tem a função de acompanhar o cumprimento da pena de prestação de serviços à comunidade. Exige-se do condenado assiduidade, pontualidade e obediência.

As faltas graves estão enumeradas no art. 51: "comete falta grave o condenado à pena restritiva de direitos que: I – descumprir, injustificadamente, a restrição imposta; II – retardar, injustificadamente, o cumprimento da obrigação imposta; III – inobservar os deveres previstos nos incisos II e V, do artigo 39, desta Lei", como já comentamos anteriormente.

Em caso de inexistência de local para a prestação de serviços à comunidade, embora atualmente tal situação seja rara de ocorrer, há, em nosso ponto de vista, somente duas soluções viáveis:

a) aguardar a prescrição, enquanto o Estado não oferece condições concretas para o cumprimento da pena, o que é o correto, já que se daria o mesmo se estivesse foragido;
b) dá-se a pena por cumprida, caso o tempo transcorra, estando o condenado à disposição do Estado para tanto. Esta não é a melhor alternativa, pois, paralelamente, somente para ilustrar, sabe-se que muitos mandados de prisão deixam de ser cumpridos por falta de vagas em presídios e nem por isso as penas "fingem-se" executadas.

11.5. Limitação de fim de semana

"Caberá ao juiz da execução determinar a intimação do condenado, cientificando-o do local, dias e horário em que deverá cumprir a pena. Parágrafo único. A execução terá início a partir da data do primeiro comparecimento" (art. 151, LEP).

O lugar ideal – e legal – para o cumprimento da pena de limitação de fim de semana é a casa do albergado (art. 48, CP). É certo que existe a possibilidade de haver um local alternativo ("ou outro estabelecimento adequado"), mas, na imensa maioria dos casos, não há. O que existe, infelizmente, são arremedos de cumprimento de pena. Ex.: há quem determine ao réu a permanência em sua própria casa (prisão albergue domiciliar), nos fins de semana, durante cinco horas no sábado e no domingo. Quem vai fiscalizar? Qual será o horário? Haverá palestra e curso educativo? Certamente, nada disso existirá ou terá função útil. A pena se torna na realidade uma paródia do cenário previsto em lei.

Não se pode utilizar a cadeia pública ou local similar para a limitação de fim de semana. A pena restritiva de direitos não comporta ambiente carcerário fechado. Constitui constrangimento ilegal tal medida.

Dentro da medida ideal, o art. 152 da LEP dispõe: "poderão ser ministrados ao condenado, durante o tempo de permanência, cursos e palestras, ou atribuídas atividades educativas. Parágrafo único. Nos casos de violência doméstica e familiar contra a criança, o adolescente e a mulher e de tratamento cruel ou degradante, ou de uso de formas violentas de educação, correção ou disciplina contra a criança e o adolescente, o juiz poderá determinar o comparecimento obrigatório do agressor a programas de recuperação e reeducação".

Esses programas educativos constituem obrigação estatal, pois não teria o menor sentido determinar a alguém que passasse cinco horas no sábado e outras cinco no domingo sem fazer absolutamente nada na casa do albergado. Se for para se ocupar, sozinho, da leitura de um livro ou para assistir televisão, que fique em casa e não cumpra pena. O Estado, pois, tem o dever de lhe proporcionar atividades educativas, em harmonia com a finalidade da pena: a reeducação do condenado.

Recomenda o art. 153 que "o estabelecimento designado encaminhará, mensalmente, ao juiz da execução, relatório, bem assim comunicará, a qualquer tempo, a ausência ou falta disciplinar do condenado".

Esse relatório mensal destina-se ao acompanhamento do cumprimento da pena de fim de semana. Exige-se do condenado assiduidade, pontualidade e obediência. O não cumprimento implica reconversão em pena privativa de liberdade.

11.5.1. Limitação de fim de semana e violência doméstica

Um dos principais propósitos, em matéria de aplicação de penas, da Lei 11.340/2006, que cuidou dos casos de violência doméstica e familiar, foi evitar a substituição de penas privativas de liberdade por pecúnia ou forma similar, como "doação de cestas básicas" (art. 17 da referida Lei 11.340/2006). Não se impede a substituição de penas privativas de liberdade por restritivas de direitos, como, exemplificando, a prestação de serviços à comunidade ou a limitação de fim de semana. Neste último caso, acrescentou-se o parágrafo único ao art. 152 da LEP, com o objetivo de proporcionar ao agressor cursos específicos à sua situação, vale dizer, de recuperação e reeducação no contexto de *respeito* à mulher e à família.

Mas é preciso *bom senso* do julgador, visto que, onde não há Casas do Albergado, essa sanção inexiste. Condenar o agressor da mulher a cumprir limitação de fim de semana em *albergue domiciliar* é conceder-lhe um prêmio, completamente fora do espírito da lei de violência doméstica.

11.6. Interdição temporária de direitos

O art. 154 da Lei de Execução Penal preceitua caber "ao juiz da execução comunicar à autoridade competente a pena aplicada, determinada a intimação do condenado. § 1.º Na hipótese de pena de interdição do art. 47, I, do Código Penal, a autoridade deverá, em 24 (vinte e quatro) horas, contadas do recebimento do ofício, baixar ato, a partir do qual a execução terá seu início. § 2.º Nas hipóteses do art. 47, II e III, do Código Penal, o Juízo da Execução determinará a apreensão dos documentos, que autorizam o exercício do direito interditado".

As modalidades de penas previstas no art. 47 do Código Penal (proibição do exercício de cargo, função ou atividade pública, bem como de mandato eletivo; proibição do exercício de profissão, atividade ou ofício que dependam de habilitação especial, de licença ou autorização do poder público; suspensão de autoridade ou de habilitação para dirigir veículo; proibição de frequentar lugares) são totalmente dissociadas dos propósitos regeneradores da pena. Qual a utilidade de se proibir o condenado de exercer uma profissão ou atividade lícita? Nenhuma. Se ele errou no exercício funcional, certamente, deve pagar pelo que fez, mas jamais com a imposição estatal de não se poder sustentar. Caso o erro seja muito grave, deve deixar o cargo, a função, a atividade, o mandato, o ofício ou a profissão em definitivo.

A proibição temporária é mais severa, pois implica desorientação e desativação da vida profissional, seja ela qual for, por um determinado período, vale dizer, não se parte para outro foco de atividade de uma vez por todas, porém, não se sabe se haverá condições de retornar ao antigo posto com dignidade. Imagine-se o médico que seja obrigado a permanecer um ano sem exercer sua profissão. Ele fecha o consultório, dispensa os pacientes e faz o que da sua vida? Sustenta a si e à sua família de que modo? Não se tem notícia de sucesso nessa *cartada do Estado* para punir crimes cometidos no exercício profissional. Por outro lado, passado um ano, como esse médico terá condições de reabrir o consultório e reativar sua antiga clientela? É humanamente impossível tal proeza, mormente em cidades do interior, onde todos conhecem o que se passa e torna-se inviável ocultar o cumprimento da pena. Se ele for obrigado a mudar de cidade para retomar sua vida, recria-se a pena de *banimento* indireto ou mesmo de *ostracismo*, o que é cruel. Somos contrários à proibição de exercício profissional de qualquer espécie. Insistimos: se o erro for muito grave, não há mais condições de se permitir o exercício da profissão, merecendo, pois, como efeito da condenação, a cessação permanente da autorização para tal. Entretanto, o art. 92, I, do Código Penal, cuida disso de maneira limitada e voltada somente aos funcionários públicos.

Sobre a proibição do exercício de cargo, função ou atividade pública e mandato eletivo, para o cumprimento dessa pena restritiva de direitos, deve o magistrado oficiar ao superior do funcionário público condenado, comunicando-lhe a vedação e o período de duração. A partir daí, a autoridade competente baixará ato para impedir que o servidor tenha acesso ao seu local costumeiro de trabalho. É o início do cumprimento da pena, com interrupção da prescrição (art. 117, V, CP).

Para o cumprimento de outras restrições, deve o juiz da execução penal determinar a intimação do condenado para que apresente seu documento funcional (ex.: cuidando-se do advogado, entregaria a carteira de identificação expedida pela OAB). Em tese, apreendido o referido documento pelo tempo de duração da pena, o profissional estaria impedido de exercer a profissão, atividade ou ofício, pois dependentes de licença ou autorização do poder público. Vã ilusão. A imensa maioria dos profissionais exerce as suas atividades laborativas normalmente, sem ter que exibir, nos seus locais de trabalho, a carteira de identificação. Nem mesmo em audiência, tornando ao exemplo do advogado, exige o juiz a sua identificação, especialmente quando há procuração nos autos e o profissional já esteve na Vara antes. Pode-se dizer o mesmo das demais profissões.

Os médicos, em outra ilustração, não praticam a medicina em seus consultórios exibindo a carteira de identificação aos pacientes. Em suma, a apreensão do documento é inócua, em si mesma, constituindo mera formalidade. A par dessa medida, deve o juiz oficiar ao órgão de classe, que tomaria a providência de publicar nota a respeito (ex.: comunicação no jornal do sindicato ou do órgão de classe), bem como assumiria o compromisso de fiscalizar o condenado através de mecanismos próprios (ex.: o Conselho Regional de Medicina pode ter acesso aos lugares comuns onde determinado médico exerce sua profissão, tais como consultório, hospitais, clínicas etc., devendo colaborar com o juízo para evitar o exercício da atividade).

Houve derrogação do art. 47, III, do Código Penal pelo Código de Trânsito Brasileiro (Lei 9.503/97), que regulou, por inteiro, a pena restritiva de direitos consistente em suspensão da permissão ou habilitação para dirigir veículos. Por isso, afastou o disposto no inciso III do art. 47 em relação à *habilitação para dirigir*. Remanesce a figura da autorização para dirigir, que, na realidade, destina-se, apenas, aos ciclomotores, logo, inofensivo.

Não bastasse a *proibição de frequentar lugares* ser inútil, especialmente em matéria de fiscalização, como mera condição do *sursis* (art. 78, § 2.º, *a*, CP) e do livramento condicional (art. 132, § 2.º, *c*, LEP), a Lei 9.714/1998 fez o desfavor de trazê-la para o universo das penas restritivas de direitos, inserindo-a no art. 47, IV, do Código Penal.

Por tal razão, não se encontra regulada na Lei de Execução Penal, datada de 1984. É uma espécie de pena que não teve repercussão e os magistrados, com razão, evitam aplicá-la, pois, como já frisamos, é inútil. Como se poderia pensar em substituir uma pena privativa de liberdade de até quatro anos de reclusão, por crime doloso, pela *proibição de frequentar determinados lugares*? Quais seriam esses locais? Teria a eficiência de causar aflição ao condenado, a ponto, inclusive, de reeducá-lo? É evidente que não. Além disso, nem é preciso ressalvar a completa desestrutura do Estado em fiscalizar tal penalidade. Se nem mesmo a prisão em regime aberto conta com a fiscalização adequada, é mais que natural estar essa pretensa punição (proibição de frequentar lugares) fadada a permanecer no esquecimento, o que é uma resposta necessária do Judiciário à infeliz criatividade legislativa. Deve-se destacar a atual viabilidade de se impor a monitoração eletrônica para a proibição de frequentar lugares (art. 146-B, VII, LEP), restando, ainda, em aberto, qual seria o critério para a escolha de locais adequados para se vedar o acesso do sentenciado.

Após, o Parlamento criou a pena restritiva de direitos consistente em proibição de prestar concurso, avaliação ou exame público (art. 47, V, CP).

Cuida-se de outra pena alternativa inofensiva. Quem frauda concurso, em verdade, *não presta concurso* para integrar carreira pública. Logo, a pena restritiva de direito, a essa pessoa, seria inútil. Por outro lado, se o candidato participar da fraude, condenado por isso, dificilmente será aprovado em concurso público, pois sua folha de antecedentes demonstrará esse registro.

11.7. Descumprimento da pena

Segundo o art. 155, "a autoridade deverá comunicar imediatamente ao juiz da execução o descumprimento da pena. Parágrafo único. A comunicação prevista neste artigo poderá ser feita por qualquer prejudicado".

Tanto a autoridade, cuidando-se de funcionário público, como os órgãos de classe ao qual se vincularem os profissionais impedidos de trabalhar, devem comunicar ao juízo da execução penal se tomarem conhecimento acerca da infringência da interdição.

A comunicação extensível a terceiros pode ocorrer. Afinal, se um funcionário público ou um profissional qualquer estiver impedido de exercer sua atividade, naturalmente, o que fizer deverá ser desconsiderado (ex. a audiência realizada com a presença de advogado interditado do exercício profissional será anulada e refeita). Tal medida poderá prejudicar terceiros. Estes também estão legitimados a levar ao conhecimento do juiz da execução penal o ocorrido, para que as providências legais sejam concretizadas, especialmente no que toca à possibilidade de conversão da interdição em pena privativa de liberdade.

12. SUSPENSÃO CONDICIONAL DA PENA

12.1. Conceito e natureza jurídica

Trata-se de um instituto de política criminal, tendo por fim a suspensão da execução da pena privativa de liberdade, evitando o recolhimento ao cárcere do condenado não reincidente em crime doloso, cuja pena não é superior a dois anos (ou quatro, se septuagenário ou enfermo), sob determinadas condições, fixadas pelo juiz, bem como dentro de um período de prova predefinido.

A sua natureza jurídica é de medida de política criminal para evitar a aplicação da pena privativa de liberdade, consubstanciada numa outra forma de cumprimento de pena, logo, cuida-se de um benefício.

12.2. Duração e condições

A duração do benefício, como regra, é de dois a quatro anos. Tratando-se de condenado maior de 70 anos ou enfermo, o período de suspensão será de quatro a seis anos, caso a pena seja superior a dois, mas não ultrapasse quatro anos. No cenário das contravenções penais, a suspensão será de um a três anos.

Disciplina o art. 157 da LEP que "o juiz ou tribunal, na sentença que aplicar pena privativa de liberdade, na situação determinada no artigo anterior, deverá pronunciar-se, motivadamente, sobre a suspensão condicional, quer a conceda, quer a denegue".

Sempre que a pena não ultrapassar dois anos, *deve* o magistrado fazer expressa referência ao *sursis*, seja para concedê-lo, seja para denegá-lo. E, como todas as decisões do Judiciário, motivadamente. Se a pena não for superior a quatro anos, tratando-se de condenado maior de 70 anos ou enfermo, dá-se o mesmo. Atualmente, em virtude da reforma provocada pela Lei 9.714/1998, as penas privativas de liberdade de até quatro anos podem ser substituídas por restritivas de direitos.

Por isso, se o juiz optar por essa penalidade, considerada mais benéfica que o *sursis*, conforme dispõe o art. 59, IV, do Código Penal, não há necessidade de se pronunciar a respeito da suspensão condicional da pena. O disposto no art. 157 da Lei de Execução Penal foi editado *antes* da promulgação da Lei 9.714/1998. Até esta data, as penas restritivas de direitos poderiam ser concedidas em substituição a penas privativas de liberdade de menos de um ano. Portanto, penas superiores a um e que não ultrapassem dois anos comportavam apenas o benefício da suspensão condicional da pena, motivo pelo qual o julgador devia se pronunciar a respeito disso.

"Concedida a suspensão, o juiz especificará as condições a que fica sujeito o condenado, pelo prazo fixado, começando este a correr da audiência prevista no art. 160 desta Lei. § 1.º As condições serão adequadas ao fato e à situação pessoal do condenado, devendo ser incluída entre as mesmas a de prestar serviços à comunidade, ou limitação de fim de semana, salvo hipótese do art. 78, § 2.º, do Código Penal. § 2.º O juiz poderá, a qualquer tempo, de ofício, a requerimento do Ministério Público ou mediante proposta do Conselho Penitenciário, modificar as condições e regras estabelecidas na sentença, ouvido o condenado. § 3.º A fiscalização do cumprimento das condições, regulada nos Estados, Territórios e Distrito Federal por normas supletivas, será atribuída a serviço social penitenciário, Patronato, Conselho da Comunidade ou instituição beneficiada com a prestação de serviços, inspecionados pelo Conselho Penitenciário, pelo Ministério Público, ou ambos, devendo o juiz da execução suprir, por ato, a falta das normas supletivas. § 4.º O beneficiário, ao comparecer periodicamente à entidade fiscalizadora, para comprovar a observância das condições a que está sujeito, comunicará, também, a sua ocupação e os salários ou proventos de que vive. § 5.º A entidade fiscalizadora deverá comunicar imediatamente ao órgão de inspeção, para os fins legais, qualquer fato capaz de acarretar a revogação do benefício, a prorrogação do prazo ou a modificação das condições. § 6.º Se for permitido ao beneficiário mudar-se, será feita comunicação ao juiz e à entidade fiscalizadora do local da nova residência, aos quais o primeiro deverá apresentar-se imediatamente" (art. 158, LEP).

Em primeiro lugar, deve-se frisar não mais existir o *sursis* incondicionado, desde a reforma penal de 1984. Concedido o benefício, é imprescindível que o juiz opte entre o denominado *sursis* simples, fixando as condições previstas no art. 78, § 1.º, (prestação de serviços à comunidade ou limitação de fim de semana), e o *sursis* especial, estabelecendo as condições previstas no art. 78, § 2.º (proibição de frequentar determinados lugares, proibição de ausentar-se da comarca onde reside, sem autorização do juiz e comparecimento pessoal e obrigatório a juízo, mensalmente, para informar e justificar as atividades), do Código Penal. Não há suspensão condicional da pena sem a fixação de condições adequadas ao caso concreto. Tem-se verificado, na prática, que os condenados preferem cumprir regime aberto, em prisão domiciliar, do que se submeter à suspensão condicional da pena, com as suas condições. Não é de causar perplexidade, pois ficar um ano em casa (prisão domiciliar) é mais favorável do que ter a pena de um ano de reclusão suspensa por dois anos, com a obrigação de prestar serviços à comunidade no primeiro ano do prazo.

12.3. Alteração das condições e fiscalização

Verificando qualquer inviabilidade de cumprimento, o juiz da execução penal pode, de ofício, ou por provocação do Ministério Público e do Conselho Penitenciário, modificar as condições, substituindo as que não surtirem efeitos por outras. Ex.: o magistrado do processo de conhecimento estabelece na sentença condenatória, como condição, a limitação de fim de semana. Vislumbrando não haver casa do albergado na comarca, nem local adequado para a referida pena ser cumprida a contento, poderia alterá-la para a prestação de serviços à comunidade. A modificação não ofenderia a coisa julgada, já que está expressamente autorizada em lei e a execução penal, por natureza, é flexível, respeitada a individualização executória da pena.

A fiscalização do *sursis* é atribuição de variados órgãos, até para que seja mais eficiente. Em primeiro lugar, deve-se destacar a intenção da Lei de Execução Penal de delegar aos Estados e ao Distrito Federal (não há Territórios, atualmente, no Brasil) a possibilidade de legislar nesse cenário, editando regras de fiscalização da suspensão condicional da pena, conforme as peculiaridades locais ou regionais. Por isso, chega a mencionar que, à falta de tais normas supletivas, pode o próprio juiz da execução penal supri-las por ato seu. Uma portaria, por exemplo, tem a possibilidade de credenciar algum órgão da comunidade a fiscalizar o cumprimento do *sursis*.

Além disso, há o serviço social atuante em estabelecimentos penais, o Patronato, o Conselho da Comunidade e a entidade beneficiada pela prestação de serviços à comunidade. Os órgãos naturais de fiscalização de todas as fases da execução e de quaisquer penas também devem observar a suspensão condicional da pena, tais como o Conselho Penitenciário e o Ministério Público. Estes dois últimos, entretanto, atuam como órgãos de inspeção, vale dizer, devem supervisionar a atuação dos fiscais.

Sobre o comparecimento periódico do condenado, diz respeito à condição prevista no art. 78, § 2.º, *c*, do Código Penal, destinando-se a informar ao juízo as atividades que vem desenvolvendo mês a mês. Nada impede que, além disso, o magistrado da execução penal determine o comparecimento à sede da entidade fiscalizadora credenciada ou indicada em lei para haver uma atuação com maior minúcia, checando os informes prestados.

Deve a entidade fiscalizadora comunicar ao juiz da execução penal qualquer percalço no cumprimento das condições do *sursis*, possibilitando a tomada de medidas de ordem jurisdicional, como, por exemplo, a revogação do benefício.

Quando autorizado pelo juiz da execução penal, pode o condenado mudar-se para outra comarca. Neste caso, nos mesmos moldes previstos pelos arts. 133 e 134 da Lei de Execução, em relação ao livramento condicional, o condenado será acompanhado pelas entidades fiscalizadoras do lugar onde se estabeleceu.

Disciplina o art. 159 da LEP que "quando a suspensão condicional da pena for concedida por tribunal, a este caberá estabelecer as condições do benefício. § 1.º De igual modo proceder-se-á quando o tribunal modificar as condições estabelecidas na sentença recorrida. § 2.º O tribunal, ao conceder a suspensão condicional da pena, poderá, todavia, conferir ao Juízo da Execução a incumbência de estabelecer as condições do benefício, e, em qualquer caso, a de realizar a audiência admonitória".

É possível que o magistrado, na sentença condenatória, de acordo com seu livre convencimento motivado, negue o benefício do *sursis*. Apelando o réu e sendo dado provimento ao recurso, o tribunal concede a suspensão condicional da pena, cabendo-lhe, pois, estabelecer as condições apropriadas, conforme previsão feita pelos arts. 78 e 79 do Código Penal.

Possivelmente, as condições estabelecidas pelo juiz da condenação podem não agradar ao réu ou ao órgão acusatório. Havendo apelação de um ou outro, devidamente provida, cabe ao tribunal alterá-las, atendendo aos interesses da parte que recorreu. Por isso, pode agravar as condições ou atenuá-las.

Embora seja hipótese mais rara, pois, provido o recurso da parte, o mais indicado é que o tribunal estabeleça, desde logo, quais são as condições ideais para o condenado, não se trata de situação legalmente impossível. Imagine-se que o magistrado, na sentença condenatória, conceda o *sursis* incondicionado. Havendo apelo do Ministério Público, como nenhuma condição foi fixada, nem o órgão acusatório sugeriu alguma específica, pode o tribunal delegar ao juiz da execução penal que o faça. A audiência admonitória, como regra, é realizada, realmente, em primeiro grau: a) na Vara da Execução Penal, quando couber a esta a fixação das condições; b) no juízo da condenação, quando o próprio tribunal já estipulou as condições da suspensão condicional da pena.

12.4. Formalidades da concessão

"Transitada em julgado a sentença condenatória, o juiz a lerá ao condenado, em audiência, advertindo-o das consequências de nova infração penal e do descumprimento das condições impostas" (art. 160).

Tendo em vista que o *sursis* é um benefício, sob condições, estas precisam ser entendidas e aceitas pelo condenado. Não é possível obrigá-lo, à força, a cumprir, por exemplo, uma prestação de serviços à comunidade. Por tal motivo, o juiz, na audiência admonitória, lerá a decisão ao sentenciado, incluídas as condições às quais ficará submetido, alertando-o para as consequências do não cumprimento e da prática de outra infração penal, que será a revogação do benefício, mas, obviamente, colhendo o seu ciente e a sua aceitação. A lei não menciona expressamente essa concordância, que se dará, por uma questão lógica, ao final da audiência, com a assinatura do termo. Recusando-se, eventualmente, ao cumprimento das regras do *sursis*, perderá este o efeito e será o condenado encaminhado para o regime fixado na sentença (aberto, semiaberto ou fechado). Entendemos não ser o caso de haver *revogação*, pois nem mesmo aceitação houve.

Portanto, disciplina o art. 161: "se, intimado pessoalmente ou por edital com prazo de 20 (vinte) dias, o réu não comparecer injustificadamente à audiência admonitória, a suspensão ficará sem efeito e será executada imediatamente a pena".

Assim ocorrendo, não se colherá a sua concordância, nem haverá a possibilidade de se ter por iniciado o cumprimento do benefício. Por isso, como bem esclarecido no texto do art. 161, *ficará sem efeito o sursis*. Não é caso de revogação, pois nem mesmo foi aceito.

12.5. Revogação do *sursis*

No âmbito do art. 162 da Lei de Execução Penal, "a revogação da suspensão condicional da pena e a prorrogação do período de prova dar-se-ão na forma do art. 81 e respectivos parágrafos do Código Penal".

Finalmente, preceitua o art. 163 que "a sentença condenatória será registrada, com a nota de suspensão, em livro especial do juízo a que couber a execução da pena. § 1.º Revogada a suspensão ou extinta a pena, será o fato averbado à margem do registro. § 2.º O registro e a averbação serão sigilosos, salvo para efeito de informações requisitadas por órgão judiciário ou pelo Ministério Público, para instruir processo penal".

O referido livro de registro da sentença condenatória serve para o controle do cumprimento da pena pelo juízo da execução penal. Por isso, haverá nota específica mencionando o gozo de suspensão condicional da pena pelo condenado.

13. PENA DE MULTA

13.1. Execução da pena de multa prevista na Lei de Execução Penal

Preceitua o art. 164 da LEP o seguinte: "extraída certidão da sentença condenatória com trânsito em julgado, que valerá como título executivo judicial, o Ministério Público requererá, em autos apartados, a citação do condenado para, no prazo de 10 (dez) dias, pagar o valor da multa ou nomear bens à penhora. § 1.º Decorrido o prazo sem o pagamento da multa, ou o depósito da respectiva importância, proceder-se-á à penhora de tantos bens quantos bastem para garantir a execução. § 2.º A nomeação de bens à penhora e a posterior execução seguirão o que dispuser a lei processual civil".

Na sequência, cumpre-se o "art. 165. Se a penhora recair em bem imóvel, os autos apartados serão remetidos ao juízo cível para prosseguimento". Depois, o "art. 166. Recaindo a penhora em outros bens, dar-se-á prosseguimento nos termos do § 2.º do art. 164 desta Lei". E, também, o "art. 167. A execução da pena de multa será suspensa quando sobrevier ao condenado doença mental (art. 52 do Código Penal)".

13.2. Como ficou a execução após a edição da Lei 9.268/1996

Essa Lei modificou a redação do art. 51 do Código Penal, passando a constar o seguinte: "Transitada em julgado a sentença condenatória, a multa será considerada dívida de valor, aplicando-se-lhes as normas da legislação relativa à dívida ativa da Fazenda Pública, inclusive no que concerne às causas interruptivas e suspensivas da prescrição".

A meta pretendida era evitar a conversão da multa em prisão, o que anteriormente era possível. Não se deveria, com isso, imaginar que a pena de multa teria se transformado a ponto de perder a sua identidade, ou seja, passaria a constituir, na essência, uma sanção civil. Ela continuava a ser uma sanção penal, tanto assim que, havendo morte do agente, não se pode estender a sua cobrança aos herdeiros do condenado, respeitando-se o disposto na Constituição Federal de que "nenhuma pena passará da pessoa do condenado" (art. 5.º, XLV).

Desde a alteração do art. 51 do CP, temos sustentado que ela deveria ser executada pelo Ministério Público, na Vara das Execuções Penais, embora seguindo o rito procedimental da Lei 6.830/1980, naquilo que for aplicável. Assim, o executado deve ser citado (pelo correio, pessoalmente ou por edital) para, no prazo de 5 (cinco) dias, pagar a dívida atualizada pela correção monetária. O devedor, então, pode efetuar o depósito, oferecer fiança bancária, nomear bens à penhora ou indicar à penhora bens oferecidos por terceiros e devidamente aceitos. Se não o fizer, devem ser penhorados bens suficientes para garantir a execução. Após, realizar-se-á leilão público.

A matéria, no entanto, permanecia controversa, existindo quem sustentasse ser a multa, como dívida de valor, passível de execução pela Fazenda Pública, na Vara das Execuções Fiscais. Esta foi a posição majoritária que se formou, inclusive com decisão do Superior Tribunal de Justiça.

Porém, julgando a ADI 3.150-DF (Plenário, 13.12.2018, m. v.), o STF arrematou a questão, afirmando, categoricamente, a natureza jurídica da multa como sanção penal. Sobre o veredicto, do voto do Ministro Luís Roberto Barroso: "A referida modificação legislativa *não retirou da multa o seu caráter de pena, de sanção criminal. O objetivo da alteração legal foi simplesmente evitar a conversão da multa em detenção*, em observância à proporcionalidade da resposta penal, e para 'facilitar a cobrança da multa criminal, afastando obstáculos que, presentemente, têm conduzido à prescrição essa modalidade de sanção' (Exposição de Motivos nº 288, de 12 de julho de 1995, do Ministro da Justiça). Em rigor, *a alteração legislativa nem sequer poderia cogitar de retirar da sanção pecuniária o seu caráter de resposta penal*, uma vez que o art. 5º, XLVI, da Constituição, ao cuidar da individualização da pena, faz menção expressa à multa, ao lado da privação da liberdade e de outras modalidades de sanção penal. Coerentemente, o art. 32 do Código Penal, ao contemplar as espécies de pena, listou expressamente a multa (art. 32, III). (...) Como tenho sustentado em diversas manifestações, o sistema punitivo no Brasil encontra-se desarrumado. E cabe ao Supremo Tribunal Federal, nos limites de sua competência, contribuir para sua rearrumação. Nas circunstâncias brasileiras, o direito penal deve ser moderado, mas sério. Moderado significa evitar a expansão desmedida do seu alcance, seja pelo excesso de tipificações, seja pela exacerbação desproporcional de penas. Sério significa que sua aplicação deve ser efetiva, de modo a desempenhar o papel dissuasório da criminalidade, que é da sua essência. Em matéria de criminalidade econômica, *a pena de multa há de desempenhar papel proeminente. Mais até do que a pena de prisão* – que, nas condições atuais, é relativamente breve e não é capaz de promover a ressocialização –, cabe à multa o *papel retributivo e preventivo* geral da pena, desestimulando, no próprio infrator ou em infratores potenciais, a conduta estigmatizada pela legislação penal. Por essa razão, sustentei no julgamento da Ação Penal 470 que a multa deveria ser fixada com seriedade, em parâmetros razoáveis, e que seu pagamento fosse efetivamente exigido" (grifamos).

Após essa decisão, o STJ alterou a sua posição: "2. A Terceira Seção desta Corte Superior já atestou que: o Supremo Tribunal Federal, no julgamento da ADI n. 3.150/DF, ocorrido em 13.12.2018, firmou o entendimento de que 'a Lei n. 9.268/1996, ao considerar a multa penal como dívida de valor, não retirou dela o caráter de sanção criminal que lhe é inerente por força do art. 5.º, XLVI, *c*, da CF. Como consequência, por ser uma sanção criminal, a legitimação prioritária para a execução da multa penal é do Ministério Público perante a Vara de Execuções Penais' (CC n. 165.809/PR, Ministro Antonio Saldanha Palheiro, Terceira Seção, *DJe* 23/8/2019). 3. As razões colacionadas pelo Tribunal de Justiça de São Paulo estão em conformidade com o novo entendimento fixado pelo Supremo Tribunal Federal no julgamento da ADI n. 3.150/DF, motivo pelo qual devem ser mantidas. 4. O entendimento proferido pelo Supremo Tribunal Federal, no julgamento da ADI 3.150/DF, firmou a compreensão de que a Lei n. 9.268/1996, ao considerar a multa penal como dívida de valor, não retirou dela o caráter de sanção criminal que lhe é inerente por força do art. 5.º, XLVI, *c*, da Constituição da República, não havendo falar em extinção da punibilidade, independente de seu pagamento (AgRg no HC n. 546.273/SP, Ministro Nefi Cordeiro, Sexta Turma, *DJe* 27/2/2020). 5. Agravo regimental improvido" (AgRg no REsp 1.839.693/SP, 6.ª T., rel. Sebastião Reis Júnior, 26.05.2020, v.u.).

Essa decisão do Supremo Tribunal Federal consolida o entendimento que temos defendido desde a alteração legislativa ao mencionado art. 51 pela Lei 9.268/1996. No mesmo caminho, defendíamos que a multa devia ser cobrada pelo Ministério Público na Vara de Execuções Penais, embora respeitasse o rito procedimental da Lei 6.830/1980, no que fosse aplicável.

A reforma trazida pela Lei 13.964/2019 consagrou a competência penal para executar a multa, embora possa ser utilizado o rito da dívida ativa da Fazenda Pública. Eis a nova redação do art. 51: "transitada em julgado a sentença condenatória, *a multa será executada perante o juiz da execução penal* e será considerada dívida de valor, aplicáveis as normas relativas à dívida ativa da Fazenda Pública, inclusive no que concerne às causas interruptivas e impeditivas da prescrição" (grifo nosso).

Antes de iniciar essa execução, no entanto, parece-nos ideal que o juiz da condenação (ou mesmo o da execução penal) determine a intimação do sentenciado, nos termos do art. 50 do Código Penal, a pagá-la em dez dias, voluntariamente. Se houver insucesso, inicia-se a execução nos termos já expostos, com base na Lei 6.830/1980.

13.2.1 A hipossuficiência do condenado para arcar com a multa

Os Tribunais Superiores modularam os seus julgados para estabelecer que, em casos específicos, a inviabilidade econômica do sentenciado para arcar com o valor da pena de multa pode levar à sua extinção, mesmo sem o pagamento. Entretanto, é importante que o condenado tenha cumprido a pena privativa de liberdade, remanescendo somente a pena pecuniária. Além disso, torna-se indispensável a comprovação de ser hipossuficiente e não ter condições para suportar o pagamento, razão pela qual não se pode extinguir a execução sem nem mesmo iniciar-se, pois vedaria a oportunidade de o Ministério Público demonstrar a possibilidade efetiva de cobrança da multa. Não há relação entre o valor do tributo a ser executado pela Fazenda Pública (nesta hipótese, há um patamar para legitimar a cobrança; abaixo desse valor, inexiste ação fiscal) e o montante da pena de multa, justamente porque esta é de natureza jurídica diversa.

Vale conferir os mais recentes julgados: STF: "Ação direta de inconstitucionalidade. Art. 51 do Decreto-lei 2.848/1940 (Código Penal). Lei 13.964/2019. Pena de multa. Inadimplemento. Óbice à extinção da punibilidade. Art. 5º, XLVI, c, da Constituição Federal. Ressalva. Impossibilidade de pagamento. Demonstração. Intepretação conforme. Parcial provimento. 1. A alteração legislativa implementada no art. 51 do Código Penal, pela Lei nº 13.964/2019, não desnaturou a pena de multa, que permanece dotada do caráter de sanção criminal, a teor do art. 5.º, XLVI, c, da Constituição da República. 2. Esta Suprema Corte, ao julgamento da ADI 3.150, igualmente veiculada contra o art. 51 do Código Penal, na redação dada pela Lei 9.268/1996, pacificou o entendimento de que a pena de multa, embora considerada dívida de valor, não perde a sua natureza de sanção criminal. 3. É constitucional condicionar o reconhecimento da extinção da punibilidade ao efetivo pagamento da pena de multa - conjuntamente cominada com a pena privativa de liberdade -, ressalvada a hipótese em que demonstrada a impossibilidade de pagamento da sanção patrimonial. 4. Pedido provido parcialmente para conferir, ao art. 51 do Código Penal, interpretação conforme à Constituição da República, no sentido de que, cominada conjuntamente com a pena privativa de liberdade, o inadimplemento da pena de multa obsta o reconhecimento da extinção da punibilidade, salvo comprovada impossibilidade de seu pagamento, ainda que de forma parcelada" (ADI 7.032 - DF, Pleno, rel. Flavio Dino, Sessão virtual: 15 a 22 de março de 2024, v. u.). STJ: "7. É oportuno lembrar que, entre outros efeitos secundários, a condenação criminal transitada em julgado retira direitos políticos do condenado, nos termos do art. 15, III, da Constituição da República de 1988. Como consequência, uma série de benefícios sociais - inclusive empréstimos e adesão a programas de inclusão e de complementação de renda - lhe serão negados enquanto pendente dívida pecuniária decorrente da condenação. 8. Ainda na seara dos malefícios oriundos do não reconhecimento da extinção da punibilidade, o art. 64, I, do Código Penal determina que, 'para efeito de reincidência: [...] não prevalece a condenação anterior, se entre a data do cumprimento ou extinção da pena e a infração posterior tiver decorrido período de tempo superior a 5 (cinco) anos, computado o período de prova da suspensão ou do livramento condicional, se não ocorrer revogação'', o que implica dizer que continuará o condenado a ostentar a condição de potencial reincidente enquanto inadimplida a sanção pecuniária. 9. Não se mostra, portanto, compatível com os objetivos e fundamentos do Estado Democrático de Direito - destinado a assegurar o exercício dos direitos sociais e individuais, a liberdade, a segurança, o bem-estar, o desenvolvimento, a igualdade e a justiça' (Preâmbulo da Constituição da República) – que se perpetue uma situação que tem representado uma sobrepunição dos condenados notoriamente incapacitados de, já expiada a pena privativa de liberdade ou restritiva de direitos, solver uma dívida que, a despeito de legalmente imposta – com a incidência formal do Direito Penal – não se apresenta, no momento de sua execução, em conformidade com os objetivos da lei penal e da própria ideia de punição estatal. 10. A realidade do sistema prisional brasileiro esbarra também na dignidade da pessoa humana, incorporada pela Constituição Federal, em seu artigo 1.º, inciso III, como fundamento da República. Ademais, o art. 3.º, inciso III, também da Carta de 1988, propõe a erradicação da pobreza e da marginalização, bem como a redução das desigualdades sociais e regionais, propósito com que claramente não se coaduna o tratamento dispensado à pena de multa e a conjuntura de prolongado 'aprisionamento' que dela decorre. (...) 16. Não se trata de generalizado perdão da dívida de valor ou sua isenção, porquanto se o Ministério Público, a quem compete, especialmente, a fiscalização da execução penal, vislumbrar a possibilidade de que o condenado não se encontra nessa situação de miserabilidade que o isente do adimplemento da multa, poderá produzir prova em sentido contrário. É dizer, presume-se a pobreza do condenado que sai do sistema penitenciário – porque amparada na realidade visível, crua e escancarada – permitindo-se prova em sentido contrário. E, por se tratar de decisão judicial, poderá o juiz competente, ao analisar o pleito de extinção da punibilidade, indeferi-lo se, mediante concreta motivação, indicar evidências de que o condenado possui recursos que lhe permitam, ao contrário do que declarou, pagar a multa. (...) 19. A presunção de veracidade da declaração de hipossuficiência, a fim de permitir a concessão da gratuidade de justiça, possui amparo no art. 99, § 3.º, do Código de Processo Civil, segundo o qual 'presume-se verdadeira a alegação de insuficiência deduzida exclusivamente por pessoa natural', podendo ser elidida caso esteja demonstrada a capacidade econômica do reeducando. 20. Recurso especial não provido para preservar o acórdão impugnado e fixar a seguinte tese: O inadimplemento da pena de multa, após cumprida a pena privativa de liberdade ou restritiva de direitos, não obsta a extinção da punibilidade, ante a alegada hipossuficiência do condenado, salvo se diversamente entender o juiz competente, em decisão suficientemente motivada, que indique concretamente a possibilidade de pagamento da sanção pecuniária" (REsp 2.090.454 – SP, 3ª. Seção, rel. Rogerio Schietti Cruz, 28.02.2024, v. u.).

13.3. Parte aplicável da Lei de Execução Penal

Dispõe o art. 168 da LEP que "o juiz poderá determinar que a cobrança da multa se efetue mediante desconto no vencimento ou salário do condenado, nas hipóteses do art. 50, § 1.º, do Código Penal, observando-se o seguinte: I – o limite máximo do desconto mensal será o da quarta parte da remuneração e o mínimo o de um décimo; II – o desconto será feito mediante ordem do juiz a quem de direito; III – o responsável pelo desconto será intimado a recolher mensalmente, até o dia fixado pelo juiz, a importância determinada".

Em nossa visão, cobrada a multa na Vara da Execução Penal, com rito de dívida ativa da Fazenda Pública, nada impede que seja aplicado o disposto no art. 168 da Lei de Execução Penal. O desconto no vencimento ou salário do sentenciado é a forma mais branda de execução, pois não lhe toma bens de maneira abrupta.

Quanto ao art. 169, tem-se: "até o término do prazo a que se refere o art. 164 desta Lei, poderá o condenado requerer ao juiz o pagamento da multa em prestações mensais, iguais e sucessivas. § 1.º O juiz, antes de decidir, poderá determinar diligências para verificar a real situação econômica do condenado e, ouvido o Ministério Público, fixará o número de prestações. § 2.º Se o condenado for impontual ou se melhorar de situação econômica, o juiz, de ofício ou a requerimento do Ministério Público, revogará o benefício executando-se a multa, na forma prevista neste Capítulo, ou prosseguindo-se na execução já iniciada".

Do mesmo modo já defendido anteriormente, nada impede que o juiz possa parcelar a multa, para que se evite a penhora de bens e se possa garantir o adimplemento da obrigação. Registre-se, sempre, tratar-se, na essência, de pena, razão pela qual precisa ser cumprida, evitando-se a impunidade. Quando mais se fizer para atingir esse objetivo, melhor para a finalidade da sanção penal.

Finalmente, preceitua o art. 170 que "quando a pena de multa for aplicada cumulativamente com pena privativa da liberdade, enquanto esta estiver sendo executada, poderá aquela ser cobrada mediante desconto na remuneração do condenado (art. 168). § 1.º Se o condenado cumprir a pena privativa de liberdade ou obtiver livramento condicional, sem haver resgatado a multa, far-se-á a cobrança nos termos deste Capítulo. § 2.º Aplicar-se-á o disposto no parágrafo anterior aos casos em que for concedida a suspensão condicional da pena".

Não se consegue a cobrança compulsória, vale dizer, penhorando-se bens e vendendo-os em hasta pública da maioria dos condenados pobres. Pode-se descontar do seu salário, percebido na prisão, mas é preciso aguardar a sua colocação em liberdade para haver execução forçada.

14. RESUMO DO CAPÍTULO

- **Guia de recolhimento:** é a peça inicial da execução penal, contendo todos os dados necessários para compreender o estado do sentenciado em relação ao crime cometido. Preceitua o art. 106 da LEP: "a guia de recolhimento, extraída pelo escrivão, que a rubricará em todas as folhas e a assinará com o juiz, será remetida à autoridade administrativa incumbida da execução e conterá: I – o nome do condenado; II – a sua qualificação civil e o número do registro geral no órgão oficial de identificação; III – o inteiro teor da denúncia e da sentença condenatória, bem como certidão do trânsito em julgado; IV – a informação sobre os antecedentes e o grau de instrução; V – a data da terminação da pena; VI – outras peças do processo reputadas indispensáveis ao adequado tratamento penitenciário. § 1.º Ao Ministério Público se dará ciência da guia de recolhimento. § 2.º A guia de recolhimento será retificada sempre que sobrevier modificação quanto ao início da execução, ou ao tempo de duração da pena. § 3.º Se o condenado, ao tempo do fato, era funcionário da administração da justiça criminal, far-se-á, na guia, menção dessa circunstância, para fins do disposto no § 2.º do art. 84 desta Lei".
- **Regimes de cumprimento da pena:** há três regimes para o cumprimento da pena privativa de liberdade: fechado, semiaberto e aberto. O regime fechado insere o sentenciado em presídio, onde há celas e vigilância, sem que se possa sair do local de modo desvigiado. O regime semiaberto é destinado a quem já pode conviver em colônias penais, onde há o alojamento coletivo e o trabalho é viável do lado externo. O regime

aberto deveria ser cumprido em Casa do Albergado, onde o preso se recolheria durante a noite e nos fins de semana. Porém, à falta da Casa do Albergado, tem-se usado o regime da *prisão albergue domiciliar* (P. A. D.), similar ao art. 117 da LEP.

- **Progressão da pena:** a individualização executória da pena impõe a flexibilidade no cumprimento da sanção penal. Diante disso, quem começa a cumprir a pena privativa de liberdade em regime fechado pode *progredir* para o regime semiaberto (colônia penal), estabelecimento onde há maior liberdade. Depois, pode o sentenciado pleitear o regime aberto, que deveria ocorrer em Casa do Albergado. Não havendo esta Casa, defere-se a prisão albergue domiciliar (P. A. D.), sem maior fiscalização.
- **Remição:** trata-se do desconto na pena do tempo relativo ao trabalho ou estudo do condenado, conforme a proporção prevista em lei. É um incentivo para que o sentenciado desenvolva uma atividade laborterápica ou ingresse em curso de qualquer nível, aperfeiçoando a sua formação. Constituindo uma das finalidades da pena a reeducação, não há dúvida de que o trabalho e o estudo são fortes instrumentos para tanto, impedindo a ociosidade perniciosa no cárcere. Ademais, o trabalho constitui um dos deveres do preso (art. 39, V, LEP).
- **Livramento condicional:** é um instituto de política criminal, destinado a permitir a redução do tempo de prisão com a concessão antecipada e provisória da liberdade do condenado, quando é cumprida pena privativa de liberdade, mediante o preenchimento de determinados requisitos e a aceitação de certas condições. É medida penal restritiva da liberdade de locomoção, que se constitui num benefício ao condenado e, portanto, consiste em um direito subjetivo de sua titularidade, integrando um estágio do cumprimento da pena.
- **Monitoração eletrônica:** trata-se de uma faculdade do juiz a utilização do monitoramento eletrônico (tornozeleira eletrônica) para todos os casos viáveis. A situação concreta do sentenciado, a espécie de benefício pleiteado, o grau de confiabilidade do beneficiário e a estrutura de fiscalização da Vara de Execuções Criminais podem ser fatores determinantes para a indicação do monitoramento ou não. Por vezes, ilustrando, uma prisão domiciliar de pessoa idosa e enferma constitui cenário despropositado para o uso de vigilância indireta. Enfim, deve o juiz lançar mão da monitoração eletrônica em último caso, quando perceber a sua necessidade para fazer valer, de fato, as regras do benefício concedido.
- **Regressão de regime:** dispõe o art. 118 da LEP que "a execução da pena privativa de liberdade ficará sujeita à forma regressiva, com a transferência para qualquer dos regimes mais rigorosos, quando o condenado: I – praticar fato definido como crime doloso ou falta grave; II – sofrer condenação, por crime anterior, cuja pena, somada ao restante da pena em execução, torne incabível o regime (art. 111). § 1.º O condenado será transferido do regime aberto se, além das hipóteses referidas nos incisos anteriores, frustrar os fins da execução ou não pagar, podendo, a multa cumulativamente imposta. § 2.º Nas hipóteses do inciso I e do parágrafo anterior, deverá ser ouvido, previamente, o condenado".
- **Penas restritivas de direitos:** nos termos do art. 147 da LEP, "transitada em julgado a sentença que aplicou a pena restritiva de direitos, o juiz de execução, de ofício ou a requerimento do Ministério Público, promoverá a execução, podendo, para tanto, requisitar, quando necessário, a colaboração de entidades públicas ou solicitá-la a particulares". A execução das penas restritivas de direitos, como se dá com a privativa de liberdade,

inicia-se a execução, como regra, de ofício, sem necessidade de provocação do Ministério Público ou mesmo do condenado. Porém, há de se fazer um registro importante. Embora o art. 147 mencione poder o magistrado *requisitar* (exigir legalmente) a colaboração de entidades públicas ou *solicitá-la* (pedir, pleitear) a entidades particulares, essa referência se aplica, basicamente, à pena de prestação de serviços à comunidade.

- **Suspensão condicional da pena (*sursis*):** trata-se de um instituto de política criminal, tendo por fim a suspensão da execução da pena privativa de liberdade, evitando o recolhimento ao cárcere do condenado não reincidente em crime doloso, cuja pena não é superior a dois anos (ou quatro, se septuagenário ou enfermo), sob determinadas condições, fixadas pelo juiz, bem como dentro de um período de prova predefinido.

PROGRESSÃO E FALTA GRAVE

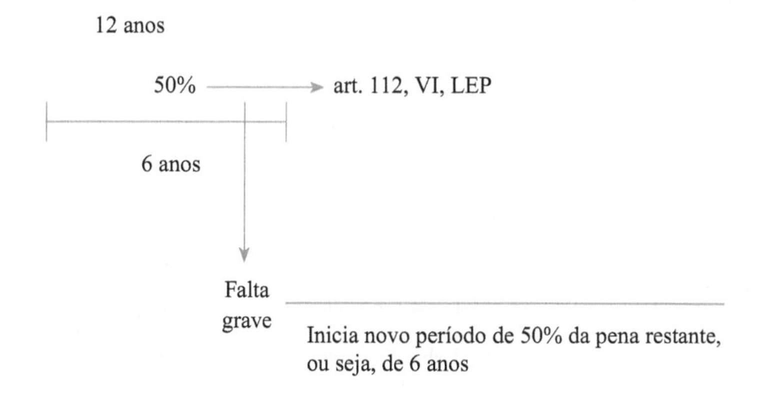

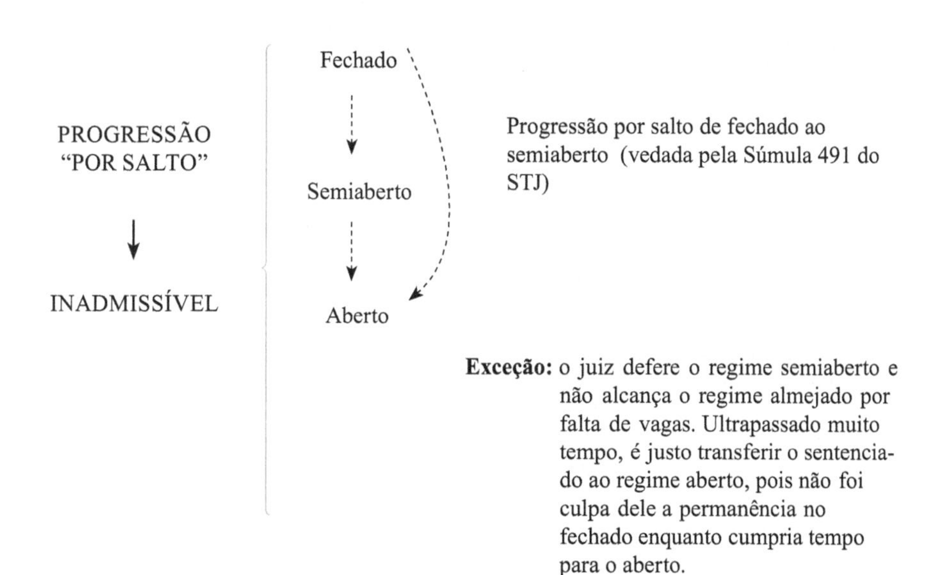

Regressão de regime (art. 118, LEP)

- Praticar fato definido como crime doloso ou falta grave
- Sofrer condenação por crime anterior, cuja pena somada ao restante em execução torne incabível o regime
- Frustrar o pagamento de multa cumulativamente imposta

Obs.: a frustração do pagamento da multa, segundo alguns, não serve mais para a regressão, pois se tornou dívida ativa da Fazenda Pública a ser cobrada na esfera cível. É o que tem predominado.

Saída temporária (quem está em semiaberto) (art. 122, LEP)

- Frequência a curso profissionalizante, fundamental, médio ou superior, no juízo de execução

Obs. 1: pode haver monitoração eletrônica do condenado.
Obs. 2: são garantidos até 7 dias por 4 vezes ao ano.

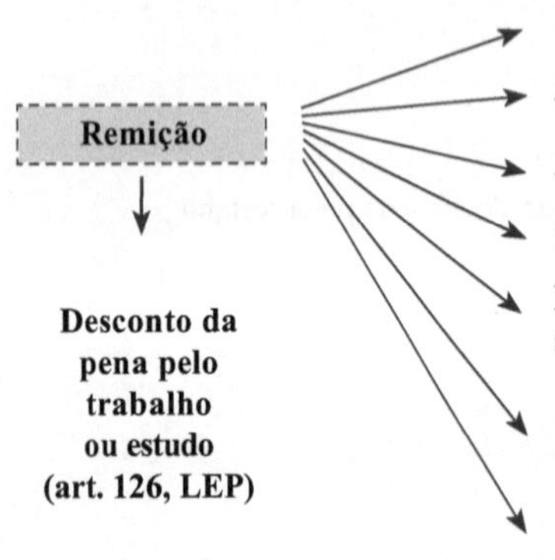

- 1 dia de pena × 3 dias trabalhados ou 12 horas de estudo
- Jornada mínima de trabalho para remição: 6 horas
- Jornada mínima de estudo para remição por dia: 4 horas
- Trabalho ou estudo regulamentado pela direção do presídio
- Preso que conclua o ensino fundamental, médio ou superior receberá + 1/3 de remição
- Cumprimento de pena em regime aberto ou semiaberto (ou livramento condicional) pode remir pelo estudo
- Aplicar-se-á prisão cautelar

Revogação do tempo remido (art. 127, LEP)

- Em caso de falta grave, o juiz pode revogar até 1/3 de tempo remido
- 1/3 é o teto, mas comporta percentuais mais baixos
- O juiz deve fundamentar o "quantum" imposto
- Fatores para decidir o "quantum": a) natureza; b) motivos; c) circunstâncias; d) consequências do fato; e) pessoa do faltoso e seu tempo de prisão (art. 57, LEP)

Monitoração eletrônica (art. 146-B, LEP)

- Saída temporária no regime semiaberto
- Prisão domiciliar
- Pena privativa de liberdade a ser cumprida nos regimes aberto ou semiaberto, ou concessão de progressão para tais regimes
- Pena restritiva de direitos que estabeleça limitação de frequência a lugares específicos
- Concessão do livramento condicional

Notas acerca do monitorado:

a) Deve receber visitas do servidor responsável pela monitoração

b) Deve abster-se de remover, violar, modificar, danificar ou permitir que outrem o faça

Violação dos deveres:

a) Possibilita a regressão de regime

b) Pode levar à revogação da autorização de saída temporária

c) Permite a revogação da prisão domiciliar

d) Gera advertência por escrito, se outra medida não for aplicada

PENAS RESTRITIVAS DE DIREITOS

Prestação de serviços à comunidade (art. 149, LEP)

a) para penas privativas de liberdade superiores a 6 meses

b) prestar uma hora de serviço por dia de condenação

c) ser designado o posto de trabalho conforme as aptidões do sentenciado, de modo a não prejudicar seu trabalho normal

Ajustes: o juiz pode alterar a forma de cumprimento da pena, por exemplo, em vez de uma hora por dia de prestação de serviços, passar para 7 horas num único dia da semana.

Obs.: o art. 149, § 1º, que menciona 8 horas semanais, foi derrogado pela Lei 9.714/98, que passou a jornada para 7 horas semanais.

Limitação de fim de semana (art. 151, LEP)

a) recolhimento à Casa do Albergado aos sábados e domingos, por 5 horas diárias;
b) nesse local, poderá participar de cursos e palestras ou atividades educativas

Nota: em caso de violência doméstica contra a mulher, o juiz pode determinar o comparecimento obrigatório a programas de recuperação (desintoxicação de drogas, por ex.) ou reeducação (conter a agressividade) nos períodos estipulados na alínea "a".

Prestação pecuniária

Obs.: não há forma de execução fixada em lei (consultar o art. 45, §§ 1º e 2º, CP).

a) condenação em dinheiro (1 a 360 salários mínimos) à vítima ou à entidade social;

b) o sentenciado deve ser intimado a efetuar o referido pagamento, em pecúnia, à vítima ou à entidade. Se não tiver dados de qualquer deles, pode depositar em juízo, que avisará o interessado;

c) se o pagamento não for feito no prazo fixado pela intimação (normalmente 5 a 10 dias), há o descumprimento da pena alternativa;

d) não cabe a conversão, pelo juiz, desse pagamento em entrega de cestas básicas, pois é pena inexistente no CP;

e) se o sentenciado pleitear ao juiz a substituição do valor fixado em pecúnia em prestação de outra natureza como mão de obra para algum colher a sua aceitação (art. 45, § 2º, CP). Não havendo aceitação, a pena é considerada não cumprida com as consequências daí advindas.

Nota: o valor pago, a título de prestação pecuniária, pode ser deduzido de eventual montante de indenização civil do dano, caso a vítima tenha pleiteado essa reparação no âmbito civil.

Perda de bens e valores

Obs.: não há forma de execução prevista em lei (consultar o art. 45, § 3º, CP).

a) na sentença condenatória, o juiz determina a perda de um bem ou valor, apontando-o e identificando-o;

b) transitando em julgado, o juiz da execução deve intimar o sentenciado a depositar a quantia (se for em dinheiro) em conta do Fundo Penitenciário Nacional;

c) cuidando-se de bem, como um carro, o sentenciado incumbe-se de vendê-lo, pelo preço de mercado, depositando o valor recebido em conta do Fundo Penitenciário Nacional;

d) é importante observar que, em qualquer caso, não haverá execução forçada, com penhora de bens etc.

É pena restritiva de direito e precisa ser cumprida espontaneamente.

Interdição temporária de direitos (art. 154, LEP)

a) proibição de exercício de cargo, função ou atividade pública, bem como mandato eletivo (art. 47, I, CP) e proibição de exercício de profissão, atividade ou ofício que dependam de habilitação especial de licença ou autorização do poder público (art. 47, II, CP);

Em ambos os casos, depende de cessação da atividade.

No caso de atividade pública, o juiz oficia ao órgão público comunicando o tempo de interdição. Em 24 horas, a autoridade administrativa, após receber o ofício, deve baixar ato para aplicar a interdição. Na hipótese de atividade privada, o magistrado intima o sentenciado a entregar o documento de sua habilitação profissional (ex.: carteira da OAB), mas deve também oficiar aos Conselhos de Classe (OAB, CRM etc.) e locais onde o condenado trabalhava, comunicando o prazo da interdição;

b) a suspensão da habilitação para dirigir veículo não mais é regida pelo art. 47, III, do Código Penal, mas pelo Código de Trânsito Brasileiro. A autorização para dirigir veículo dependerá da apreensão feita pelo juiz (art. 154, § 2º, LEP);

c) a proibição de frequentar lugares exige uma intimação do juiz para que o sentenciado compareça em juízo a fim de ser advertido acerca dos lugares em relação aos quais não deve frequentar. Por óbvio, trata-se de uma pena alternativa inócua por falta de efetividade e fiscalização;

d) a proibição de inscrever-se em concurso público depende de intimação do sentenciado para que não o faça durante certo período.

SUSPENSÃO CONDICIONAL DA PENA

PENA APLICADA NÃO SUPERIOR A DOIS ANOS

Suspensão de dois a quatro anos

"sursis" simples
condições do art. 78, § 1º, CP

"sursis" especial
condições do art. 78, § 2º, CP

Nota: não existe mais o "sursis" incondicionado

Audiência admonitória (art. 160, LEP)

O juiz adverte o sentenciado acerca das condições e do eventual descumprimento, bem como pelo cometimento de nova infração penal.

Obs.: se intimado da audiência admonitória (pessoalmente ou por edital com prazo de 20 dias), não comparecendo, o "sursis" ficará <u>sem efeito</u>.

Capítulo X

Da execução das medidas de segurança

1. DISPOSIÇÕES GERAIS

"Ninguém será internado em Hospital de Custódia e Tratamento Psiquiátrico, ou submetido a tratamento ambulatorial, para cumprimento de medida de segurança, sem a guia expedida pela autoridade judiciária" (art. 172, LEP). Para que não se perca o controle sobre quem está internado, por quanto tempo e sob ordem de que autoridade, é fundamental a emissão de guia de internamento pela autoridade judiciária competente. Lembre-se, no entanto, que outros documentos podem existir, fornecendo base legal para a internação em Hospital de Custódia e Tratamento.

Atualmente, não mais existe a denominada *medida de segurança provisória*, eliminada após a Reforma Penal de 1984. Entretanto, a lacuna havida neste contexto foi suprida pelo advento da Lei 12.403/2011, que criou a medida de internação provisória (art. 319, VII, CPP); portanto, o juiz expede um mandado de internação provisória, que substitui a guia de internamento. Lembre-se que esse hospital não é comum, mas um estabelecimento penal (antigo manicômio judiciário), que somente recebe pessoas doentes mentais autoras de fatos criminosos.

"Transitada em julgado a sentença que aplicar medida de segurança, será ordenada a expedição de guia para a execução" (art. 171, LEP), que deverá ter o seguinte conteúdo: "I – a qualificação do agente e o número do registro geral do órgão oficial de identificação; II – o inteiro teor da denúncia e da sentença que tiver aplicado a medida de segurança, bem como a certidão do trânsito em julgado; III – a data em que terminará o prazo mínimo de internação, ou do tratamento ambulatorial; IV – outras peças do processo reputadas indispensáveis ao adequado tratamento ou internamento. § 1.º Ao Ministério Público será dada ciência da guia de recolhimento e de sujeição a tratamento. § 2.º A guia será retificada sempre que sobrevier modificação quanto ao prazo de execução" (art. 173, LEP).

O conteúdo da guia de internação ou tratamento ambulatorial constitui não somente o título executivo (seria uma forma de *petição inicial*) da execução penal, como a comunicação formal e detalhada à autoridade administrativa, responsável pela internação e tratamento do agente, acerca do teor da sentença (medida de segurança aplicada, duração mínima, espécie etc.). Deve conter todos os dados descritos nos incisos do art. 173, acompanhada das cópias das peças que instruíram o processo principal, de onde se originou a absolvição imprópria, com imposição da medida. Os detalhes, em especial quanto às datas (fato, sentença, acórdão, trânsito em julgado etc.), são úteis para o cálculo da prescrição, uma das primeiras providências a ser tomada pelo juiz da execução penal. Não há sentido em se providenciar a execução de medida de segurança prescrita.

Além dos erros materiais que possa conter e merecerem ser corrigidos, altera-se a guia sempre que houver alguma modificação provocada por outros fatores, como, por exemplo, o provimento a um recurso do MP (no caso de guia de internação provisória) ou o deferimento de uma ação de revisão criminal (proposta pelo agente, após o trânsito em julgado), que altere a medida de segurança em qualquer dos seus aspectos.

Ao agente sujeito a medida de segurança torna-se importante realizar o exame criminológico para avaliar o seu grau de periculosidade (art. 8.º, LEP), auxiliando, pois, os médicos a realizar, no futuro, o exame de cessação da periculosidade. Se possível, haverá a interferência da Comissão Técnica de Classificação, colhendo outros dados a seu respeito (art. 9.º, LEP).

2. A CESSAÇÃO DA PERICULOSIDADE

O inimputável não sofre juízo de culpabilidade, embora com relação a ele se possa falar em periculosidade (um estado duradouro de antissociabilidade). Quanto mais fatos criminosos o inimputável cometa, mais demonstra a sua perniciosidade. A periculosidade pode ser *real* ou *presumida*. É real quando há de ser reconhecida pelo juiz, como acontece nos casos de semi-imputabilidade (art. 26, parágrafo único, CP). Para aplicar uma medida de segurança ao semi-imputável, o magistrado precisa verificar, no caso concreto, a existência de periculosidade. É presumida quando a própria lei a afirma, como ocorre nos casos de inimputabilidade (art. 26, *caput*, CP). Nesse caso, o juiz não necessita demonstrá-la, bastando concluir que o inimputável praticou um injusto (fato típico e antijurídico) para aplicar-lhe a medida de segurança.

Em comparação, o imputável sofre juízo de reprovação (culpabilidade), merecendo receber em contraposição ao crime praticado a sanção penal denominada pena. A essencial diferença entre as duas situações é que o imputável tem consciência, ao menos potencial, da ilicitude, enquanto o inimputável não consegue vislumbrar a diferença entre o lícito e o ilícito, pautando-se apenas por atos voluntários e conscientes, porém impossíveis de sofrer um juízo de censura.

Segundo dispõe o art. 97, § 1.º, parte final, do Código Penal, o juiz deve determinar a internação ou o tratamento ambulatorial pelo prazo mínimo de um a três anos. A avaliação e a opção pelo prazo observarão os critérios de periculosidade do agente, baseados no fato cometido e na enfermidade mental ou perturbação apresentada. Portanto, um homicídio cometido de maneira cruel, por doente mental, pode levar o magistrado a impor o mínimo de três anos de internação. Entretanto, um homicídio culposo, praticado por quem padece de enfermidade considerada controlável, pode ser posto em tratamento ambulatorial, pelo prazo mínimo de um ano.

Preceitua o art. 175 da LEP o seguinte procedimento para verificar a cessação da periculosidade: "será averiguada no fim do prazo mínimo de duração da medida de segurança, pelo exame das condições pessoais do agente, observando-se o seguinte: I - a autoridade administrativa, até 1 (um) mês antes de expirar o prazo de duração mínima da medida, remeterá ao juiz minucioso relatório que o habilite a resolver sobre a revogação ou permanência da medida; II - o relatório será instruído com o laudo psiquiátrico; III - juntado aos autos o relatório ou realizadas as diligências, serão ouvidos, sucessivamente, o Ministério Público e o curador ou defensor, no prazo de 3 (três) dias para cada um; IV - o juiz nomeará curador ou defensor para o agente que não o tiver; V - o juiz, de ofício ou a requerimento de qualquer das partes, poderá determinar novas diligências, ainda que expirado o prazo de duração mínima da medida de segurança; VI - ouvidas as partes ou realizadas as diligências a que se refere o inciso anterior, o juiz proferirá a sua decisão, no prazo de 5 (cinco) dias".

Desse modo, um mês antes de expirar o prazo mínimo de duração da medida de segurança, a autoridade administrativa (diretor do hospital de custódia e tratamento) deve remeter ao juiz da execução penal um relatório detalhado do paciente, fornecendo um histórico completo da sua situação, desde que ingressou no nosocômio até aquele momento. Juntamente com esse relatório, é preciso anexar o laudo psiquiátrico, onde efetivamente constará a análise médica, sugerindo a mantença da periculosidade ou a afirmando a sua cessação. É com base, essencialmente, nesse parecer médico que o magistrado decidirá acerca da liberação do internado ou da pessoa submetida a tratamento ambulatorial. O laudo não pode demorar abusivamente para ser emitido, sob pena de gerar constrangimento ilegal.

Esse laudo deve ser assinado por um perito oficial, nos termos do art. 159, *caput*, do Código de Processo Penal. No caso de internação e tratamento ambulatorial, não vemos como aplicar o disposto no art. 159, § 1.º, do CPP, em relação à nomeação de pessoas leigas e idôneas, embora com diploma em curso superior. Deve ser sempre médico o perito, em função da especificidade do exame realizado. Pode haver a assistência de médico particular, conforme art. 43 da LEP. Embora critiquemos essa postura autorizada pelo legislador, há viabilidade legal para que um médico particular influa na avaliação psiquiátrica do interno ou submetido a tratamento ambulatorial, tanto assim que o art. 43, parágrafo único, desta Lei, prevê a possibilidade de resolução da divergência pelo juiz.

Respeitando-se o contraditório e a ampla defesa, na avaliação da cessação da periculosidade outros interessados devem ser, necessariamente, ouvidos. O Ministério

Público, como órgão fiscalizador principal da execução penal, terá vista dos autos. Após, ouve-se a defesa técnica do agente internado ou submetido a tratamento. A lei menciona, alternativamente, a oitiva do curador, porque, quando do incidente para apurar a inimputabilidade ou semi-imputabilidade (art. 149, § 2.º, CPP), o juiz deve ter nomeado ao réu um curador. Porém, na prática, o curador nomeado é sempre o advogado que já o defende (constituído ou dativo). Assim também ocorrerá na execução penal, vale dizer, não há necessidade de se ouvir o curador, pois este faria as funções de *defensor* do réu, agora submetido a medida de segurança. Basta, portanto, a manifestação do defensor.

Se o interno ou submetido a tratamento não possuir defensor (ou curador), o juiz lhe garantirá a nomeação de um. Normalmente, estruturam-se os Estados para manter defensores públicos vinculados às Varas de Execução Penal para suprir essas deficiências.

2.1. Limite da medida de segurança e condições para desinternação

A duração mínima da medida de segurança não equivale à pena aplicada ao imputável. Esta, quando findar, não admite qualquer tipo de prorrogação, devendo ser colocado o condenado imediatamente em liberdade. Entretanto, tendo em vista que a medida de segurança não tem prazo determinado, ultrapassado o mínimo imposto pelo juiz, nada impede que outras diligências, além do relatório e do laudo psiquiátrico, possam ser realizadas. Lembre-se, ainda, que, confirmada a mantença da periculosidade, a medida de segurança será prorrogada indefinidamente, muito embora se promova, anualmente, um exame para a reavaliação do caso.

Quanto à prorrogação da medida de segurança, por prazo indefinido, enquanto a doença mental for atestada como existente, há dissensão. O STF já proclamou que, por analogia *in bonam partem* com a pena, o sujeito não pode ficar internado por prazo superior ao previsto no art. 75 do Código Penal (limite de cumprimento de penas privativas de liberdade), que, hoje, após a reforma da Lei 13.964/2019, passou para 40 anos. No entanto, há posição do STJ, no sentido de que se deve respeitar o máximo em abstrato previsto para o "crime" cometido pelo internado (ex.: se foi um roubo simples, a internação máxima teria que equivaler à pena máxima do tipo do art. 157, *caput*, ou seja, 10 anos). Parece-nos que a situação do enfermo mental é bem diversa de quem cumpre pena. Este está respondendo pelo que fez, lucidamente, no campo criminal. O outro não tinha noção do ilícito, porque é doente mental. Ora, não se pode estabelecer prazo para a cura de uma enfermidade dessa espécie. Por isso, soa-nos lógico que a medida de segurança seja indefinida, pois busca a cura.

Os Tribunais Superiores, que consideram prazos fixos de internação por medida de segurança (40 anos ou o teto em abstrato do "crime" praticado), chegam a demonstrar que o doente mental pode continuar com a liberdade cerceada indefinidamente, desde que, para isso, seja interditado em Vara Cível. Troca-se *seis por meia dúzia*. O doente sai de um cômodo, para onde foi enviado pela Vara Criminal, para ingressar em outro, do mesmo estilo, para onde seguirá pela ordem de Vara Civil, mormente se for perigoso e violento.

Permite-se a antecipação do exame de cessação de periculosidade, conforme previsto pelo art. 176: "em qualquer tempo, ainda no decorrer do prazo mínimo de duração da medida de segurança, poderá o juiz da execução, diante de requerimento fundamentado do Ministério Público ou do interessado, seu procurador ou defensor, ordenar o exame para que se verifique a cessação da periculosidade, procedendo-se nos termos do artigo anterior". O prazo mínimo fixado pelo juiz não é estanque, de modo que seja compulsoriamente observado. Na verdade, cuida-se de uma referência para o tratamento realizar-se. Em casos mais sérios, aguarda-se pelo menos três anos para avaliar o paciente. Em outras situações, pode-se fazer o mesmo em um ou dois anos. Porém, advindo súbita melhora - por vezes, em razão da aplicação de novas drogas -, é possível antecipar a realização do exame de cessação de periculosidade, desde que alguém provoque o juízo da Execução Penal (MP, internado ou submetido a tratamento, seu procurador ou seu defensor).

Há, também, a possibilidade de o administrador do hospital ou do médico do paciente empreender essa provocação. O importante é ter em vista que a medida de segurança tem por finalidade a *cura* do agente e não a sua punição, motivo pelo qual a sua liberação eventual *antes* do prazo mínimo não destoa da finalidade dessa espécie de sanção penal.

Realizado o primeiro exame de cessação de periculosidade e constatada a sua mantença, o interno ou aquele que estiver em tratamento continuará submetido à medida de segurança. Anualmente, far-se-ão exames sucessivos, observando-se o disposto no art. 175 da LEP.

Constatada, por perícia médica, a cessação de periculosidade, após o prazo mínimo fixado pelo juiz ou depois do tempo que for necessário para a eficácia do tratamento, ocorrerá a desinternação (para os que estiverem em medida detentiva) ou a liberação (para os que estiverem em tratamento ambulatorial). É preciso destacar que tanto a desinternação como a liberação serão sempre condicionais.

Durante um ano, ficará o agente sob prova; caso pratique algum ato indicativo de sua periculosidade - que não precisa ser um fato previsto em lei como crime -, poderá voltar à situação anterior. Normalmente, faz-se o controle mediante análise da folha de antecedentes do liberado, pois não há outra forma de acompanhamento mais eficaz. E, havendo a desinternação ou a liberação do tratamento ambulatorial, fica o agente em observação por um ano, sujeitando-se, como determina o art. 178 da Lei de Execução Penal, às condições do livramento condicional (arts. 132 e 133, LEP): a) *obrigatórias*: obter ocupação lícita; comunicar ao juiz sua ocupação, periodicamente; não mudar do território da comarca; b) *facultativas*: não mudar de residência, sem prévia comunicação; recolher-se à habitação no horário fixado; não frequentar determinados lugares.

2.2. Desinternação progressiva

Um tema que se tornou relevante diz respeito à desinternação progressiva. Prevê a lei penal que o tratamento ambulatorial pode ser convertido em internação, caso essa providência seja necessária para *fins curativos*. Nada fala, no entanto, quanto à conversão da internação em tratamento ambulatorial, o que se nos afigura perfeitamente possível. Muitas vezes, o agente pode não revelar periculosidade suficiente para ser mantido internado, mas ainda necessitar de um tratamento acompanhado.

Assim, valendo-se, por analogia, da hipótese prevista no art. 97, § 4.º, do Código Penal, pode o magistrado determinar a desinternação do agente para o fim de se submeter a tratamento ambulatorial, que seria a *conversão* da internação em tratamento ambulatorial. Leia-se, uma autêntica *desintegração progressiva*. Não é, pois, o método de desinternação previsto no art. 97, § 3.º, do Código Penal, porque cessada a periculosidade, porém se destina à continuidade dos cuidados médicos, sob outra forma. Essa medida torna-se particularmente importante, porquanto existem vários casos em que os médicos sugerem a desinternação, para o bem do próprio doente, embora sem que haja a desvinculação do tratamento médico obrigatório. O art. 178 da Lei de Execução Penal é claro ao determinar que, havendo desinternação ou liberação, devem ser impostas ao apenado as condições obrigatórias e facultativas do livramento condicional (arts. 132 e 133, LEP). Ocorre que nenhuma delas prevê a possibilidade de se fixar, como condição, a obrigação de continuar o tratamento ambulatorial, após ter sido desinternado.

Dessa forma, o melhor a fazer é converter a internação em tratamento ambulatorial, pelo tempo que for necessário à recuperação, até que seja possível, verificando-se a cessação da periculosidade, haver a liberação condicional. Essa metodologia terminou por predominar em muitas Varas de Execução Penal, em experiência pioneira implantada na de São Paulo. Ilustrando: a decisão do magistrado José Antonio Colombo, no processo n. 358.442, de um sentenciado internado há quase 7 anos, na Casa de Custódia e Tratamento de Taubaté, que, submetido a exame de cessação de periculosidade, teve sugerida a desinternação com aplicação de tratamento ambulatorial pelos peritos. Nesse prisma, por entender contraditória a decisão que declarasse cessada a periculosidade, mas, ao mesmo tempo, impusesse tratamento ambulatorial, deliberou o juiz converter a medida de internação na mais branda, consistente em tratamento ambulatorial.

Ademais, em reunião realizada no dia 26 de abril de 2001, no Hospital de Custódia e Tratamento Psiquiátrico Prof. André Teixeira Lima, de Franco da Rocha, com a participação de autoridades da área (juiz, promotor, procurador do Estado e diretores técnicos), foi deliberado que, para a progressão do regime de internação para o tratamento ambulatorial, devem os peritos, que examinarem o internado, concluir pela cessação da periculosidade, embora seja recomendável o prosseguimento do acompanhamento com equipe técnica de saúde mental. Assim, os juízes das execuções penais poderiam viabilizar a colocação do internado em tratamento ambulatorial.

Preceitua o art. 179 da LEP que "transitada em julgado a sentença, o juiz expedirá ordem para a desinternação ou a liberação". Portanto, contra a decisão de desinternação ou liberação do paciente, cabe agravo por parte do Ministério Público, com efeito suspensivo, de modo que a efetiva desinternação ou liberação somente ocorrerá com o trânsito em julgado. Por outro lado, não é demais lembrar que indeferida a desinternação ou liberação também cabe agravo, agora por parte da defesa (e mesmo do MP, em favor do agente), mas sem efeito suspensivo.

3. RESUMO DO CAPÍTULO

- **Medida de segurança:** é a sanção penal destinada ao inimputável ou ao semi-imputável, consistente em encaminhar o sentenciado a processos de cura – e não de reprimenda. A medida de segurança envolve a internação ou o tratamento ambulatorial.
- **Cessação de periculosidade:** é o controle do estado mental do condenado, a fim de se saber, por laudo pericial, se o indivíduo continua seu estado de antissociabilidade, capaz de oferecer perigo à sociedade, ou não.

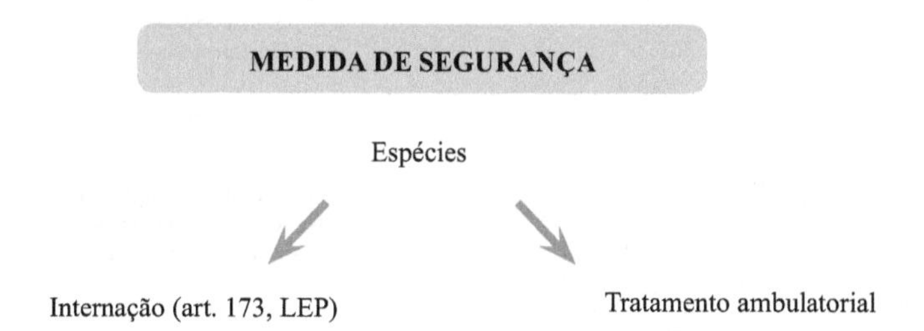

Nota: ninguém será internado sem a expedição de guia para a execução pela autoridade judiciária

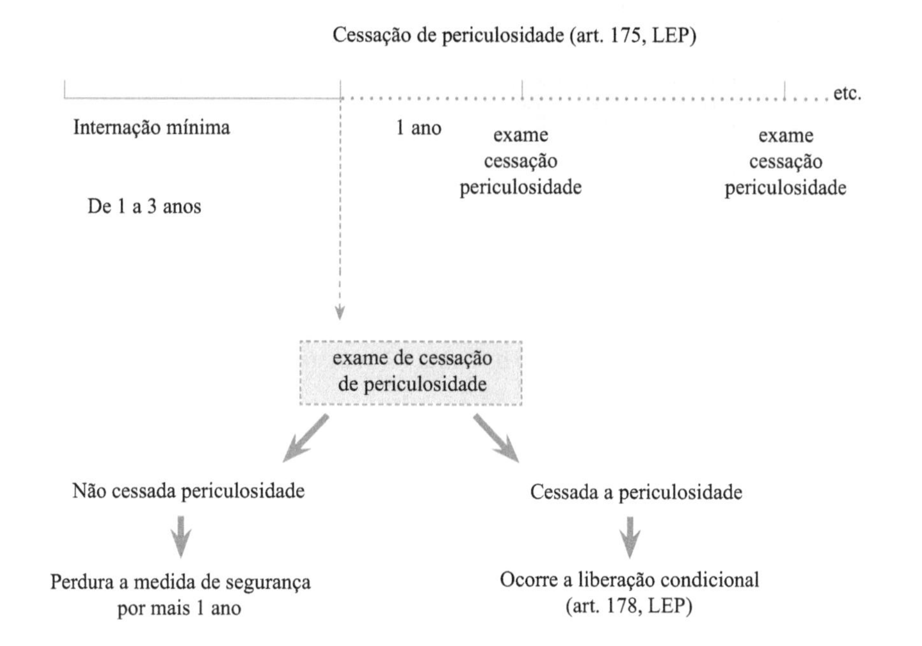

DOENÇA MENTAL OU PERTURBAÇÃO DE SAÚDE MENTAL NO CURSO DA EXECUÇÃO PENAL (art. 183, LEP)

Enfermidade passageira (art. 41, CP)

Trata-se no hospital e retorna ao presídio

Enfermidade duradoura

Transformação da pena em medida de segurança com internação ou tratamento ambulatorial

Tratamento ambulatorial incompatível: retorna a internação pelo prazo mínimo de 1 ano (art. 184, LEP)

Notas:

a) Transforma-se a pena em medida de segurança pelo prazo da pena, quando a doença advém após o início de cumprimento da pena. Ex.: condenado a 15 anos, após 5 anos, advém doença mental. Terá 10 anos de medida de segurança a cumprir. Depois, trata-se de questão civil;

b) A medida de segurança imposta na sentença tem prazo certo? Pela lei, o prazo é indeterminado. Porém, há decisões do STF impondo o prazo máximo de 30 anos nos termos do art. 75 do CP aplicado por analogia (após a Lei 13.964/2019, o prazo máximo do art. 75 passou a ser de 40 anos).

EXCESSO E DESVIO DE EXECUÇÃO (art. 185, LEP)

Excesso de execução → Aplicação abusiva do preceito legal → Ex.: o condenado passa mais de 30 dias isolado por falta disciplinar

Desvio de execução → Destinação diversa da finalidade da pena → Ex.: o condenado quer trabalhar, mas o Estado não lhe proporciona nenhuma atividade laborativa

Capítulo XI

Dos incidentes de execução

1. AS CONVERSÕES

Os incidentes processuais são as questões e os procedimentos secundários, que incidem sobre o procedimento principal, merecendo solução antes da decisão da causa ser proferida, quando tratamos do processo penal de conhecimento. Na execução, não há de ser diferente. Há questões e procedimentos secundários à execução da pena principal, merecedores de solução antes que esta termine. São os *incidentes de execução*. Podem ser nominados ou inominados. Os constantes dos capítulos I (conversões), II (excesso ou desvio) e III (anistia e indulto) do Título VII da Lei de Execução Penal são os nominados. Há outros que podem ocorrer, embora sem expressa menção da Lei de Execução Penal como tais (ex.: o incidente de unificação de penas).

2. CONVERSÕES POSITIVA E NEGATIVA

2.1. Conversão positiva

Dispõe o art. 180 da LEP que "a pena privativa de liberdade, não superior a 2 (dois) anos, poderá ser convertida em restritiva de direitos, desde que: I – o condenado a esteja cumprindo em regime aberto; II – tenha sido cumprido pelo menos 1/4 (um quarto) da pena; III – os antecedentes e a personalidade do condenado indiquem ser a conversão recomendável". Constitui a forma positiva de conversão de penas, durante a fase de execução.

A previsão feita no art. 180 desta Lei é, para muitas situações, inútil. Em primeiro lugar, quem foi condenado a pena privativa de liberdade não superior a dois anos, como regra, já obteve benefícios penais na sentença condenatória (ex.: substituição por pena restritiva de direitos ou *sursis*). Imaginando-se não ter conseguido nenhum benefício, nessa ocasião, ainda poderia auferir alguma vantagem durante o cumprimento da pena. Mas, surge o segundo obstáculo: o condenado precisa estar inserido no regime aberto.

Ora, se considerarmos o cumprimento da pena em prisão albergue domiciliar, sem qualquer fiscalização efetiva, como ocorre na maior parte das comarcas brasileiras, não há vantagem alguma nessa conversão. O sentenciado deixaria o conforto da sua vida rotineira (lembremos que sua prisão é domiciliar, em período noturno ou de folga do trabalho e sem supervisão estatal) para passar, por exemplo, a uma prestação de serviços à comunidade, o que lhe tomaria pelo menos sete horas semanais de exercício de tarefas gratuitas a entidades sociais. Por uma questão de lógica, prefere o condenado permanecer no tranquilo regime aberto sem se empenhar em nada de proveitoso para a comunidade. Entretanto, onde houver casa do albergado, pode ser vantajosa a conversão em pena restritiva de direitos. Depende, pois, do caso concreto.

São requisitos objetivos para a conversão: a) *pena privativa de liberdade não superior a dois anos* (art. 180, *caput*). Não deixa claro o texto legal se a pena de dois anos precisa ser fixada na sentença condenatória ou, simplesmente, ser o montante atual em cumprimento pelo condenado. Portanto, na dúvida, deve-se favorecer o sentenciado, razão pela qual nos parece que qualquer que seja o montante da pena aplicada na decisão condenatória, tão logo atinja os dois anos, permite-se, associando-se aos demais requisitos, a conversão proposta neste artigo. Ex.: condenado a seis anos de reclusão, iniciando no regime fechado, passando pelo semiaberto, quando atingir a marca dos dois anos de pena faltante, estando no regime aberto, em que já cumpriu, pelo menos um quarto, pode pleitear a conversão para pena restritiva de direitos; b) *cumprimento em regime aberto* (art. 180, I). O condenado precisa estar inserido no mais brando dos regimes, o que significa, na prática, já gozar de liberdade, ao menos durante boa parte do seu dia; c) *cumprimento de, no mínimo, um quarto da pena* (art. 180, II). Parece-nos razoável associar esse requisito ao anterior, vale dizer, torna-se necessário que o sentenciado cumpra, ao menos, um quarto da pena *no regime aberto*. Ainda que ele já tenha cumprido dois terços do total da pena em outros regimes (fechado e semiaberto), soa-nos indispensável, para testar sua autodisciplina e senso de responsabilidade, que cumpra um quarto no regime aberto. Após, pode-se converter a privativa de liberdade em restritiva de direitos pelo tempo remanescente da pena.

São requisitos subjetivos: a) *análise dos antecedentes*. Deve o juiz verificar os antecedentes criminais do condenado. Se forem muitos, advindos de delitos dolosos e graves, pode negar-lhe a conversão; b) *análise da personalidade*. Sentenciados de boa índole – o que pode ser atestado pela Comissão Técnica de Classificação, nas periódicas avaliações feitas – merecem maior chance de afastamento de qualquer forma de prisão, ainda que aberta.

2.2. Conversão negativa

Por outro lado, prevê o art. 181 a forma negativa de conversão, autorizando a transformação da pena restritiva de direitos em privativa de liberdade. Além do preceituado no referido art. 181, respeita-se o disposto no art. 44, §§ 4.º e 5.º, do Código Penal.

Estabelece o referido art. 181 da LEP: "a pena restritiva de direitos será convertida em privativa de liberdade nas hipóteses e na forma do art. 45 e seus incisos do Código Penal. § 1.º A pena de prestação de serviços à comunidade será convertida quando o condenado: *a)* não for encontrado por estar em lugar incerto e não sabido, ou desatender à intimação por edital; *b)* não comparecer, injustificadamente, à entidade ou programa em que deva prestar serviço; *c)* recusar-se, injustificadamente, a prestar o serviço que lhe foi imposto; *d)* praticar falta grave; *e)* sofrer condenação por outro crime à pena privativa de liberdade, cuja execução não tenha sido suspensa. § 2.º A pena de limitação de fim de semana será convertida quando o condenado não comparecer ao estabelecimento designado para o cumprimento da pena, recusar-se a exercer a atividade determinada pelo juiz ou se ocorrer qualquer das hipóteses das letras *a, d* e *e* do parágrafo anterior. § 3.º A pena de interdição temporária de direitos será convertida quando o condenado exercer, injustificadamente, o direito interditado ou se ocorrer qualquer das hipóteses das letras *a* e *e* do § 1.º deste artigo".

A substituição da pena privativa de liberdade por restritiva de direitos foi um benefício conseguido pelo agente na sentença condenatória. Não é cabível decepcionar o Estado, que confiou na sua condição moral e na sua responsabilidade para cumpri-la, sem necessidade da utilização de qualquer mecanismo de coerção. Assim não ocorrendo, a única alternativa viável é a conversão em privativa de liberdade novamente. Faz-se da forma estabelecida no art. 44, § 4.º, do Código Penal (a menção ao art. 45 feita no *caput* do art. 181 dizia respeito a momento anterior à edição da Lei 9.714/98, que alterou sua redação).

Portanto, no cálculo da pena privativa de liberdade, fruto da conversão, deduz-se o tempo de pena restritiva de direitos já cumprido, respeitando-se um saldo mínimo de 30 dias de detenção ou reclusão, conforme o caso.

Sobre o não atendimento ao cumprimento da prestação de serviços à comunidade, transitando em julgado a sentença condenatória, é medida consequencial o chamamento do réu para dar início ao cumprimento da pena restritiva de direitos imposta (art. 149, II, LEP). A intimação poderá ser providenciada pelo juiz da condenação ou da execução penal, conforme a organização judiciária local. Entretanto, não sendo encontrado no endereço constante dos autos, porque o alterou sem a necessária comunicação, será intimado por edital, de maneira ficta.

O não atendimento equivale ao descumprimento, justificando a conversão em pena privativa de liberdade, com expedição do mandado de prisão. É evidente que, encontrado posteriormente, ainda que em decorrência de prisão, dispondo-se, de imediato, a cumprir a pena restritiva de direitos, soa-nos razoável o restabelecimento do benefício, afinal, não houve falta grave ou cometimento de outro crime, obstáculos mais que justificáveis para a sua cassação.

Intimado a prestar o serviço no lugar que lhe for designado, o não comparecimento, sem motivo justo, implica, igualmente, o descumprimento da pena alternativa, dando margem à conversão. É fundamental, nessa hipótese, ouvir o condenado *antes* da efetivação da prisão. Afinal, pode ele oferecer um motivo razoável para não ter comparecido, dispondo-se a fazê-lo prontamente.

A recusa em prestar o serviço, sem motivo justo, é causa de conversão. Porém, atividades humilhantes ou que impliquem esforço excessivo, configurando autêntico *trabalho forçado* ou *cruel*, estão completamente fora do parâmetro das penas restritivas de direitos. Por isso, a recusa do condenado pode apresentar motivação razoável. Ouvindo-o, previamente, terá o juiz condições de decidir, com prudência, acerca da necessidade de conversão, ou optar pela atribuição de outra tarefa, possivelmente em lugar diverso.

Quanto à prática de falta grave, estão elas descritas no art. 51 da LEP, embora as previstas nos incisos I e II sejam, na essência, reiterações do disposto na alínea *c* do art. 181, § 1.º, ora em comento.

Se o condenado a cumprir pena restritiva de direitos terminar recebendo pena privativa de liberdade cuja execução não foi suspensa, por exemplo pela concessão de *sursis*, é natural que, em regime carcerário, não possa exercitar a contento a prestação de serviços à comunidade. Entretanto, em alguns casos excepcionais, tal possibilidade se daria. Imagine-se alguém condenado a pena privativa de liberdade e inserido no regime aberto. Poderia encontrar algum período do seu dia ou do fim de semana, autorizado pelo juiz da execução penal, a cumprir a referida prestação de serviços à comunidade.

A conversão pode não atender aos reclamos da política criminal de reeducação, buscada pelo Estado, durante o cumprimento da pena, evitando-se o encarceramento, quando inútil.

No tocante à conversão da pena de limitação de fim de semana, o § 2.º apenas acrescentou algumas peculiaridades. Estabeleceu ser causa de conversão o não comparecimento à casa do albergado ou lugar alternativo, designado pelo juiz da execução penal (logicamente, sem motivo justo), bem como a recusa ao exercício de atividade nesse recinto (igualmente, sem razão justificável). Vale, sempre, ouvir o condenado *antes* de se determinar a conversão.

Sobre a conversão da pena de interdição temporária de direitos, valendo-se, ainda, do disposto no § 1.º, acresceram-se no § 3.º as particularidades dessa espécie de pena. É mais do que óbvio que o exercício de atividade da qual está impedido, sem motivo justo, implica descumprimento da medida (exemplo de motivo razoável: o médico, impedido de clinicar, atende um paciente em emergência).

Quanto à prestação pecuniária, basta intimar o sentenciado a depositar o seu valor em favor da vítima ou de entidade assistencial. Se não houver cumprimento espontâneo, deve-se converter para pena privativa de liberdade.

No tocante à perda de bens e valores, o mesmo deve dar-se. Intima-se o condenado a entregar o bem ou valor. Se não o fizer espontaneamente, cabe a conversão em pena privativa de liberdade.

3. CONVERSÃO DA PENA EM MEDIDA DE SEGURANÇA

Estipula o art. 183 da LEP: "quando, no curso da execução da pena privativa de liberdade, sobrevier doença mental ou perturbação da saúde mental, o Juiz, de ofício, a requerimento do Ministério Público, da Defensoria Pública ou da autoridade administrativa, poderá determinar a substituição da pena por medida de segurança".

Nesse contexto, é preciso distinguir duas hipóteses:

a) se o condenado sofrer de doença mental, não se tratando de enfermidade duradoura, deve ser aplicado o disposto no art. 41 do Código Penal, ou seja, transfere-se o sentenciado para o hospital de custódia e tratamento psiquiátrico pelo tempo suficiente à sua cura (considerando-se o período em que estiver afastado do presídio como cumprimento de pena). Não se trata de conversão da pena em medida de segurança, mas tão somente de providência provisória para cuidar da doença do condenado. Estando melhor, voltará a cumprir sua pena no presídio de onde saiu;

b) caso a doença mental tenha caráter duradouro, a transferência do condenado não deve ser feita como providência transitória, mas, sim, definitiva. Por isso, cabe ao juiz converter a pena em medida de segurança, aplicando-se o disposto no art. 183 da Lei de Execução Penal. A discussão que se estabelece, no entanto, dá-se no tocante à duração da medida de segurança. Há quatro correntes a respeito: b.1) tem duração indefinida, nos termos do disposto no art. 97, § 1.º, do Código Penal; b.2) tem a mesma duração da pena privativa de liberdade aplicada. O sentenciado cumpre, internado, o restante da pena aplicada; b.3) tem a duração máxima de 40 anos, limite fixado para a pena privativa de liberdade (art. 75, CP); b.4) tem a duração do máximo em abstrato previsto como pena para o delito que deu origem à medida de segurança.

Parece-nos que o legislador deveria ter disciplinado melhor o disposto no referido art. 183 da LEP, deixando bem claro o limite para o seu cumprimento, após a conversão. Afinal, não mais sendo adotado o sistema do duplo binário (pena + medida de segurança), cabe a verificação de imputabilidade no momento do crime, e não depois. Caso fosse considerado inimputável à época do crime, receberia por tal fato medida de segurança, podendo cumpri-la indefinidamente. A situação ora aventada, portanto, é diferente: num primeiro caso, já que cometeu um crime no estado de imputabilidade, recebeu pena. Este é o pagamento à sociedade pelo mal praticado, embora com o objetivo comum de reeducação. Ficando doente, merece tratamento, mas não por tempo indefinido. Num segundo caso, uma vez que praticou o delito no estado de inimputabilidade, recebeu medida de segurança. Pode ficar detido até que se cure. O injusto cometido tem ligação direta com a medida de segurança aplicada, justificando-se, pois, a indeterminação do término da sanção penal.

Melhor teria sido a clareza da lei. Não existindo tal nitidez, parece-nos mais lógico não interpretar a lei penal em desfavor do réu. Assim, tendo em vista que, na época da infração penal, o réu foi considerado imputável, recebeu do Estado, por consequência disso, uma pena, fixada em montante certo. Caso tenha havido conversão, é justo que a medida de segurança aplicada respeite o limite estabelecido pela condenação, ou seja, cumprirá a medida de segurança pelo prazo máximo da pena. Terminado esse prazo, continuando doente, torna-se um caso de saúde pública, merecendo ser interditado, como aconteceria com qualquer pessoa que sofresse de enfermidade mental, mesmo sem praticar crime.

Não há contradição com a tese de ser constitucional a medida de segurança ter duração indefinida. O que se busca é analisar a situação do criminoso quando pratica o delito, para evitar o malfadado duplo binário. Se era inimputável, pode receber medida de segurança por tempo indefinido, já que essa é a sanção merecida pelo que praticou. Sendo imputável, cabe-lhe a aplicação de uma pena, que não deve ser alterada no meio da execução por uma medida indeterminada. Afinal, de uma pena com limite prefixado, com trânsito em julgado, passaria o condenado a uma sanção sem limite, não nos parecendo isso correto.

No mesmo prisma, encontramos o disposto no Código Penal português (arts. 104 e 105), determinando que a pena seja convertida em medida de segurança, se tal não se deu à época da sentença, quando ocorrer a constatação de doença mental e o agente se encontrar em estabelecimento prisional comum, pelo restante da pena aplicada. Explica Carlota Pizarro de Almeida que, nessa hipótese, o que está em jogo não é a periculosidade do agente, mas a sua inadaptação para permanecer no meio prisional. Por isso, a internação será determinada pelo restante da pena, como se fosse o cumprimento da pena em estabelecimento destinado a inimputáveis.[1]

4. RECONVERSÃO DA MEDIDA DE SEGURANÇA EM PENA

Evitando-se qualquer tipo de subterfúgio, caso o condenado melhore, após a conversão de sua pena em medida de segurança, deve tornar a cumprir a pena privativa de liberdade, havendo, portanto, a reconversão. Outra solução implicaria abuso. Se a pena fosse convertida em medida de segurança indefinida, ultrapassando até mesmo o teto originalmente fixado como sanção penal pelo Estado, estaríamos diante de situação prejudicial ao sentenciado, uma vez que a imputabilidade deve ser analisada no momento do crime, como analisado na nota anterior. Se a pena fosse convertida em medida de segurança, mas, pouco tempo depois, fosse constatada a melhora do condenado, caso pudesse conseguir a sua liberdade, muitas seriam as situações injustas.

Ilustrando: se um condenado a 20 anos de reclusão por latrocínio adoecesse 5 anos após; convertida sua pena em medida de segurança e melhorando ele após 2 anos, o mais lógico é voltar a cumprir a pena faltante, ou seja, 13 anos. Liberdade imediata é o que não lhe cabe. O direito espanhol disciplinou tal situação expressamente, prevendo a possibilidade de haver a reconversão (art. 60, Código Penal).

Dá-se o mesmo no cenário do tratamento ambulatorial que poderá ser convertido em internação, caso se vislumbre a incompatibilidade do agente com a medida (art. 184, LEP). Assim ocorrendo, o prazo mínimo de internação será de um ano (parágrafo único).

---

1 *Modelos de inimputabilidade*: da teoria à prática, p. 121.

É o que está igualmente previsto no art. 97, § 4.º, do Código Penal, uma vez que se busca a cura do paciente, pouco importando se internado ou em liberdade. Faz-se o melhor para alcançá-la. Não havendo compatibilidade entre o tratamento ambulatorial e o fim da medida de segurança, deve o magistrado determinar a conversão.

5. EXCESSO OU DESVIO DE EXECUÇÃO

Estabelece o art. 185 da Lei de Execução Penal que "haverá excesso ou desvio de execução sempre que algum ato for praticado além dos limites fixados na sentença, em normas legais ou regulamentares".

Instaura-se um incidente próprio, que correrá em apenso ao processo de execução, quando houver *desvio* (destinação diversa da finalidade da pena) ou *excesso* (aplicação abusiva do previsto em lei) em relação ao cumprimento da pena, seja ela de que espécie for.

Exemplos:

a) o condenado é privado do trabalho, embora deseje participar das atividades, porque se encontra em cela isolada, apenas para garantir a sua incolumidade física, vez que se encontra ameaçado por outros presos. O Estado deve buscar formas alternativas de proteção à integridade dos presos, mas não pode privá-los do trabalho, que, além de um dever, é um direito do condenado. Trata-se de um desvio da execução penal;

b) o condenado, por ter cometido alguma falta disciplinar, passa mais de trinta dias em isolamento, infringindo o disposto no art. 58 da LEP. Há nítido excesso de execução;

c) pode-se aventar uma hipótese mista, em que se vislumbra desvio e excesso. Imagine-se o preso inserido no regime disciplinar diferenciado por ter desrespeitado o diretor do presídio (falta grave), porém fato que não se coaduna com o previsto nas hipóteses do art. 52 da Lei de Execução Penal. A punição é desviada do preceituado em lei e, também, excessiva, pois a punição vai além do necessário.

São partes legitimadas para suscitar o incidente de desvio ou excesso, segundo o disposto no art. 186, o Ministério Público, o Conselho Penitenciário, o sentenciado e os demais órgãos da execução penal (Conselho Nacional de Política Criminal e Penitenciária, o próprio juiz, agindo de ofício, os Departamentos Penitenciários, o Patronato e o Conselho da Comunidade). Acrescemos à lista, por decorrência natural e lógica da consagração do princípio da ampla defesa na execução penal, o defensor, constituído ou dativo.

6. ANISTIA E INDULTO

Anistia é a declaração feita pelo Poder Público, por meio de lei, editada pelo Congresso Nacional, de que determinado fato, anteriormente considerado criminoso, se tornou impunível por motivo de utilidade social. Volta-se, primordialmente, a crimes políticos, mas nada impede a sua aplicação a outras infrações penais.

Segundo o art. 187 da LEP, "concedida a anistia, o juiz, de ofício, a requerimento do interessado ou do Ministério Público, por proposta da autoridade administrativa ou do Conselho Penitenciário, declarará extinta a punibilidade". Sob outro prisma, tanto a anistia quanto o indulto são vedados aos autores de crimes hediondos e equiparados (art. 5.º, XLIII, CF; art. 2.º, I, Lei 8.072/1990).

Conforme o disposto no art. 107, II, do Código Penal, deve o magistrado declarar extinta a punibilidade do condenado. Caso esteja preso, será imediatamente libertado. Se já estiver cumprindo a pena em liberdade, de qualquer modo, terá extinta a sua punibilidade. E, caso já tenha cumprido a pena, o antecedente criminal por ela deixado na folha de antecedentes será apagado. A natureza jurídica da anistia é de autêntica extinção da tipicidade, pois o Legislativo declara, por lei, inexistente o fato que foi anteriormente objeto de tipificação em lei penal incriminadora.

O indulto é o perdão concedido pelo Presidente da República, dividindo-se em individual (também conhecido por *graça*) e coletivo.

Confira-se o teor da Súmula 631 do STJ que dispõe: "O indulto extingue os efeitos primários da condenação (pretensão executória), mas não atinge os efeitos secundários, penais ou extrapenais".

O indulto individual é a clemência concedida pelo chefe do Poder Executivo, por meio de decreto, a um condenado específico, levando-se em conta, em tese, seu mérito incomum no cumprimento da pena (ex.: ato de bravura ou heroísmo), mas também por questões humanitárias (ex.: está gravemente enfermo, à beira da morte). Como preceitua o art. 188 da LEP, pode ser provocado pelo próprio sentenciado, pelo Ministério Público, pelo Conselho Penitenciário e pela autoridade administrativa (diretor do presídio, por exemplo).

Quanto ao procedimento regular, quando parte o pedido do sentenciado, do Ministério Público, da autoridade administrativa ou de outro órgão da execução penal, ouve-se o Conselho Penitenciário e segue o expediente ao Ministério da Justiça. Há casos concretos em que o condenado encaminhou carta diretamente à Presidência da República e, por motivos variados, teve seu pedido conhecido e aprovado, auferindo o benefício do indulto individual. Tais situações demonstram, nitidamente, ser a decisão discricionária do Presidente da República, que pode, inclusive, ignorar o parecer formulado pelo Conselho Penitenciário.

O Conselho Penitenciário, à vista dos autos do processo e do prontuário, promoverá as diligências que entender necessárias e fará, em relatório, a narração do ilícito penal e dos fundamentos da sentença condenatória, a exposição dos antecedentes do condenado e do procedimento deste depois da prisão, emitindo seu parecer sobre o mérito do pedido e esclarecendo qualquer formalidade ou circunstâncias omitidas na petição.

Processada no Ministério da Justiça com documentos e o relatório do Conselho Penitenciário, a petição será submetida a despacho do Presidente da República, a quem serão presentes os autos do processo ou a certidão de qualquer de suas peças, se ele o determinar. O parecer do Conselho Penitenciário não vincula o Presidente da República, servindo, apenas, de base de dados para a formação do convencimento do Chefe do Poder

Executivo. Nos termos do art. 192, "concedido o indulto e anexada aos autos cópia do decreto, o juiz declarará extinta a pena ou ajustará a execução aos termos do decreto, no caso de comutação".

Cabe ao juiz, tomando conhecimento da publicação do decreto de indulto individual no Diário Oficial, declarar extinta a punibilidade do condenado (art. 107, II, CP). Nesse caso, apesar de dever ser o beneficiário colocado em liberdade, se preso estiver, ou cessar qualquer outra restrição, se em liberdade, não se apagará da sua folha de antecedentes a condenação. Esta, inclusive, pode gerar reincidência e ser considerada antecedente criminal para todos os efeitos.

O indulto coletivo é a clemência concedida pelo Presidente da República, por decreto, a condenados em geral, desde que preencham determinadas condições objetivas e/ou subjetivas. Cuida-se, também, de ato discricionário do chefe do Poder Executivo, sem qualquer vinculação a parecer de órgão da execução penal. Anualmente, no mínimo um decreto é editado (como regra, o denominado *indulto de Natal*), podendo perdoar integralmente a pena, gerando a extinção da punibilidade, mas mantendo-se o registro da condenação na folha de antecedentes do beneficiário, para fins de reincidência e análise de antecedentes criminais, como pode perdoar parcialmente a pena, operando-se um desconto (comutação), sem provocar a extinção da punibilidade.

Conforme dispõe o art. 193 da LEP, "se o sentenciado for beneficiado por indulto coletivo, o juiz, de ofício, a requerimento do interessado, do Ministério Público, ou por iniciativa do Conselho Penitenciário ou da autoridade administrativa, providenciará de acordo com o disposto no artigo anterior".

A prática de falta grave *pode* gerar a interrupção do prazo e o recomeço do cômputo para efeito de apurar o período de cumprimento da pena em que o sentenciado permaneceu com bom comportamento, fazendo jus ao benefício do indulto total ou parcial (comutação). Porém, depende dos termos do decreto concessivo do indulto. Ilustrando: se o decreto presidencial exigir 1/6 (um sexto) do cumprimento da pena com bom comportamento, para efeito de aplicar o indulto, a prática de falta grave pode interromper essa contagem, determinando novo prazo, a partir do seu cometimento.

Por outro lado, caso o decreto mencione somente o não cometimento de falta grave nos últimos doze meses, logicamente, pouco importa a prática da falta em período anterior a esse. Tomando como exemplo o Decreto 6.294/2007, menciona-se, para a obtenção de comutação (indulto parcial), o cumprimento de 1/4 (um quarto) da pena, se não reincidente, ou 1/3 (um terço), se reincidente, além do não cometimento de falta grave nos últimos doze meses. Nessa situação, a prática de falta grave, antes dos doze meses, não serve para interromper o prazo relativo a um quarto ou um terço da pena.

7. RESUMO DO CAPÍTULO

- **Incidentes de execução:** são as questões e os procedimentos secundários, que incidem sobre o procedimento principal, merecendo solução antes da decisão da causa ser proferida, quando tratamos do processo penal de conhecimento. Podem ser nominados ou inominados. Na Lei de Execução Penal encontram-se elencados os seguintes: a) conversões; b) excessos de execução; c) desvios de execução; d) anistia; e) indulto. Nada impede que outros incidentes possam instalar-se para a resolução de uma questão, antes de qualquer outra decisão ser tomada no processo de execução. Exemplo: aplicação retroativa de lei penal benéfica.

- **Conversões:** são as alterações da natureza da pena, autorizadas em lei, permitindo-se, em tese, a transformação da pena privativa de liberdade em restritiva de direitos e, também, a modificação da restritiva de direitos em privativa de liberdade, conforme o preenchimento das condições legais.
- **Excesso de execução:** cuida-se da imposição de mais restrições que as legalmente previstas para o cumprimento da pena.
- **Desvio de execução:** significa o não cumprimento fiel da lei no tocante ao cumprimento da pena, gerando distorções indevidas.
- **Anistia:** trata-se da clemência concedida pelo Poder Legislativo, por meio de lei, referindo-se ao esquecimento de fatos criminosos e gerando, com isso, a extinção da punibilidade dos envolvidos.
- **Indulto:** é o perdão concedido pelo Presidente da República, por meio de decreto, podendo referir-se a vários condenados (indulto coletivo), sob determinadas condições, ou a um condenado (indulto individual ou graça), terminando por acarretar a extinção da punibilidade.

Capítulo XII

Do procedimento judicial

1. PROCEDIMENTO EXECUTÓRIO

Há nítida predominância do caráter jurisdicional da execução penal no Brasil, consagrado pela LEP (art. 194). Portanto, o procedimento desenvolvido para a individualização executória da pena é, basicamente, da alçada do juiz, pouco restando à autoridade administrativa (ex.: provocar o juízo para a inserção do preso em regime disciplinar diferenciado).

A execução da pena, como regra, inicia-se, de ofício, pelo Judiciário, sem necessidade da provocação de qualquer parte interessada, embora se admita pedido do Ministério Público, do interessado (réu), de quem o represente, de seu cônjuge (companheiro/a) e de qualquer parente do condenado (art. 195, LEP).

Transitada em julgado a sentença condenatória, preso o condenado, o juiz da condenação expede a guia de recolhimento (ou de internamento, quando se tratar de medida de segurança), encaminhando-a, juntamente com outras peças do processo, ao juízo da execução penal. Tem início o procedimento, contando, a partir daí, com a intervenção dos interessados: o Ministério Público, como fiscal da lei, bem como o condenado, como maior interessado no término breve da pena. Além deles, os demais órgãos da execução penal podem oficiar ao juiz, solicitando providências.

Além disso, preceitua o art. 196 que "a portaria ou petição será autuada ouvindo-se, em 3 (três) dias, o condenado e o Ministério Público, quando não figurem como requerentes da medida". No § 1.º: "sendo desnecessária a produção de prova, o juiz decidirá de plano, em igual prazo". E o § 2.º fixa que "entendendo indispensável a realização de prova pericial ou oral, o juiz a ordenará, decidindo após a produção daquela ou na audiência designada".

A progressão ou regressão de regime, a concessão de livramento condicional, o desconto de dias de pena em virtude da remição, a soma ou unificação de penas etc., podem ser medidas requeridas pelo Ministério Público ou pelo condenado (diretamente ou por intermédio de seu defensor). Instaura-se o apenso próprio e pode-se produzir prova, quando necessário (ex.: exame criminológico). Concluída a instrução, há o julgamento pelo juiz.

2. RECURSO

O único recurso previsto na Lei de Execução Penal é o denominado *agravo em execução* (art. 197). Afinal, as decisões são, na imensa maioria, interlocutórias. Mesmo a decisão terminativa, como a referente à extinção da punibilidade, deve ser impugnada por meio do agravo.

O recurso não tem efeito suspensivo, exceto no caso de desinternação ou liberação de pessoa sujeita a medida de segurança. O rito do agravo em execução é o mesmo do recurso em sentido estrito (arts. 582 a 592 do Código de Processo Penal), constituindo, atualmente, a posição pacífica da jurisprudência, porque a Lei de Execução Penal não estabelece o procedimento.

O prazo para interposição é de cinco dias, contados da ciência da decisão judicial para a parte interessada em recorrer. Pode haver a intimação abrindo-se vista para *ciência* do que consta dos autos ao Ministério Público e à Defensoria Pública, bem como pode-se determinar a intimação do defensor constituído ou dativo. O condenado toma ciência quando lhe é comunicada a decisão no presídio onde se encontra ou quando chega ao seu conhecimento, estando em liberdade. É relevante destacar que algumas decisões, quando consideradas teratológicas ou claramente infundadas e prejudiciais ao sentenciado, podem ser questionadas por meio do ajuizamento de *habeas corpus* (pelo próprio condenado ou por seu defensor, bem como qualquer outra pessoa em seu favor).

Forma-se o instrumento à parte, que será remetido ao tribunal, a fim de não prejudicar o andamento da execução. Para a subida por instrumento, incumbe à parte interessada indicar as peças que pretende ver encartadas nos autos do agravo. O mesmo procedimento pode ser adotado pelo recorrido que, ao se manifestar, também pode indicar peças para compor o instrumento.

São peças obrigatórias para que o tribunal possa averiguar os requisitos de admissibilidade do recurso, tais como a tempestividade, o interesse, a adequação e a legitimidade: a) decisão recorrida; b) certidão de sua intimação; c) termo de interposição do recurso.

Lembre-se que, quando o sentenciado se vale do agravo, jamais o tribunal poderá conhecer e dar provimento ao recurso para piorar, de qualquer modo, a sua situação. Denomina-se *reformatio in pejus* a reforma de decisão anterior, normalmente realizada por tribunal superior, em recurso exclusivo da defesa. Essa situação é vedada em processo penal e, consequentemente, na execução penal. Não pode o condenado apresentar recurso contra determinada decisão que o prejudicou e o tribunal, ao conhecer do referido recurso, dar-lhe provimento para estabelecer qualquer situação ainda mais negativa. Se a medida fosse admissível, ofenderia o princípio constitucional da ampla defesa, pois não teria o menor sentido assegurar ao acusado a possibilidade do duplo grau de jurisdição caso, na prática, enfrentasse uma verdadeira *loteria*, vale dizer, o recurso tanto poderia ser provido para bem ou para mal.

3. DISPOSIÇÕES GERAIS

3.1. Sigilo

Estabelece o art. 198 da LEP o seguinte: "é defesa ao integrante dos órgãos da execução penal, e ao servidor a divulgação de ocorrência que perturbe a segurança e a disciplina dos estabelecimentos, bem como exponha o preso a inconveniente notoriedade, durante o cumprimento da pena".

A execução penal lida com a segurança pública e com a dignidade da pessoa humana, por si só em situação rebaixada por estar cumprindo pena, com direitos fundamentais cerceados. Assim, deve-se preservar o sigilo das informações concernentes à segurança e à disciplina dos presídios, bem como é fundamental evitar a exposição do preso à mídia e à população em geral. Cumprimento de pena não é show, nem tampouco divertimento para terceiros.

3.2. Algemas

Quanto ao emprego de algemas, preceitua o art. 199 que será disciplinado por decreto federal.

Depois de vários anos, editou-se o Decreto 8.858/2016, nos seguintes termos: "art. 1.º O emprego de algemas observará o disposto neste Decreto e terá como diretrizes: I – o inciso III do *caput* do art. 1.º e o inciso III do *caput* do art. 5.º da Constituição, que dispõem sobre a proteção e a promoção da dignidade da pessoa humana e sobre a proibição de submissão ao tratamento desumano e degradante; II – a Resolução n.º 2010/16, de 22 de julho de 2010, das Nações Unidas sobre o tratamento de mulheres presas e medidas não privativas de liberdade para mulheres infratoras (Regras de Bangkok); e III – o Pacto de San José da Costa Rica, que determina o tratamento humanitário dos presos e, em especial, das mulheres em condição de vulnerabilidade. Art. 2.º É permitido o emprego de algemas apenas em casos de resistência e de fundado receio de fuga ou de perigo à integridade física própria ou alheia, causado pelo preso ou por terceiros, justificada a sua excepcionalidade por escrito. Art. 3.º É vedado emprego de algemas em mulheres presas em qualquer unidade do sistema penitenciário nacional durante o trabalho de parto, no trajeto da parturiente entre a unidade prisional e a unidade hospitalar e após o parto, durante o período em que se encontrar hospitalizada".

Editou-se, ainda, a Súmula Vinculante 11 do STF: "Só é lícito o uso de algemas em casos de resistência e de fundado receio de fuga ou de perigo à integridade física própria ou alheia, por parte do preso ou de terceiros, justificada a excepcionalidade por escrito, sob pena de responsabilidade disciplinar, civil e penal do agente ou da autoridade e de nulidade da prisão ou do ato processual a que se refere, sem prejuízo da responsabilidade civil do Estado".

3.3. Condenado político

O preso político tem um *status* diferenciado. Volta-se ele contra o Estado Democrático de Direito, razão pela qual seus atos são previstos no Título XII do Código Penal. Cuida-se de uma ideia ultrapassada enfocar o delito político como o praticado por intelectuais ou pessoas em atividade político-partidária, cujo instrumento seria a teorização de uma nova forma de governo e, por isso, não deveria o condenado se submeter a trabalhos manuais, os mais comuns em presídios. Há diversos crimes políticos cometidos com violência, distante, pois, de mera atividade intelectual.

Assim, a atividade laborativa obrigatória, de qualquer espécie, parece-nos necessária a todo e qualquer sentenciado para o seu processo de ressocialização, embora se deva respeitar o disposto no art. 200 da LEP: "o condenado por crime político não está obrigado ao trabalho".

3.4. Separação de presos diferenciados

Disciplina o art. 201 que "na falta de estabelecimento adequado, o cumprimento da prisão civil e da prisão administrativa se efetivará em seção especial da Cadeia Pública".

A prisão civil (ex.: do devedor de alimentos) e a prisão administrativa (ex.: do estrangeiro que aguarda a expulsão) têm natureza diversa da prisão decorrente da prática de crime, razão pela qual não se pode, de fato, misturar presos delinquentes e presos civis ou administrativos. Seria um abuso, com resultados imponderáveis.

3.5. Sigilo dos antecedentes

Preceitua o art. 202: "cumprida ou extinta a pena, não constarão da folha corrida, atestados ou certidões fornecidas por autoridade policial ou por auxiliares da Justiça, qualquer notícia ou referência à condenação, salvo para instruir processo pela prática de nova infração penal ou outros casos expressos em lei".

Extinta a punibilidade do condenado, pelo cumprimento da pena ou por outro motivo, não mais se fornecerá certidão, a qualquer do povo, sobre a condenação. Preserva-se o processo de reintegração do egresso à sociedade, permitindo-lhe conseguir emprego e restabelecer-se. Porém, para fins criminais e para concursos públicos, quando a banca requisita diretamente as informações, continuam a constar tais registros, o que é justo, pois o objetivo é completamente distinto. Um juiz criminal, para aplicar corretamente uma pena, precisa conhecer a vida pregressa do réu, o que incluirá todos os antecedentes registrados em sua folha. Lembremos que o disposto neste artigo terminou por esvaziar a função da reabilitação (art. 93, *caput*, CP), pois o ex-condenado não mais precisa disso para *apagar* os registros criminais existentes em sua folha, ao menos para fins civis.

4. RESUMO DO CAPÍTULO

- **Procedimento executório:** predomina o caráter jurisdicional, desenvolvendo-se conforme a demanda pela individualização executória da pena. Instaura-se a partir da chegada da guia de recolhimento (ou de internação), no caso de sanção privativa de liberdade. Em outras penas (restritivas de direitos), intima-se o condenado para que comece a cumprir a sanção conforme determinado na decisão condenatória. O procedimento desenvolve-se informalmente, apenas para acompanhar o cumprimento da pena e decidir acerca de eventuais benefícios ou faltas cometidas.
- **Agravo em execução:** é o único recurso previsto na Lei de Execução Penal e, como regra, tem efeito meramente devolutivo. A única exceção - em que há o efeito suspensivo - é a interposição contra decisão liberatória de doente mental internado ou em tratamento ambulatorial. Segue o rito do recurso em sentido estrito do CPP.

Bibliografia

Adorno, Sérgio. Sistema penitenciário no Brasil. Problemas e desafios. *Revista do Conselho Nacional de Política Criminal e Penitenciária*, v. 1, n. 2, Brasília, Ministério da Justiça, 1993.

Alencar, Rosmar Rodrigues; Távora, Nestor. *Curso de direito processual penal*. 9. ed. Salvador: Juspodivm, 2014.

Almeida, José Raul Gavião de; Moraes, Maurício Zanoide de; Fernandes, Antonio Scarance (coord.). *Sigilo no processo penal* – eficiência e garantismo. São Paulo: Ed. RT, 2008.

Almeida Júnior, A.; Costa Júnior, J. B. *Lições de medicina legal*. 9. ed. São Paulo: Companhia Editora Nacional, 1971.

Altavilla, Enrico. *Psicologia judiciária*. 3. ed. Trad. Fernando de Miranda. Coimbra: Arménio Amado, 1981. v. 1 e 2.

Alvim, Rui Carlos Machado. O direito de audiência na execução penal – Uma tentativa de sua apreensão. *RT* 636/257, out. 1988.

Alvim, Rui Carlos Machado. Execução penal: o direito à remição da pena. *RT* 606/286, abr. 1986.

Andreucci, Ricardo Antunes; Reale Júnior, Miguel; Dotti, René Ariel; Pitombo, Sergio Marcos de Moraes. *Penas e medidas de segurança no novo Código*. Rio de Janeiro: Forense, 1987.

Appio, Eduardo. *Mandado de segurança criminal*. Porto Alegre: Livraria do Advogado, 1995.

Aquino, José Carlos G. Xavier de. O cárcere e o juiz criminal. *Execução penal* – Visão do TACRIM-SP. Coord. Caetano Lagrasta Neto, José Renato Nalini e Ricardo Henry Marques Dip. São Paulo: Oliveira Mendes, 1998.

Aquino, José Carlos G. Xavier de; Nalini, José Renato. *Manual de processo penal*. São Paulo: Saraiva, 1997.

Avena, Norberto. Execução penal – esquematizado, 3ª. ed. Rio de Janeiro: Método, 2016.

Barbiero, Louri Geraldo. Execução penal provisória: necessidade de sua implantação imediata. *RT* 764/471, jun. 1999.

Barros, Carmen Silvia de Moraes. *A individualização da pena na execução penal*. São Paulo: Ed. RT, 2001.

Barros, Luiz Carlos Galvão de. O limite máximo de 30 anos estabelecido no artigo 75 do Código Penal, tal como no regime anterior à reforma penal de 1985, diz respeito tão somente ao tempo de cumprimento da pena, não se estendendo para regular outros benefícios prisionais (parecer). *Justitia*, v. 136, p. 140, out.-dez. 1986.

Beneti, Sidnei Agostinho. *Execução penal*. São Paulo: Saraiva, 1996.

Biasotti, Carlos. Do excesso ou desvio de execução. *Execução penal* – Visão do TACRIM-SP (Coords. Caetano Lagrasta Neto, José Renato Nalini e Ricardo Henry Marques Dip). São Paulo: Oliveira Mendes, 1998.

Bitencourt, Cezar Roberto. Competência para execução da pena de multa à luz da Lei 9.268. *Boletim IBCCRIM*, n. 69, ago. 1998, p. 17.

Bitencourt, Cezar Roberto. Limitação de fim de semana: uma alternativa inviável no Brasil. *RT* 693/297, jul. 1993.

Bitencourt, Cezar Roberto. Penas pecuniárias. *RT* 619/414, maio 1987.

Bitencourt, Cezar Roberto. Regimes penais e exame criminológico. *RT* 638/260, dez. 1988.

Bitencourt, Cezar Roberto. A suspensão condicional da pena. *Revista da Associação dos Juízes do Rio Grande do Sul*, v. 52, jul. 1991, p. 118.

Camargo, Ruy Junqueira de Freitas. A execução das penas criminais e a atuação dos juízes corregedores. *Justitia*, v. 84, 1.º trim. 1974, p. 33.

Carvalho, França. Do livramento condicional. *Execução penal* – Visão do TACRIM-SP (Coords. Caetano Lagrasta Neto, José Renato Nalini e Ricardo Henry Marques Dip). São Paulo: Oliveira Mendes, 1998.

Coelho, Luís Carlos Valois. Competência em execução provisória. *Boletim do IBCCRIM*, n. 81, ago. 1999, p. 8.

Corwin, Edward S. *A Constituição norte-americana e seu significado atual*. Trad. Lêda Boechat Rodrigues. Rio de Janeiro: Zahar, 1986.

Costa, Álvaro Mayrink da. Execução penal. Rio de Janeiro: GZ Editora, 2016.

Couture, Eduardo J. *Fundamentos do direito processual civil*. Trad. Rubens Gomes de Sousa. São Paulo: Saraiva, 1946.

Davis, Francis Selwyn. Contradição entre as respostas e soberania do júri. *Revista Brasileira de Ciências Criminais*, n. 10, abr.-jun. 1995.

Dip, Ricardo Henry Marques. Competência para a execução da multa do art. 51, Código Penal: julgados do Tribunal de Alçada Criminal de São Paulo. *Execução penal* – Visão do TACRIM-SP (Coords. Caetano Lagrasta Neto, José Renato Nalini e Ricardo Henry Marques Dip). São Paulo, Oliveira Mendes, 1998.

Dip, Ricardo Henry Marques. Execução jurídico-penal ou ético-penal. *Execução penal* - Visão do TACRIM-SP (Coords. Caetano Lagrasta Neto, José Renato Nalini e Ricardo Henry Marques Dip). São Paulo: Oliveira Mendes, 1998.

Dotti, René Ariel. A crise da execução penal e o papel do Ministério Público. *Justitia*, v. 129, abr.-jun. 1985.

Dotti, René Ariel. A lei de execução penal - Perspectivas fundamentais. *RT* 598/275, ago. 1985.

Dotti, René Ariel. As novas linhas do livramento condicional e da reabilitação. *RT* 593/295, mar. 1985.

Dotti, René Ariel. Problemas atuais da execução penal. *RT* 563/279, set. 1982.

Dotti, René Ariel. Processo penal executório. *RT* 576/309, out. 1983.

Espínola Filho, Eduardo. *Código de Processo Penal brasileiro anotado*. 3. ed. Rio de Janeiro: Borsoi, 1955. v. 1 a 8.

Faria, Bento de. *Código de Processo Penal*. 2. ed. Rio de Janeiro: Record, 1960. v. 1 a 3.

Fernandes, Antonio Scarance. Execução penal - Questões diversas. *Justitia*, v. 143, jul.-set. 1988.

Fernandes, Antonio Scarance. O Ministério Público na execução penal. *Execução penal*. Coords. Ada Pellegrini Grinover e Dante Busana. São Paulo: Max Limonad, 1987.

Ferraz, Devienne. Da pena de multa e sua execução. *Execução penal* - Visão do TACRIM-SP. Coords. Caetano Lagrasta Neto, José Renato Nalini e Ricardo Henry Marques Dip. São Paulo: Oliveira Mendes, 1998.

Ferreira, Álvaro Érix. Penas restritivas de direito - Jurisprudência. *Execução penal* - Visão do TACRIM-SP. Coords. Caetano Lagrasta Neto, José Renato Nalini e Ricardo Henry Marques Dip. São Paulo: Oliveira Mendes, 1998.

França, San Juan. Da revogação obrigatória. *Execução penal* - Visão do TACRIM-SP. Coords. Caetano Lagrasta Neto, José Renato Nalini e Ricardo Henry Marques Dip. São Paulo: Oliveira Mendes, 1998.

Franco, Ary Azevedo. *O júri e a Constituição Federal de 1946*. 2. ed. Rio de Janeiro: Forense, 1956.

Gagliardi, Pedro. Dos incidentes da execução: a reclamação. *Execução penal* - Visão do TACRIM-SP. Coords. Caetano Lagrasta Neto, José Renato Nalini e Ricardo Henry Marques Dip. São Paulo: Oliveira Mendes, 1998.

Gall, Gerald L. *The canadian legal system*. 4. ed. Toronto: Carswell, 1995.

Gomes, Luiz Flávio. Da inexequibilidade da Lei de Execução Penal. *Julgados do Tribunal de Alçada Criminal de São Paulo*, v. 80, out.-dez. 1984, p. 15.

González León, Carmen; Villalvilla Muñoz, José Maria; Azpeitia Gamazo, Fernando; Hernandez Martín, Valeriano. *El error judicial. Procedimiento para su declaracion e indemnizacion*. Madri: Civitas, 1994.

Goulart, José Eduardo; Pires Neto, Antônio Luiz. O direito da execução penal. *Execução penal* - Visão do TACRIM-SP. Coords. Caetano Lagrasta Neto, José Renato Nalini e Ricardo Henry Marques Dip. São Paulo: Oliveira Mendes, 1998.

Grinover, Ada Pellegrini. Natureza jurídica da execução penal. *Execução penal.* Coords. Ada Pellegrini Grinover e Dante Busana. São Paulo: Max Limonad, 1987.

Marcão, Renato. *Curso de execução penal.* 12. ed. São Paulo: Saraiva, 2014.

Marques, Teresa Cristina Motta Ramos. *Habeas corpus* e mandado de segurança na execução penal. *Execução penal.* Coords. Ada Pellegrini Grinover e Dante Busana. São Paulo: Max Limonad, 1987.

Médici, Sérgio de Oliveira. Processo de execução penal. *Revista Brasileira de Ciências Criminais*, n. 2, abr.-jun. 1993, p. 98.

Mello, Marco Aurélio de. O *habeas corpus* e a competência originária do STF. *Revista Brasileira de Ciências Criminais*, n. 9, jan.-mar. 1995, p. 140.

Mezger, Edmundo. *Criminologia.* 2. ed. Trad. José Arturo Rodríguez Muñoz. Madrid: Editorial Revista de Derecho Privado, 1950.

Miguel, Alexandre; Lagos, Daniel Ribeiro. A execução penal: instrumentalização e competência. *RT* 690/398, abr. 1993.

Mirabete, Julio Fabbrini. *Execução penal.* 9. ed. São Paulo: Atlas, 2000.

Monteiro, Marisa Marcondes. A competência para a aplicação da lei nova mais benéfica. *Execução penal.* Coords. Ada Pellegrini Grinover e Dante Busana. São Paulo: Max Limonad, 1987.

Nalini, José Renato. Pode o juiz melhorar a execução penal? *Execução penal* – Visão do TACRIM-SP. Coords. Caetano Lagrasta Neto, José Renato Nalini e Ricardo Henry Marques Dip. São Paulo: Oliveira Mendes, 1998.

Nucci, Amanda Ferreira de Souza. *Execução penal e transexualidade.* Dissertação de mestrado. PUC-SP (apresentada e aprovada em 21.02.2020).

Nucci, Guilherme de Souza. *Código Penal Comentado.* 25. ed. Rio de Janeiro: Forense, 2025.

Nucci, Guilherme de Souza. *Código de Processo Penal Comentado.* 24. ed. Rio de Janeiro: Forense, 2025.

Nucci, Guilherme de Souza. *Curso de Direito Penal.* Parte Geral. 9. ed. Rio de Janeiro: Forense, 2025. vol. 1.

Nucci, Guilherme de Souza. *Curso de Direito Processual Penal.* 22. ed. Rio de Janeiro: Forense, 2025.

Nucci Guilherme de Souza. *Leis Penais e Processuais Penais Comentadas.* 15. ed. Rio de Janeiro: Forense, 2023. vol. 1 e 2.

Nucci, Guilherme de Souza. *Habeas Corpus.* 4. ed. Rio de Janeiro: Forense, 2022.

Nucci, Guilherme de Souza. *Individualização da Pena.* 8. ed. Rio de Janeiro: Forense, 2022.

Nucci, Guilherme de Souza. *Princípios Constitucionais Penais e Processuais Penais.* 4. ed. Rio de janeiro: Forense, 2015.

Nunes, Adeildo. *Comentários à lei de execução penal.* Rio de Janeiro: Forense, 2016.

Pires Neto, Antônio Luiz; Goulart, José Eduardo. O direito da execução penal. *Execução penal* – Visão do TACRIM-SP. Coords. Caetano Lagrasta Neto, José Renato Nalini e Ricardo Henry Marques Dip. São Paulo: Oliveira Mendes, 1998.

Pitombo, Cleunice A. Valentim Bastos. *Da busca e apreensão no processo penal*. São Paulo: Ed. RT, 1999 (Coleção de Estudos de Processo Penal Prof. Joaquim Canuto Mendes de Almeida, v. 2).

Pitombo, Sérgio Marcos de Moraes. Breves notas sobre a novíssima execução penal. *Reforma penal*. São Paulo: Saraiva, 1985.

Pitombo, Sérgio Marcos de Moraes. Emprego de algemas – Notas em prol de sua regulamentação. *RT* 592/275, fev. 1985.

Pitombo, Sérgio Marcos de Moraes. A identificação processual penal e a Constituição de 1988. *RT*, v. 635, 1988.

Pitombo, Sérgio Marcos de Moraes. O juiz penal e a pesquisa da verdade material. *Processo penal e Constituição Federal*. Org. Hermínio Alberto Marques Porto. São Paulo: Acadêmica, 1993.

Pitombo, Sérgio Marcos de Moraes. Procedimento administrativo criminal, realizado pelo Ministério Público. *Boletim do Instituto Manoel Pedro Pimentel*, n. 22, jun.-ago. 2003.

Pitombo, Sérgio Marcos de Moraes. Os regimes de cumprimento de pena e o exame criminológico. *RT* 583/312, maio 1984.

Pitombo, Sérgio Marcos de Moraes; Dotti, René Ariel; Andreucci, Ricardo Antunes; Reale Júnior, Miguel. *Penas e medidas de segurança no novo Código*. Rio de Janeiro: Forense, 1987.

Ponte, Antonio Carlos da. *Inimputabilidade e processo penal*. São Paulo: Atlas, 2002.

Reale Júnior; Miguel; Dotti, René Ariel; Andreucci, Ricardo Antunes; Pitombo, Sergio Marcos de Moraes. *Penas e medidas de segurança no novo Código*. Rio de Janeiro: Forense, 1987.

Ribeiro, Benedito Silvério. Penas alternativas. *Execução penal* – Visão do TACRIM-SP. Coords. Caetano Lagrasta Neto, José Renato Nalini e Ricardo Henry Marques Dip. São Paulo: Oliveira Mendes, 1998.

Ribeiro, Zilma Aparecida da Silva. O recurso de agravo na Lei de Execução Penal. *Execução penal*. Coords. Ada Pellegrini Grinover e Dante Busana. São Paulo: Max Limonad, 1987.

Ricupero, René. Livramento condicional. *Execução penal* – Visão do TACRIM-SP. Coords. Caetano Lagrasta Neto, José Renato Nalini e Ricardo Henry Marques Dip. São Paulo: Oliveira Mendes, 1998.

Rosa, Antonio José Miguel Feu. *Execução penal*. São Paulo: Ed. RT, 1995.

Rulli Júnior, Antonio. Penas alternativas. *Execução penal* – Visão do TACRIM-SP. Coords. Caetano Lagrasta Neto, José Renato Nalini e Ricardo Henry Marques Dip. São Paulo: Oliveira Mendes, 1998.

Samuel Júnior; Santos, Evaristo dos. Remição – Perda dos dias decorrente de falta grave – Uma outra posição. *Execução penal* – Visão do TACRIM-SP. Coords. Caetano Lagrasta Neto, José Renato Nalini e Ricardo Henry Marques Dip. São Paulo: Oliveira Mendes, 1998.

Santos, Evaristo dos; Samuel Júnior. Remição – Perda dos dias decorrente de falta grave – Uma outra posição. *Execução penal* – Visão do TACRIM-SP. Coords. Caetano Lagrasta Neto, José Renato Nalini e Ricardo Henry Marques Dip. São Paulo: Oliveira Mendes, 1998.

Santos, José Carlos Daumas. *Princípio da legalidade na execução penal.* São Paulo: Manole--EPM, 2005.

Siches, Luis Recaséns. *Tratado de sociologia*, v. I. Trad. João Baptista Coelho Aguiar. Porto Alegre: Editora Globo, 1965.

Souza, Osni de. Da remição – A perda dos dias remidos por falta grave. *Execução penal* – Visão do TACRIM-SP. Coords. Caetano Lagrasta Neto, José Renato Nalini e Ricardo Henry Marques Dip. São Paulo: Oliveira Mendes, 1998.

Swensson, Walter. A competência do juízo da execução. *Execução penal* – Visão do TACRIM--SP. Coords. Caetano Lagrasta Neto, José Renato Nalini e Ricardo Henry Marques Dip. São Paulo: Oliveira Mendes, 1998.

Tornaghi, Hélio. *Compêndio de processo penal.* Rio de Janeiro: José Konfino, 1967. t. I, II, III e IV.

Tucci, Rogério Lauria. Progressão na execução das penas privativas de liberdade. *RT* 630/269, abr. 1998.

Tucci, Rogério Lauria. Suspensão condicional da pena. *RT* 541/309, nov. 1980.

Obras do Autor

Código de Processo Penal comentado. 24. ed. Rio de Janeiro: Forense, 2025.

Código Penal comentado. 25. ed. Rio de Janeiro: Forense, 2025.

Curso de Direito Penal. Parte geral. 9. ed. Rio de Janeiro: Forense, 2025. vol. 1.

Curso de Direito Penal. Parte especial. 9. ed. Rio de Janeiro: Forense, 2025. vol. 2.

Curso de Direito Penal. Parte especial. 9. ed. Rio de Janeiro: Forense, 2025. vol. 3.

Curso de Direito Processual Penal. 22. ed. Rio de Janeiro: Forense, 2025.

Curso de Execução Penal. 8. ed. Rio de Janeiro: Forense, 2025.

Drogas – De acordo com a Lei 11.343/2006. Rio de Janeiro: Forense, 2025.

Estatuto da Criança e do Adolescente Comentado. 6. ed. Rio de Janeiro: Forense, 2025.

Manual de Direito Penal. Volume Único. 21. ed. Rio de Janeiro: Forense, 2025.

Manual de Processo Penal. Volume Único. 6. ed. Rio de Janeiro: Forense, 2025.

Código Penal Militar Comentado. 5. ed. Rio de Janeiro: Forense, 2024.

Direito Penal. Partes geral e especial. 9. ed. São Paulo: Método, 2024. Esquemas & Sistemas.

Prática Forense Penal. 15. ed. Rio de Janeiro: Forense, 2024.

Processo Penal e Execução Penal. 8. ed. São Paulo: Método, 2024. Esquemas & Sistemas.

Tribunal do Júri. 10. ed. Rio de Janeiro: Forense, 2024.

Leis Penais e Processuais Penais Comentadas. 15. ed. Rio de Janeiro: Forense, 2023. vol. 1 e 2.

Habeas Corpus. 4. ed. Rio de Janeiro: Forense, 2022.

Individualização da pena. 8. ed. Rio de Janeiro: Forense, 2022.

Provas no Processo Penal. 5. ed. Rio de Janeiro: Forense, 2022.

Prisão, medidas cautelares e liberdade. 7. ed. Rio de Janeiro: Forense, 2022.

Tratado de Crimes Sexuais. Rio de Janeiro: Forense, 2022.

Código de Processo Penal Militar comentado. 4. ed. Rio de Janeiro: Forense, 2021.

Criminologia. Rio de Janeiro: Forense, 2021.

Organização Criminosa. 5. ed. Rio de Janeiro: Forense, 2021.

Pacote Anticrime Comentado. 2. ed. Rio de Janeiro: Forense, 2021.

Execução Penal no Brasil – Estudos e Reflexões. Rio de Janeiro: Forense, 2019 (coordenação e autoria).

Instituições de Direito Público e Privado. Rio de Janeiro: Forense, 2019.

Manual de Processo Penal e Execução Penal. 14. ed. Rio de Janeiro: Forense, 2017.

Direitos Humanos versus *Segurança Pública.* Rio de Janeiro: Forense, 2016.

Corrupção e Anticorrupção. Rio de Janeiro: Forense, 2015.

Prostituição, Lenocínio e Tráfico de Pessoas. 2. ed. Rio de Janeiro: Forense, 2015.

Princípios Constitucionais Penais e Processuais Penais. 4. ed. Rio de Janeiro: Forense, 2015.

Crimes contra a Dignidade Sexual. 5. ed. Rio de Janeiro: Forense, 2015.

Dicionário Jurídico. São Paulo: Ed. RT, 2013.

Código Penal Comentado – versão compacta. 2. ed. São Paulo: Ed. RT, 2013.

Tratado Jurisprudencial e Doutrinário. Direito Penal. 2. ed. São Paulo: Ed. RT, 2012. vol. I e II.

Tratado Jurisprudencial e Doutrinário. Direito Processual Penal. São Paulo: Ed. RT, 2012. vol. I e II.

Doutrinas Essenciais. Direito Processual Penal. Organizador, em conjunto com Maria Thereza Rocha de Assis Moura. São Paulo: Ed. RT, 2012. vol. I a VI.

Doutrinas Essenciais. Direito Penal. Organizador, em conjunto com Alberto Silva Franco. São Paulo: Ed. RT, 2011. vol. I a IX.

Crimes de Trânsito. São Paulo: Juarez de Oliveira, 1999.

Júri – Princípios Constitucionais. São Paulo: Juarez de Oliveira, 1999.

O Valor da Confissão como Meio de Prova no Processo Penal. Com comentários à Lei da Tortura. 2. ed. São Paulo: Ed. RT, 1999.

Tratado de Direito Penal. Frederico Marques. Atualizador, em conjunto com outros autores. Campinas: Millenium, 1999. vol. 3.

Tratado de Direito Penal. Frederico Marques. Atualizador, em conjunto com outros autores. Campinas: Millenium, 1999. vol. 4.

Tratado de Direito Penal. Frederico Marques. Atualizador, em conjunto com outros autores. Campinas: Bookseller, 1997. vol. 1.

Tratado de Direito Penal. Frederico Marques. Atualizador, em conjunto com outros autores. Campinas: Bookseller, 1997. vol. 2.

Roteiro Prático do Júri. São Paulo: Oliveira Mendes e Del Rey, 1997.

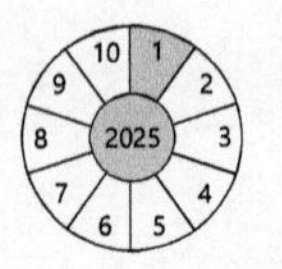
10
1
2
3
4
5
6
7
8
9
2025